# ALBAN ORSINI

Alban Orsini a déjà eu plusieurs vies : consultant scientifique, critique de théâtre, auteur...
Lorsque sa maman a décidé de se mettre aux SMS, leur premier échange de textos lui a donné l'idée d'une fiction, avec échange de textos quotidien... une sorte de série quotidienne.
Il s'est ensuite demandé à quel point le format SMS pouvait permettre de développer des personnages sur un an, et a « considéré le format comme une contrainte d'écriture à part entière ». Il a aussi réalisé à quel point l'échange cocasse de textos entre mère et fils peut faire écho en chacun de nous. *Avec Maman* (Chiflet & Cie, 2014) puise autant dans la réalité que dans l'absurde.

**Le tumblr de l'auteur :**
**www.avecmaman.tumblr.com**

# AVEC MAMAN

ALBAN ORSINI

# AVEC MAMAN

Chiflet&Cie

Ouvrage dirigé par Sophie Le Flour avec la collaboration de Cécile Larroque.

MIXTE
Papier issu de sources responsables
FSC® C003309

Pocket, une marque d'Univers Poche, est un éditeur qui s'engage pour la préservation de son environnement et qui utilise du papier fabriqué à partir de bois provenant de forêts gérées de manière responsable.



ISBN : 978-2-266-25877-7

*Je dédie ce livre à ma mère.*

*« Il faut savoir profiter des mamans propices. »*
Roland Topor

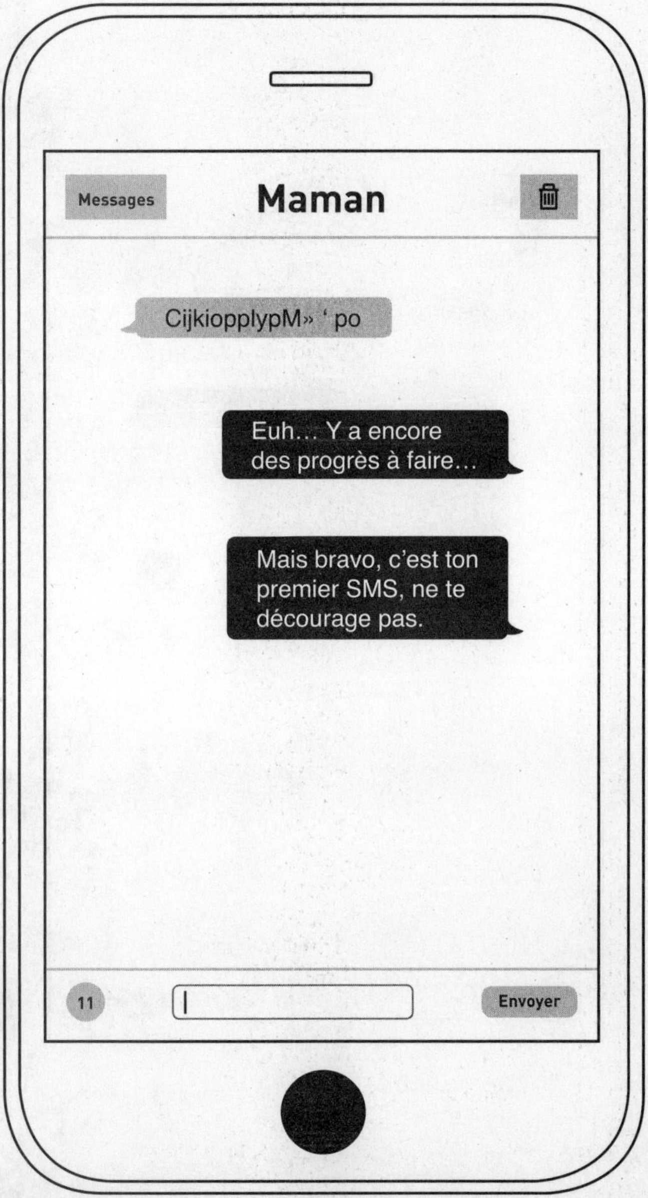
Messages
Maman
CijkiopplypM» ‘ po
Euh… Y a encore des progrès à faire…
Mais bravo, c’est ton premier SMS, ne te décourage pas.
11
Envoyer

Messages
Maman
Y sert à quoi le bouton ?
Quel bouton ?
Non c'est bon.
?
12
Envoyer

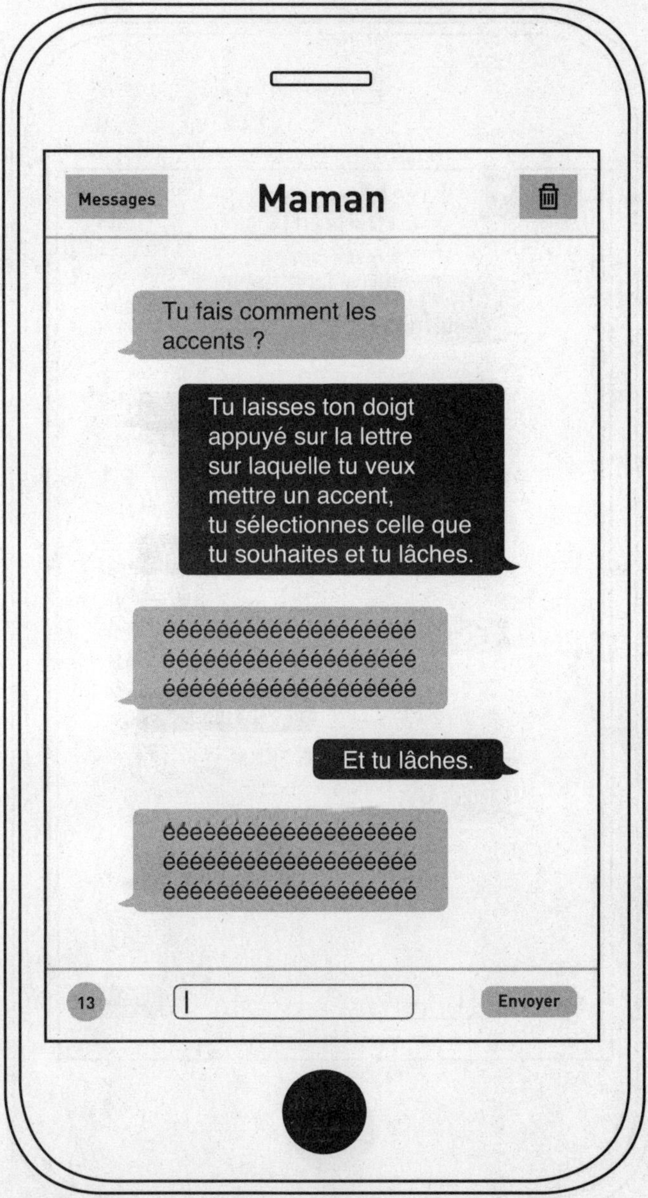
Messages
Maman
Tu fais comment les accents ?
Tu laisses ton doigt appuyé sur la lettre sur laquelle tu veux mettre un accent, tu sélectionnes celle que tu souhaites et tu lâches.
éééééééééééééééééééé éééééééééééééééééééé éééééééééééééééééééé
Et tu lâches.
éééééééééééééééééééé éééééééééééééééééééé éééééééééééééééééééé
13
Envoyer

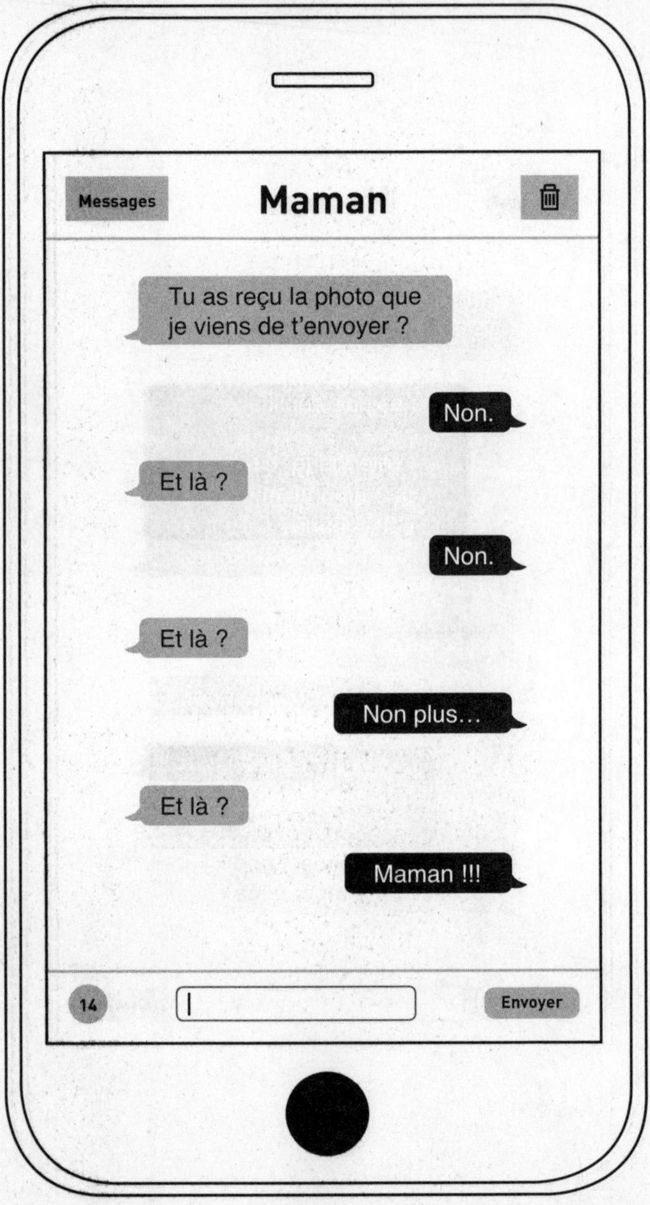
Messages
Maman
Tu as reçu la photo que je viens de t'envoyer ?
Non.
Et là ?
Non.
Et là ?
Non plus…
Et là ?
Maman !!!
14
Envoyer

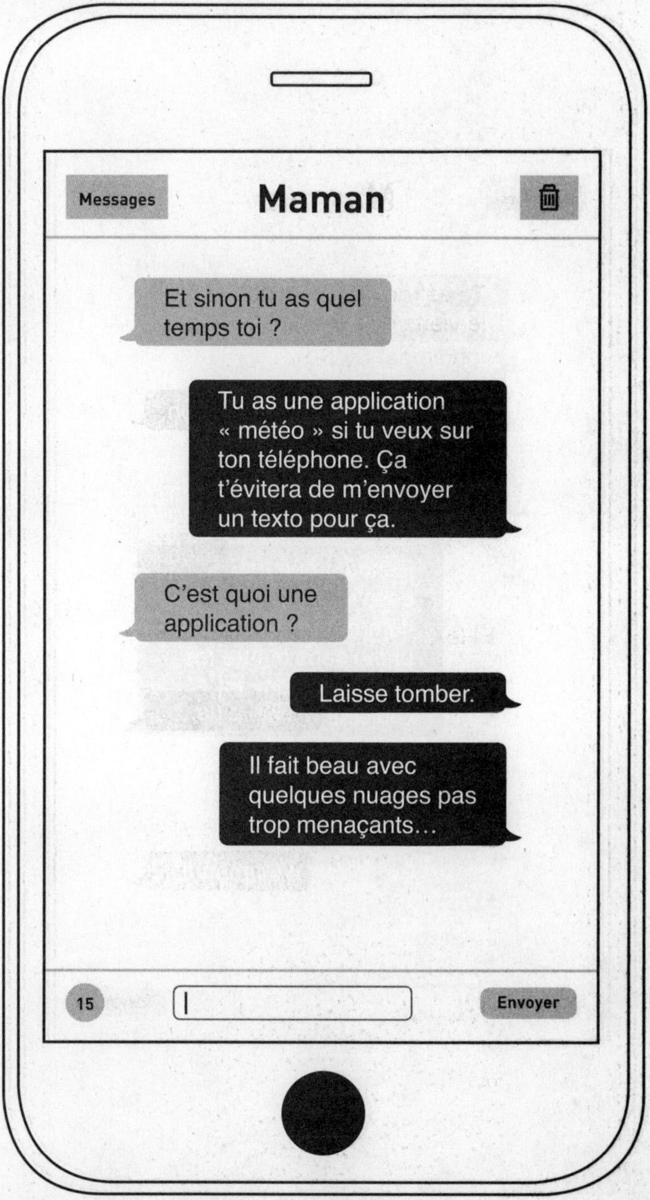
Messages
Maman
Et sinon tu as quel temps toi ?
Tu as une application « météo » si tu veux sur ton téléphone. Ça t'évitera de m'envoyer un texto pour ça.
C'est quoi une application ?
Laisse tomber.
Il fait beau avec quelques nuages pas trop menaçants…
15
Envoyer

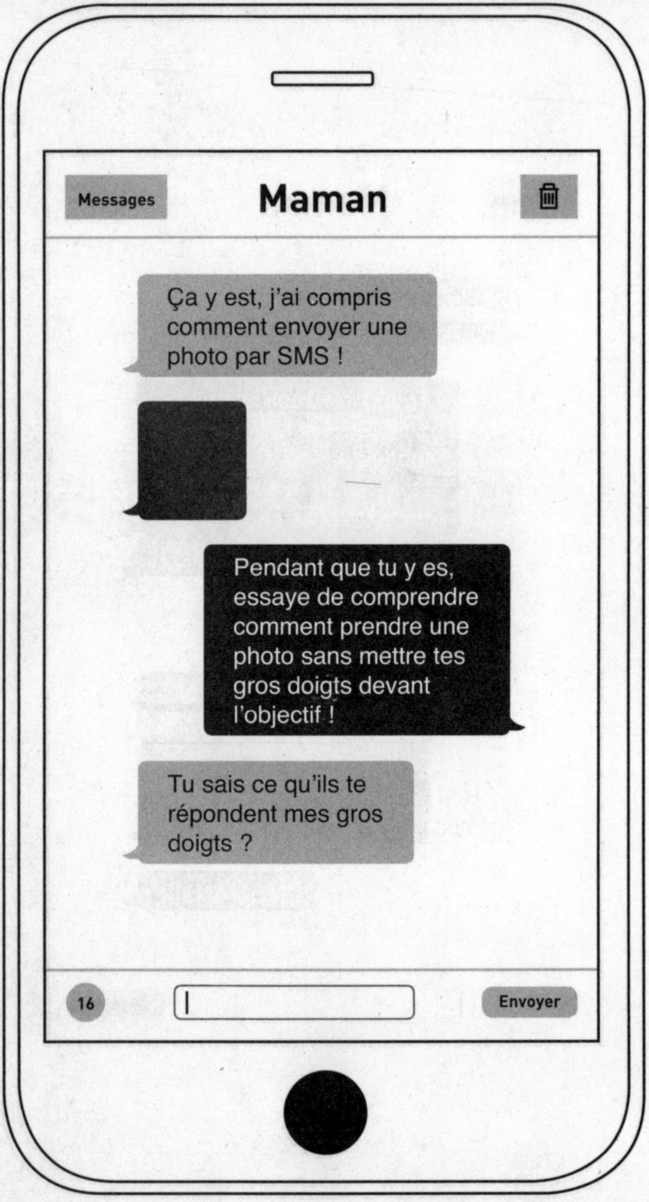
Messages
Maman
Ça y est, j'ai compris comment envoyer une photo par SMS !
Pendant que tu y es, essaye de comprendre comment prendre une photo sans mettre tes gros doigts devant l'objectif !
Tu sais ce qu'ils te répondent mes gros doigts ?
16
Envoyer

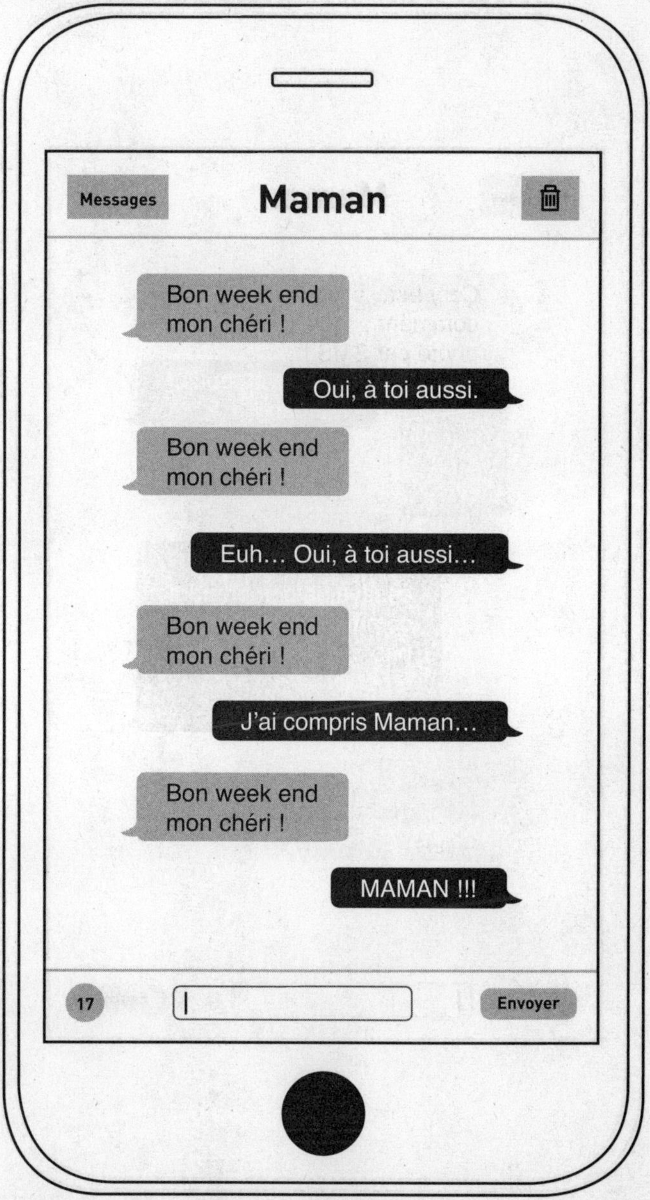
Messages
Maman
Bon week end mon chéri !
Oui, à toi aussi.
Bon week end mon chéri !
Euh… Oui, à toi aussi…
Bon week end mon chéri !
J'ai compris Maman…
Bon week end mon chéri !
MAMAN !!!
17
Envoyer

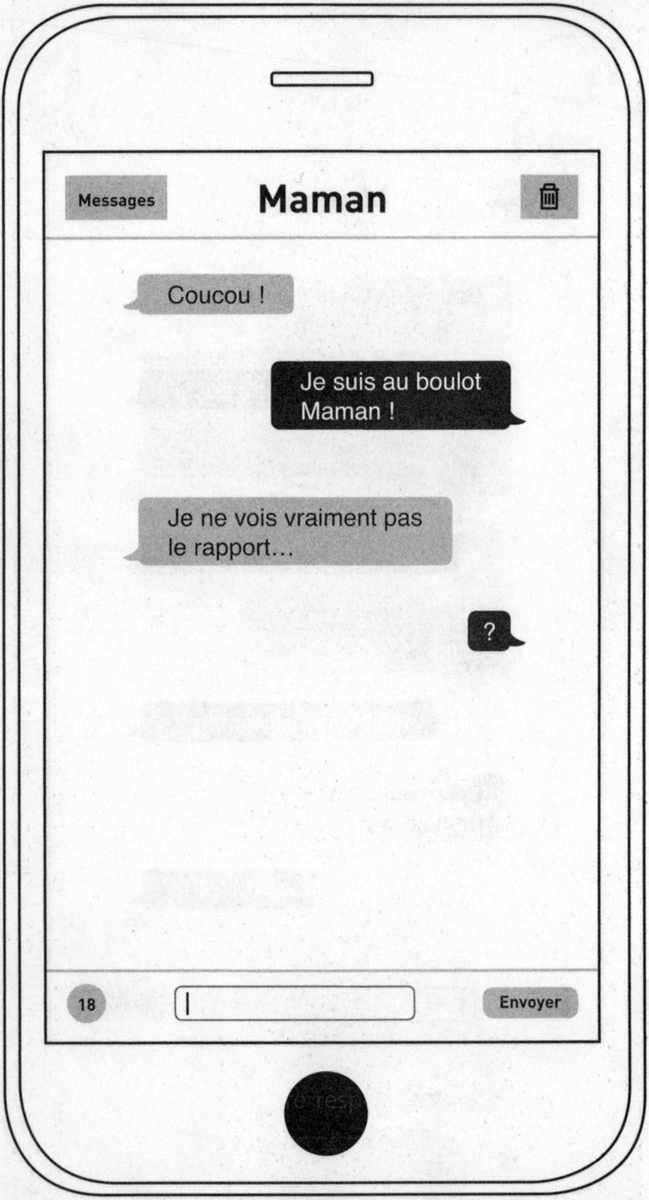
Messages
Maman
Coucou !
Je suis au boulot Maman !
Je ne vois vraiment pas le rapport…
?
18
Envoyer

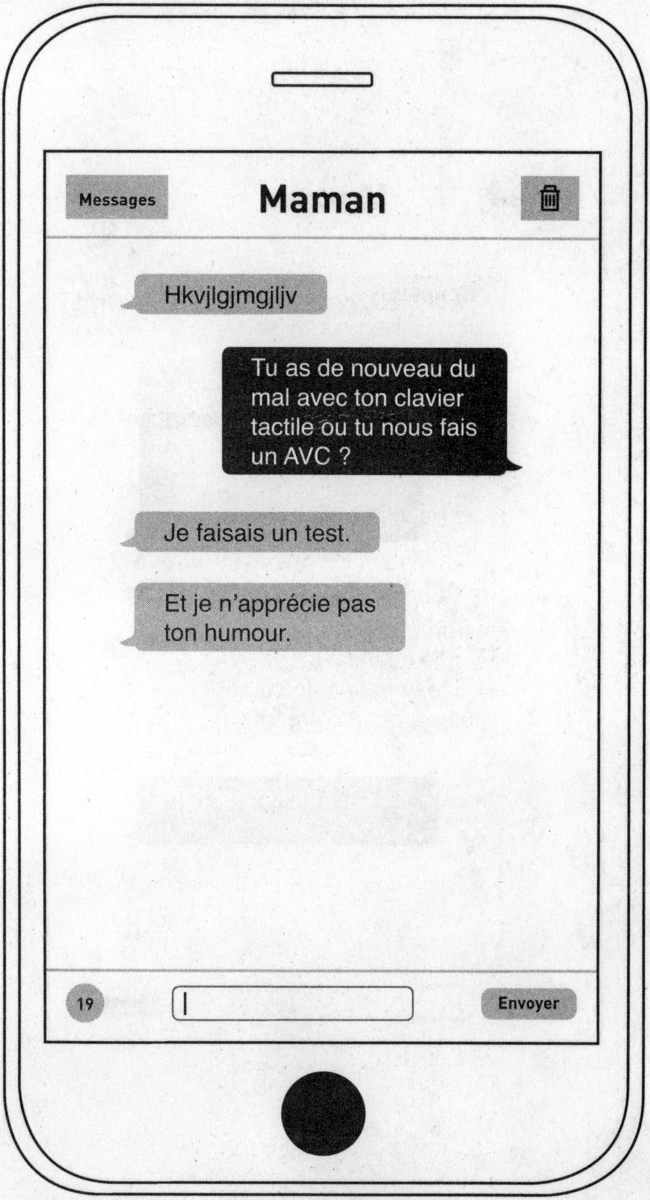
Messages
Maman
Hkvjlgjmgjljv
Tu as de nouveau du mal avec ton clavier tactile ou tu nous fais un AVC ?
Je faisais un test.
Et je n'apprécie pas ton humour.
19
Envoyer

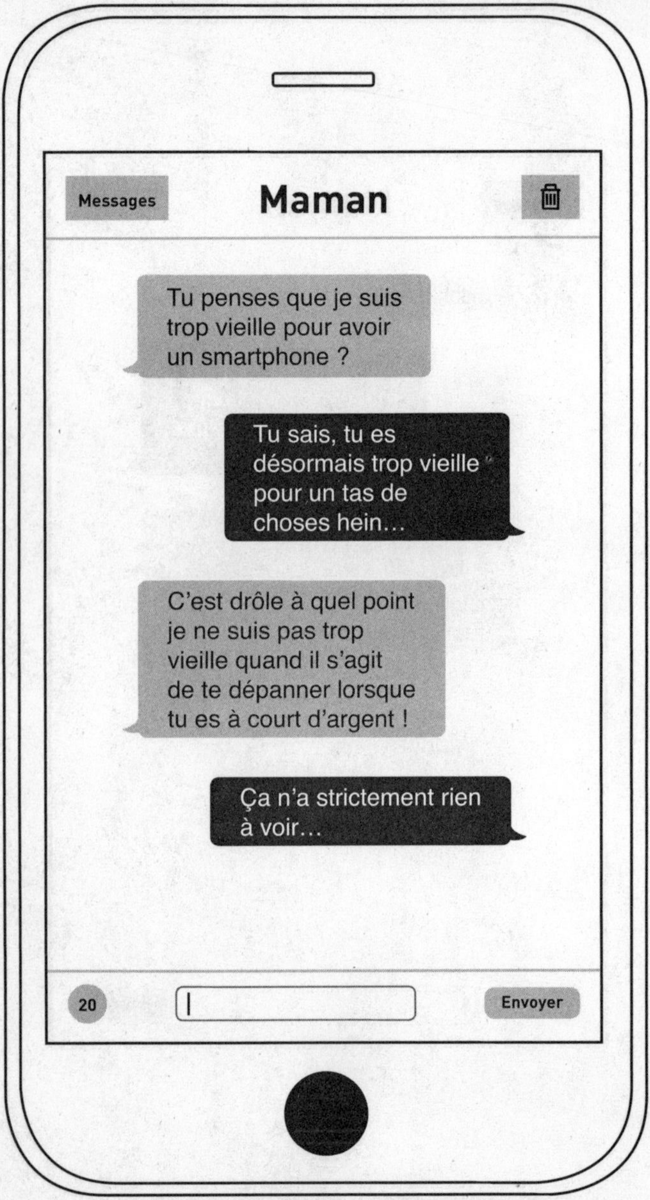
Messages
Maman
Tu penses que je suis trop vieille pour avoir un smartphone ?
Tu sais, tu es désormais trop vieille pour un tas de choses hein…
C'est drôle à quel point je ne suis pas trop vieille quand il s'agit de te dépanner lorsque tu es à court d'argent !
Ça n'a strictement rien à voir…
20
Envoyer

Messages
Maman
&@»
C'est quoi ?
Un smiley !!!
Non, ça c'est un smiley :
Ah ah !
Une chose est sûre,
la classe tu l'as héritée
de ton père, pas de moi.
21
Envoyer

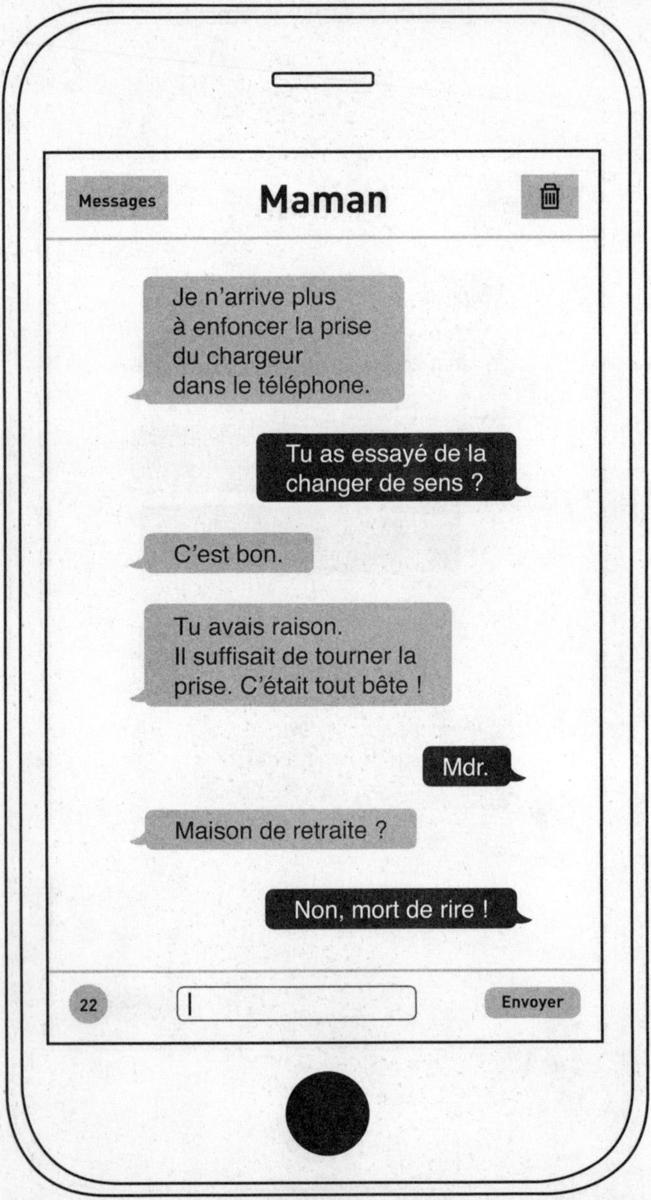
Messages
Maman
Je n'arrive plus à enfoncer la prise du chargeur dans le téléphone.
Tu as essayé de la changer de sens ?
C'est bon.
Tu avais raison. Il suffisait de tourner la prise. C'était tout bête !
Mdr.
Maison de retraite ?
Non, mort de rire !
22
Envoyer

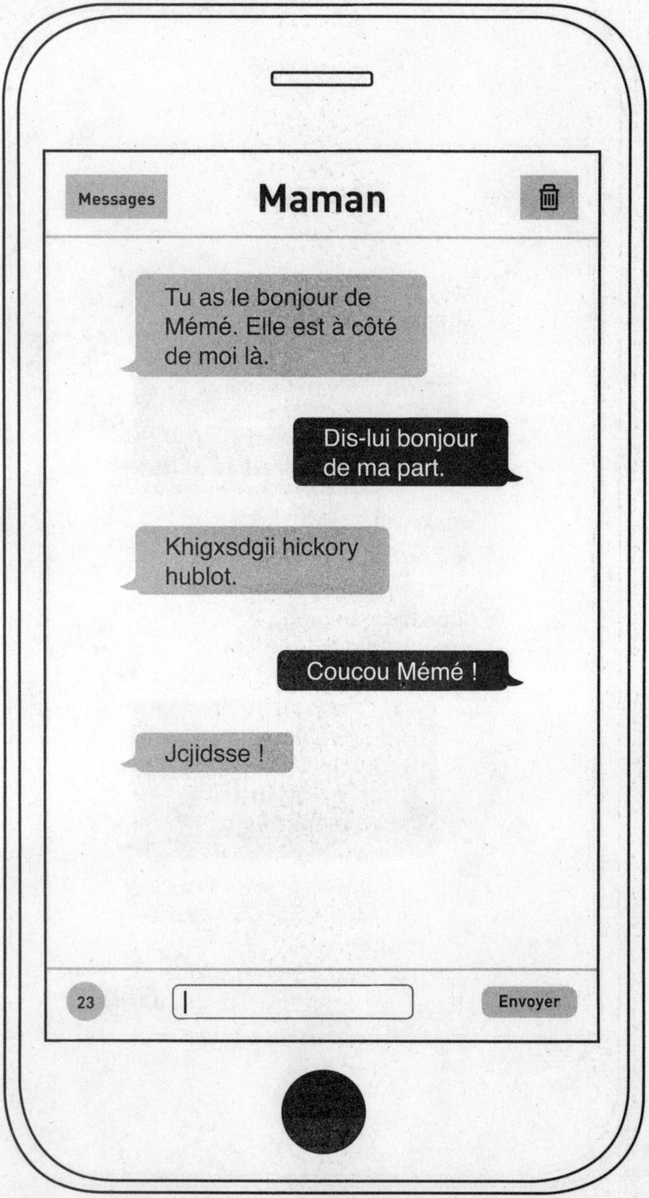
Messages
Maman
Tu as le bonjour de Mémé. Elle est à côté de moi là.
Dis-lui bonjour de ma part.
Khigxsdgii hickory hublot.
Coucou Mémé !
Jcjidsse !
23
Envoyer

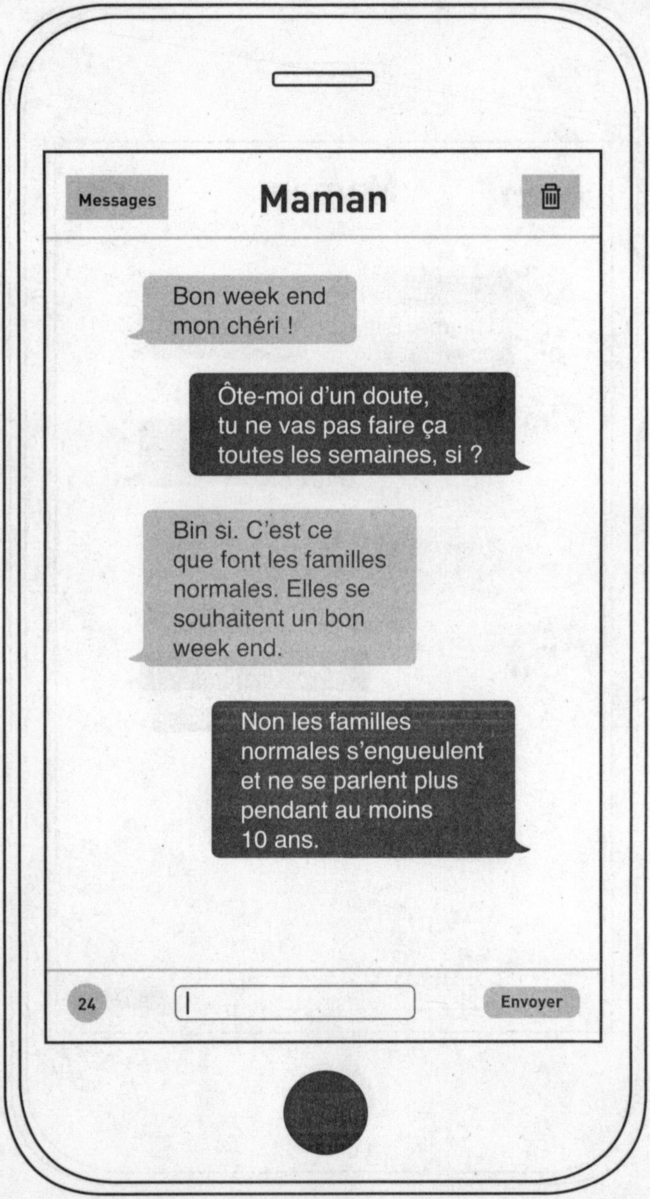
Messages
Maman
Bon week end mon chéri !
Ôte-moi d'un doute, tu ne vas pas faire ça toutes les semaines, si ?
Bin si. C'est ce que font les familles normales. Elles se souhaitent un bon week end.
Non les familles normales s'engueulent et ne se parlent plus pendant au moins 10 ans.
24
Envoyer

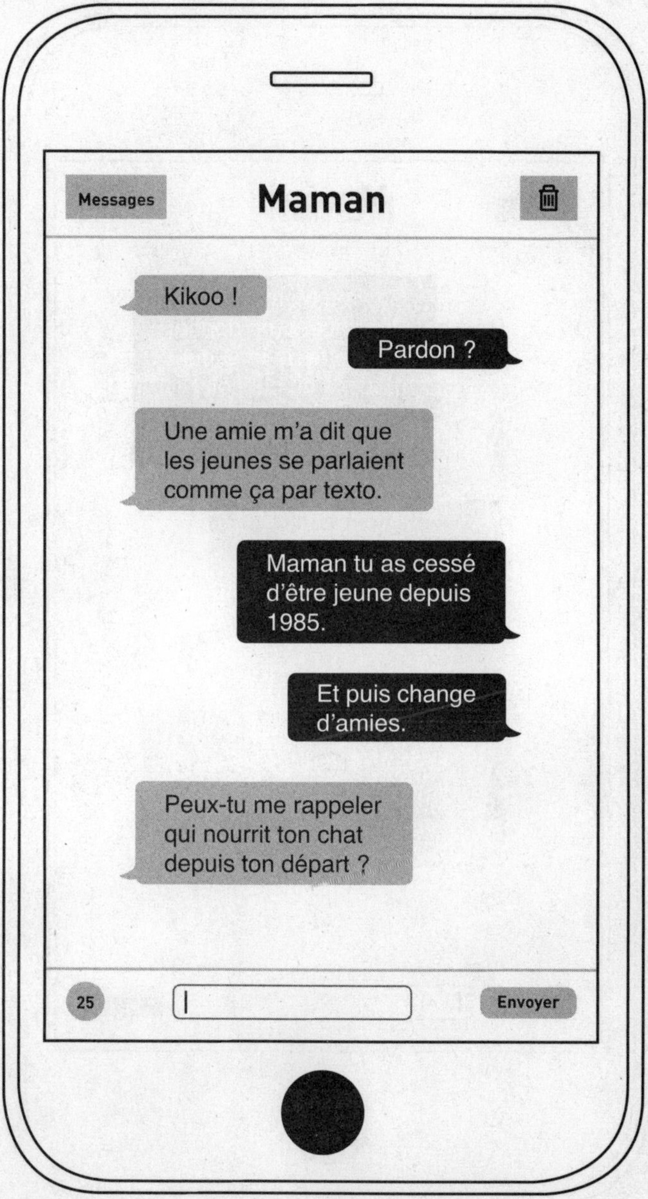
Messages
Maman
Kikoo !
Pardon ?
Une amie m'a dit que les jeunes se parlaient comme ça par texto.
Maman tu as cessé d'être jeune depuis 1985.
Et puis change d'amies.
Peux-tu me rappeler qui nourrit ton chat depuis ton départ ?
25
Envoyer

Messages
Maman
Coucou Maman ! Pourrais-tu me donner la recette de ta super mousse au chocolat trop bonne ? Merci, bisous.
Oui et là par contre tu l'aimes ta mère, hein !
26
Envoyer

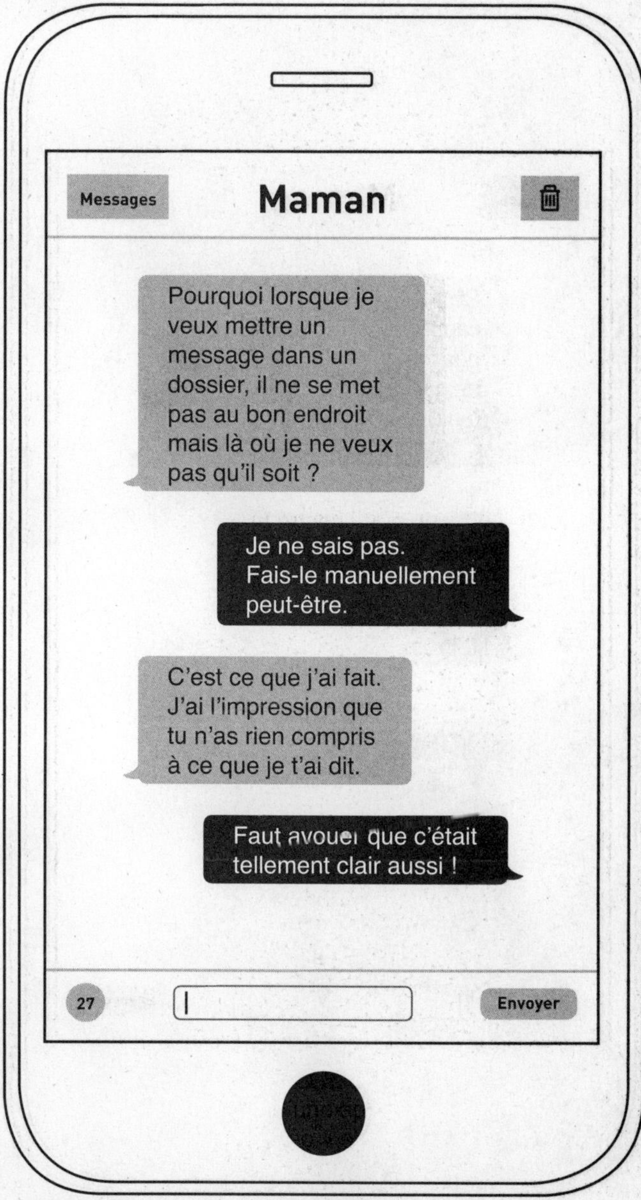
Messages
Maman
Pourquoi lorsque je veux mettre un message dans un dossier, il ne se met pas au bon endroit mais là où je ne veux pas qu'il soit ?
Je ne sais pas. Fais-le manuellement peut-être.
C'est ce que j'ai fait. J'ai l'impression que tu n'as rien compris à ce que je t'ai dit.
Faut avouer que c'était tellement clair aussi !
27
Envoyer

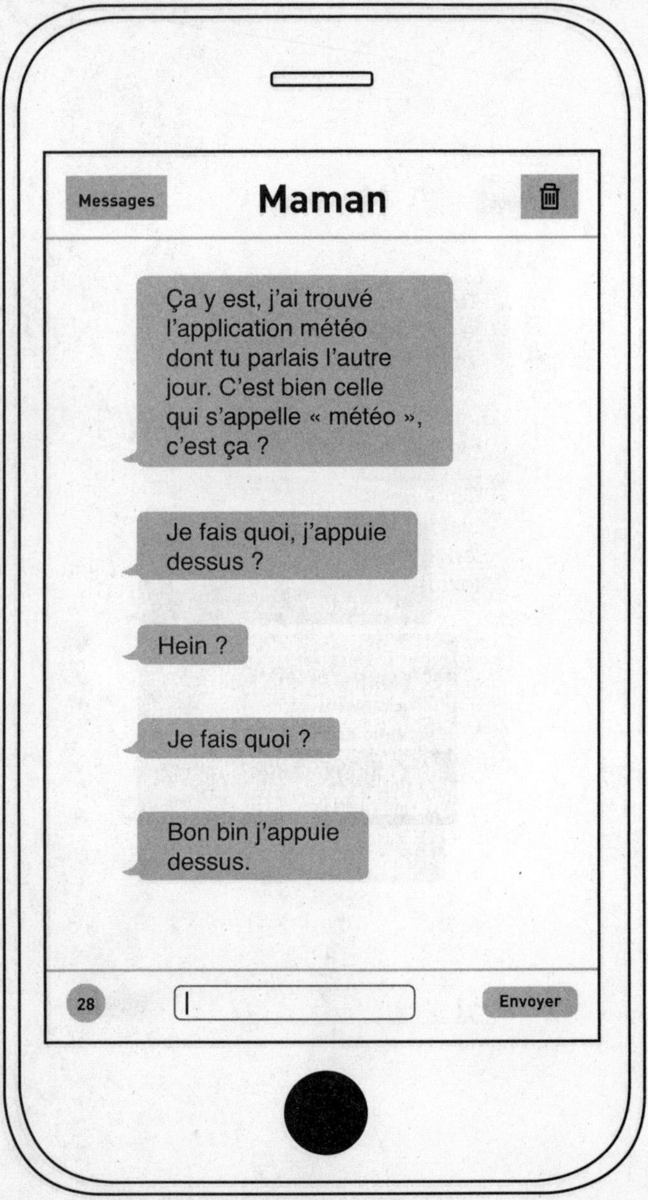
Messages
Maman
Ça y est, j'ai trouvé l'application météo dont tu parlais l'autre jour. C'est bien celle qui s'appelle « météo », c'est ça ?
Je fais quoi, j'appuie dessus ?
Hein ?
Je fais quoi ?
Bon bin j'appuie dessus.
28
Envoyer

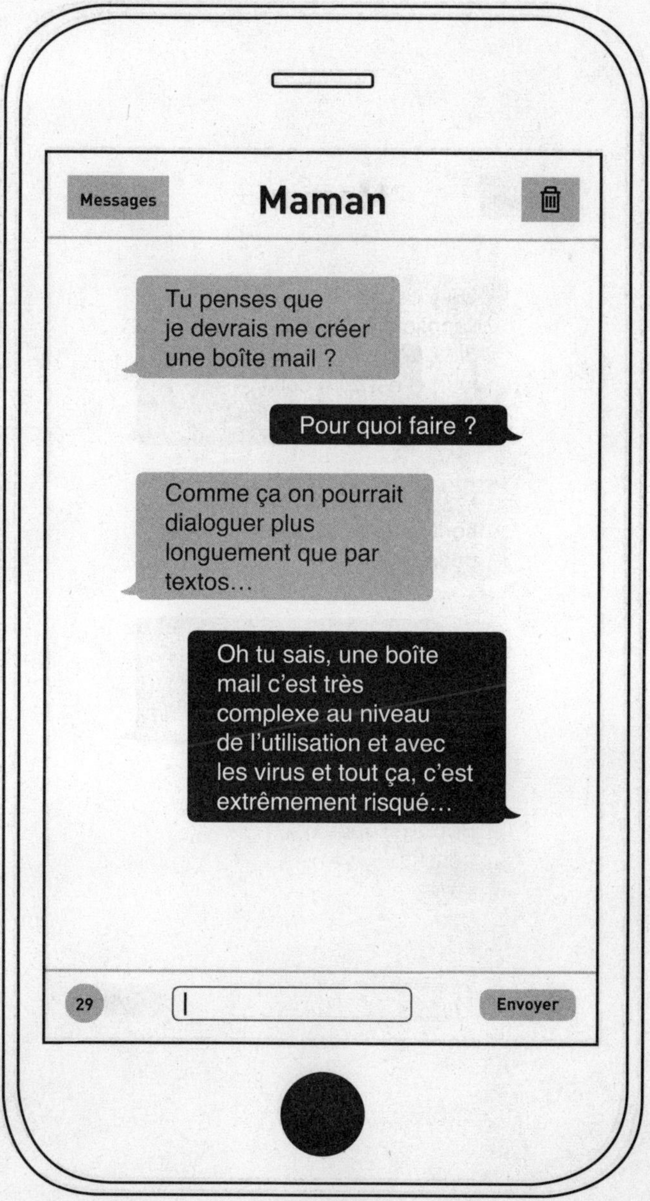
Messages
Maman
Tu penses que je devrais me créer une boîte mail ?
Pour quoi faire ?
Comme ça on pourrait dialoguer plus longuement que par textos…
Oh tu sais, une boîte mail c'est très complexe au niveau de l'utilisation et avec les virus et tout ça, c'est extrêmement risqué…
29
Envoyer

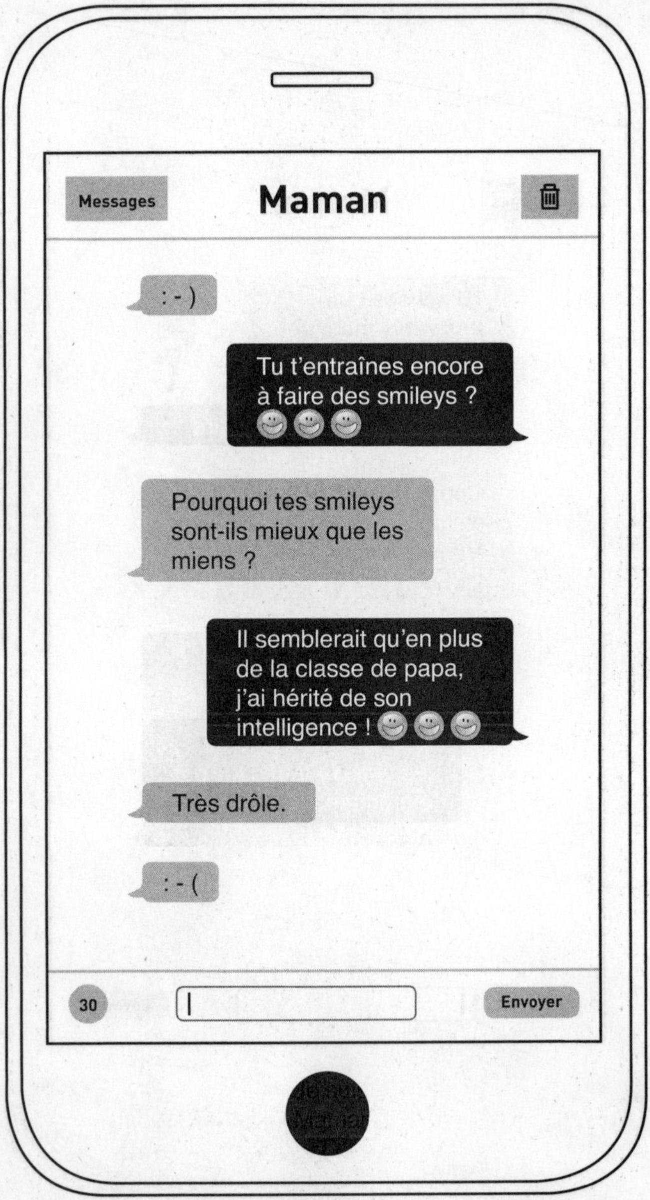

Messages
Maman
: - )
Tu t'entraînes encore à faire des smileys ?
Pourquoi tes smileys sont-ils mieux que les miens ?
Il semblerait qu'en plus de la classe de papa, j'ai hérité de son intelligence !
Très drôle.
: - (
30
Envoyer

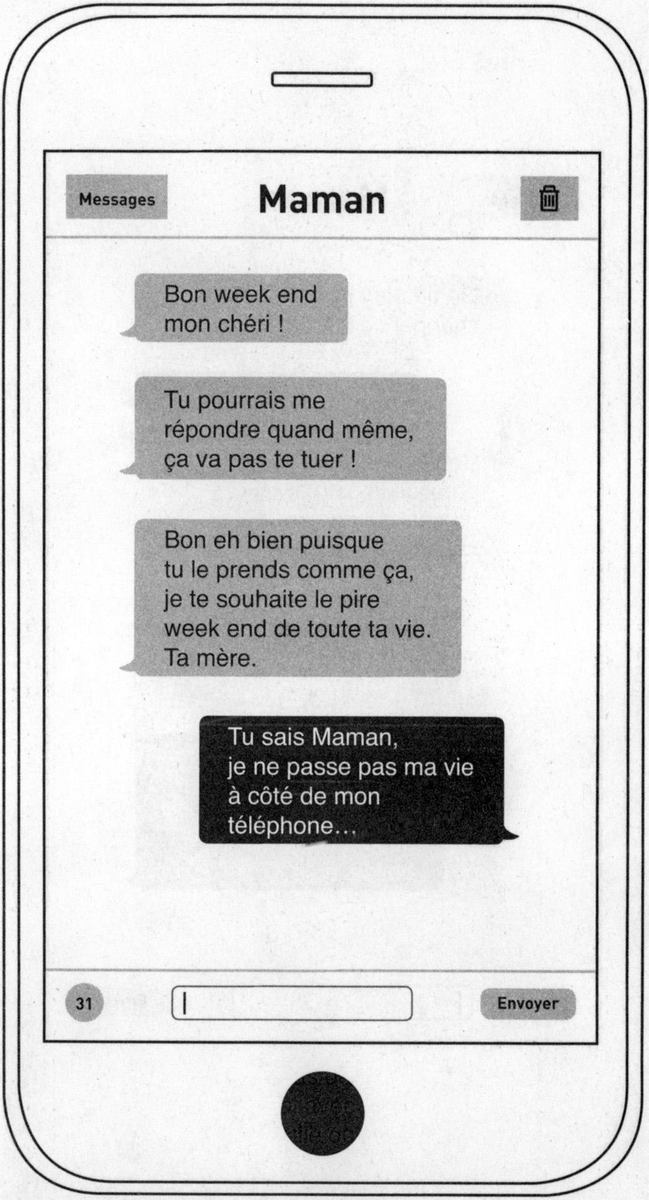
Messages
Maman
Bon week end
mon chéri !
Tu pourrais me
répondre quand même,
ça va pas te tuer !
Bon eh bien puisque
tu le prends comme ça,
je te souhaite le pire
week end de toute ta vie.
Ta mère.
Tu sais Maman,
je ne passe pas ma vie
à côté de mon
téléphone…
31
Envoyer

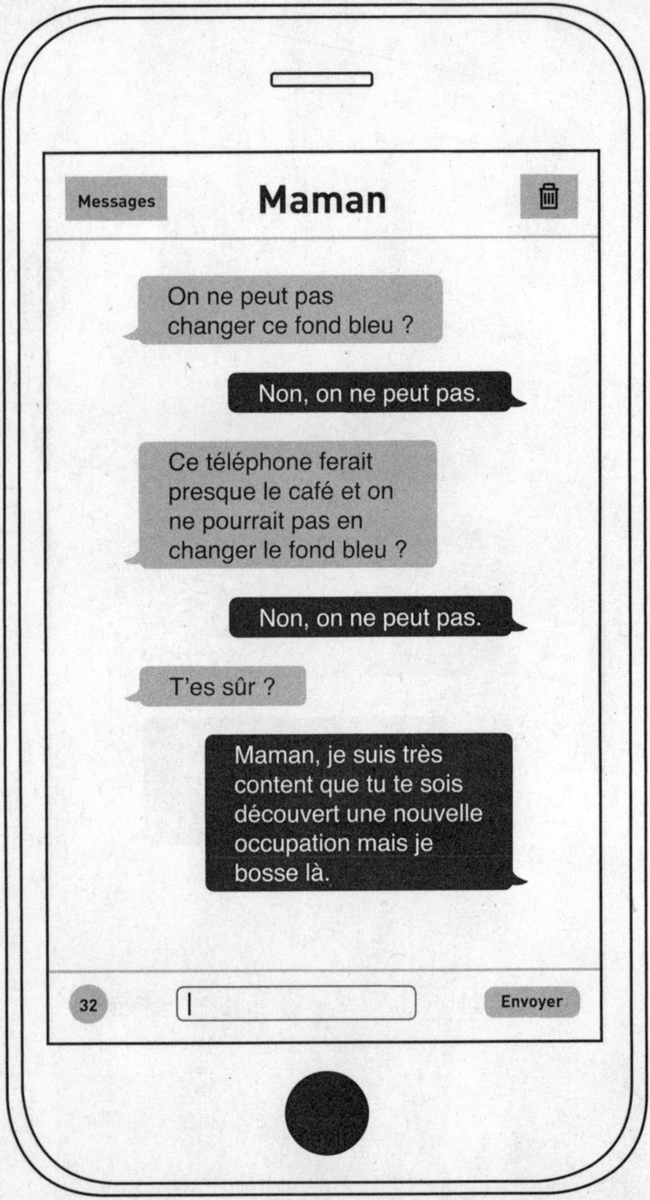
Messages
Maman
On ne peut pas changer ce fond bleu ?
Non, on ne peut pas.
Ce téléphone ferait presque le café et on ne pourrait pas en changer le fond bleu ?
Non, on ne peut pas.
T'es sûr ?
Maman, je suis très content que tu te sois découvert une nouvelle occupation mais je bosse là.
32
Envoyer

WEEK
COMPTE
CHERI
END
CHEQUE
ARGENT
BUSES
DU
BECHAMEL

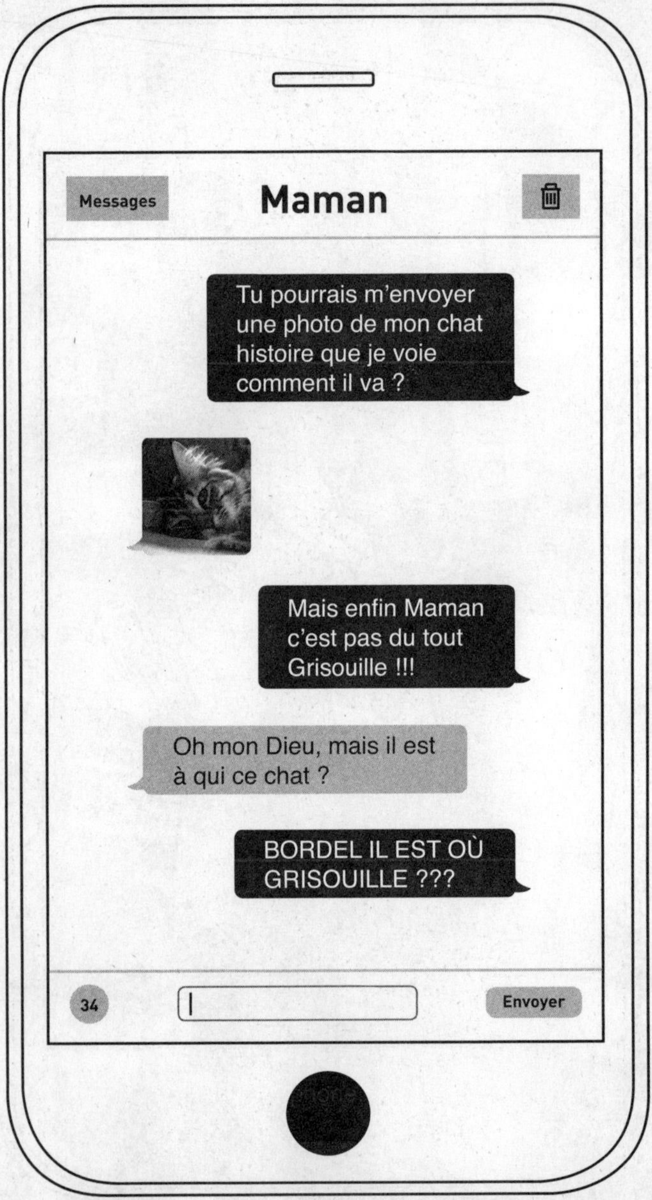
Messages
Maman
Tu pourrais m'envoyer une photo de mon chat histoire que je voie comment il va ?
Mais enfin Maman c'est pas du tout Grisouille !!!
Oh mon Dieu, mais il est à qui ce chat ?
BORDEL IL EST OÙ GRISOUILLE ???
34
Envoyer

Messages
Maman
Qu’est-ce que tu peux être désagréable !
?
35
Envoyer

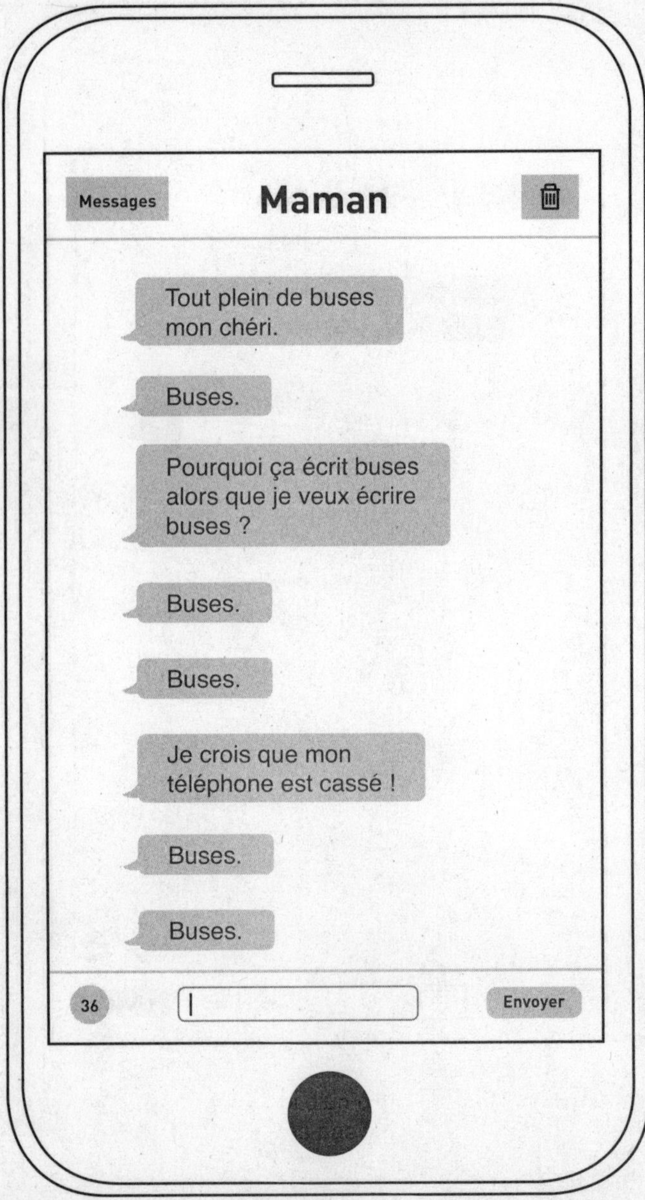
Messages
Maman
Tout plein de buses mon chéri.
Buses.
Pourquoi ça écrit buses alors que je veux écrire buses ?
Buses.
Buses.
Je crois que mon téléphone est cassé !
Buses.
Buses.
36
Envoyer

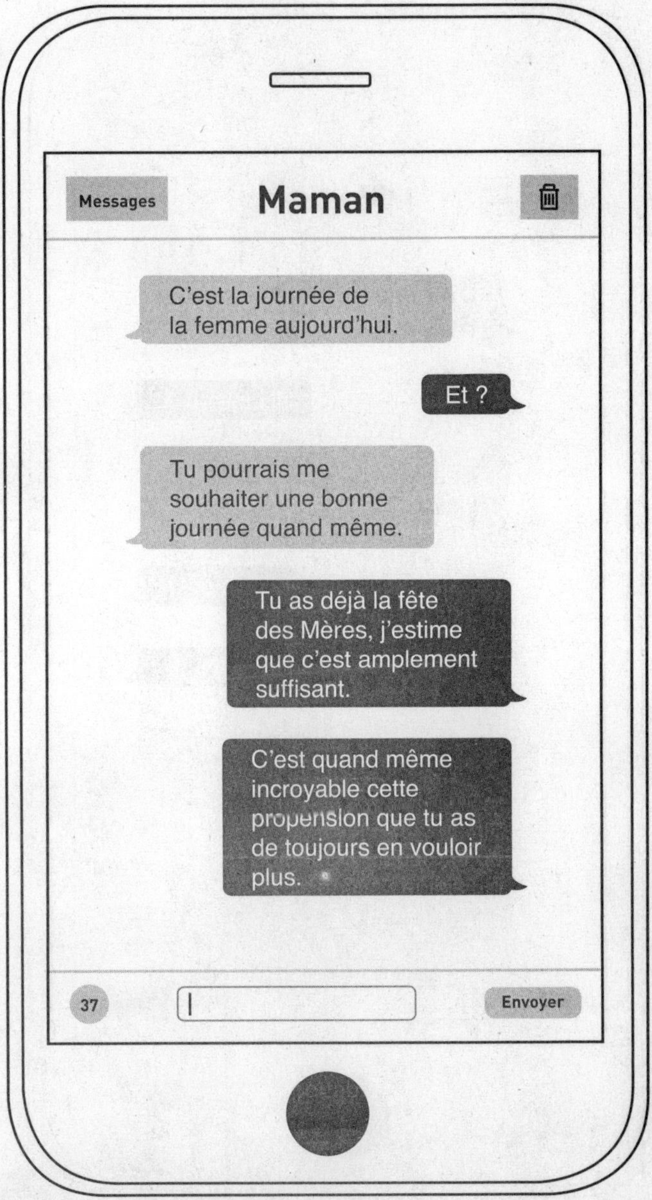
Messages
Maman
C'est la journée de la femme aujourd'hui.
Et ?
Tu pourrais me souhaiter une bonne journée quand même.
Tu as déjà la fête des Mères, j'estime que c'est amplement suffisant.
C'est quand même incroyable cette propension que tu as de toujours en vouloir plus.
37
Envoyer

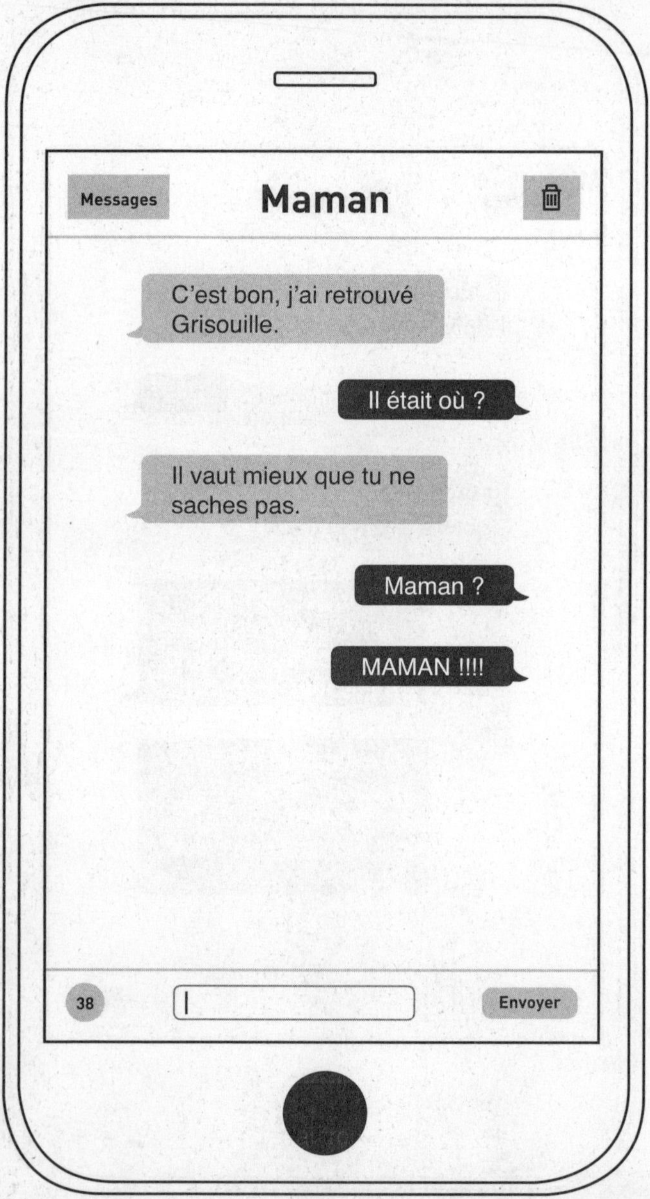
Messages
Maman
C'est bon, j'ai retrouvé Grisouille.
Il était où ?
Il vaut mieux que tu ne saches pas.
Maman ?
MAMAN !!!!
38
Envoyer

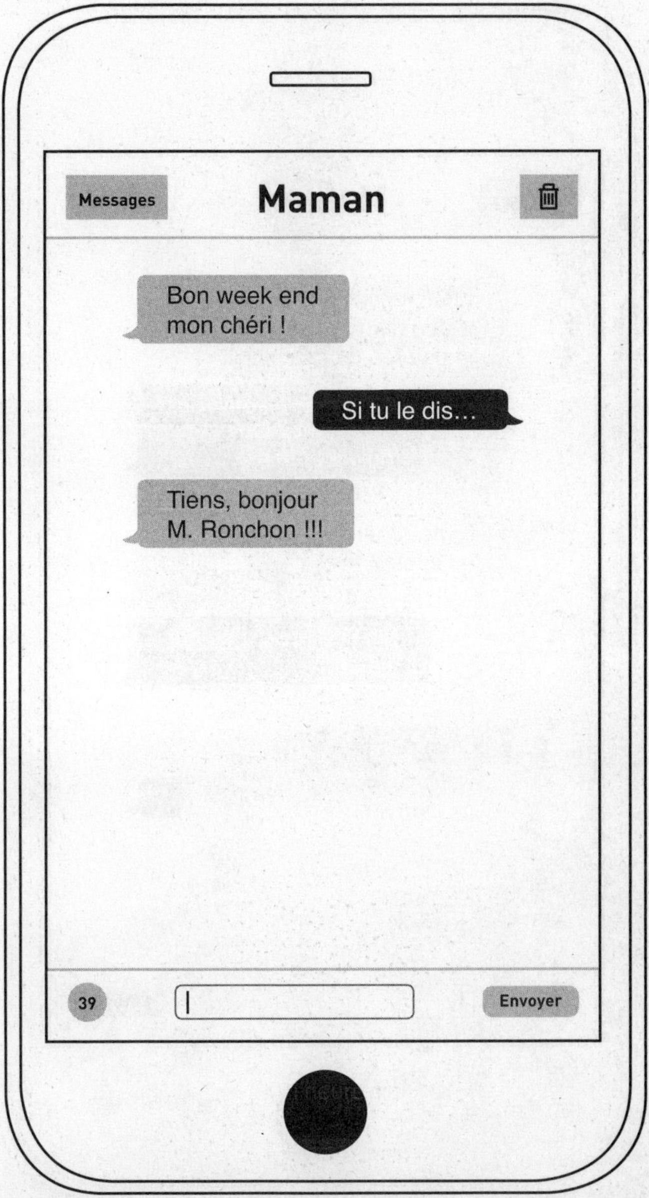
Messages
Maman
Bon week end mon chéri !
Si tu le dis…
Tiens, bonjour M. Ronchon !!!
39
Envoyer

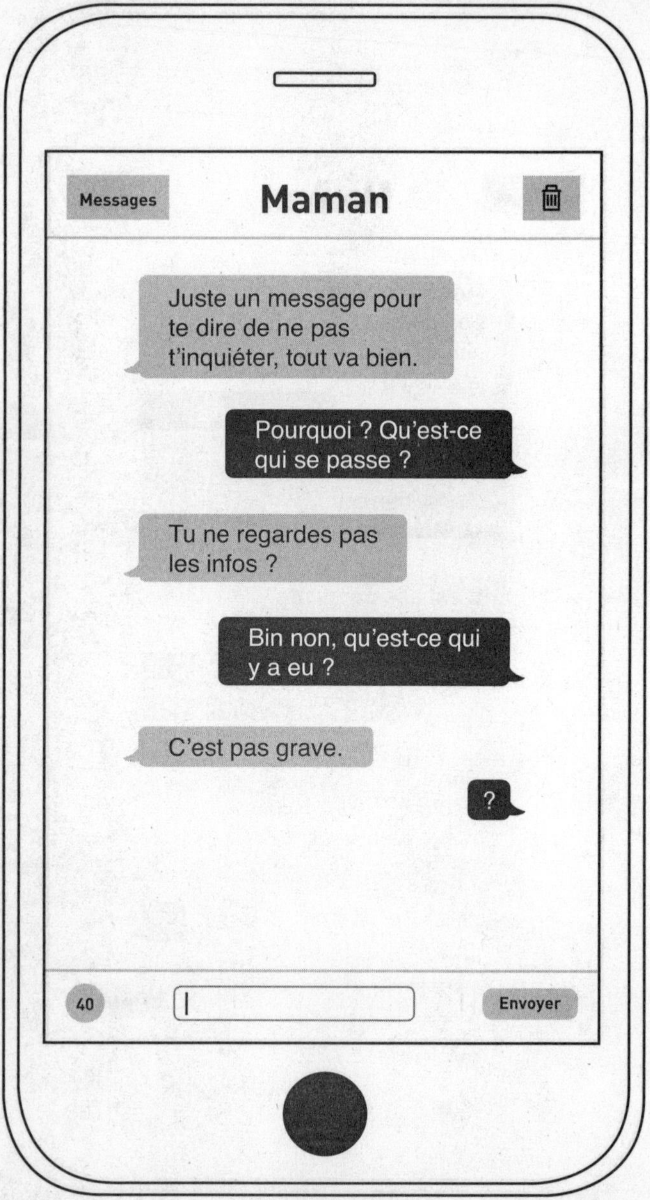
Messages
Maman
Juste un message pour te dire de ne pas t'inquiéter, tout va bien.
Pourquoi ? Qu'est-ce qui se passe ?
Tu ne regardes pas les infos ?
Bin non, qu'est-ce qui y a eu ?
C'est pas grave.
?
40
Envoyer

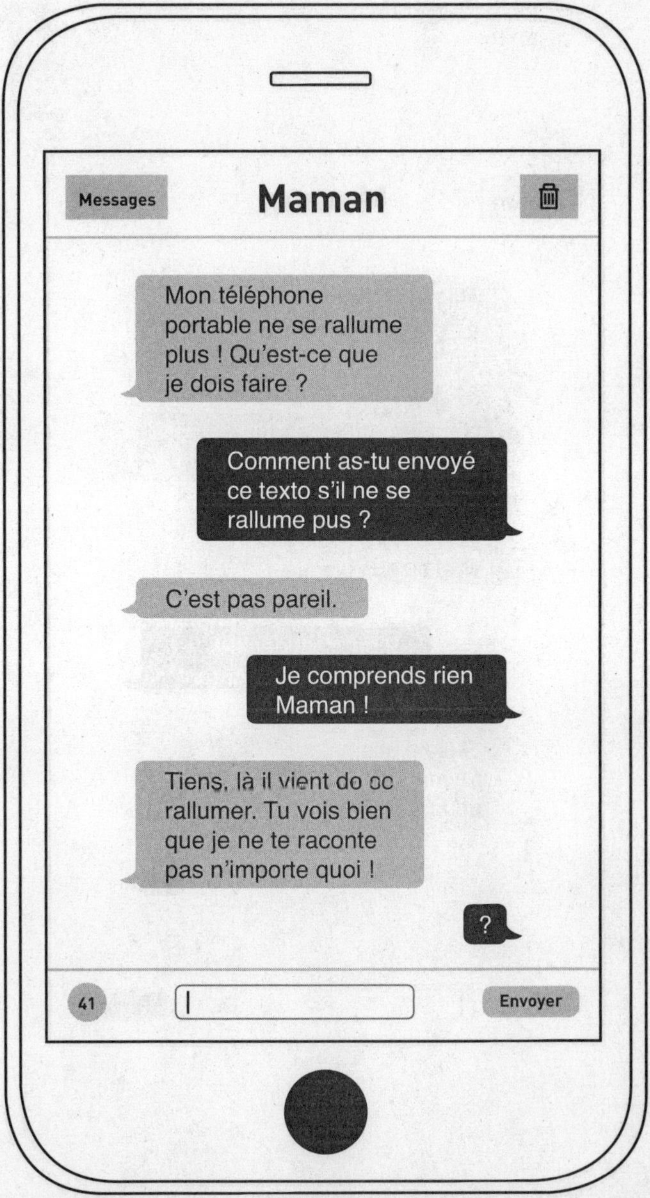
Messages
Maman
Mon téléphone portable ne se rallume plus ! Qu'est-ce que je dois faire ?
Comment as-tu envoyé ce texto s'il ne se rallume pus ?
C'est pas pareil.
Je comprends rien Maman !
Tiens, là il vient de se rallumer. Tu vois bien que je ne te raconte pas n'importe quoi !
?
41
Envoyer

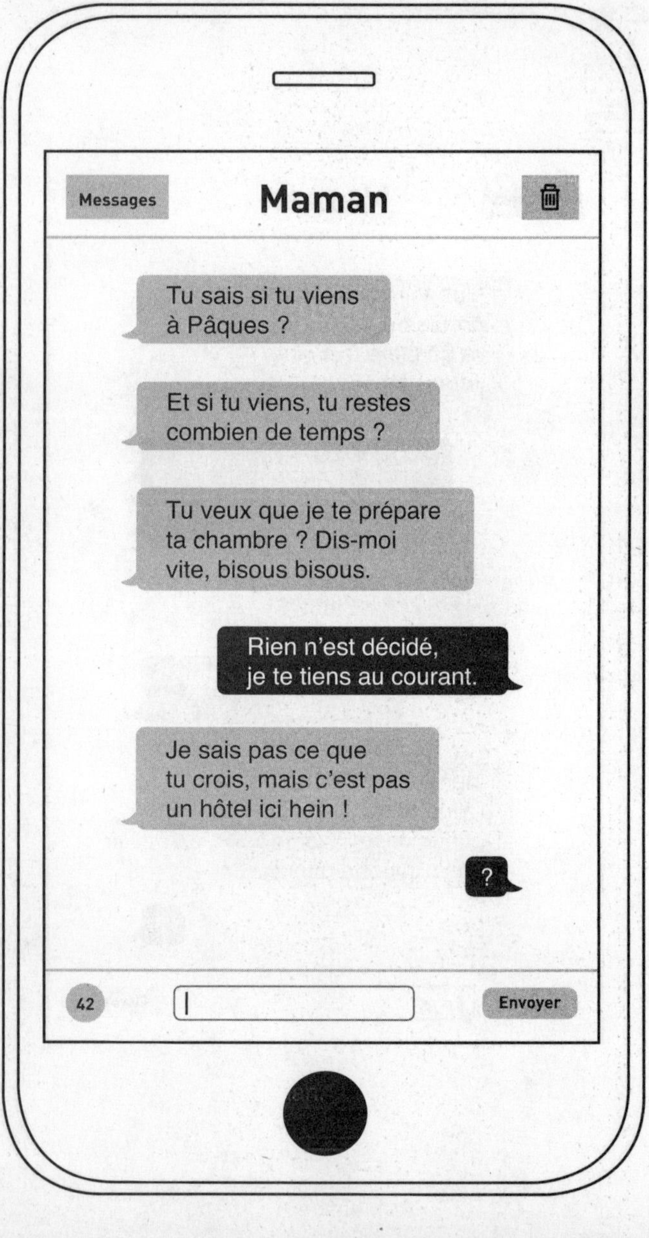
Messages
Maman
Tu sais si tu viens à Pâques ?
Et si tu viens, tu restes combien de temps ?
Tu veux que je te prépare ta chambre ? Dis-moi vite, bisous bisous.
Rien n'est décidé, je te tiens au courant.
Je sais pas ce que tu crois, mais c'est pas un hôtel ici hein !
?
42
Envoyer

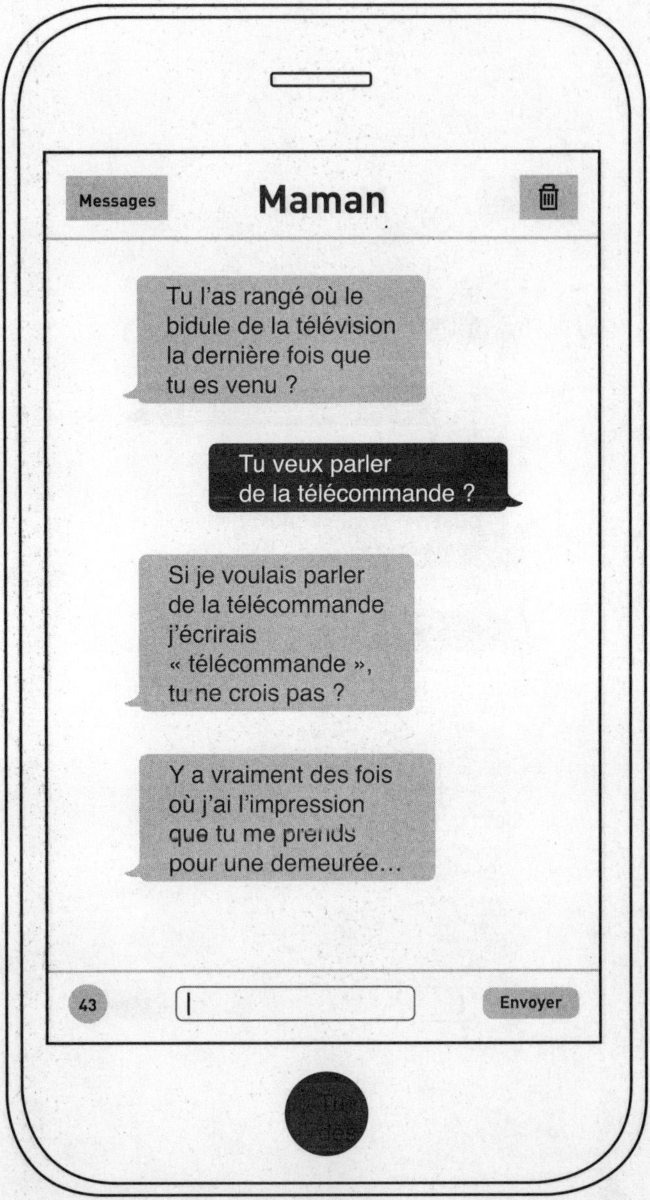
Messages
Maman
Tu l'as rangé où le bidule de la télévision la dernière fois que tu es venu ?
Tu veux parler de la télécommande ?
Si je voulais parler de la télécommande j'écrirais « télécommande », tu ne crois pas ?
Y a vraiment des fois où j'ai l'impression que tu me prends pour une demeurée…
43
Envoyer

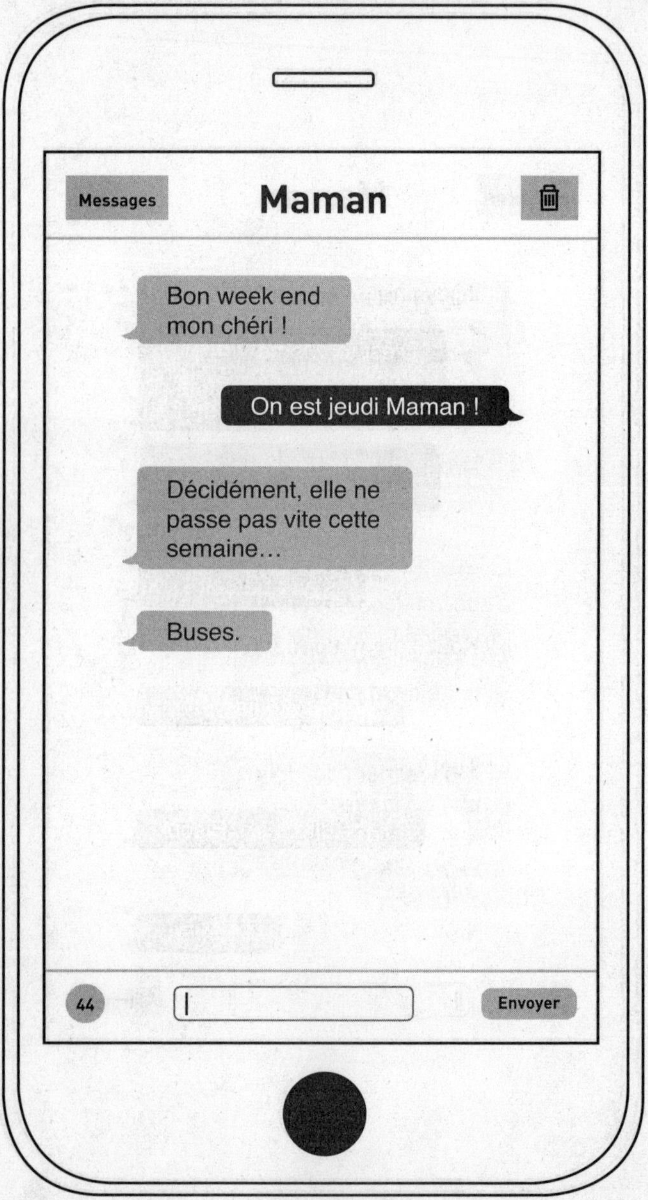
Messages
Maman
Bon week end mon chéri !
On est jeudi Maman !
Décidément, elle ne passe pas vite cette semaine…
Buses.
44
Envoyer

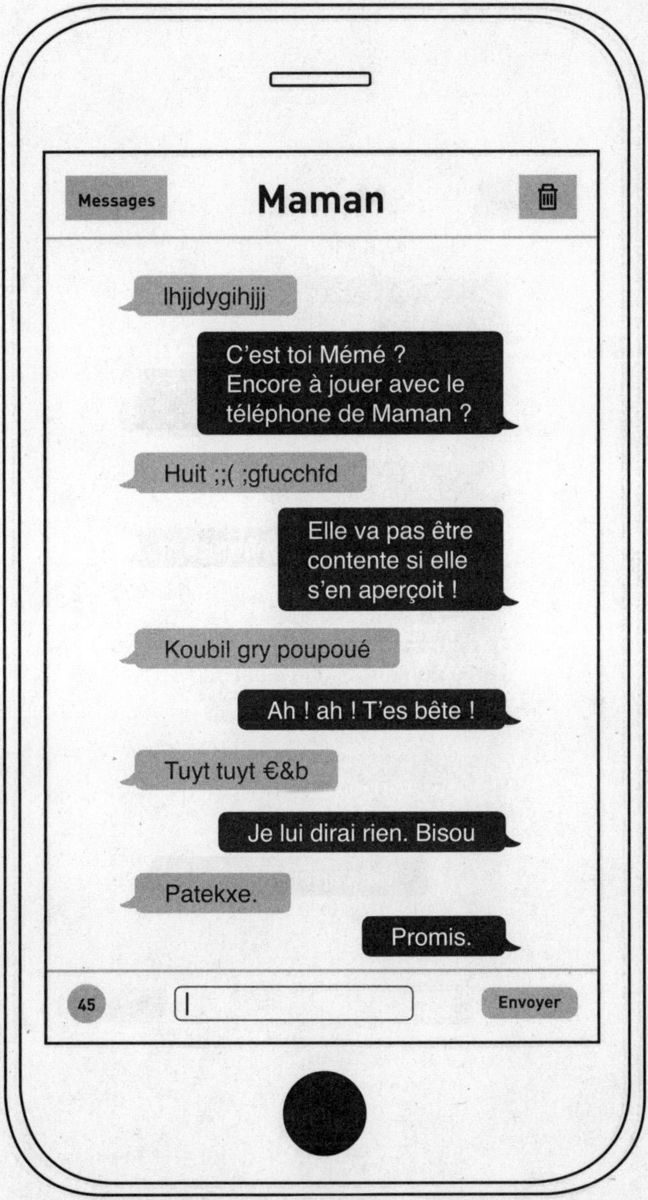
Messages
Maman
Ihjjdygihjjj
C'est toi Mémé ?
Encore à jouer avec le
téléphone de Maman ?
Huit ;;( ;gfucchfd
Elle va pas être
contente si elle
s'en aperçoit !
Koubil gry poupoué
Ah ! ah ! T'es bête !
Tuyt tuyt €&b
Je lui dirai rien. Bisou
Patekxe.
Promis.
45
Envoyer

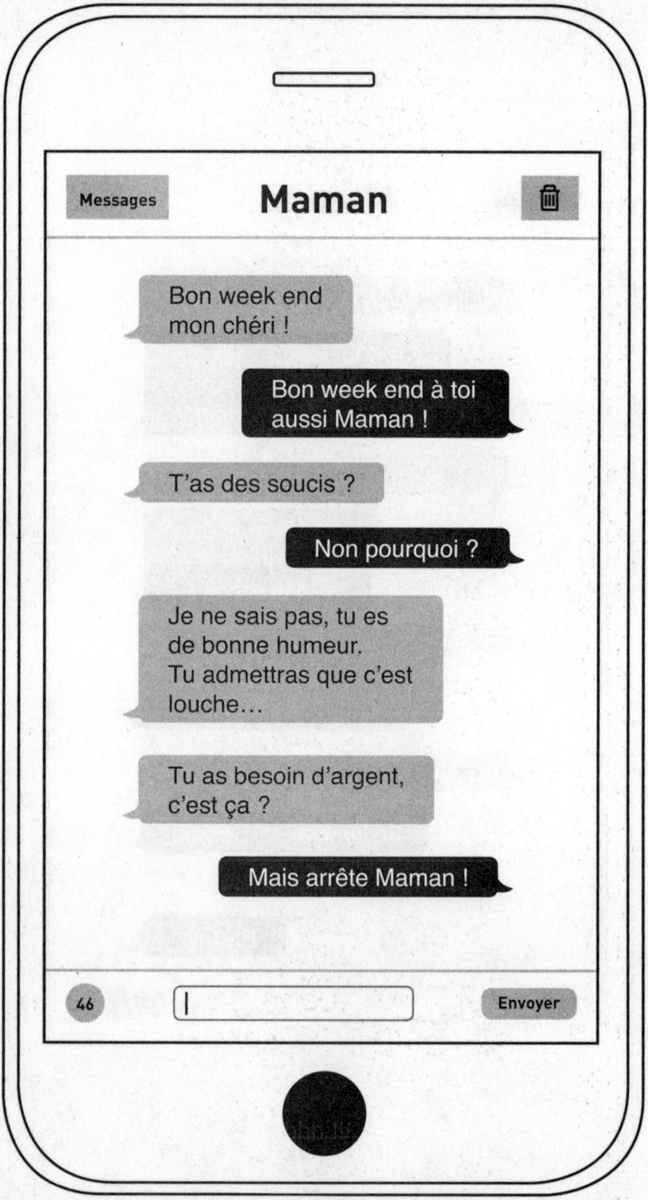
Messages
Maman
Bon week end mon chéri !
Bon week end à toi aussi Maman !
T'as des soucis ?
Non pourquoi ?
Je ne sais pas, tu es de bonne humeur. Tu admettras que c'est louche…
Tu as besoin d'argent, c'est ça ?
Mais arrête Maman !
46
Envoyer

Messages
Maman
Tu es sur Facebook toi ?
Moi ?
Non.
Du tout.
47
Envoyer

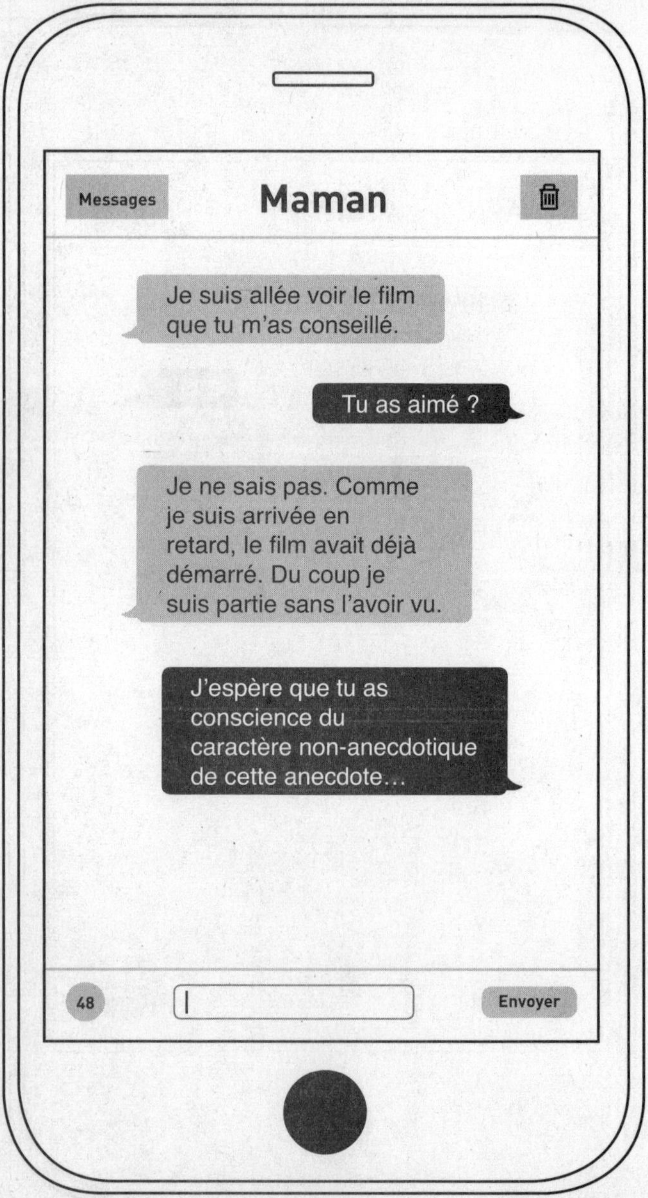
Messages
Maman
Je suis allée voir le film que tu m'as conseillé.
Tu as aimé ?
Je ne sais pas. Comme je suis arrivée en retard, le film avait déjà démarré. Du coup je suis partie sans l'avoir vu.
J'espère que tu as conscience du caractère non-anecdotique de cette anecdote…
48
Envoyer

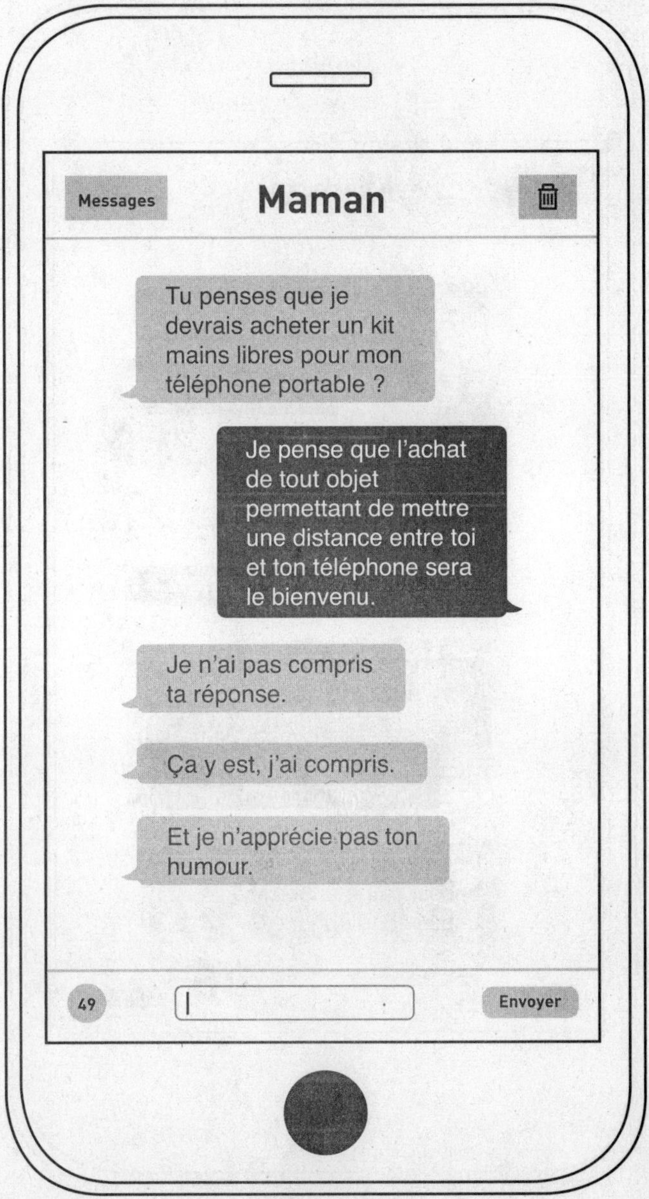
Messages
Maman
Tu penses que je devrais acheter un kit mains libres pour mon téléphone portable ?
Je pense que l'achat de tout objet permettant de mettre une distance entre toi et ton téléphone sera le bienvenu.
Je n'ai pas compris ta réponse.
Ça y est, j'ai compris.
Et je n'apprécie pas ton humour.
49
Envoyer

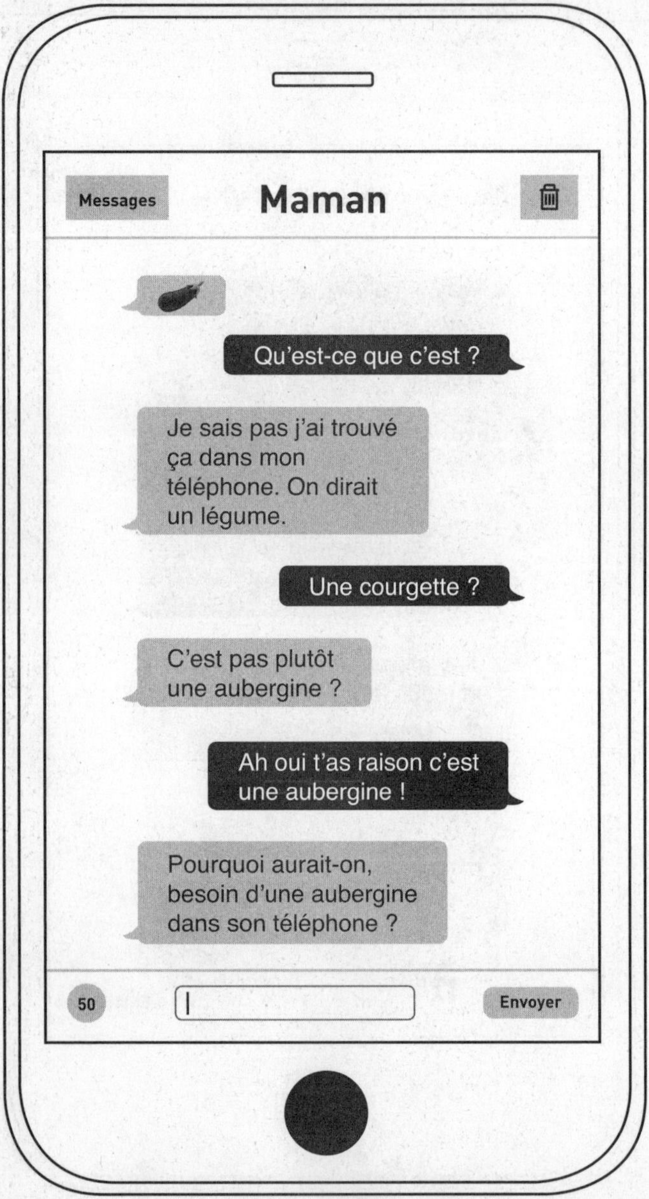
Messages
Maman
Qu'est-ce que c'est ?
Je sais pas j'ai trouvé ça dans mon téléphone. On dirait un légume.
Une courgette ?
C'est pas plutôt une aubergine ?
Ah oui t'as raison c'est une aubergine !
Pourquoi aurait-on, besoin d'une aubergine dans son téléphone ?
50
Envoyer

Messages
Maman
L'horloge du téléphone s'est déréglée, je fais comment pour la remettre à l'heure ?
Tu vas sur l'application « Horloge »…
Celle sur laquelle il y a une horloge dessinée dessus ?
Non, celle avec un cheval en tutu qui joue au Scrabble…
Je la vois pas !
Je plaisantais Maman.
51
Envoyer

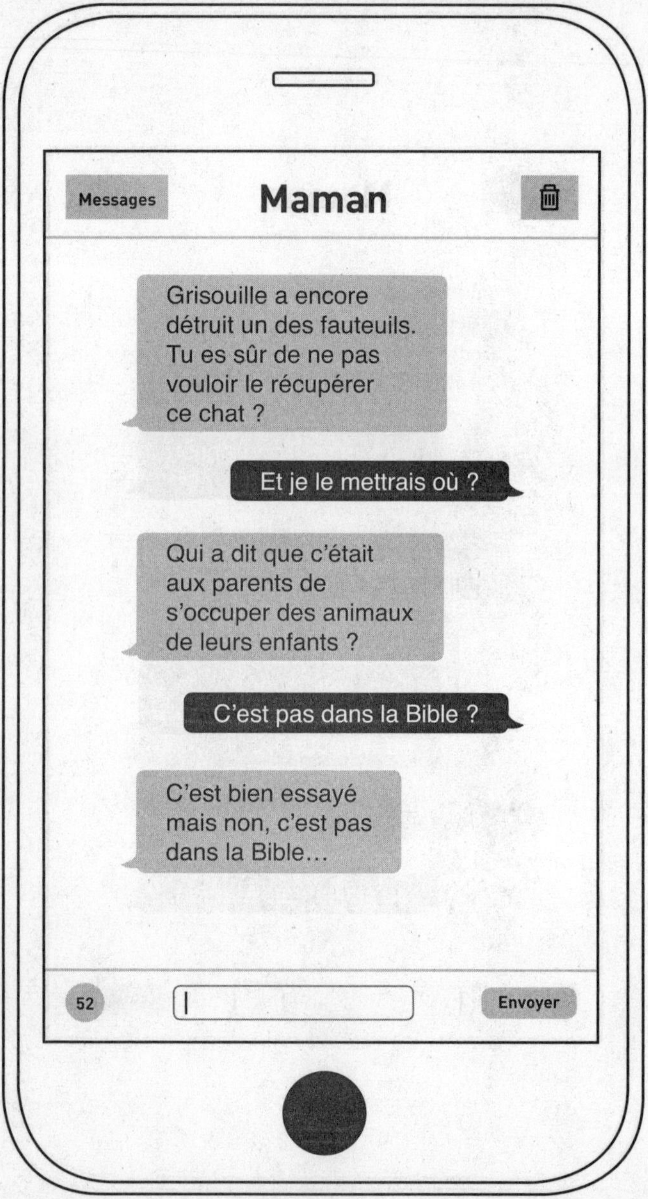
Messages
Maman
Grisouille a encore détruit un des fauteuils. Tu es sûr de ne pas vouloir le récupérer ce chat ?
Et je le mettrais où ?
Qui a dit que c'était aux parents de s'occuper des animaux de leurs enfants ?
C'est pas dans la Bible ?
C'est bien essayé mais non, c'est pas dans la Bible…
52
Envoyer

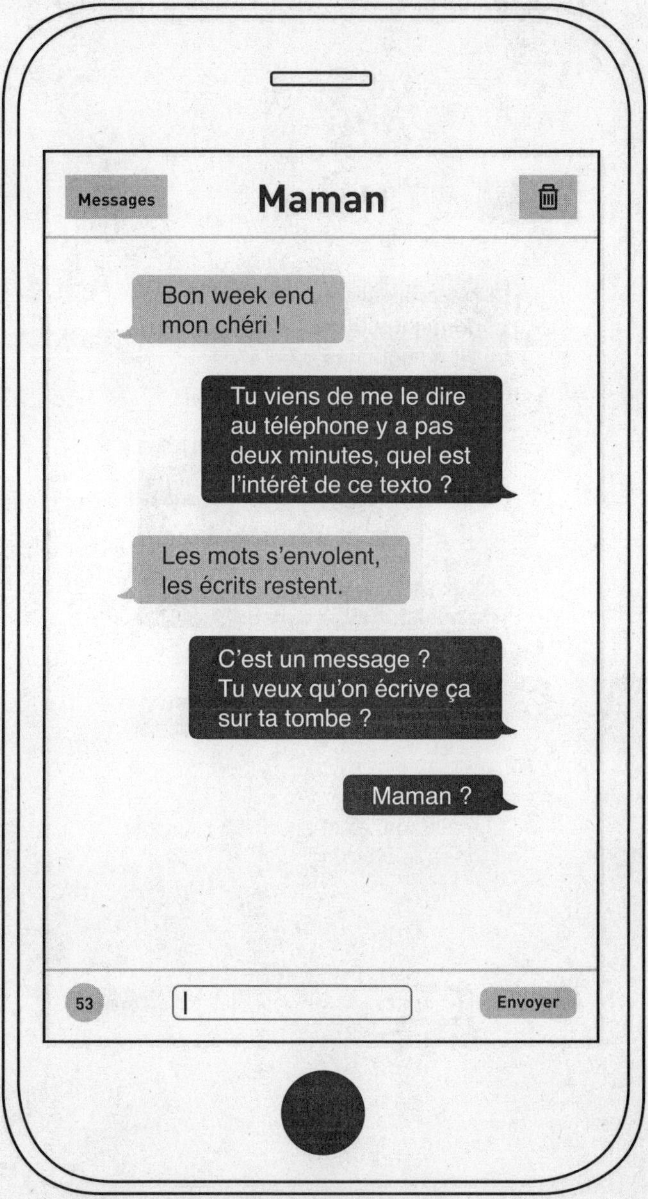
Messages
Maman
Bon week end mon chéri !
Tu viens de me le dire au téléphone y a pas deux minutes, quel est l'intérêt de ce texto ?
Les mots s'envolent, les écrits restent.
C'est un message ? Tu veux qu'on écrive ça sur ta tombe ?
Maman ?
53
Envoyer

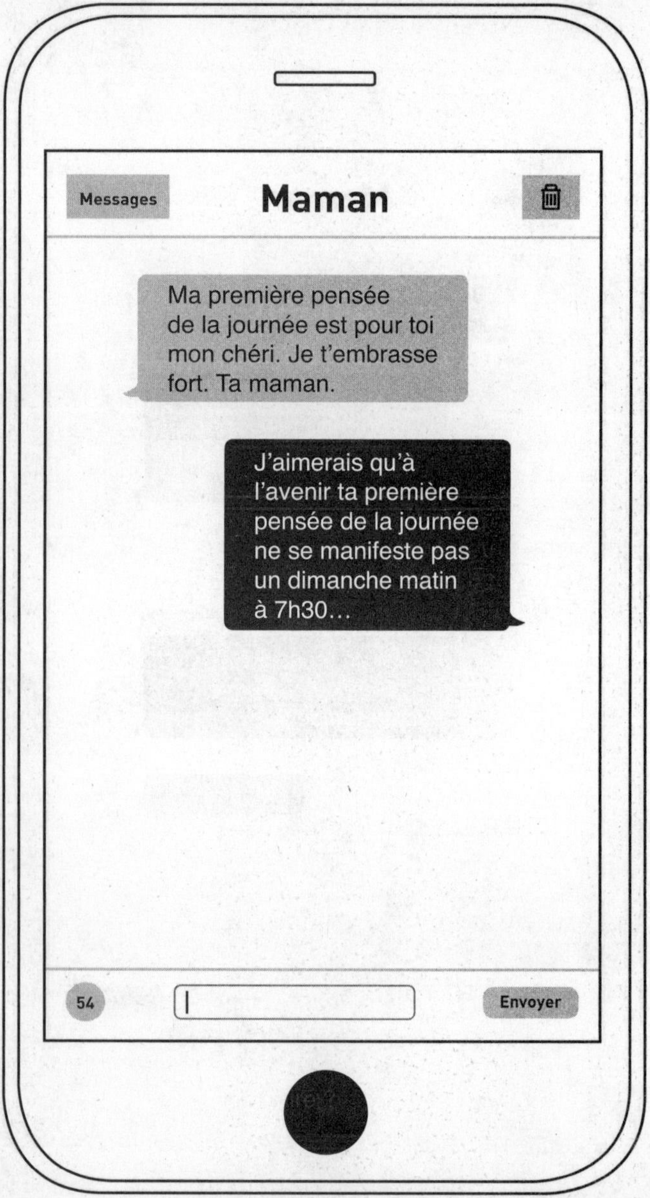
Messages
Maman
Ma première pensée de la journée est pour toi mon chéri. Je t'embrasse fort. Ta maman.
J'aimerais qu'à l'avenir ta première pensée de la journée ne se manifeste pas un dimanche matin à 7h30…
54
Envoyer

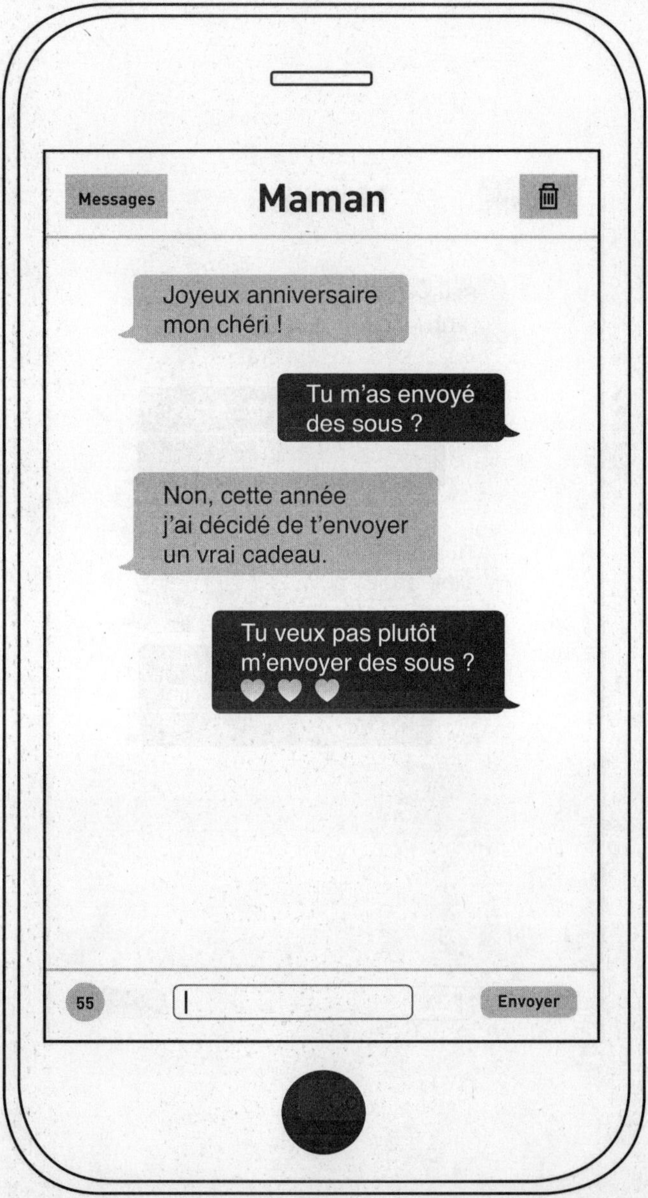
Messages
Maman
Joyeux anniversaire mon chéri !
Tu m'as envoyé des sous ?
Non, cette année j'ai décidé de t'envoyer un vrai cadeau.
Tu veux pas plutôt m'envoyer des sous ? ♥ ♥ ♥
55
Envoyer

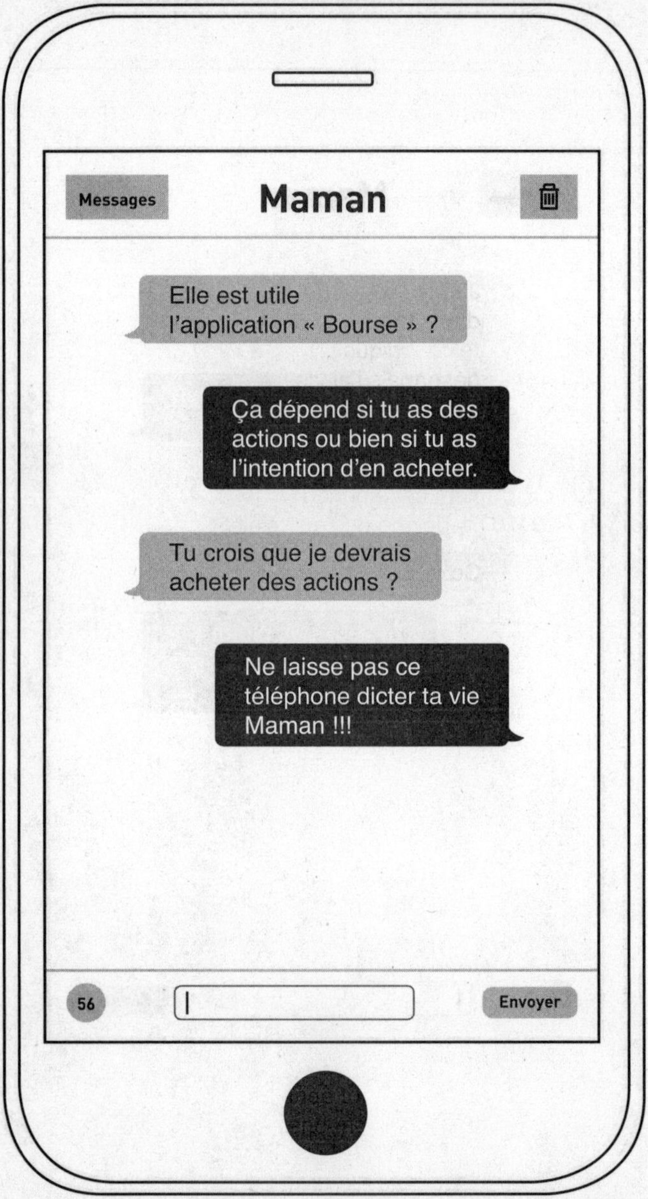
Messages
Maman
Elle est utile l'application « Bourse » ?
Ça dépend si tu as des actions ou bien si tu as l'intention d'en acheter.
Tu crois que je devrais acheter des actions ?
Ne laisse pas ce téléphone dicter ta vie Maman !!!
56
Envoyer

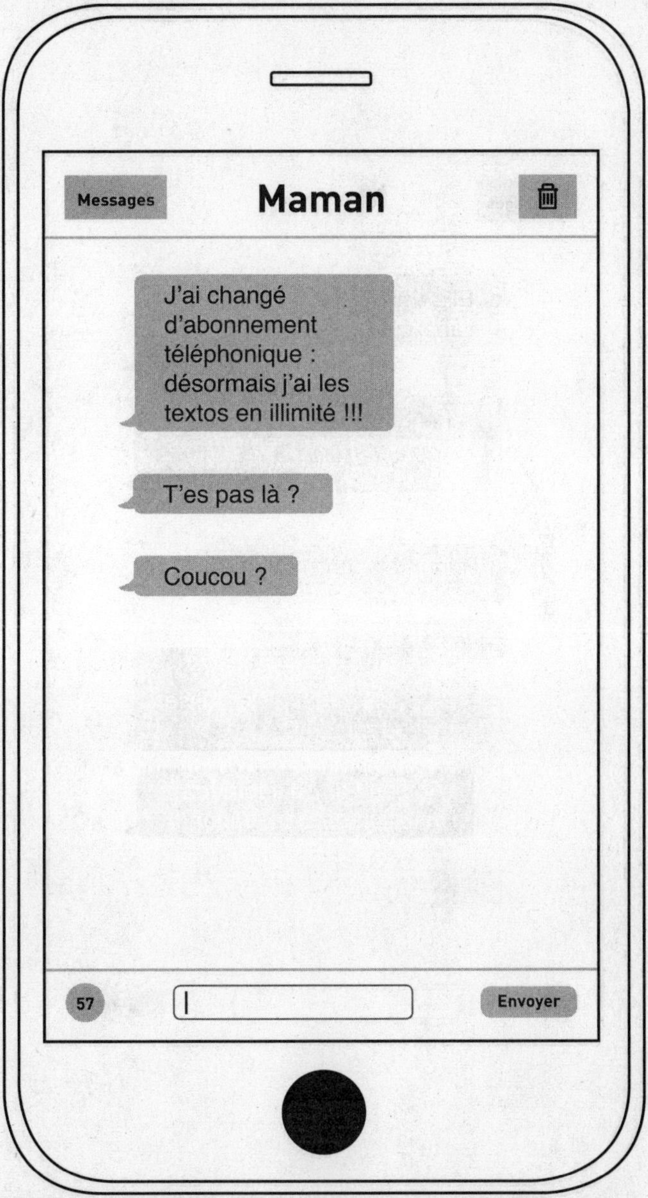
Messages
Maman
J'ai changé d'abonnement téléphonique : désormais j'ai les textos en illimité !!!
T'es pas là ?
Coucou ?
57
Envoyer

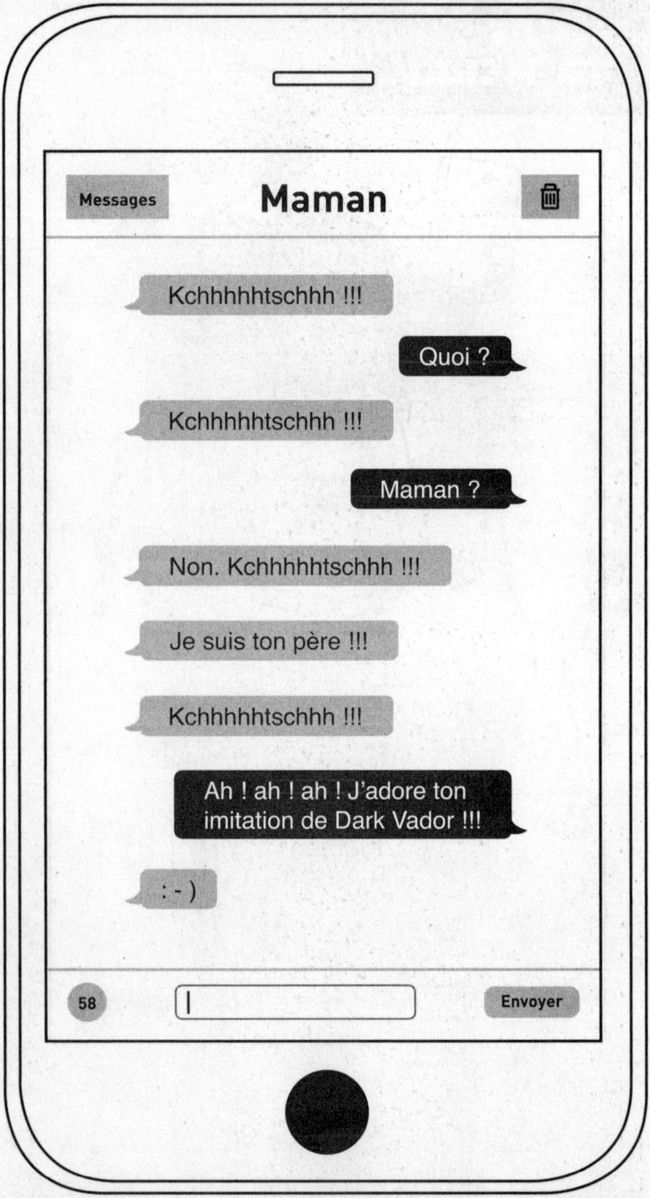
Messages
Maman
Kchhhhhtschhh !!!
Quoi ?
Kchhhhhtschhh !!!
Maman ?
Non. Kchhhhhtschhh !!!
Je suis ton père !!!
Kchhhhhtschhh !!!
Ah ! ah ! ah ! J'adore ton imitation de Dark Vador !!!
: - )
58
Envoyer

JE SUIS TA MÈRE!...

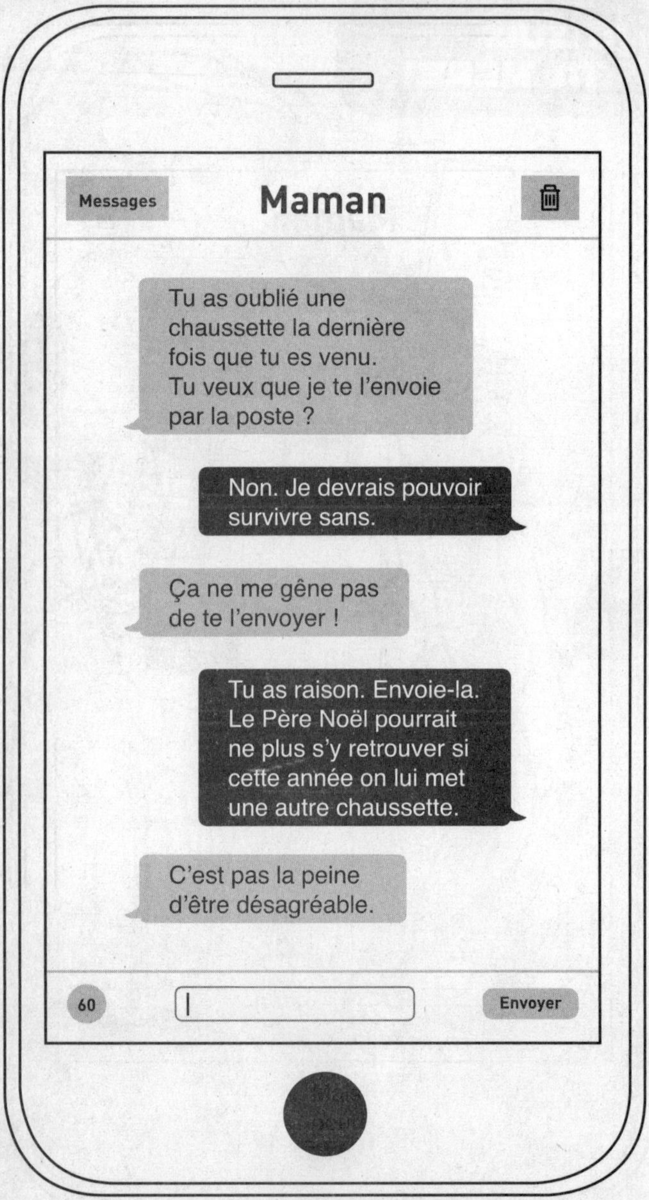
Messages
Maman
Tu as oublié une chaussette la dernière fois que tu es venu. Tu veux que je te l'envoie par la poste ?
Non. Je devrais pouvoir survivre sans.
Ça ne me gêne pas de te l'envoyer !
Tu as raison. Envoie-la. Le Père Noël pourrait ne plus s'y retrouver si cette année on lui met une autre chaussette.
C'est pas la peine d'être désagréable.
60
Envoyer

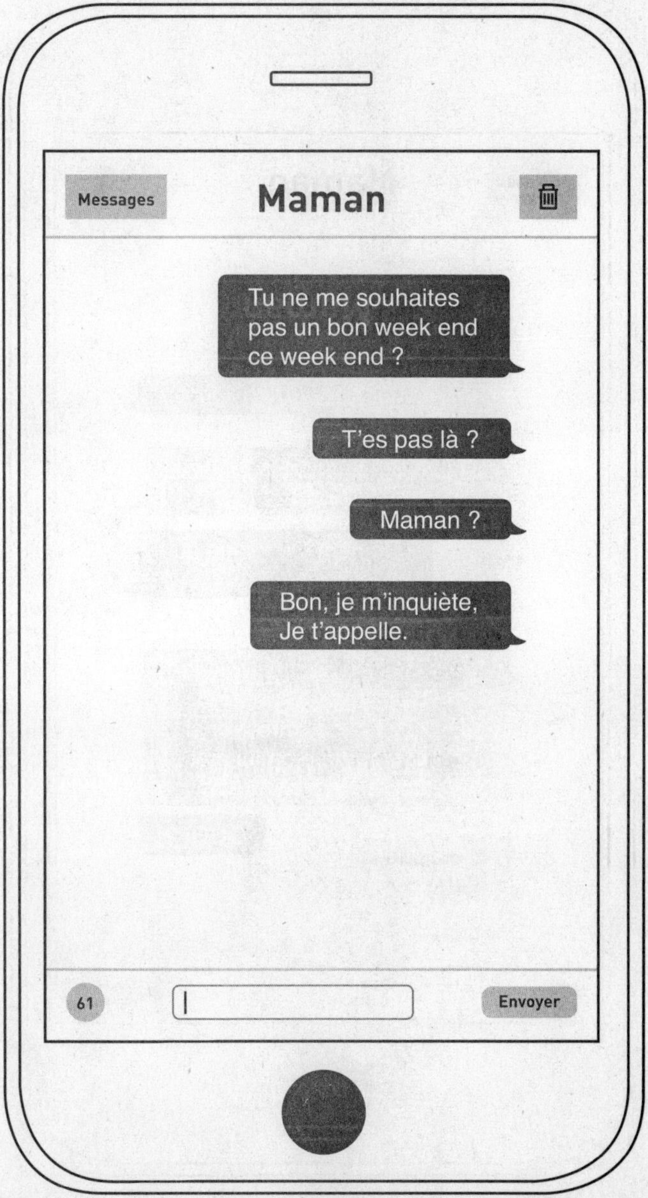
Messages
Maman
Tu ne me souhaites pas un bon week end ce week end ?
T'es pas là ?
Maman ?
Bon, je m'inquiète,
Je t'appelle.
61
Envoyer

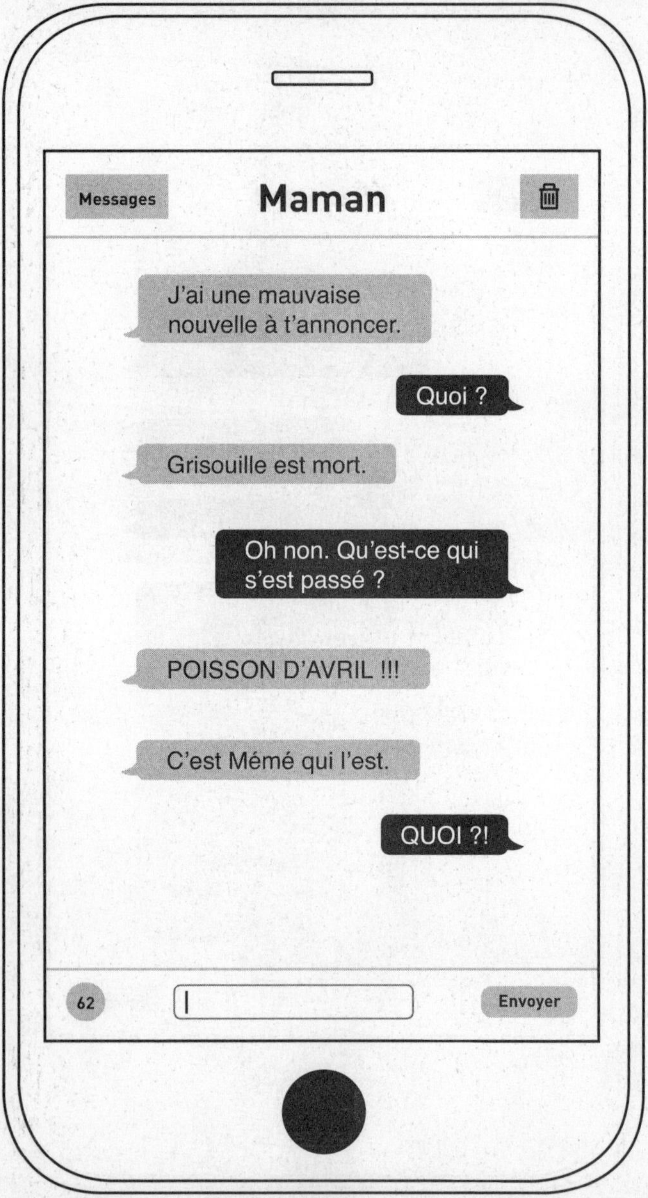
Messages
Maman
J'ai une mauvaise nouvelle à t'annoncer.
Quoi ?
Grisouille est mort.
Oh non. Qu'est-ce qui s'est passé ?
POISSON D'AVRIL !!!
C'est Mémé qui l'est.
QUOI ?!
62
Envoyer

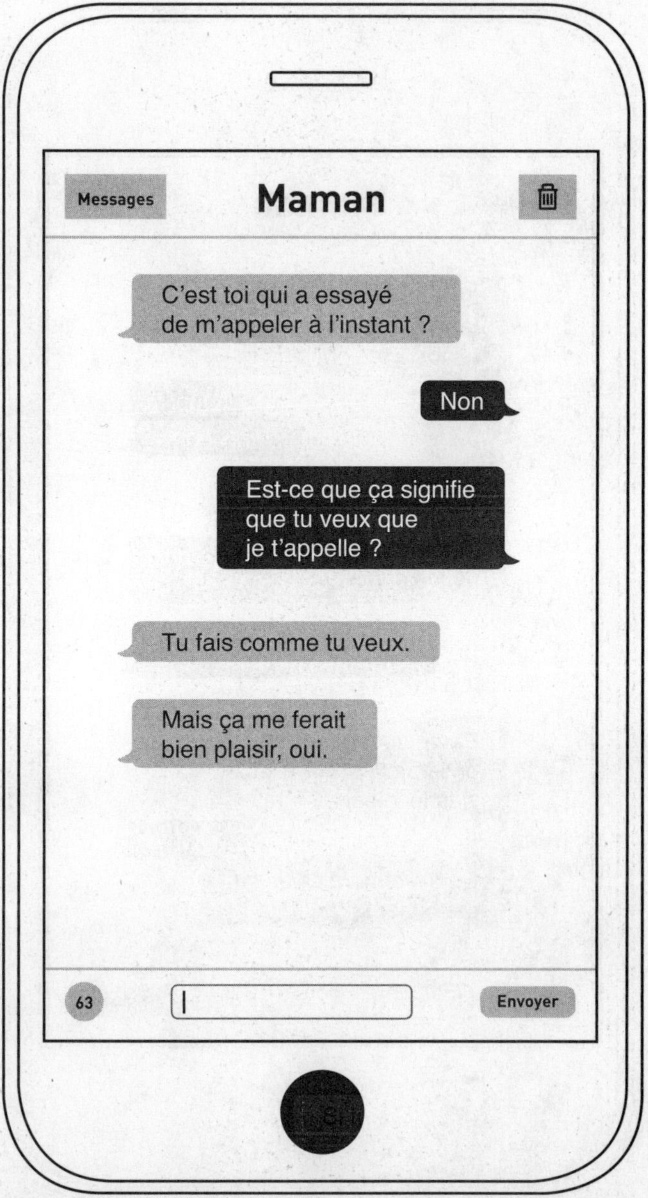
Messages
Maman
C'est toi qui a essayé
de m'appeler à l'instant ?
Non
Est-ce que ça signifie
que tu veux que
je t'appelle ?
Tu fais comme tu veux.
Mais ça me ferait
bien plaisir, oui.
63
Envoyer

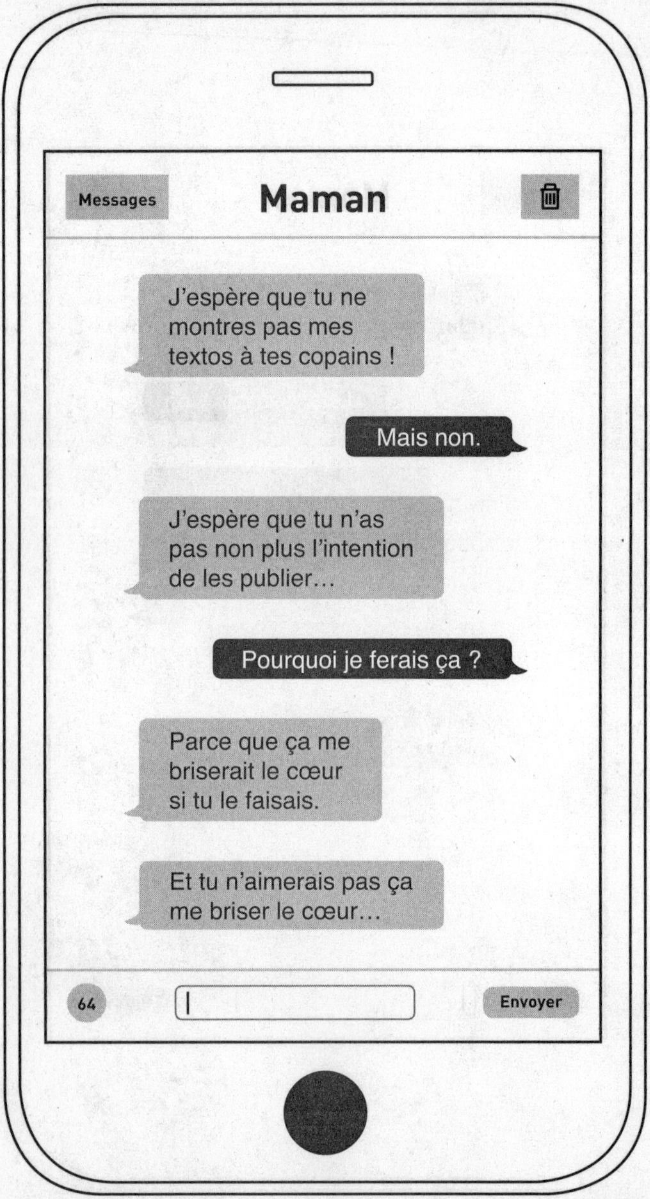
Messages
Maman
J'espère que tu ne montres pas mes textos à tes copains !
Mais non.
J'espère que tu n'as pas non plus l'intention de les publier…
Pourquoi je ferais ça ?
Parce que ça me briserait le cœur si tu le faisais.
Et tu n'aimerais pas ça me briser le cœur…
64
Envoyer

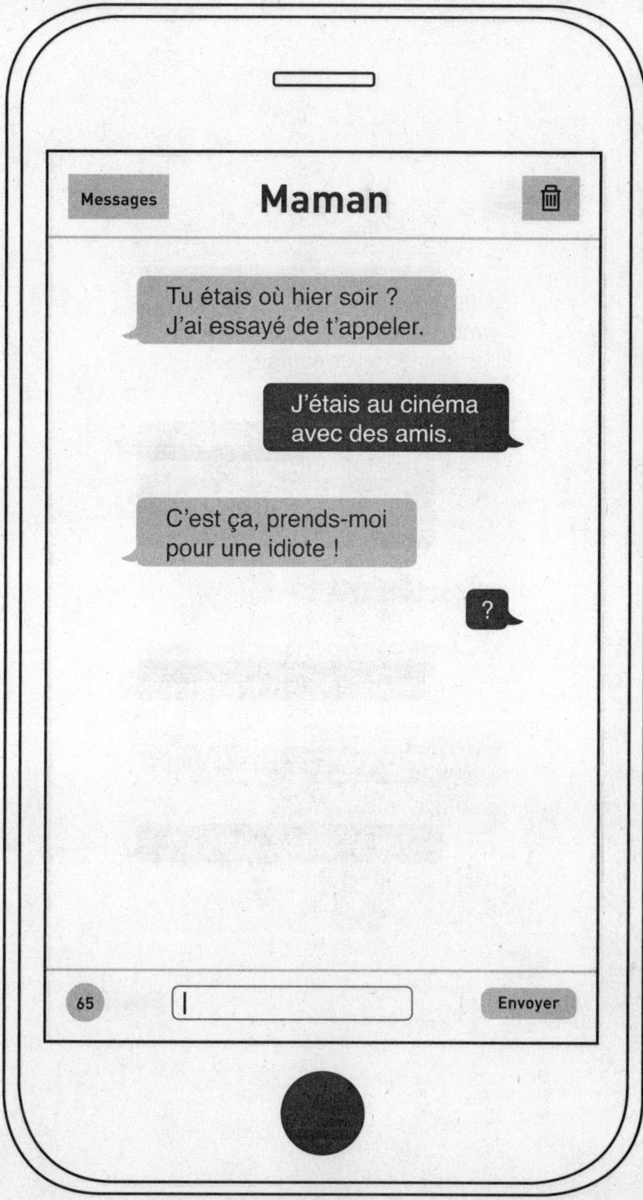
Messages
Maman
Tu étais où hier soir ?
J'ai essayé de t'appeler.
J'étais au cinéma
avec des amis.
C'est ça, prends-moi
pour une idiote !
?
65
Envoyer

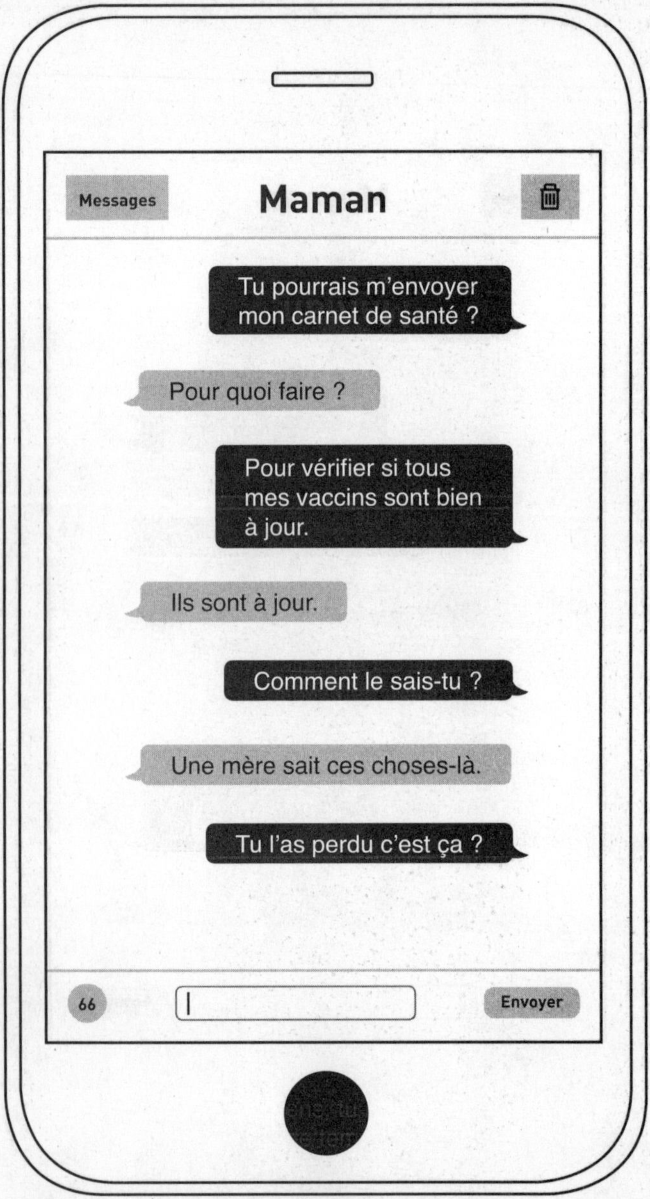
Messages
Maman
Tu pourrais m'envoyer mon carnet de santé ?
Pour quoi faire ?
Pour vérifier si tous mes vaccins sont bien à jour.
Ils sont à jour.
Comment le sais-tu ?
Une mère sait ces choses-là.
Tu l'as perdu c'est ça ?
66
Envoyer

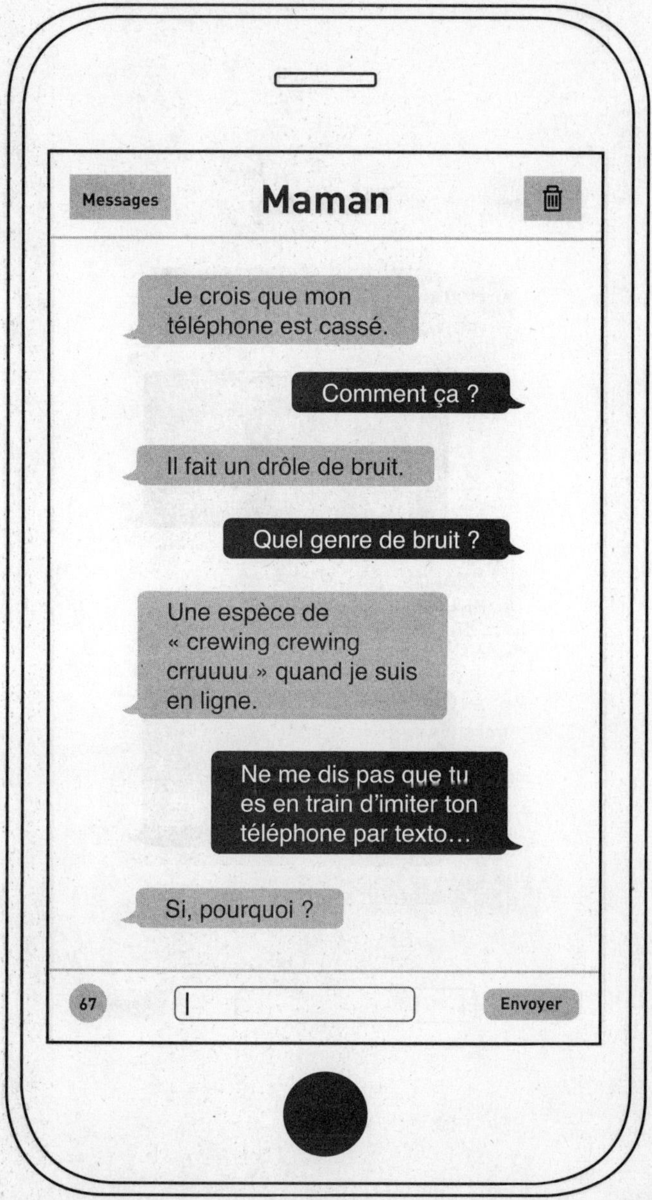
Messages
Maman
Je crois que mon téléphone est cassé.
Comment ça ?
Il fait un drôle de bruit.
Quel genre de bruit ?
Une espèce de « crewing crewing crruuuu » quand je suis en ligne.
Ne me dis pas que tu es en train d'imiter ton téléphone par texto…
Si, pourquoi ?
67
Envoyer

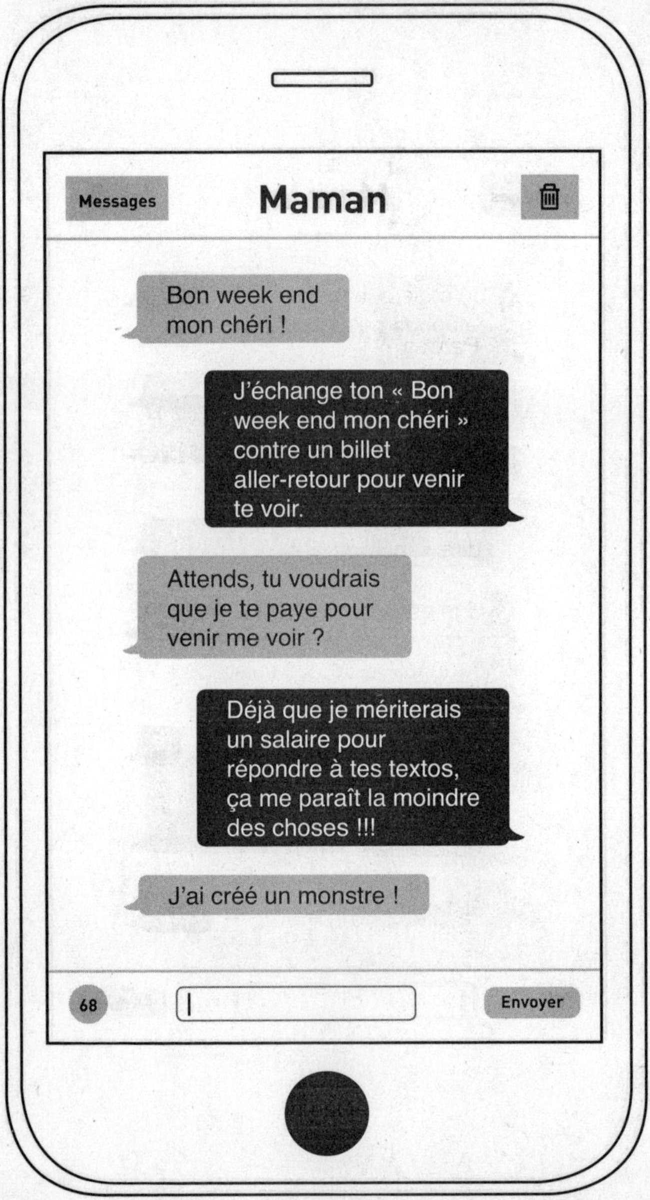
Messages
Maman
Bon week end mon chéri !
J'échange ton « Bon week end mon chéri » contre un billet aller-retour pour venir te voir.
Attends, tu voudrais que je te paye pour venir me voir ?
Déjà que je mériterais un salaire pour répondre à tes textos, ça me paraît la moindre des choses !!!
J'ai créé un monstre !
68
Envoyer

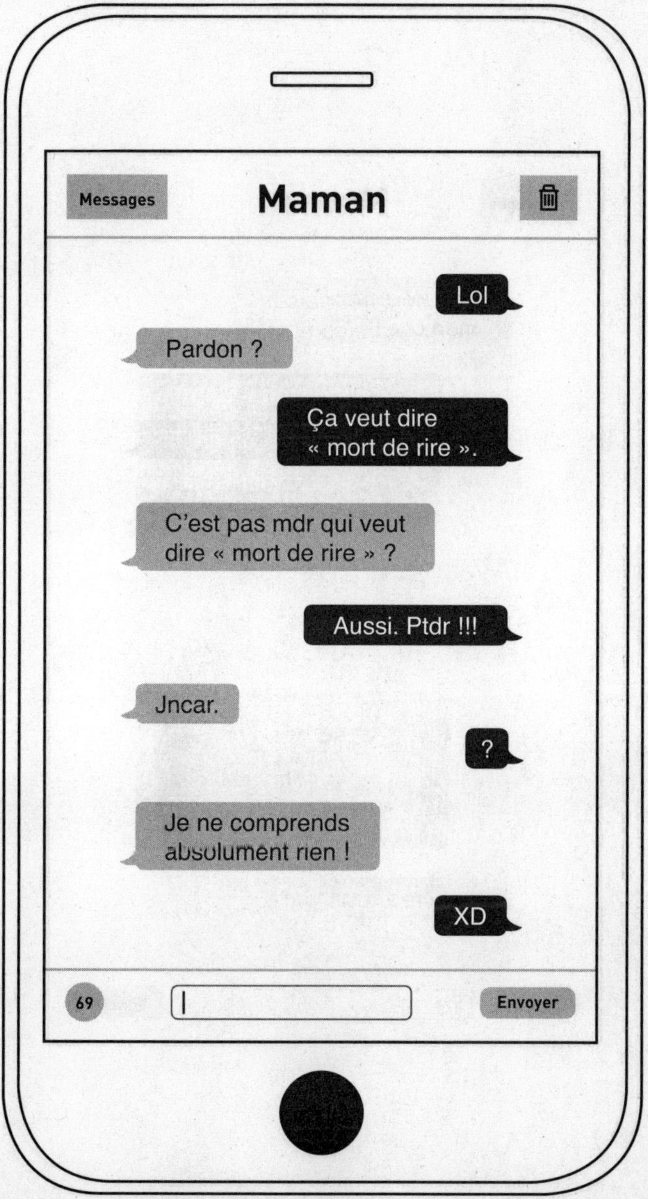

Messages
Maman
Lol
Pardon ?
Ça veut dire « mort de rire ».
C'est pas mdr qui veut dire « mort de rire » ?
Aussi. Ptdr !!!
Jncar.
?
Je ne comprends absolument rien !
XD
69
Envoyer

Messages
Maman
Dis chéri, pourrais-tu me créer un compte Twitter ?
Ah ah ah !!!
Non.
70
Envoyer

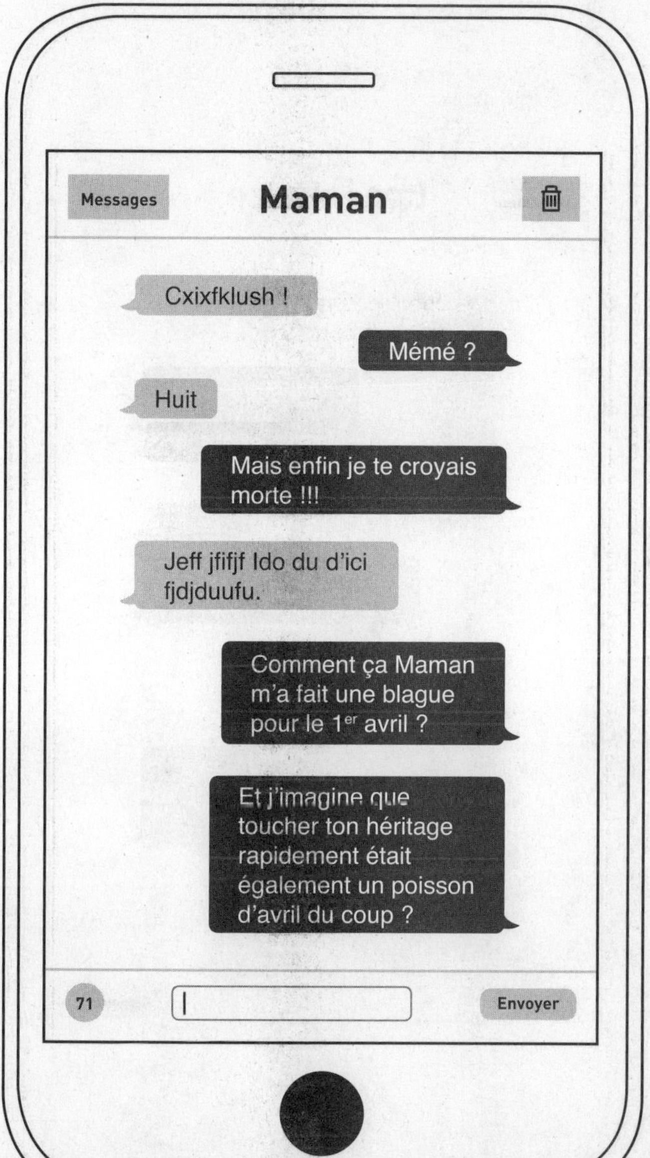
Messages
Maman
Cxixfklush !
Mémé ?
Huit
Mais enfin je te croyais morte !!!
Jeff jfifjf Ido du d'ici fjdjduufu.
Comment ça Maman m'a fait une blague pour le 1er avril ?
Et j'imagine que toucher ton héritage rapidement était également un poisson d'avril du coup ?
71
Envoyer

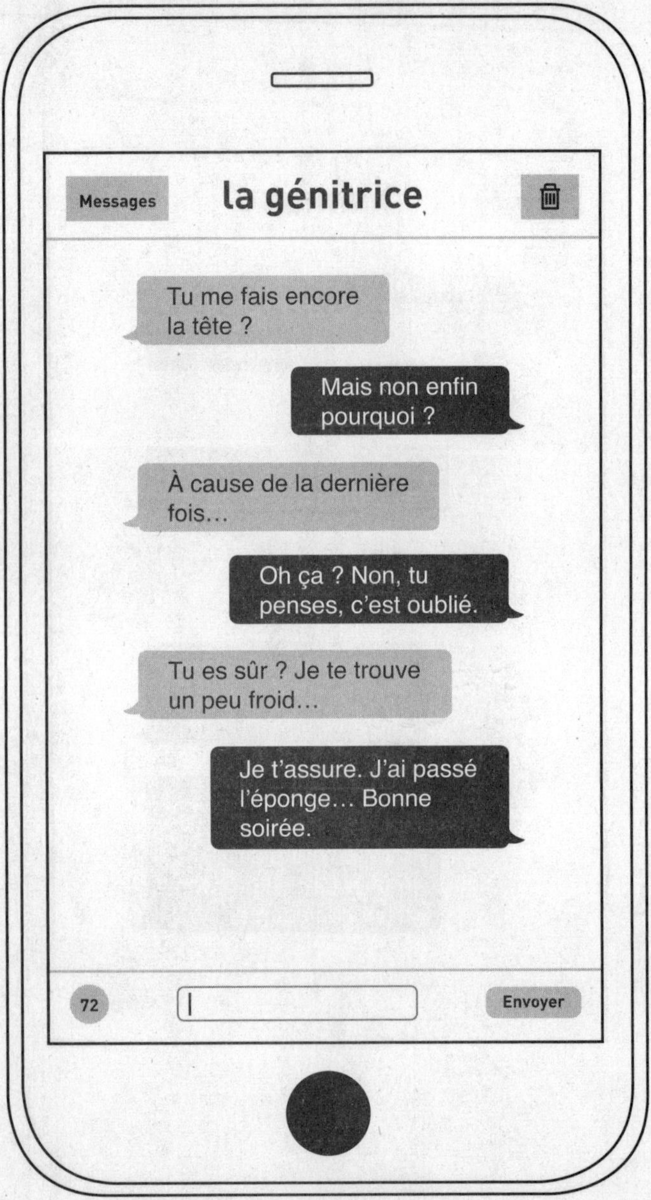
Messages
la génitrice
Tu me fais encore la tête ?
Mais non enfin pourquoi ?
À cause de la dernière fois…
Oh ça ? Non, tu penses, c'est oublié.
Tu es sûr ? Je te trouve un peu froid…
Je t'assure. J'ai passé l'éponge… Bonne soirée.
72
Envoyer

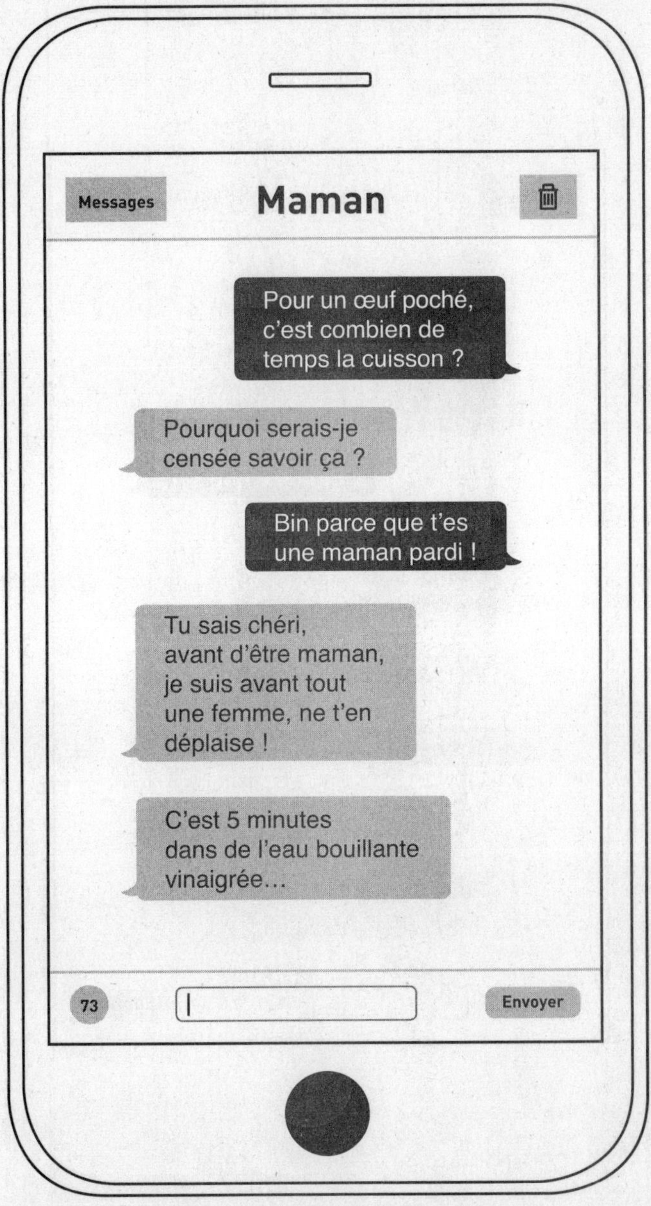
Messages
Maman
Pour un œuf poché, c'est combien de temps la cuisson ?
Pourquoi serais-je censée savoir ça ?
Bin parce que t'es une maman pardi !
Tu sais chéri, avant d'être maman, je suis avant tout une femme, ne t'en déplaise !
C'est 5 minutes dans de l'eau bouillante vinaigrée…
73
Envoyer

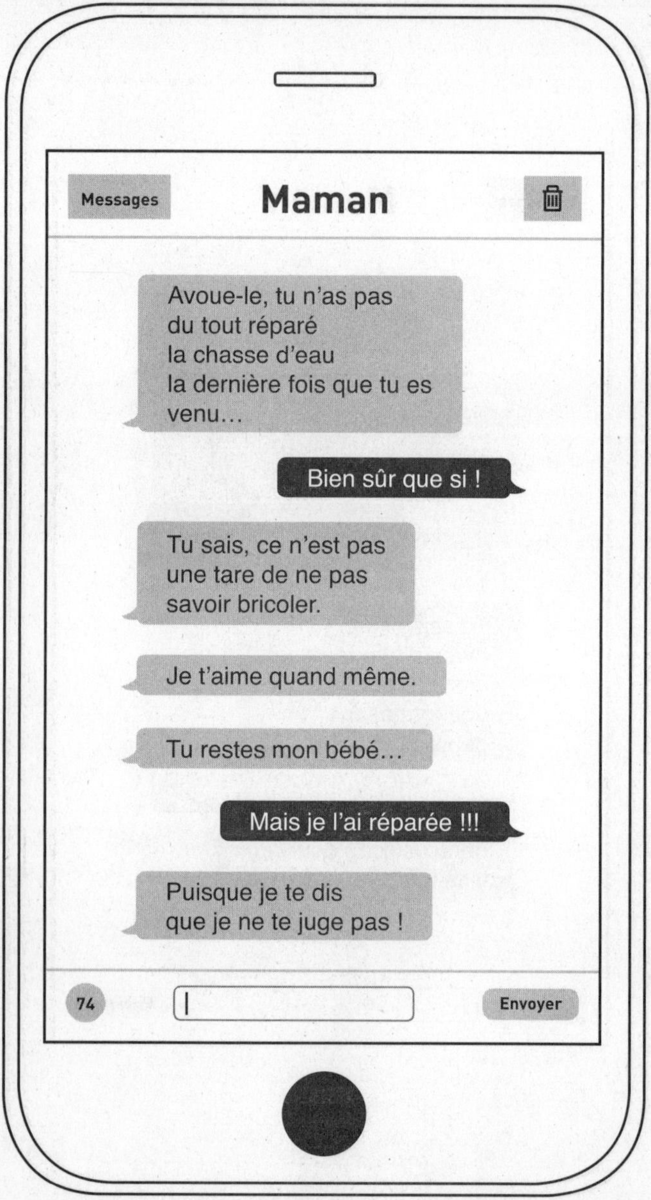
Messages
Maman
Avoue-le, tu n’as pas du tout réparé la chasse d’eau la dernière fois que tu es venu…
Bien sûr que si !
Tu sais, ce n’est pas une tare de ne pas savoir bricoler.
Je t’aime quand même.
Tu restes mon bébé…
Mais je l’ai réparée !!!
Puisque je te dis que je ne te juge pas !
74
Envoyer

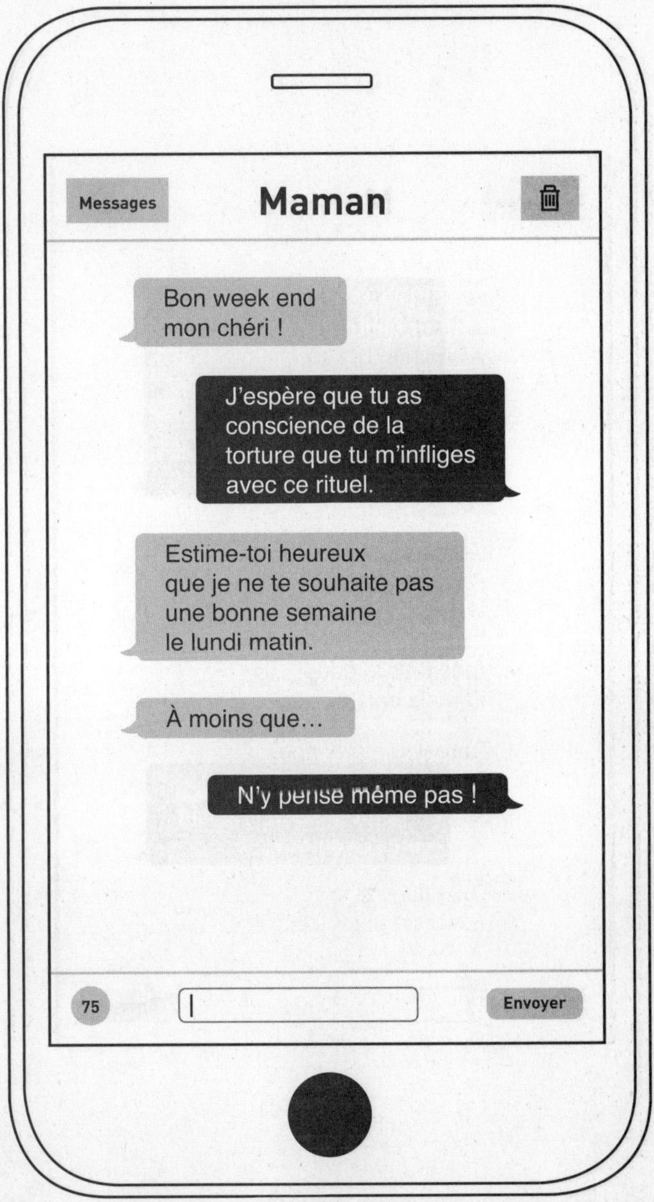
Messages
Maman
Bon week end mon chéri !
J'espère que tu as conscience de la torture que tu m'infliges avec ce rituel.
Estime-toi heureux que je ne te souhaite pas une bonne semaine le lundi matin.
À moins que…
N'y pense même pas !
75
Envoyer

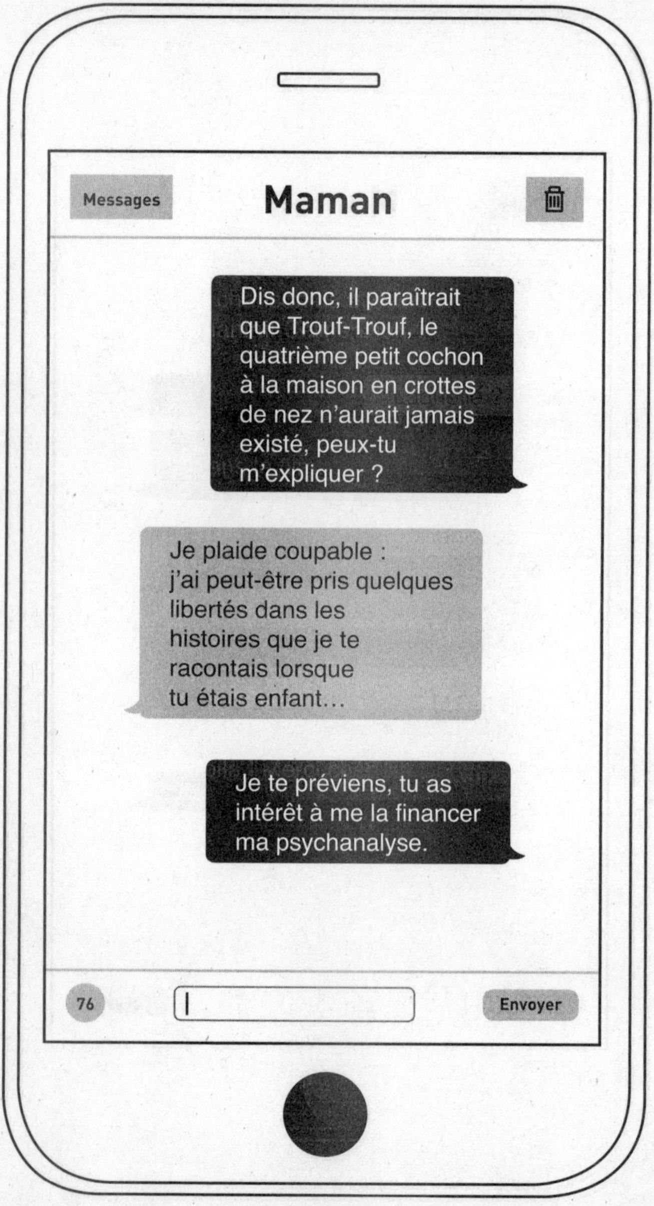
Messages
Maman
Dis donc, il paraîtrait que Trouf-Trouf, le quatrième petit cochon à la maison en crottes de nez n'aurait jamais existé, peux-tu m'expliquer ?
Je plaide coupable : j'ai peut-être pris quelques libertés dans les histoires que je te racontais lorsque tu étais enfant…
Je te préviens, tu as intérêt à me la financer ma psychanalyse.
76
Envoyer

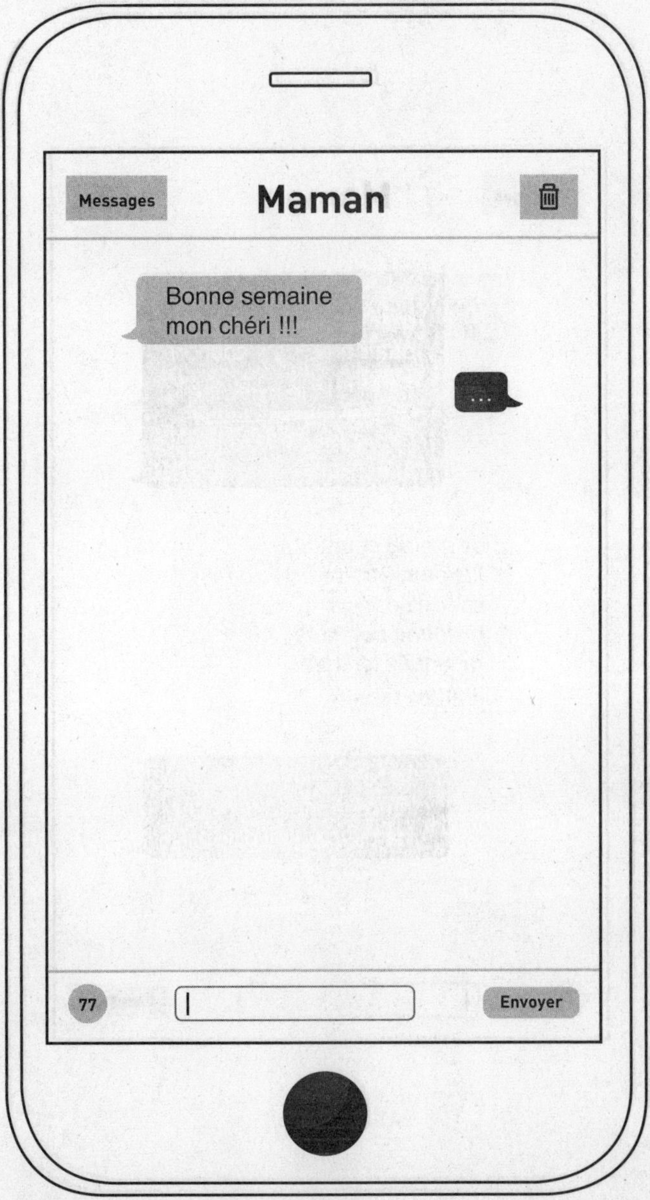
Messages
Maman
Bonne semaine mon chéri !!!
...
77
Envoyer

Messages
Maman
Bon ok, bravo,
là je m'incline !
78
Envoyer

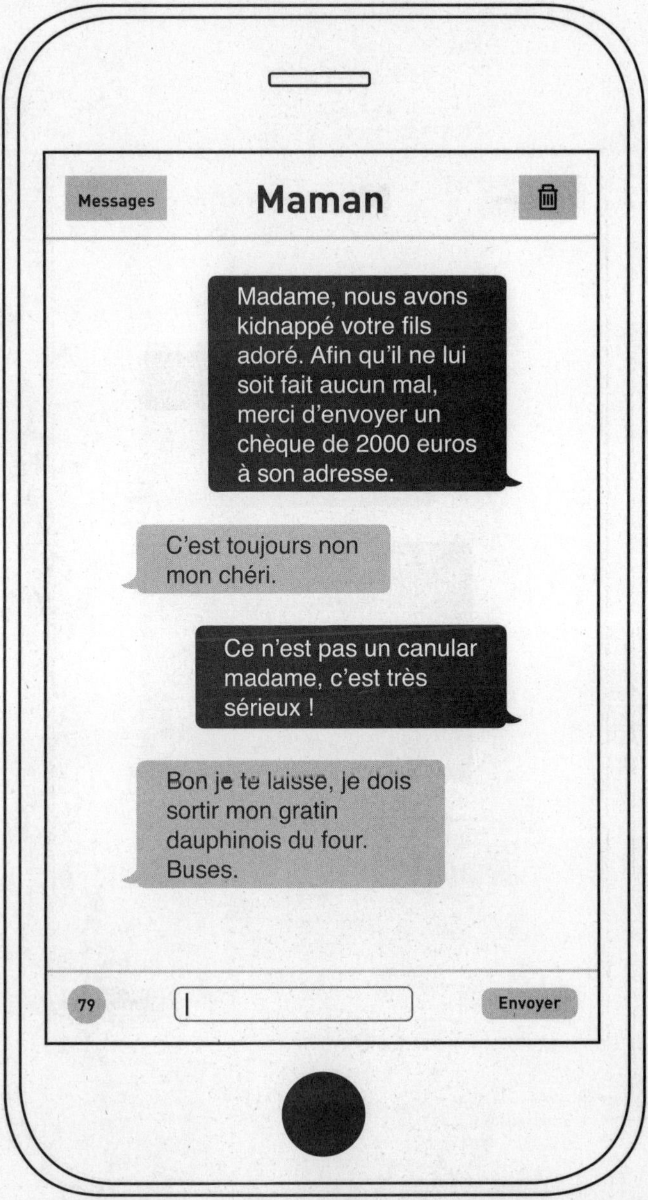
Messages
Maman
Madame, nous avons kidnappé votre fils adoré. Afin qu'il ne lui soit fait aucun mal, merci d'envoyer un chèque de 2000 euros à son adresse.
C'est toujours non mon chéri.
Ce n'est pas un canular madame, c'est très sérieux !
Bon je te laisse, je dois sortir mon gratin dauphinois du four. Buses.
79
Envoyer

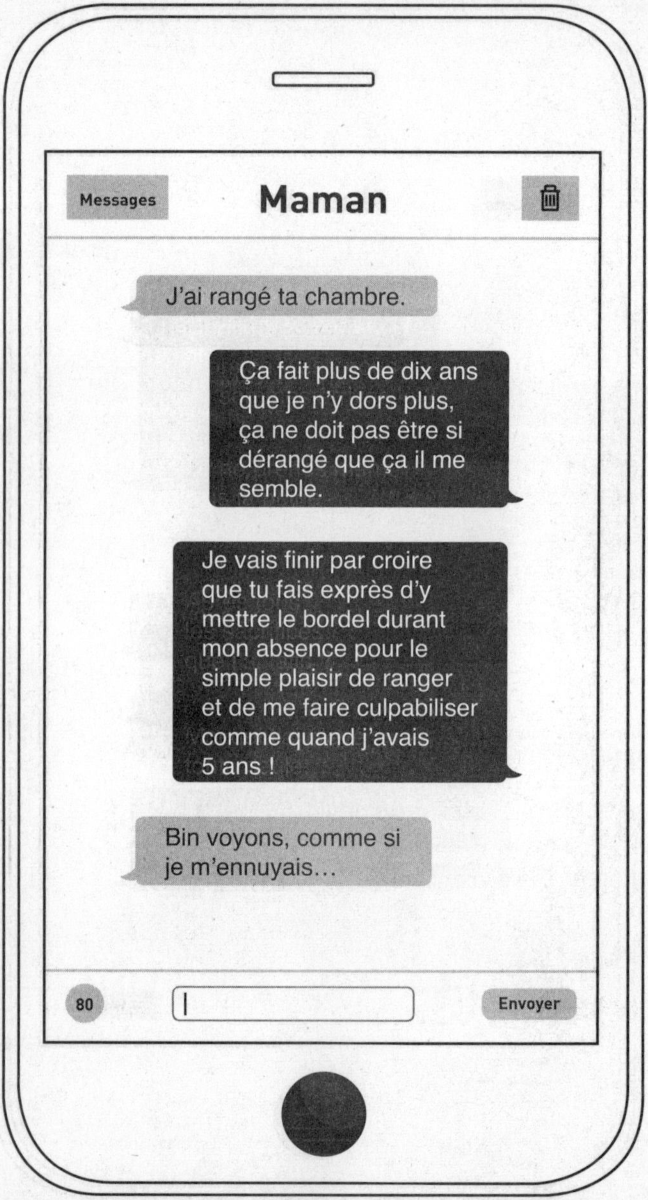
Messages
Maman
J'ai rangé ta chambre.
Ça fait plus de dix ans que je n'y dors plus, ça ne doit pas être si dérangé que ça il me semble.
Je vais finir par croire que tu fais exprès d'y mettre le bordel durant mon absence pour le simple plaisir de ranger et de me faire culpabiliser comme quand j'avais 5 ans !
Bin voyons, comme si je m'ennuyais…
80
Envoyer

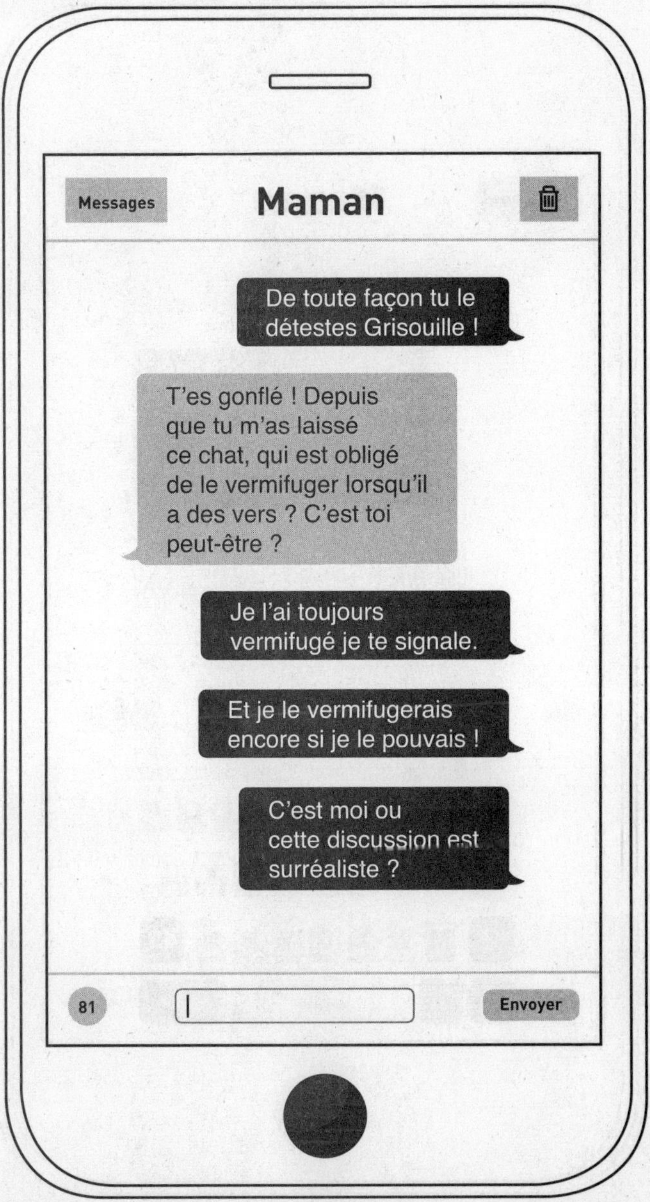
Messages
Maman
De toute façon tu le détestes Grisouille !
T'es gonflé ! Depuis que tu m'as laissé ce chat, qui est obligé de le vermifuger lorsqu'il a des vers ? C'est toi peut-être ?
Je l'ai toujours vermifugé je te signale.
Et je le vermifugerais encore si je le pouvais !
C'est moi ou cette discussion est surréaliste ?
81
Envoyer

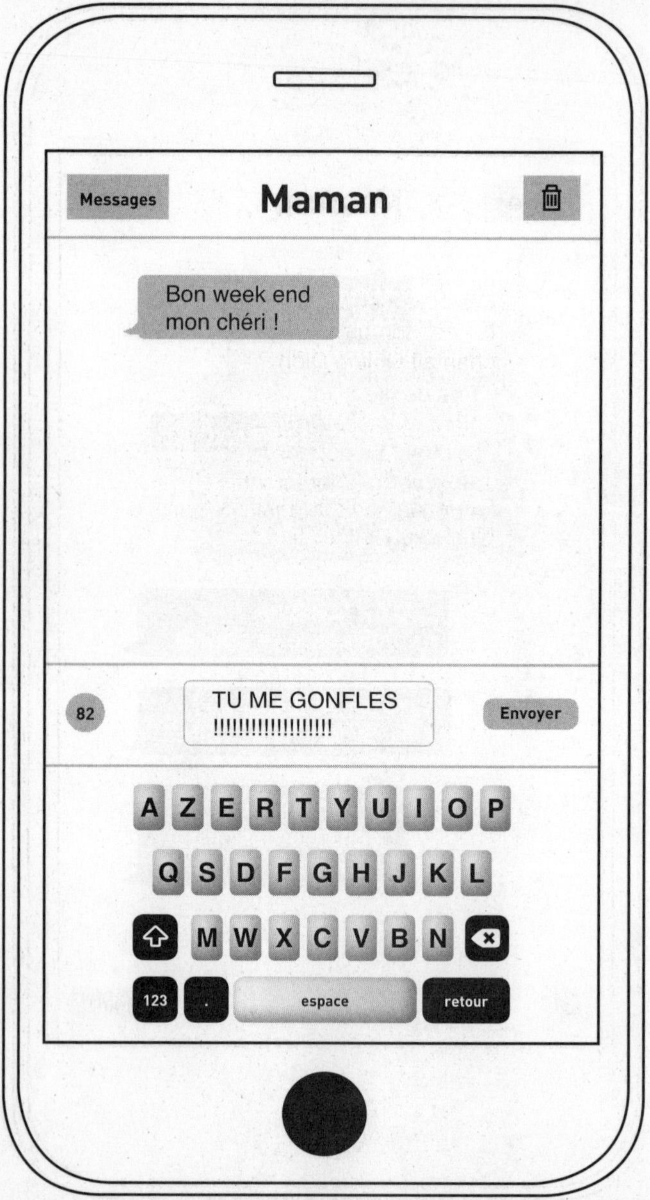

Messages
Maman
Bon week end mon chéri !
82
TU ME GONFLES !!!!!!!!!!!!!!!!!!!
Envoyer
A Z E R T Y U I O P
Q S D F G H J K L
M W X C V B N
123
.
espace
retour

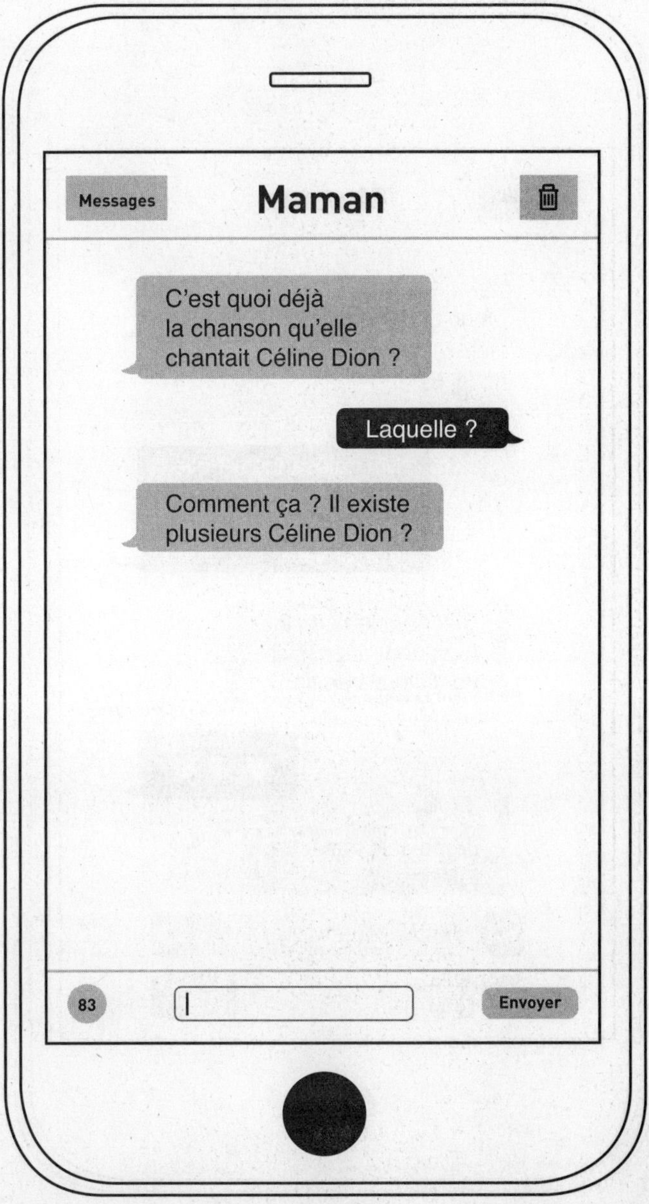
Messages
Maman
C'est quoi déjà la chanson qu'elle chantait Céline Dion ?
Laquelle ?
Comment ça ? Il existe plusieurs Céline Dion ?
83
Envoyer

Messages
Maman
Je peux te poser une question ?
Oui.
Ma naissance a-t-elle été un accident, une nécessité ou bien une envie ?
Disons que tu as été l'accident nécessaire dont j'avais envie.
♥ ♥ ♥
Je ne sais pas faire les cœurs.
84
Envoyer

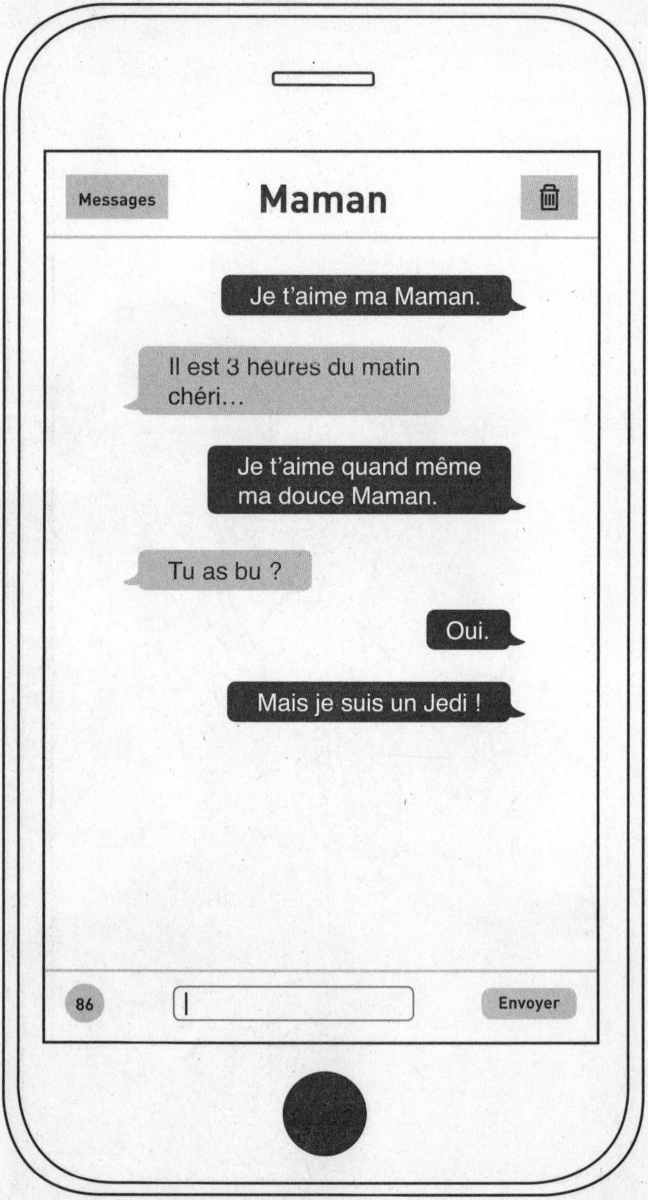
Messages
Maman
Je t'aime ma Maman.
Il est 3 heures du matin chéri…
Je t'aime quand même ma douce Maman.
Tu as bu ?
Oui.
Mais je suis un Jedi !
86
Envoyer

Messages
Maman
Au fait, j'ai eu une idée !
Oh non, pas ça…
Bin quoi ?
87
Envoyer

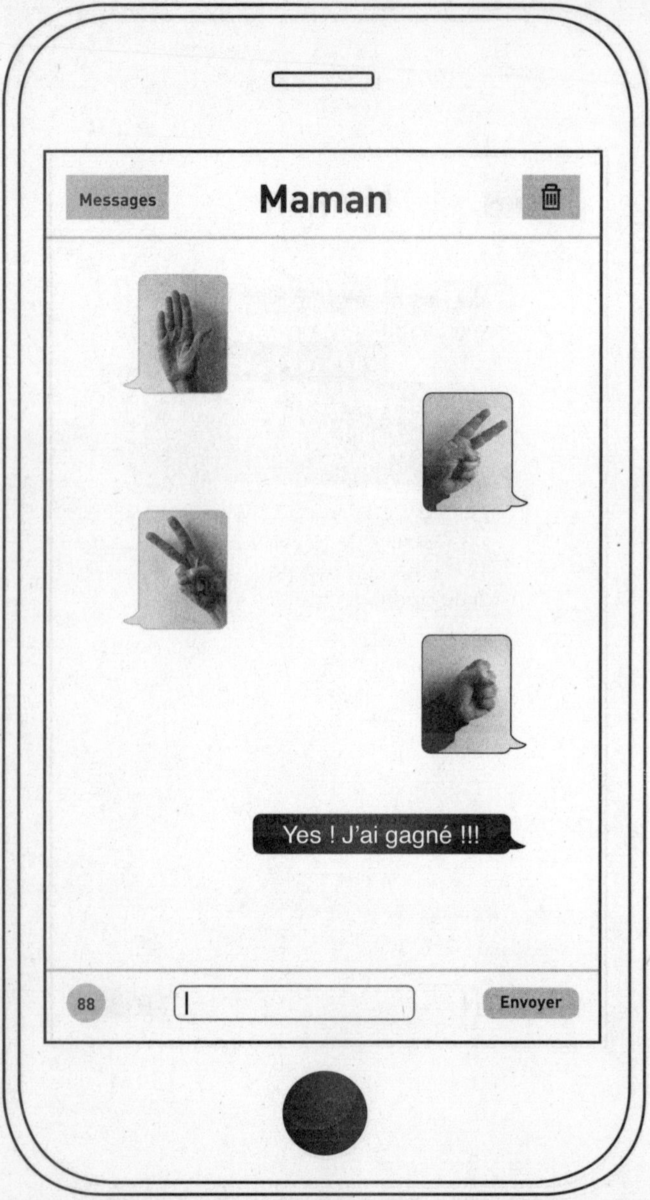
Messages
Maman
Yes ! J'ai gagné !!!
88
Envoyer

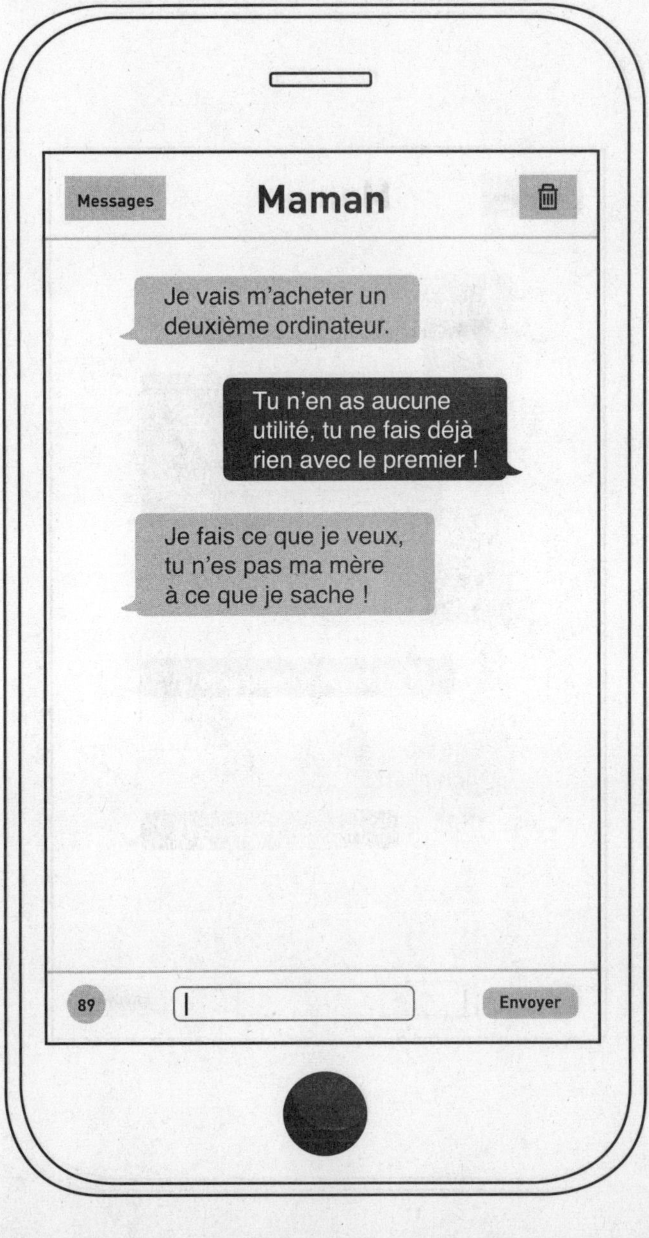
Messages
Maman
Je vais m'acheter un deuxième ordinateur.
Tu n'en as aucune utilité, tu ne fais déjà rien avec le premier !
Je fais ce que je veux, tu n'es pas ma mère à ce que je sache !
89
Envoyer

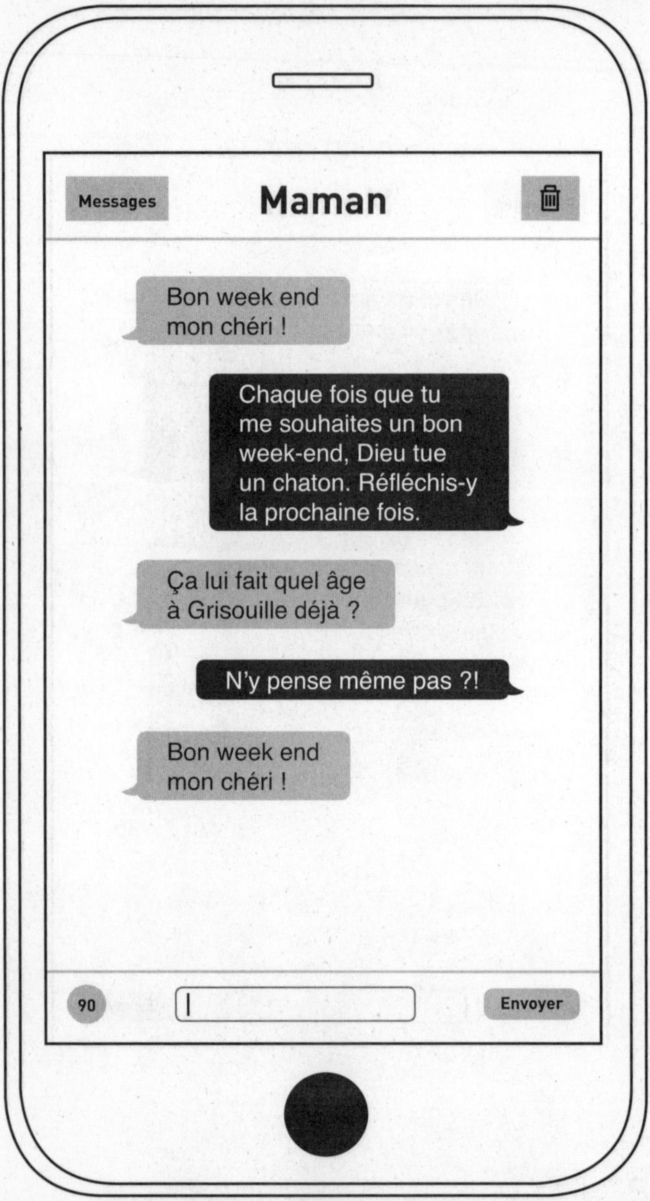
Messages
Maman
Bon week end mon chéri !
Chaque fois que tu me souhaites un bon week-end, Dieu tue un chaton. Réfléchis-y la prochaine fois.
Ça lui fait quel âge à Grisouille déjà ?
N'y pense même pas ?!
Bon week end mon chéri !
90
Envoyer

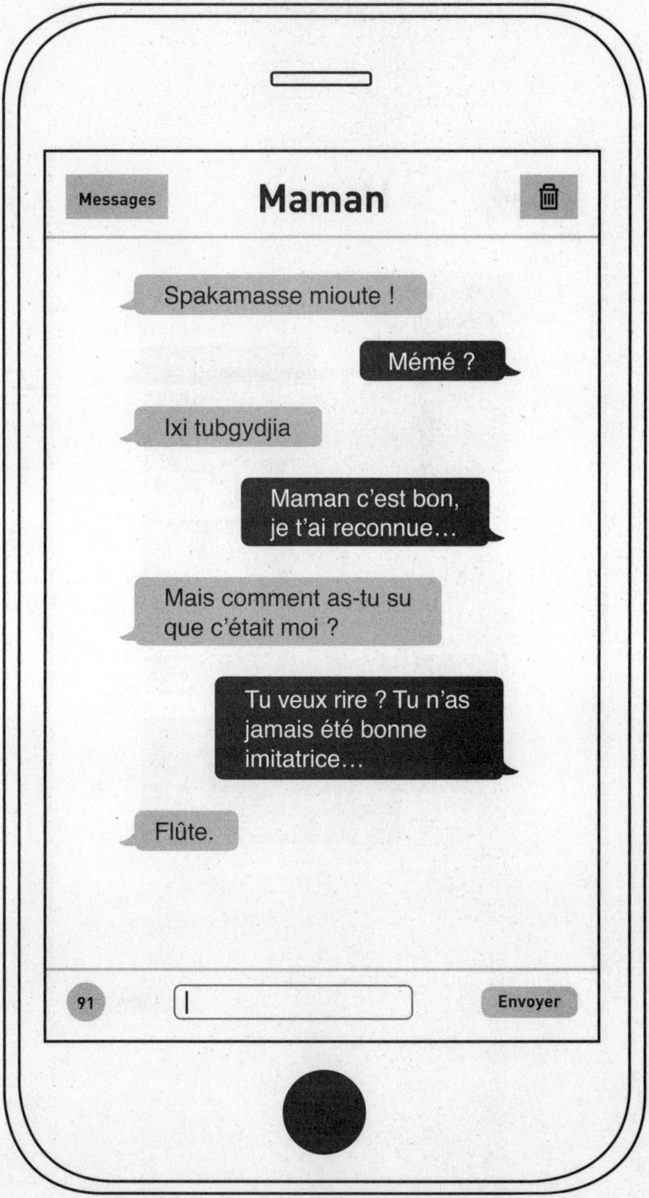
Messages
Maman
Spakamasse mioute !
Mémé ?
Ixi tubgydjia
Maman c'est bon, je t'ai reconnue…
Mais comment as-tu su que c'était moi ?
Tu veux rire ? Tu n'as jamais été bonne imitatrice…
Flûte.
91
Envoyer

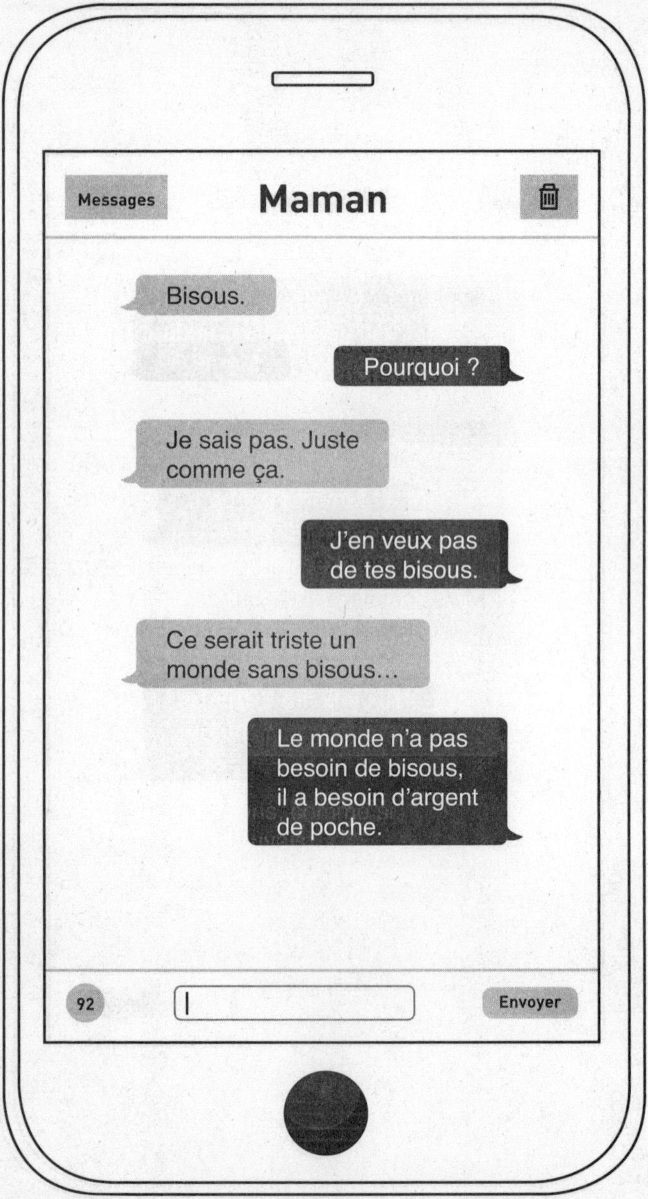
Messages
Maman
Bisous.
Pourquoi ?
Je sais pas. Juste comme ça.
J'en veux pas de tes bisous.
Ce serait triste un monde sans bisous…
Le monde n'a pas besoin de bisous, il a besoin d'argent de poche.
92
Envoyer

Messages
Maman
Tu viens me chercher à la gare ou je prends un taxi ?
Oui.
93
Envoyer

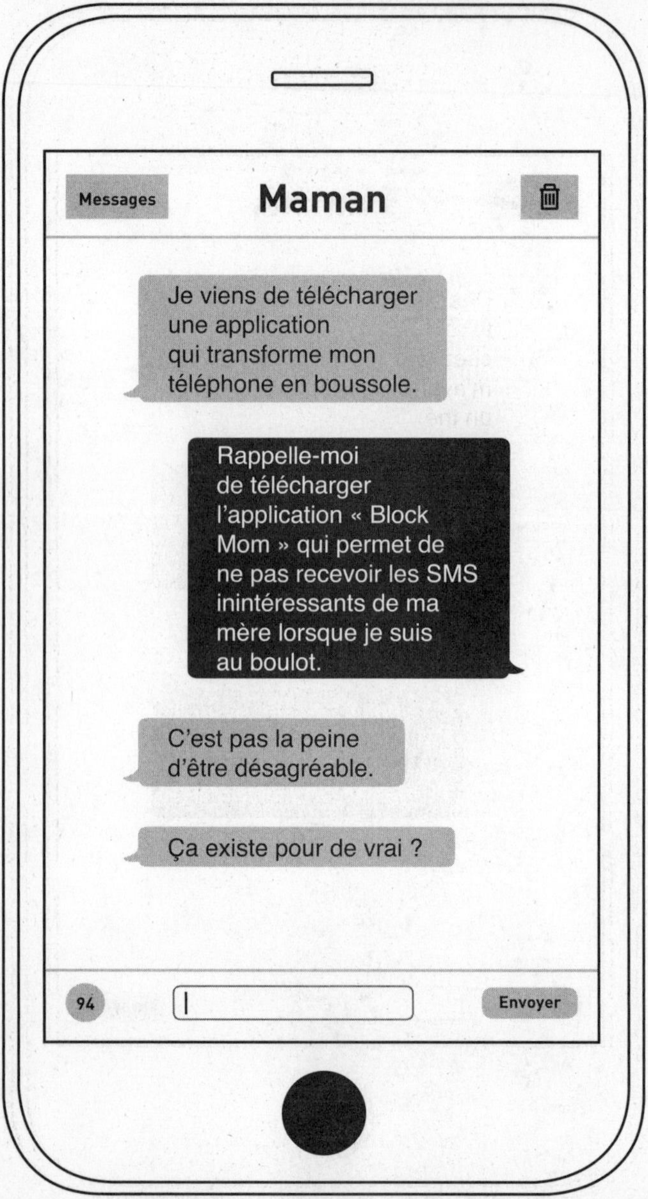
Messages
Maman
Je viens de télécharger une application qui transforme mon téléphone en boussole.
Rappelle-moi de télécharger l'application « Block Mom » qui permet de ne pas recevoir les SMS inintéressants de ma mère lorsque je suis au boulot.
C'est pas la peine d'être désagréable.
Ça existe pour de vrai ?
94
Envoyer

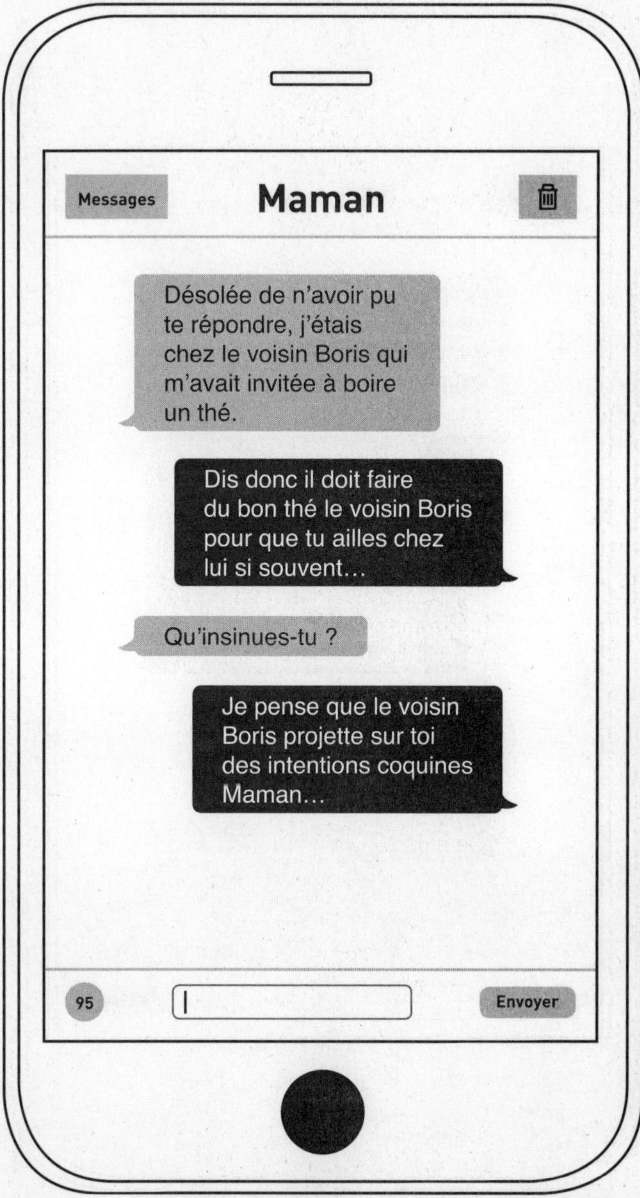
Messages
Maman
Désolée de n'avoir pu te répondre, j'étais chez le voisin Boris qui m'avait invitée à boire un thé.
Dis donc il doit faire du bon thé le voisin Boris pour que tu ailles chez lui si souvent…
Qu'insinues-tu ?
Je pense que le voisin Boris projette sur toi des intentions coquines Maman…
95
Envoyer

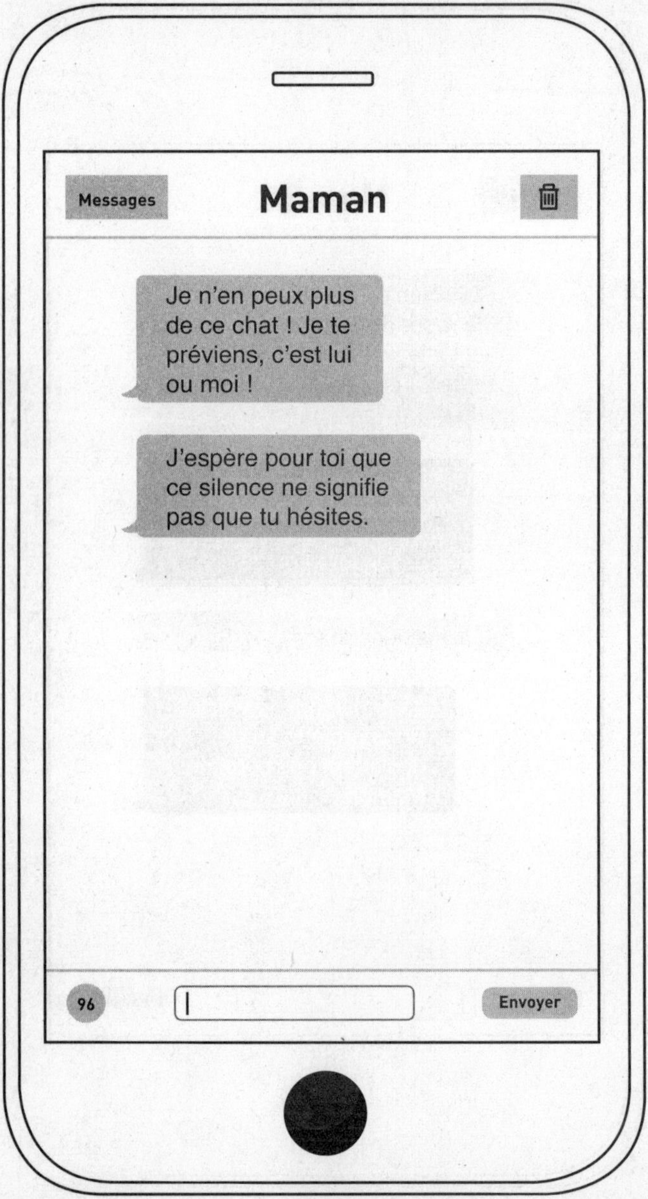
Messages
Maman
Je n'en peux plus de ce chat ! Je te préviens, c'est lui ou moi !
J'espère pour toi que ce silence ne signifie pas que tu hésites.
96
Envoyer

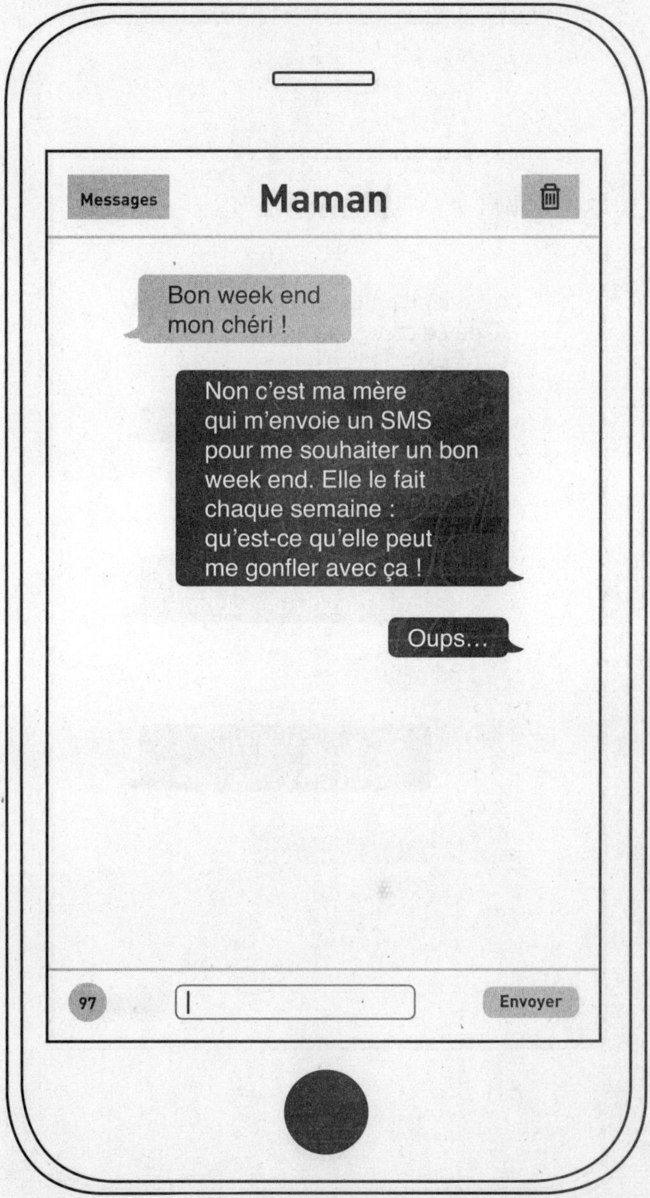
Messages
Maman
Bon week end mon chéri !
Non c'est ma mère qui m'envoie un SMS pour me souhaiter un bon week end. Elle le fait chaque semaine : qu'est-ce qu'elle peut me gonfler avec ça !
Oups…
97
Envoyer

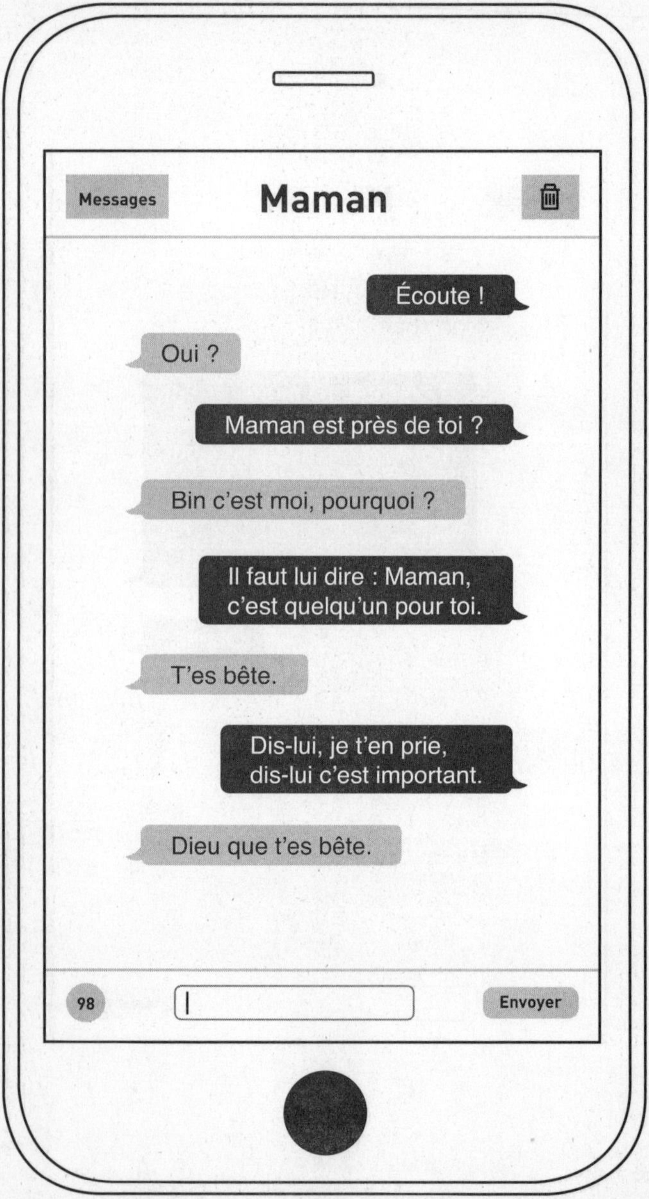
Messages
Maman
Écoute !
Oui ?
Maman est près de toi ?
Bin c'est moi, pourquoi ?
Il faut lui dire : Maman, c'est quelqu'un pour toi.
T'es bête.
Dis-lui, je t'en prie, dis-lui c'est important.
Dieu que t'es bête.
98
Envoyer

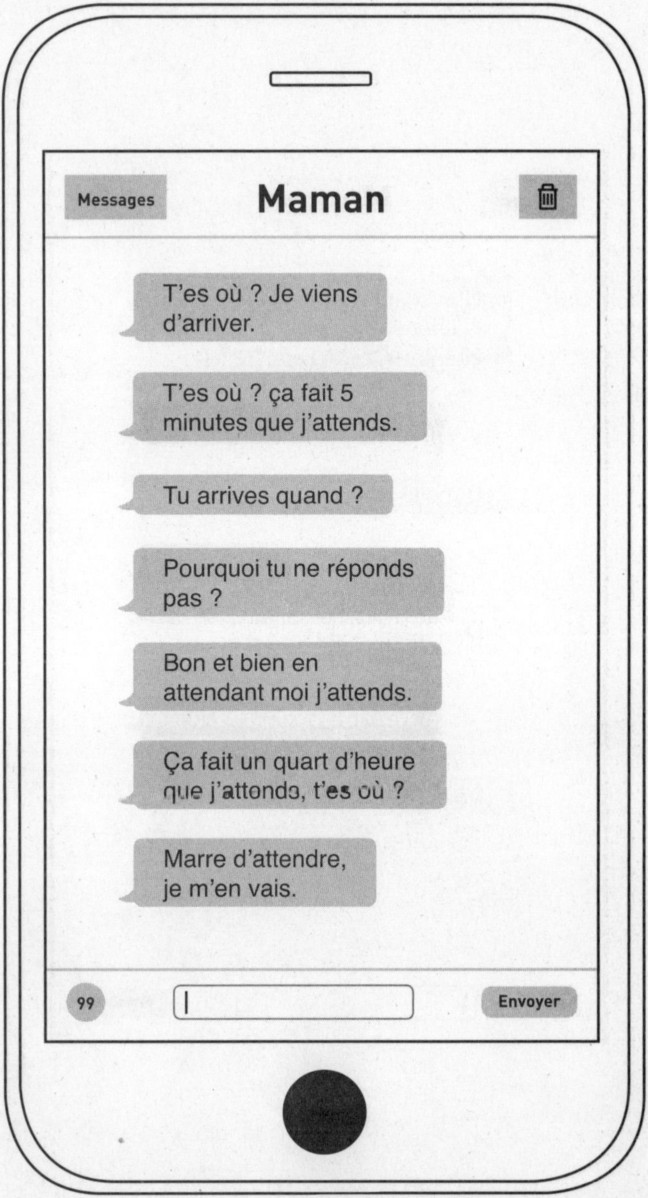
Messages
Maman
T'es où ? Je viens d'arriver.
T'es où ? ça fait 5 minutes que j'attends.
Tu arrives quand ?
Pourquoi tu ne réponds pas ?
Bon et bien en attendant moi j'attends.
Ça fait un quart d'heure que j'attends, t'es où ?
Marre d'attendre, je m'en vais.
99
Envoyer

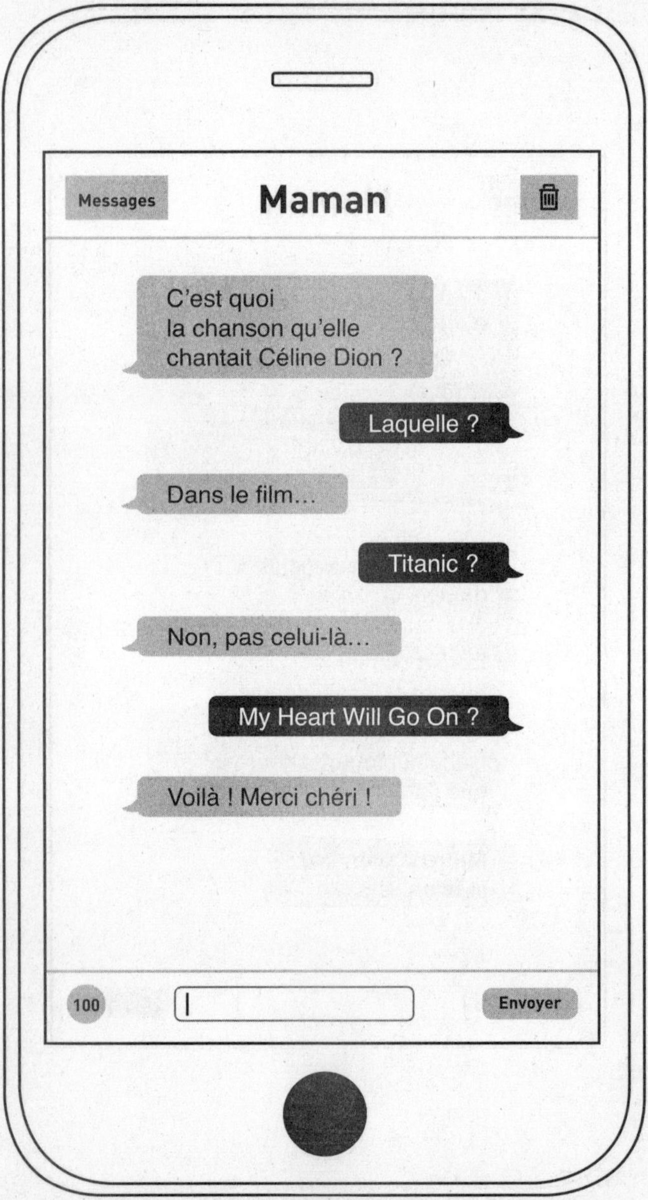
Messages
Maman
C'est quoi la chanson qu'elle chantait Céline Dion ?
Laquelle ?
Dans le film…
Titanic ?
Non, pas celui-là…
My Heart Will Go On ?
Voilà ! Merci chéri !
100
Envoyer

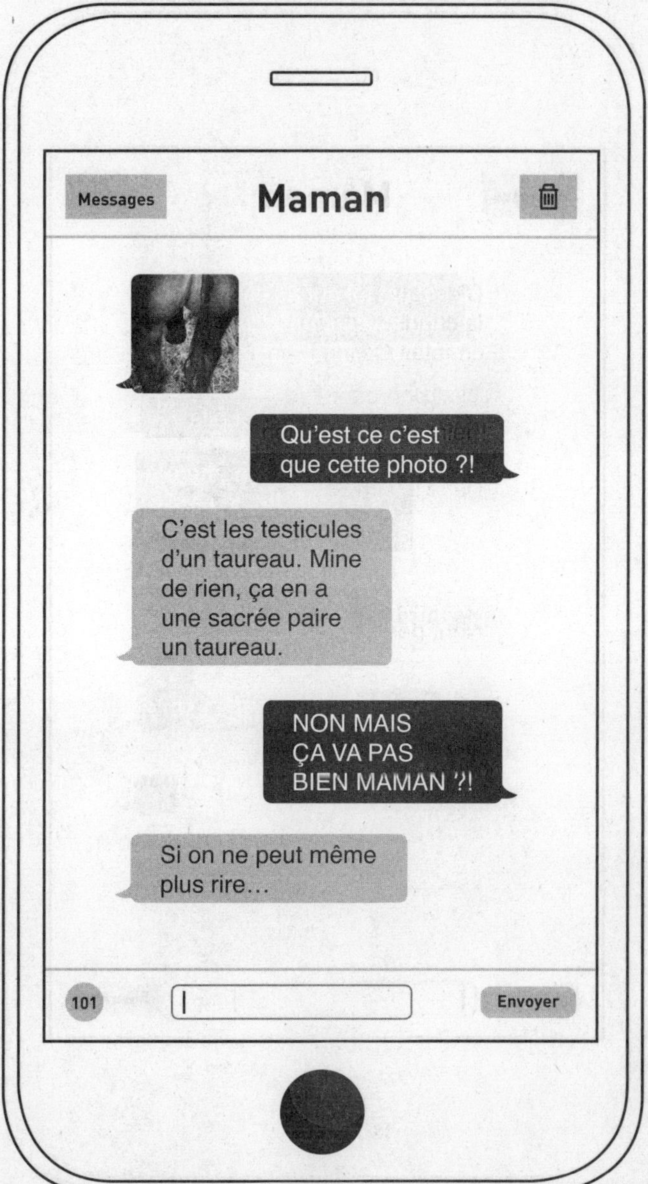
Messages
Maman
Qu'est ce c'est que cette photo ?!
C'est les testicules d'un taureau. Mine de rien, ça en a une sacrée paire un taureau.
NON MAIS ÇA VA PAS BIEN MAMAN ?!
Si on ne peut même plus rire…
101
Envoyer

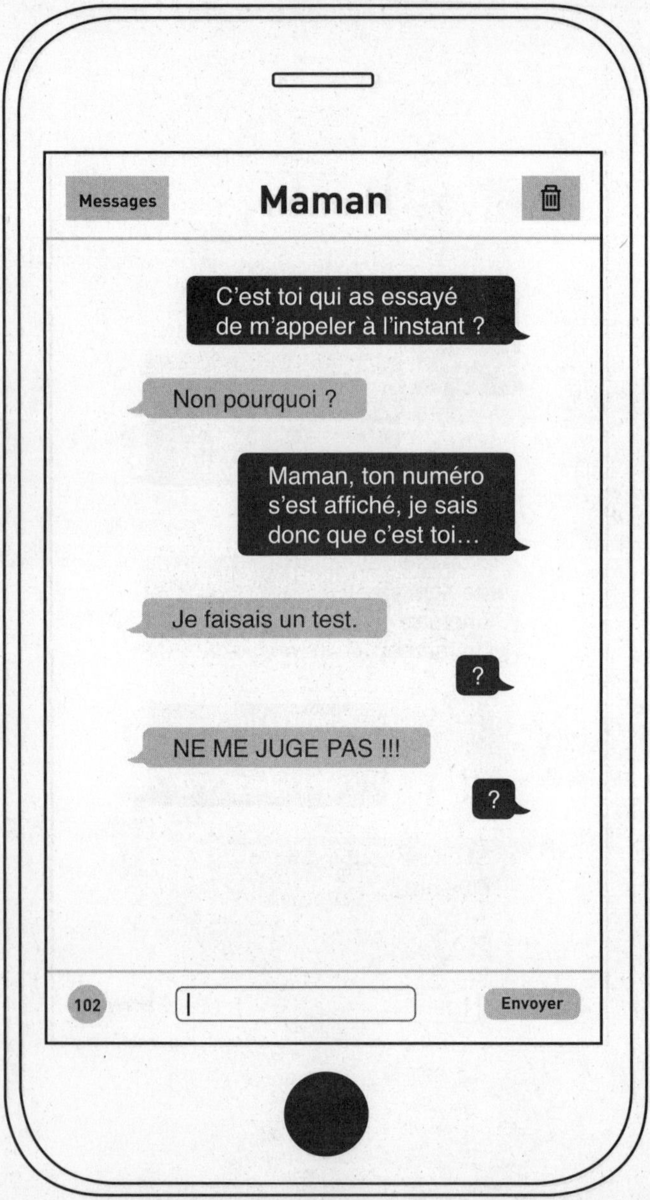
Messages
Maman
C'est toi qui as essayé de m'appeler à l'instant ?
Non pourquoi ?
Maman, ton numéro s'est affiché, je sais donc que c'est toi…
Je faisais un test.
?
NE ME JUGE PAS !!!
?
102
Envoyer

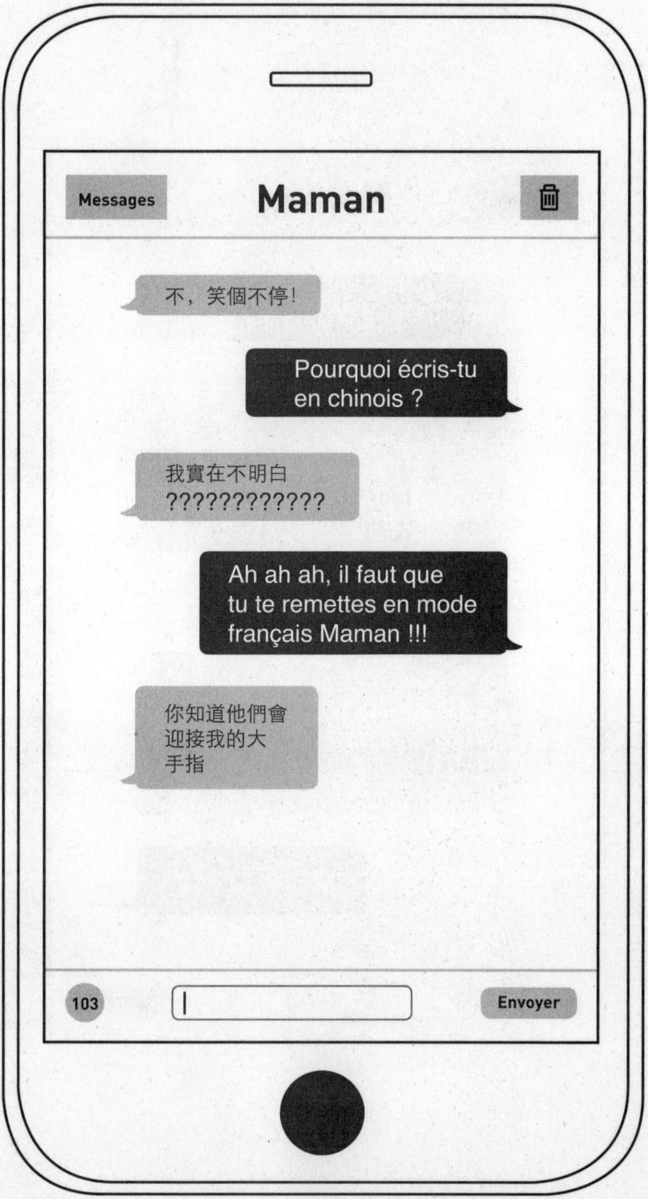
Messages
Maman
不，笑個不停!
Pourquoi écris-tu en chinois ?
我實在不明白 ????????????
Ah ah ah, il faut que tu te remettes en mode français Maman !!!
你知道他們會迎接我的大手指
103
Envoyer

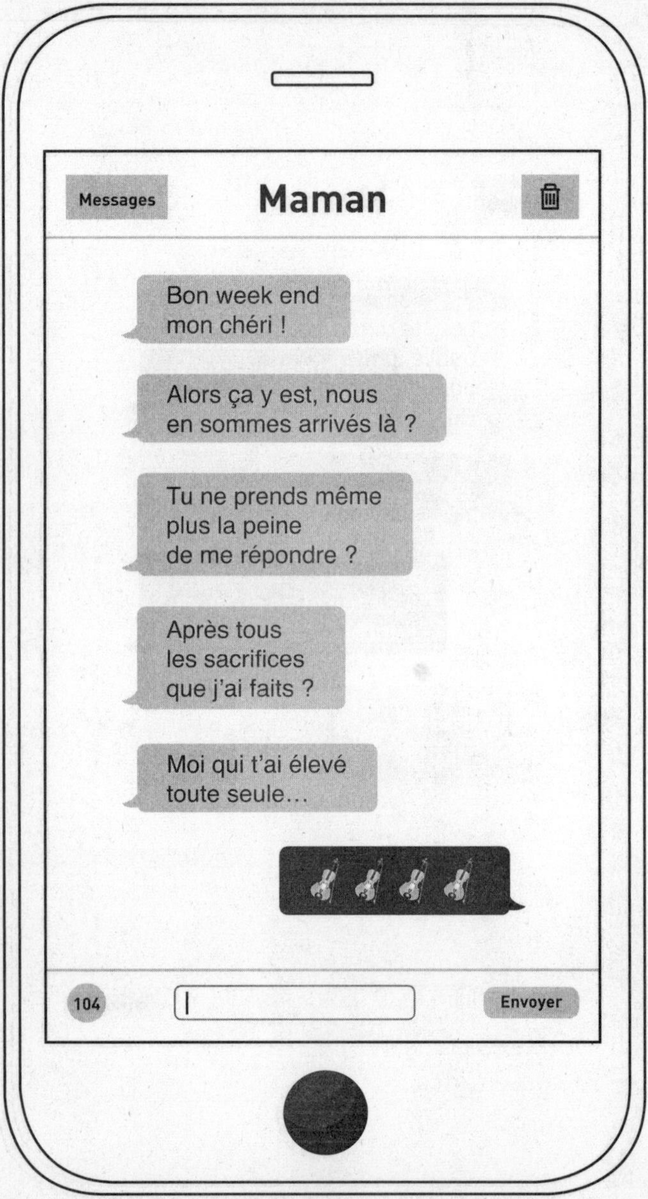

Messages
Maman
Bon week end mon chéri !
Alors ça y est, nous en sommes arrivés là ?
Tu ne prends même plus la peine de me répondre ?
Après tous les sacrifices que j'ai faits ?
Moi qui t'ai élevé toute seule…
104
Envoyer

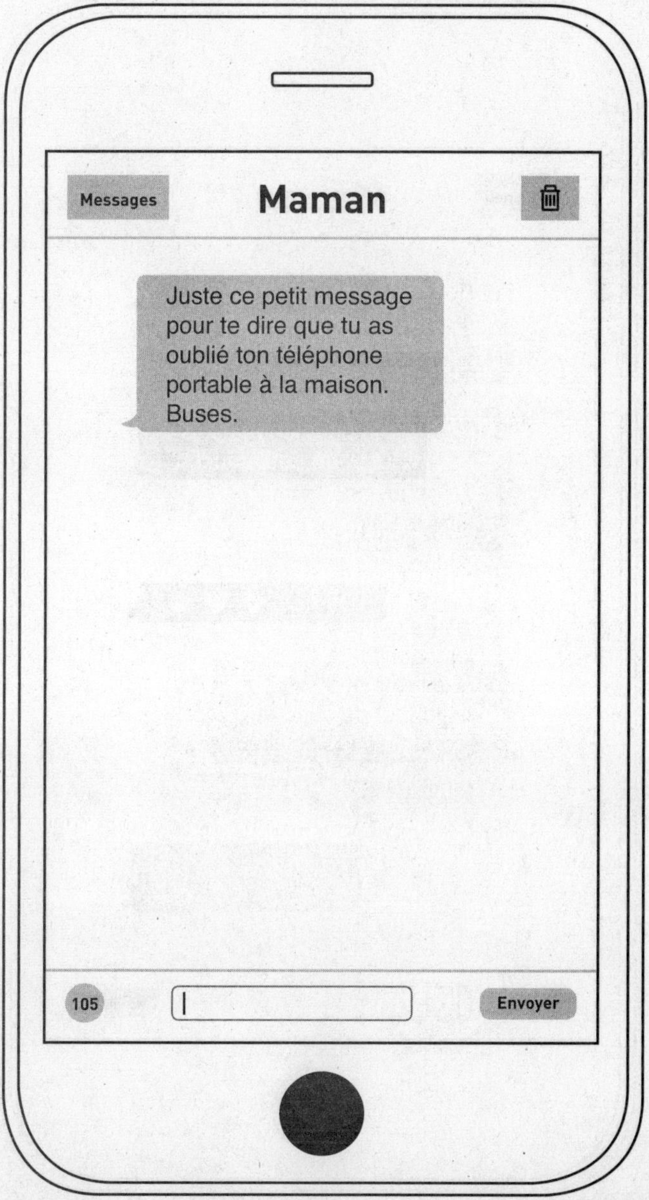

Messages
Maman
Juste ce petit message pour te dire que tu as oublié ton téléphone portable à la maison. Buses.
105
Envoyer

Messages
Maman
Coucou Maman !
Qu'est-ce tu veux ?
Bin rien, je te faisais juste un petit coucou.
C'est gentil.
De rien. ♥ ♥ ♥
Si tu veux des sous, dis-le tout de suite et économise tes cœurs.
106
Envoyer

Messages
Maman
Je crois que mon téléphone est cassé.
Qu'est-ce qu'il y a ?
Il ne sonne plus.
Ah bon ?
Il se met à trembler à la place sans faire aucun son.
Maman, tu es en mode vibreur…
NE ME JUGE PAS !!!
…
107
Envoyer

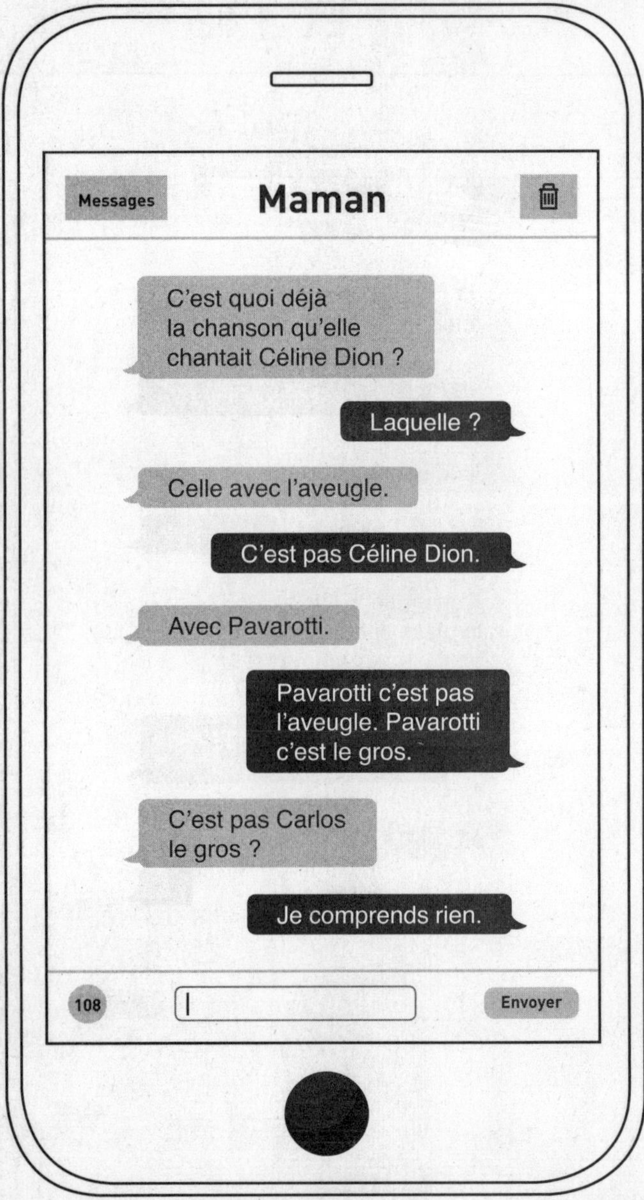
Messages
Maman
C'est quoi déjà la chanson qu'elle chantait Céline Dion ?
Laquelle ?
Celle avec l'aveugle.
C'est pas Céline Dion.
Avec Pavarotti.
Pavarotti c'est pas l'aveugle. Pavarotti c'est le gros.
C'est pas Carlos le gros ?
Je comprends rien.
108
Envoyer

MAMAN
LUCIANO PAVAROTTI
CÉLINE DION
TITANIC

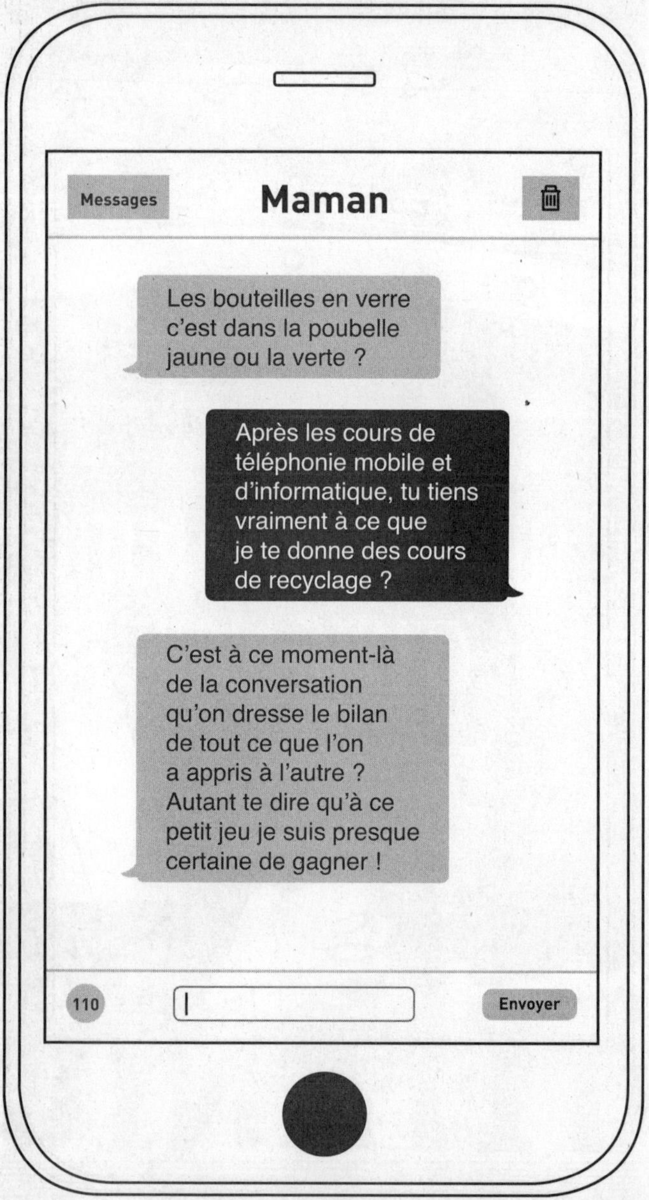
Messages
Maman
Les bouteilles en verre c'est dans la poubelle jaune ou la verte ?
Après les cours de téléphonie mobile et d'informatique, tu tiens vraiment à ce que je te donne des cours de recyclage ?
C'est à ce moment-là de la conversation qu'on dresse le bilan de tout ce que l'on a appris à l'autre ? Autant te dire qu'à ce petit jeu je suis presque certaine de gagner !
110
Envoyer

Messages
Maman
Coucou, t'es là ?
Non.
111
Envoyer

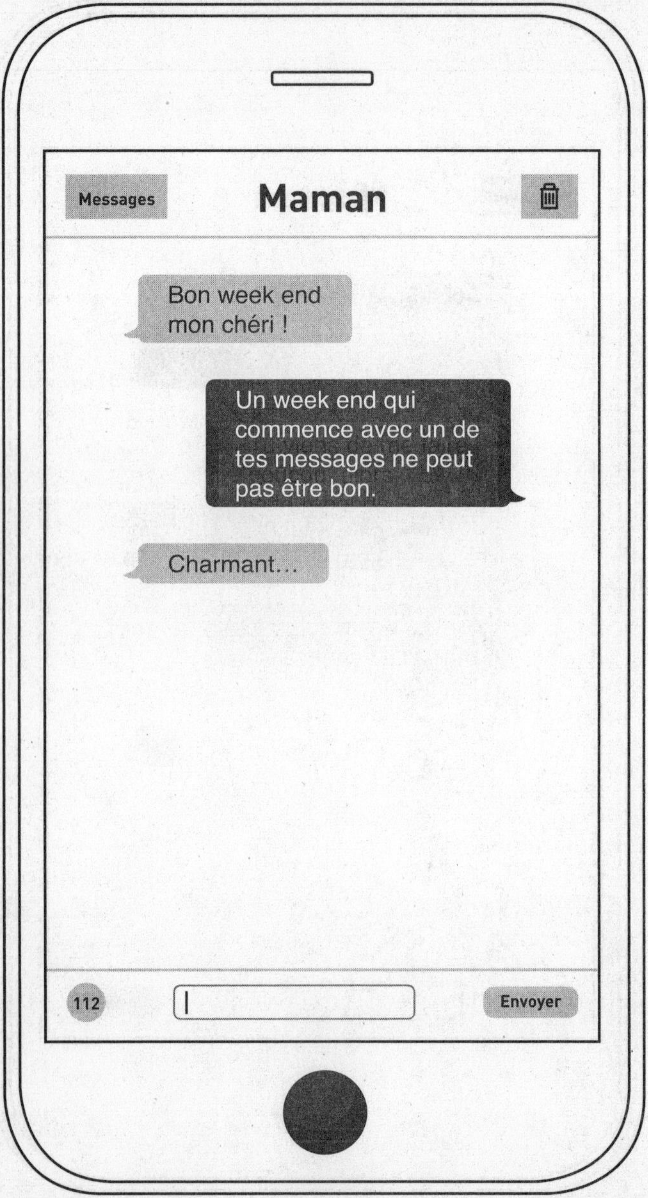
Messages
Maman
Bon week end mon chéri !
Un week end qui commence avec un de tes messages ne peut pas être bon.
Charmant…
112
Envoyer

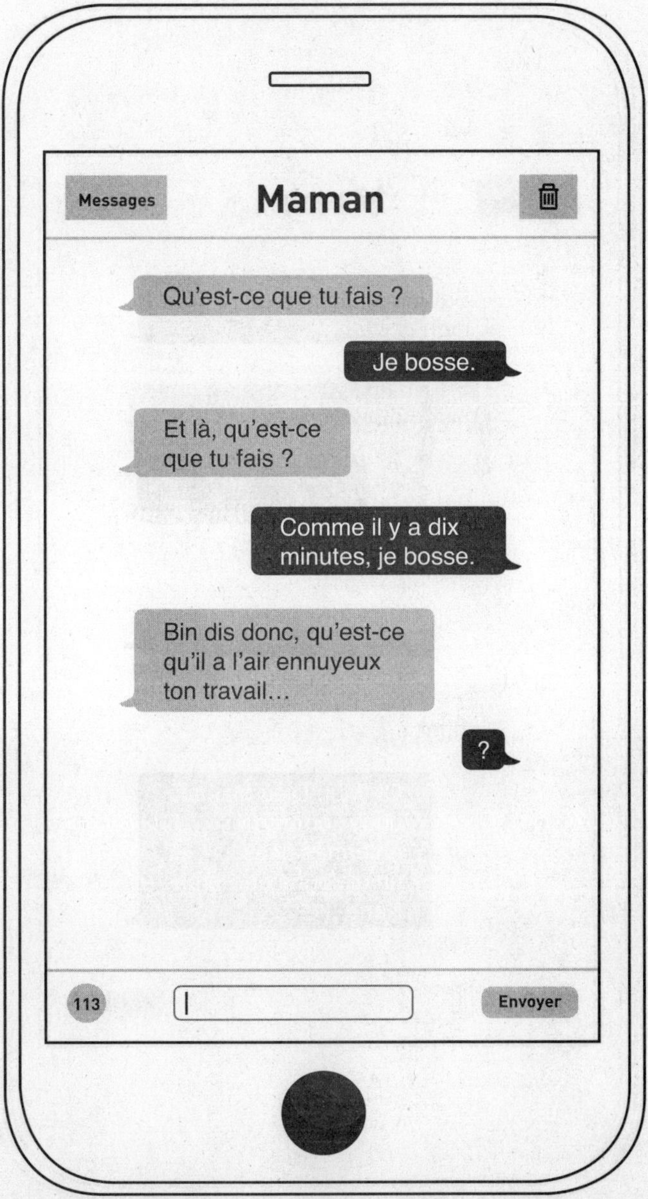

Messages
Maman
Qu'est-ce que tu fais ?
Je bosse.
Et là, qu'est-ce que tu fais ?
Comme il y a dix minutes, je bosse.
Bin dis donc, qu'est-ce qu'il a l'air ennuyeux ton travail…
?
113
Envoyer

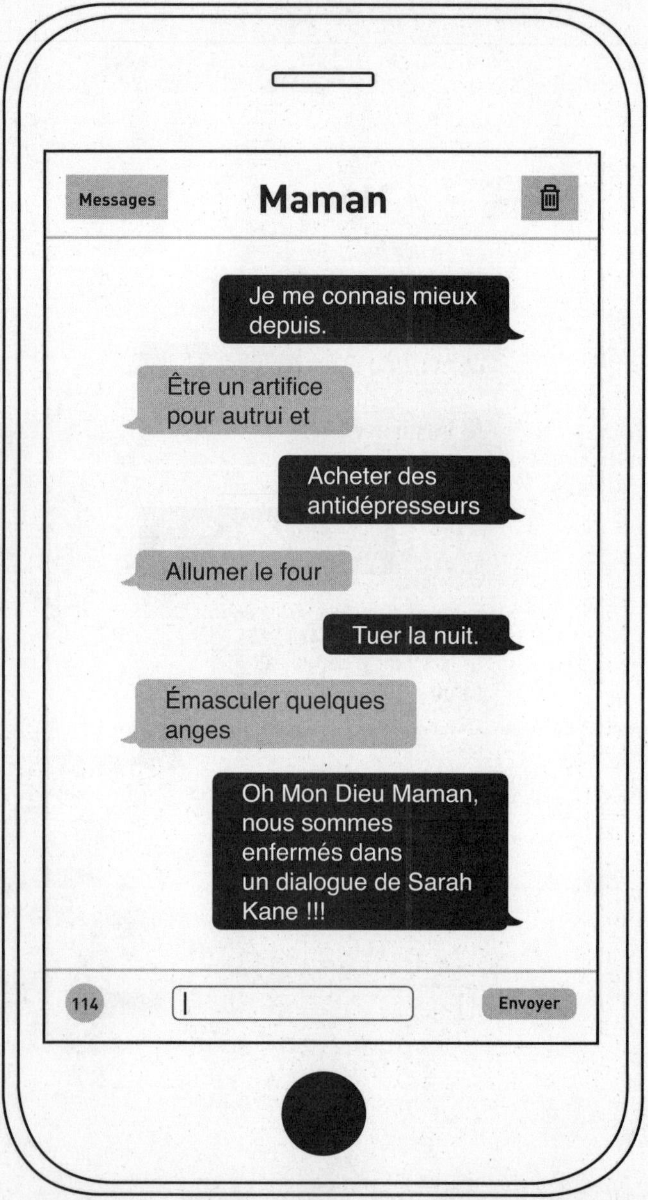
Messages
Maman
Je me connais mieux depuis.
Être un artifice pour autrui et
Acheter des antidépresseurs
Allumer le four
Tuer la nuit.
Émasculer quelques anges
Oh Mon Dieu Maman, nous sommes enfermés dans un dialogue de Sarah Kane !!!
114
Envoyer

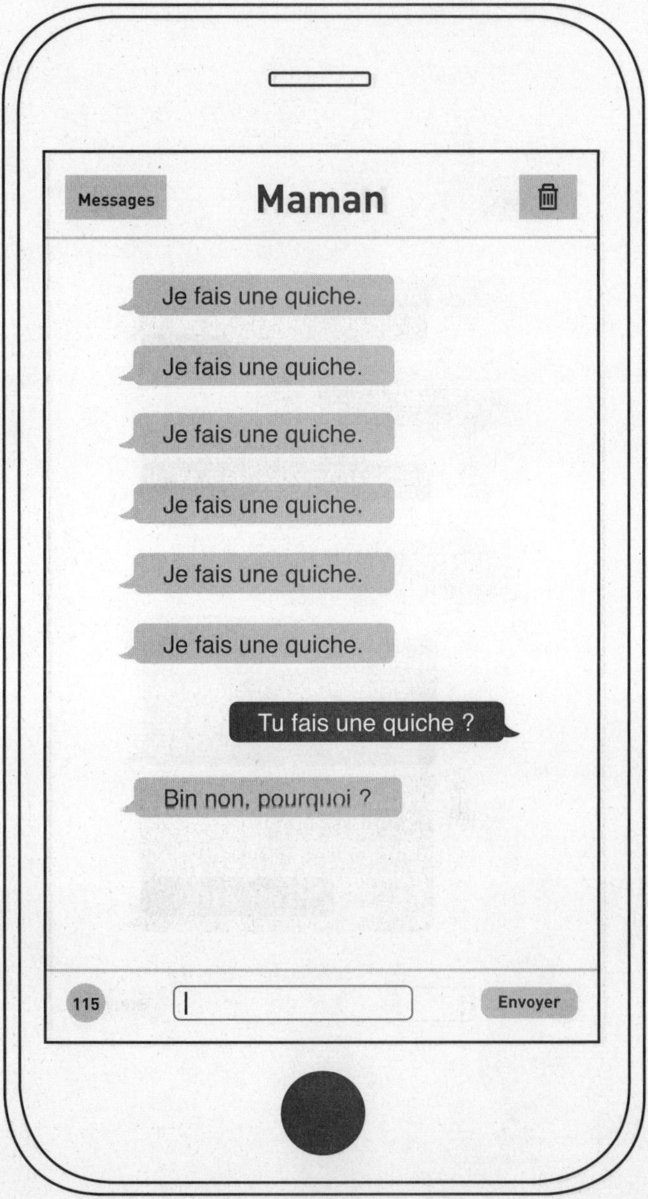
Messages
Maman
Je fais une quiche.
Je fais une quiche.
Je fais une quiche.
Je fais une quiche.
Je fais une quiche.
Je fais une quiche.
Tu fais une quiche ?
Bin non, pourquoi ?
115
Envoyer

Messages
Maman
T'es tout seul ?
Non.
C'est qui ?
Ça ne te regarde pas.
Ce qui est à toi est à moi.
Non. Ce qui est à moi est à moi et ce qui est à toi est à moi. C'est la règle.
Je n'ai rien signé.
C'est tacite !
116
Envoyer

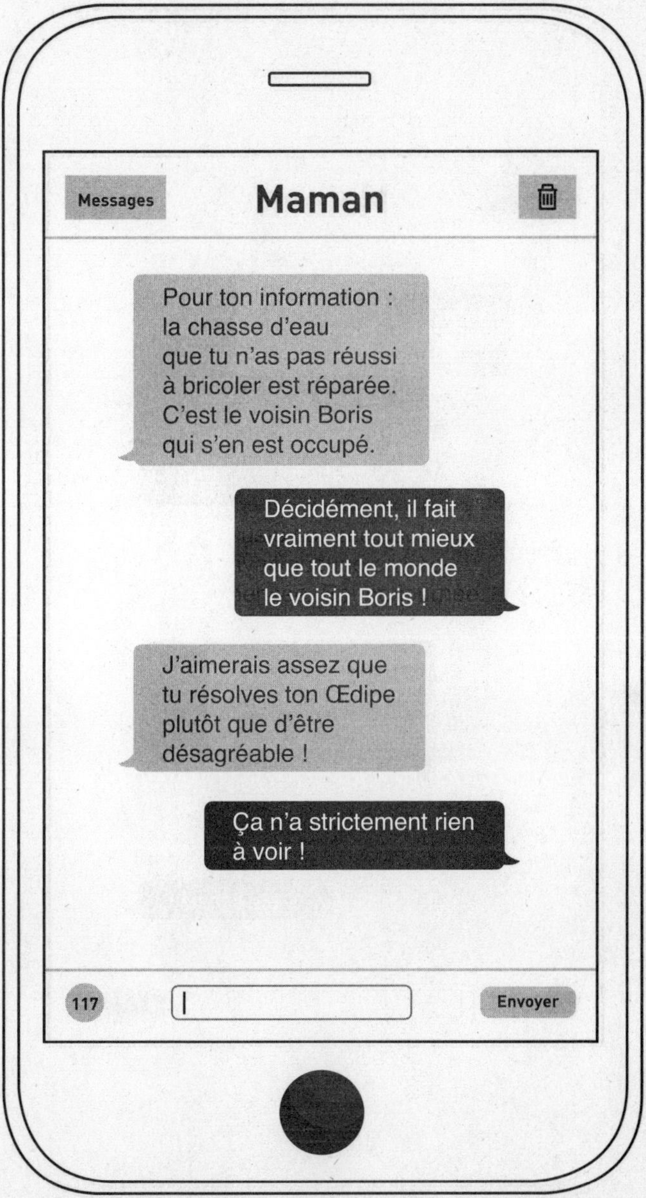
Messages
Maman
Pour ton information : la chasse d'eau que tu n'as pas réussi à bricoler est réparée. C'est le voisin Boris qui s'en est occupé.
Décidément, il fait vraiment tout mieux que tout le monde le voisin Boris !
J'aimerais assez que tu résolves ton Œdipe plutôt que d'être désagréable !
Ça n'a strictement rien à voir !
117
Envoyer

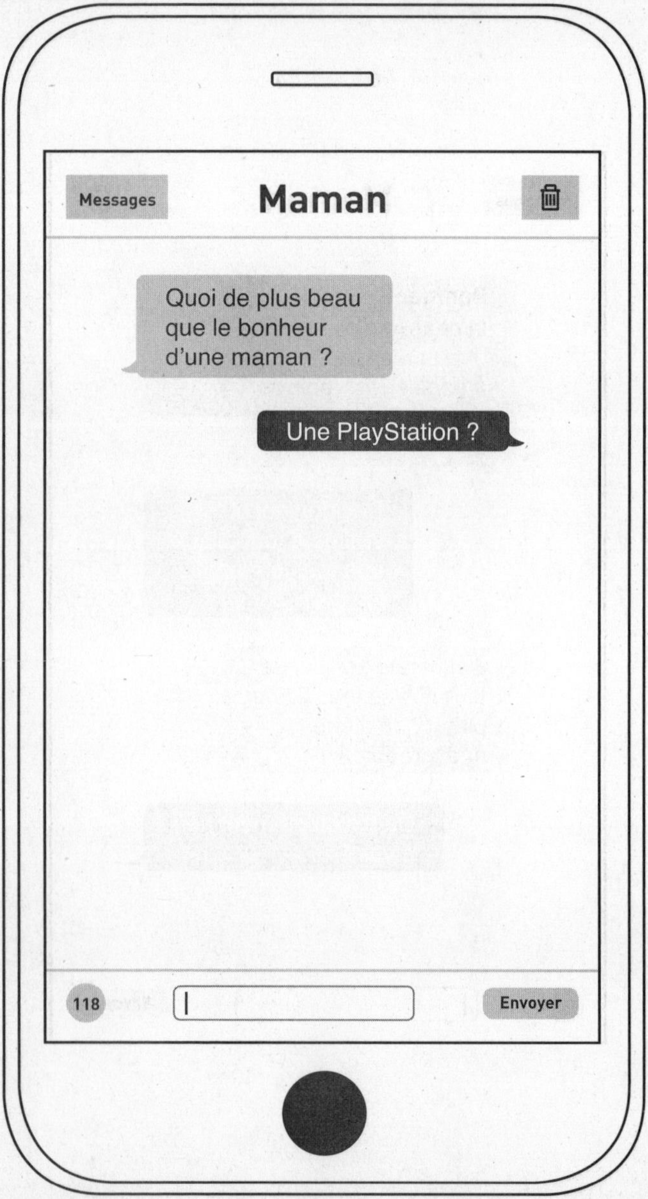
Messages
Maman
Quoi de plus beau que le bonheur d'une maman ?
Une PlayStation ?
118
Envoyer

Messages
Maman
Bon week end mon chéri !
Toi-même !
119
Envoyer

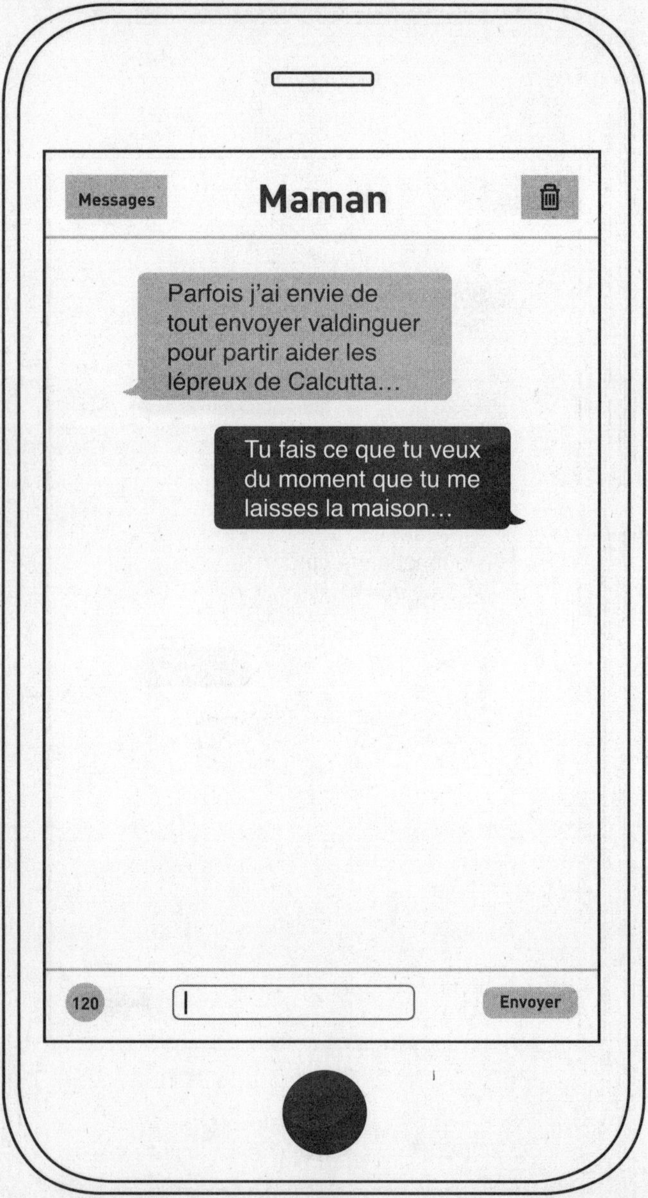
Messages
Maman
Parfois j'ai envie de tout envoyer valdinguer pour partir aider les lépreux de Calcutta…
Tu fais ce que tu veux du moment que tu me laisses la maison…
120
Envoyer

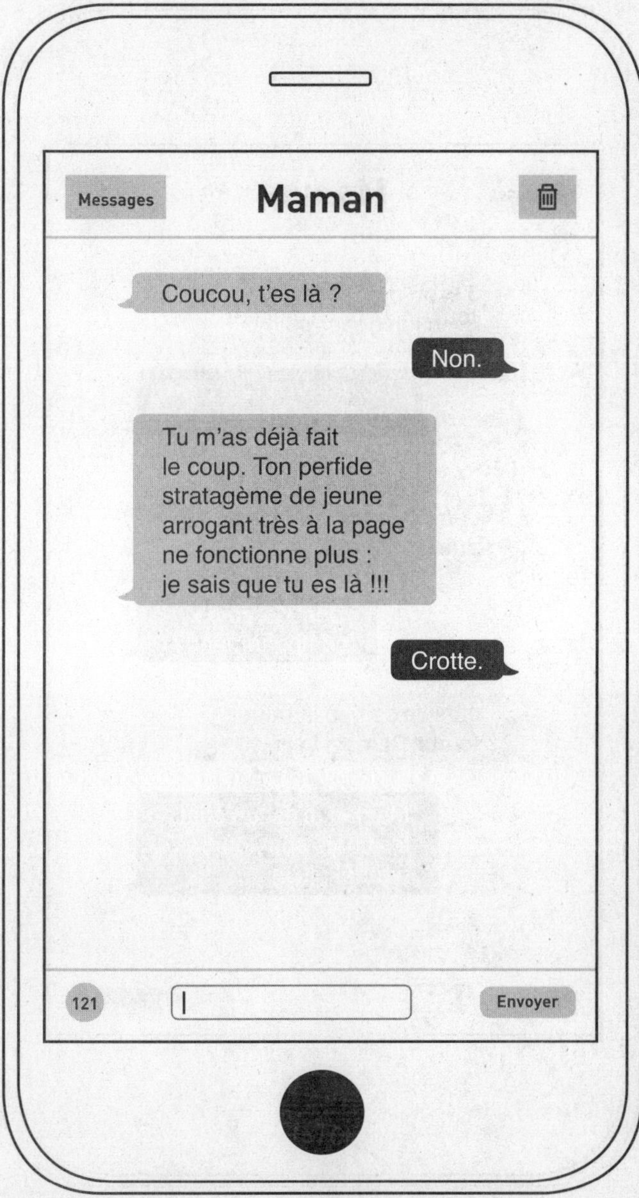
Messages
Maman
Coucou, t'es là ?
Non.
Tu m'as déjà fait le coup. Ton perfide stratagème de jeune arrogant très à la page ne fonctionne plus : je sais que tu es là !!!
Crotte.
121
Envoyer

Messages
Maman
J'ai un problème avec ton chat.
Qu'est-ce qu'il a mon Grisouille d'amour ?
Il a un drôle de comportement depuis quelque temps.
Quel genre de comportement ?
Je sais pas, je le trouve fourbe. Il m'en veut.
Maman, c'est un chat : les chats sont fourbes par définition.
122
Envoyer

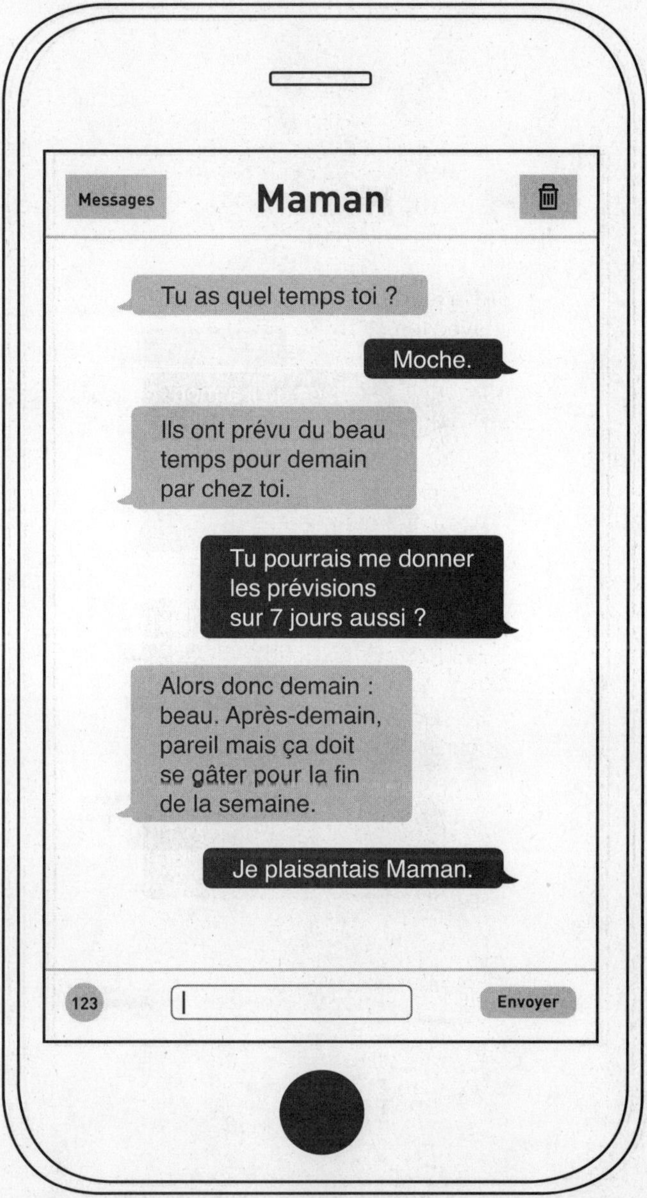
Messages
Maman
Tu as quel temps toi ?
Moche.
Ils ont prévu du beau temps pour demain par chez toi.
Tu pourrais me donner les prévisions sur 7 jours aussi ?
Alors donc demain : beau. Après-demain, pareil mais ça doit se gâter pour la fin de la semaine.
Je plaisantais Maman.
123
Envoyer

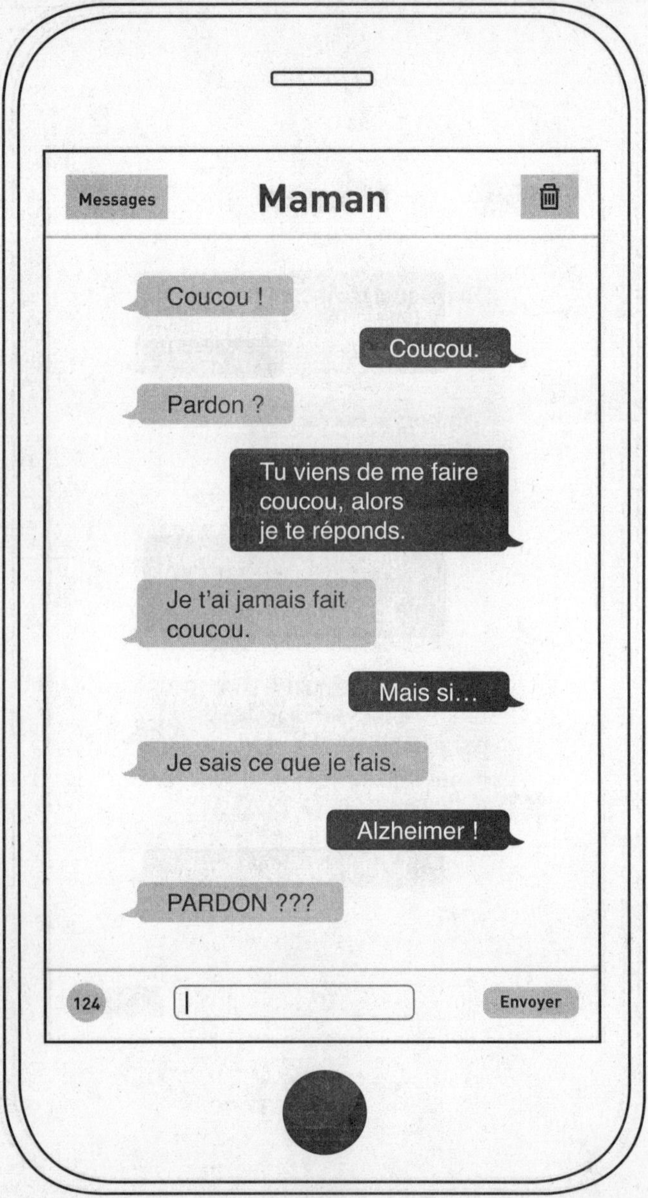
Messages
Maman
Coucou !
Coucou.
Pardon ?
Tu viens de me faire coucou, alors je te réponds.
Je t'ai jamais fait coucou.
Mais si…
Je sais ce que je fais.
Alzheimer !
PARDON ???
124
Envoyer

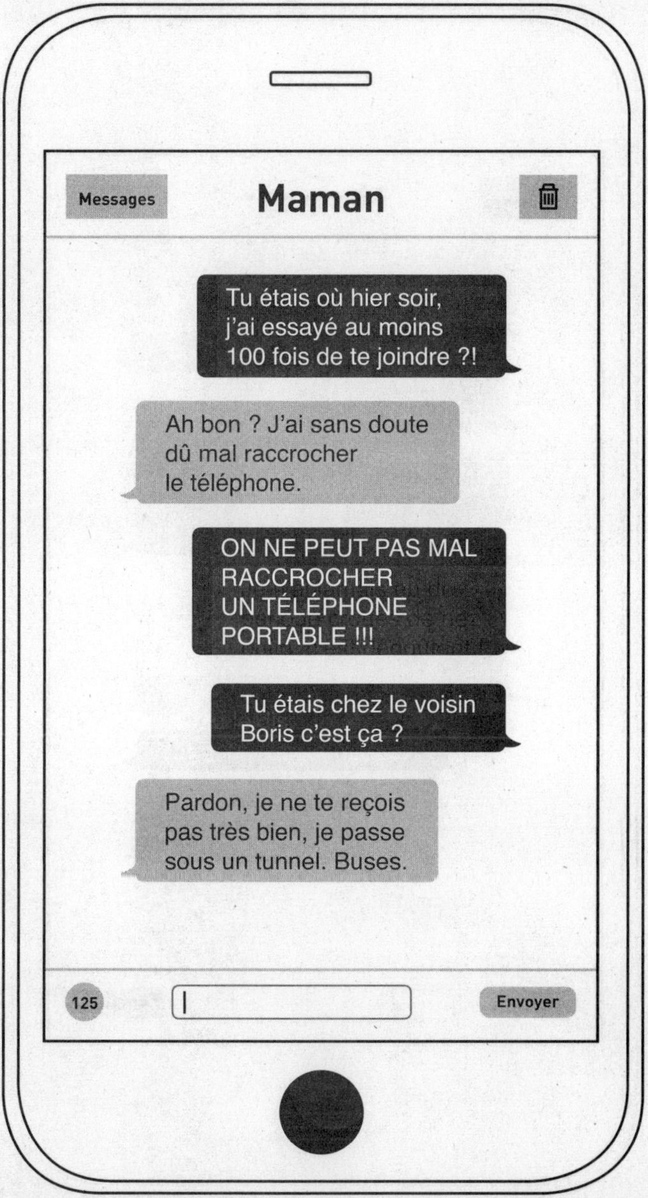
Messages
Maman
Tu étais où hier soir, j'ai essayé au moins 100 fois de te joindre ?!
Ah bon ? J'ai sans doute dû mal raccrocher le téléphone.
ON NE PEUT PAS MAL RACCROCHER UN TÉLÉPHONE PORTABLE !!!
Tu étais chez le voisin Boris c'est ça ?
Pardon, je ne te reçois pas très bien, je passe sous un tunnel. Buses.
125
Envoyer

Messages
Maman
Bon week end mon chéri !
Bon week end mon chéri !
Bon week end mon chéri !
Bon week end mon chéri !
Bon week end mon chéri !
Noooooooooooonnn !!!!
(Je dois faire un cauchemar)
126
Envoyer

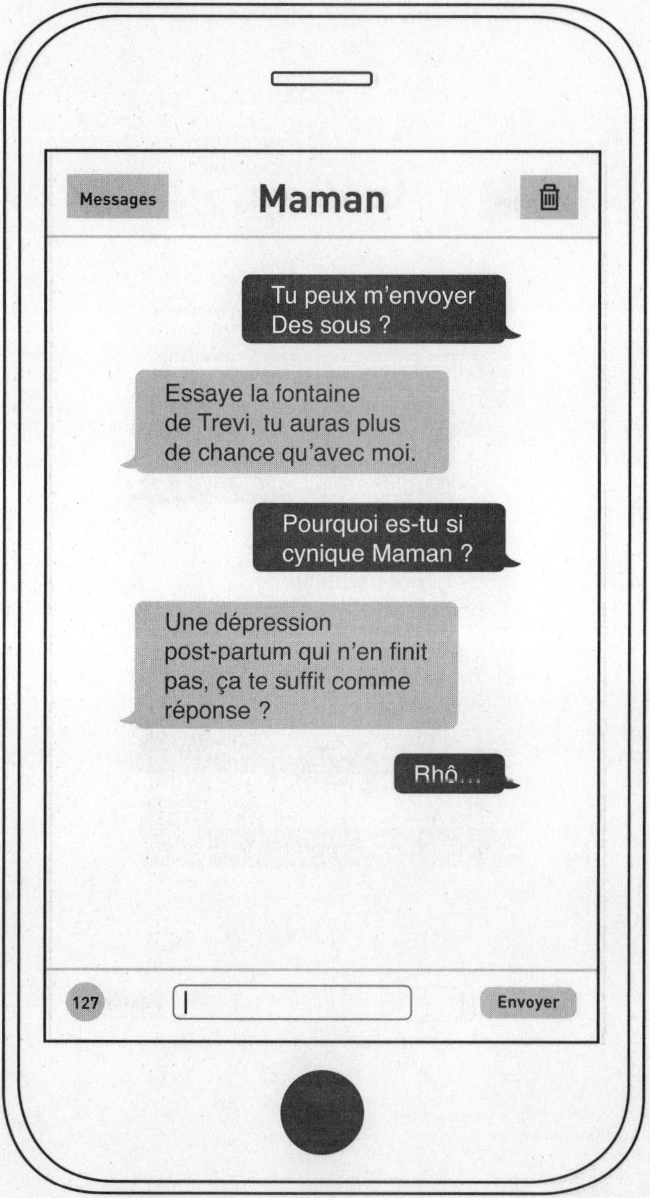
Messages
Maman
Tu peux m'envoyer Des sous ?
Essaye la fontaine de Trevi, tu auras plus de chance qu'avec moi.
Pourquoi es-tu si cynique Maman ?
Une dépression post-partum qui n'en finit pas, ça te suffit comme réponse ?
Rhô...
127
Envoyer

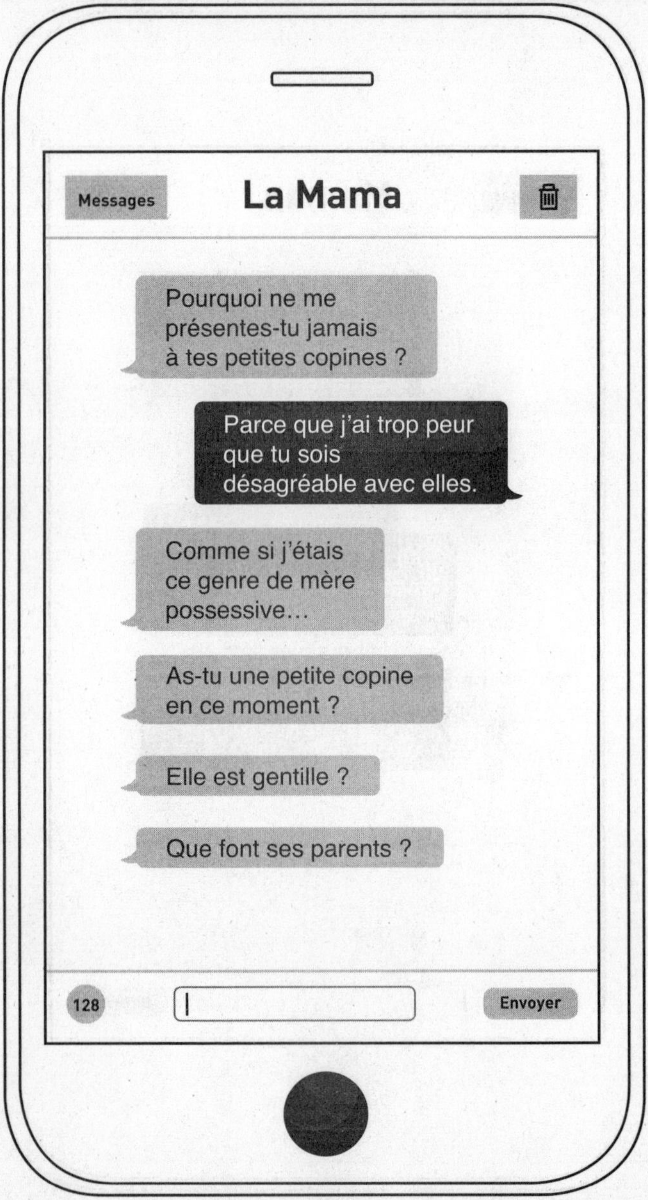
Messages
La Mama
Pourquoi ne me présentes-tu jamais à tes petites copines ?
Parce que j'ai trop peur que tu sois désagréable avec elles.
Comme si j'étais ce genre de mère possessive…
As-tu une petite copine en ce moment ?
Elle est gentille ?
Que font ses parents ?
128
Envoyer

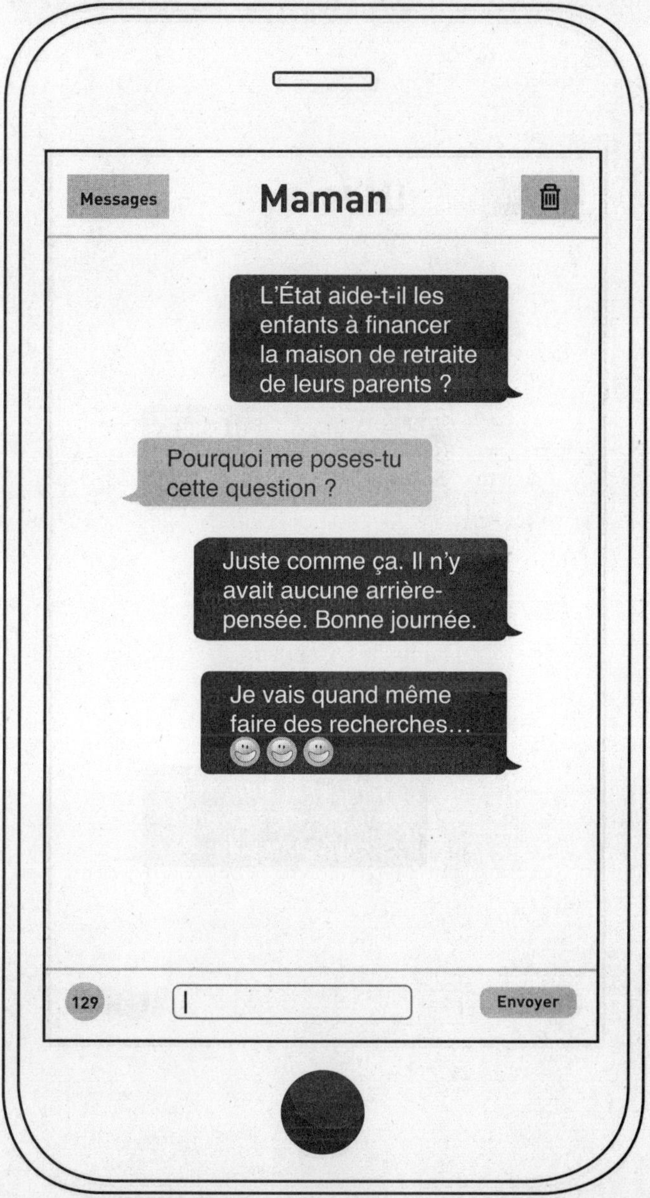
Messages
Maman
L'État aide-t-il les enfants à financer la maison de retraite de leurs parents ?
Pourquoi me poses-tu cette question ?
Juste comme ça. Il n'y avait aucune arrière-pensée. Bonne journée.
Je vais quand même faire des recherches…
129
Envoyer

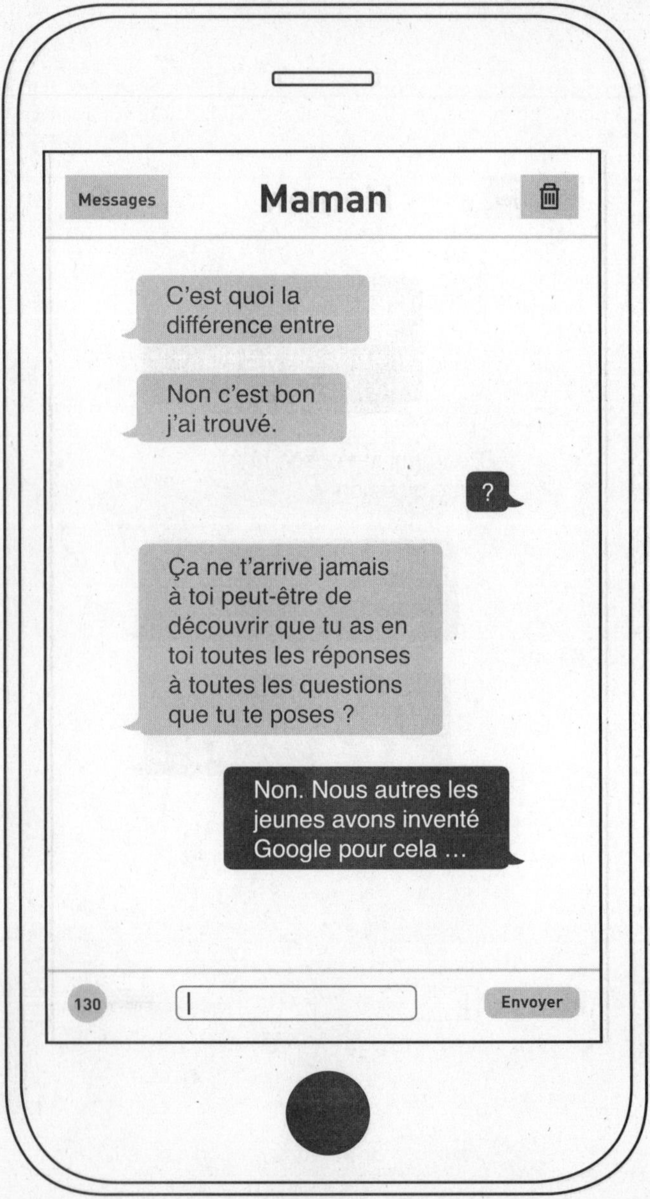
Messages
Maman
C'est quoi la différence entre
Non c'est bon j'ai trouvé.
?
Ça ne t'arrive jamais à toi peut-être de découvrir que tu as en toi toutes les réponses à toutes les questions que tu te poses ?
Non. Nous autres les jeunes avons inventé Google pour cela …
130
Envoyer

Messages
Maman
C'est la mi-août !
LÂCHE CE CHAT
MAMAN !!!!
131
Envoyer

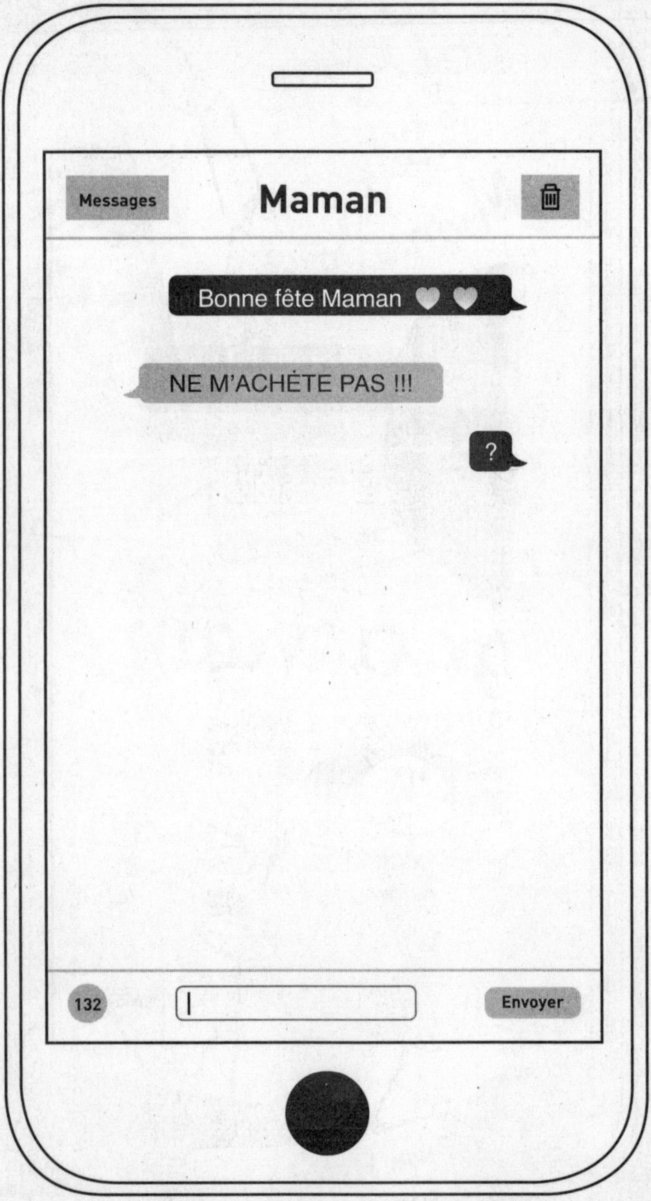
Messages
Maman
Bonne fête Maman
NE M'ACHÈTE PAS !!!
?
132
Envoyer

Bonne Fête Maman
MAMAN
pour maman
maman
NOM: FISTON
SEXE: M
DATE: 26-03

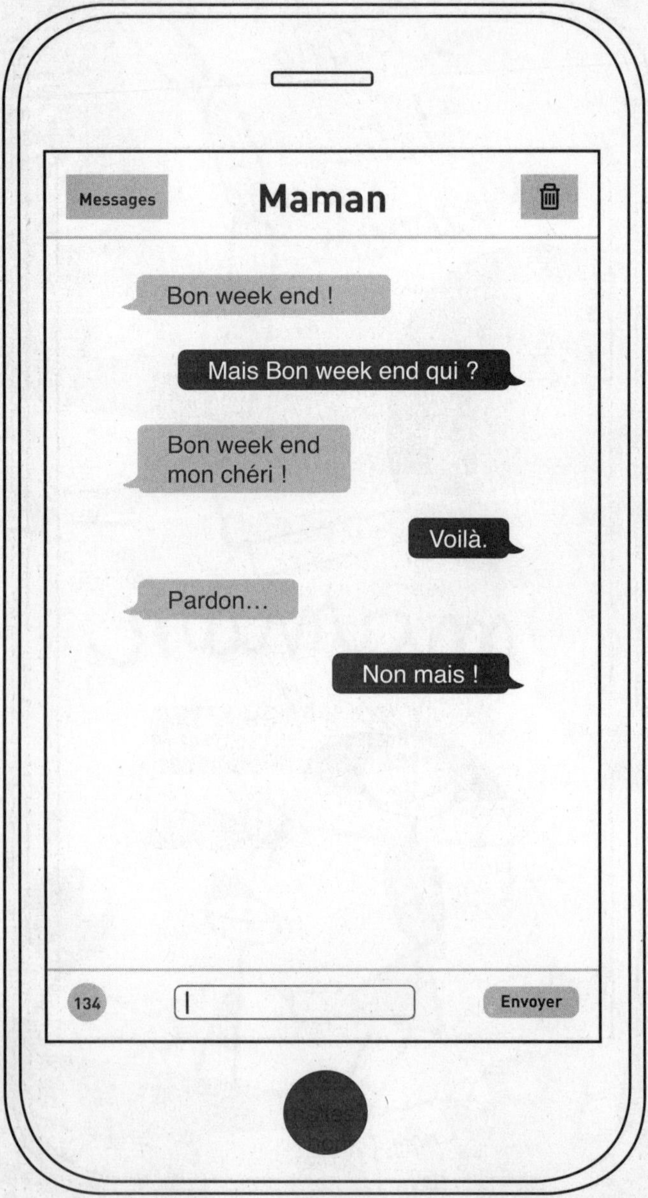
Messages
Maman
Bon week end !
Mais Bon week end qui ?
Bon week end
mon chéri !
Voilà.
Pardon...
Non mais !
134
Envoyer

Messages
Maman
J'ai envie de m'acheter une tablette tactile…
Vu ton talent pour tout ce qui est tactile, on va encore bien s'amuser…
C'est pas la peine d'être désagréable. J'ai parfois vraiment l'impression que tu me prends pour une buse !
Tu veux dire bise Maman ?
Ah ah !
135
Envoyer

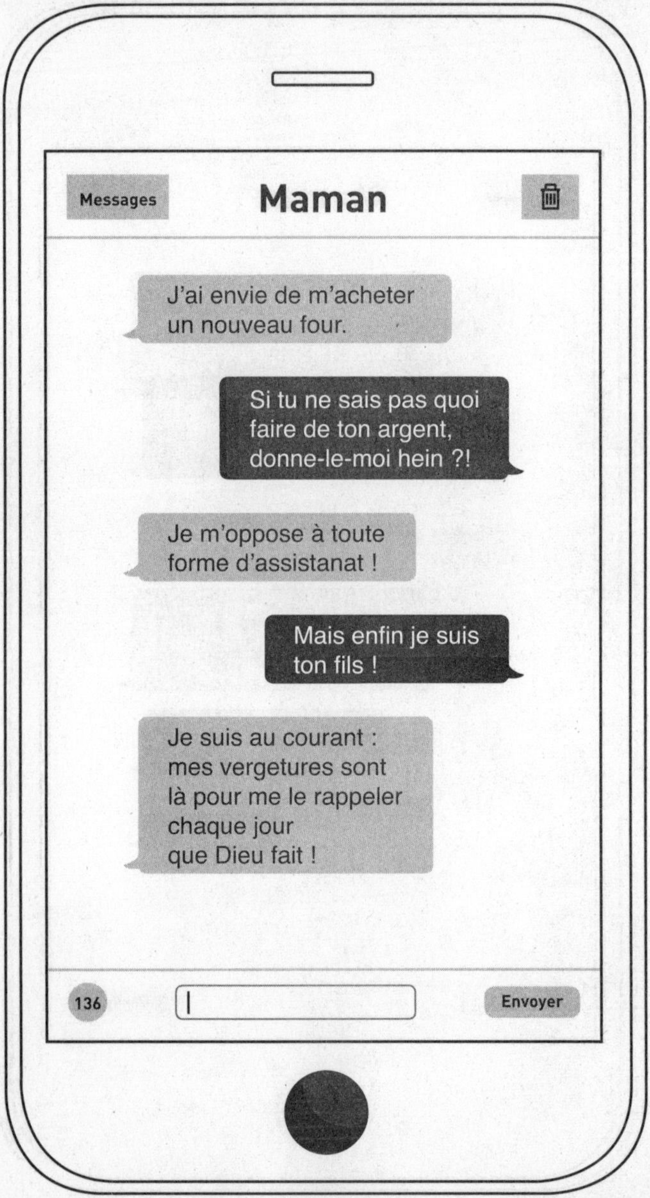
Messages
Maman
J'ai envie de m'acheter un nouveau four.
Si tu ne sais pas quoi faire de ton argent, donne-le-moi hein ?!
Je m'oppose à toute forme d'assistanat !
Mais enfin je suis ton fils !
Je suis au courant : mes vergetures sont là pour me le rappeler chaque jour que Dieu fait !
136
Envoyer

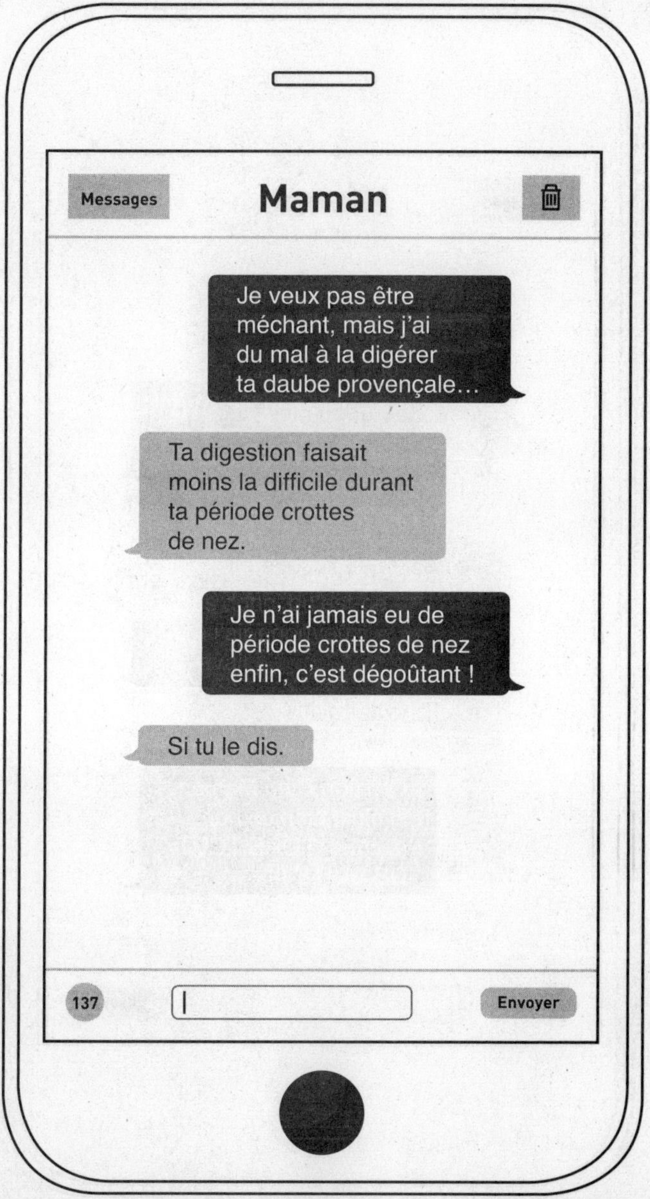
Messages
Maman
Je veux pas être méchant, mais j'ai du mal à la digérer ta daube provençale…
Ta digestion faisait moins la difficile durant ta période crottes de nez.
Je n'ai jamais eu de période crottes de nez enfin, c'est dégoûtant !
Si tu le dis.
137
Envoyer

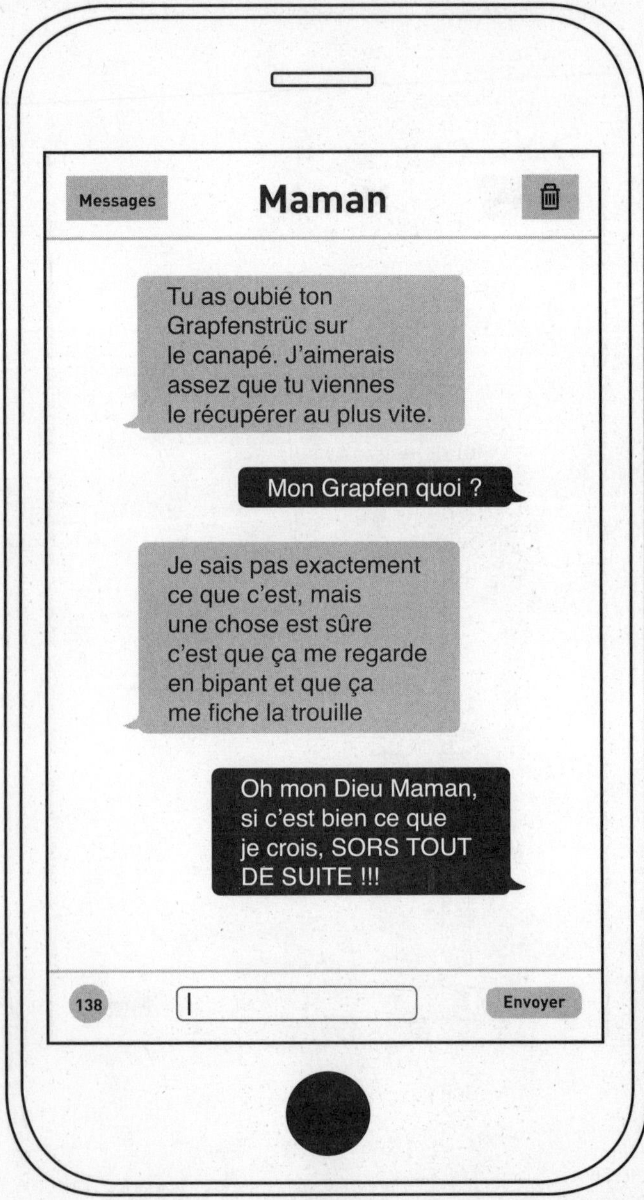
Messages
Maman
Tu as oubié ton Grapfenstrüc sur le canapé. J'aimerais assez que tu viennes le récupérer au plus vite.
Mon Grapfen quoi ?
Je sais pas exactement ce que c'est, mais une chose est sûre c'est que ça me regarde en bipant et que ça me fiche la trouille
Oh mon Dieu Maman, si c'est bien ce que je crois, SORS TOUT DE SUITE !!!
138
Envoyer

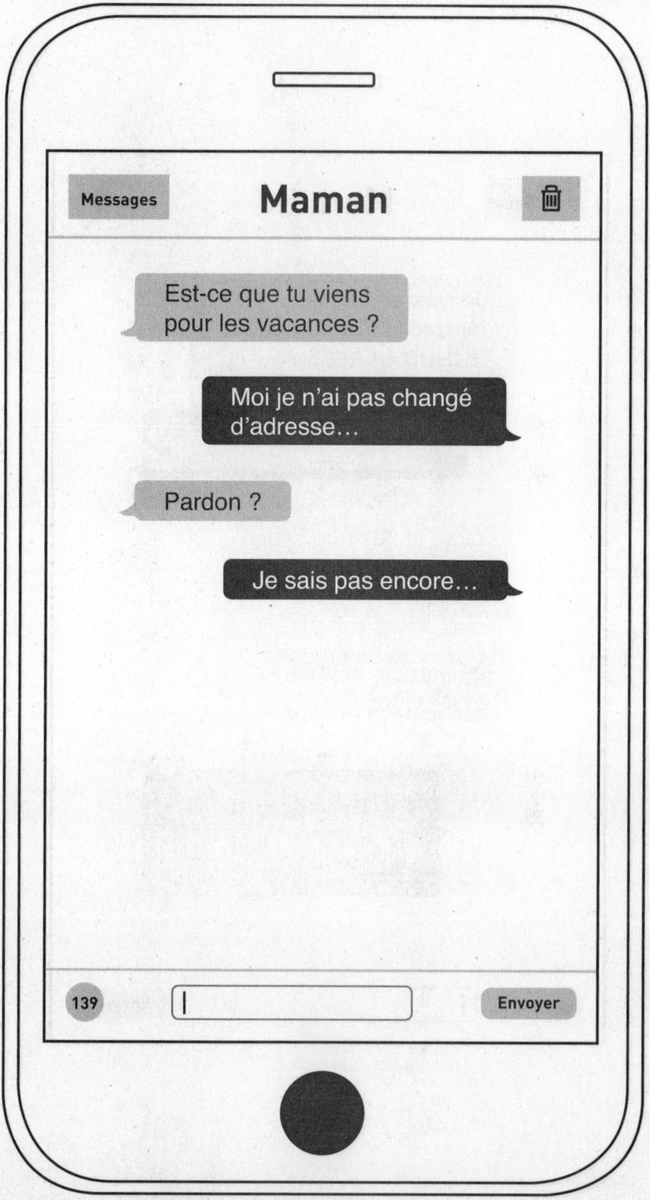
Messages
Maman
Est-ce que tu viens pour les vacances ?
Moi je n'ai pas changé d'adresse…
Pardon ?
Je sais pas encore…
139
Envoyer

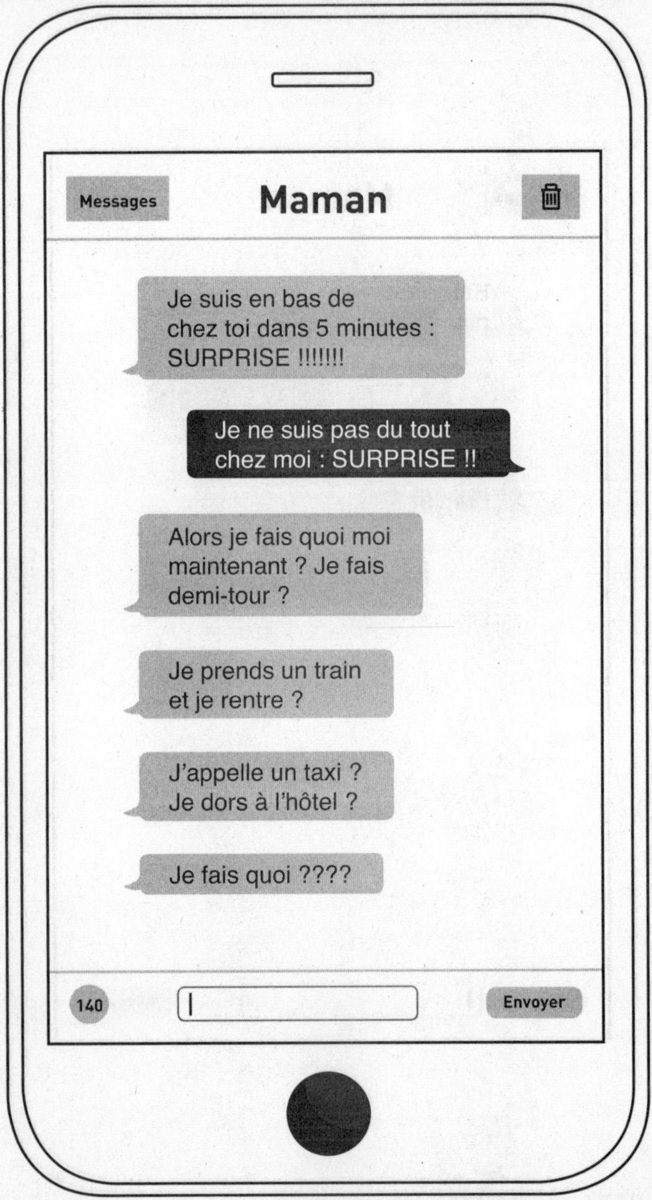
Messages
Maman
Je suis en bas de chez toi dans 5 minutes : SURPRISE !!!!!!!
Je ne suis pas du tout chez moi : SURPRISE !!
Alors je fais quoi moi maintenant ? Je fais demi-tour ?
Je prends un train et je rentre ?
J'appelle un taxi ? Je dors à l'hôtel ?
Je fais quoi ????
140
Envoyer

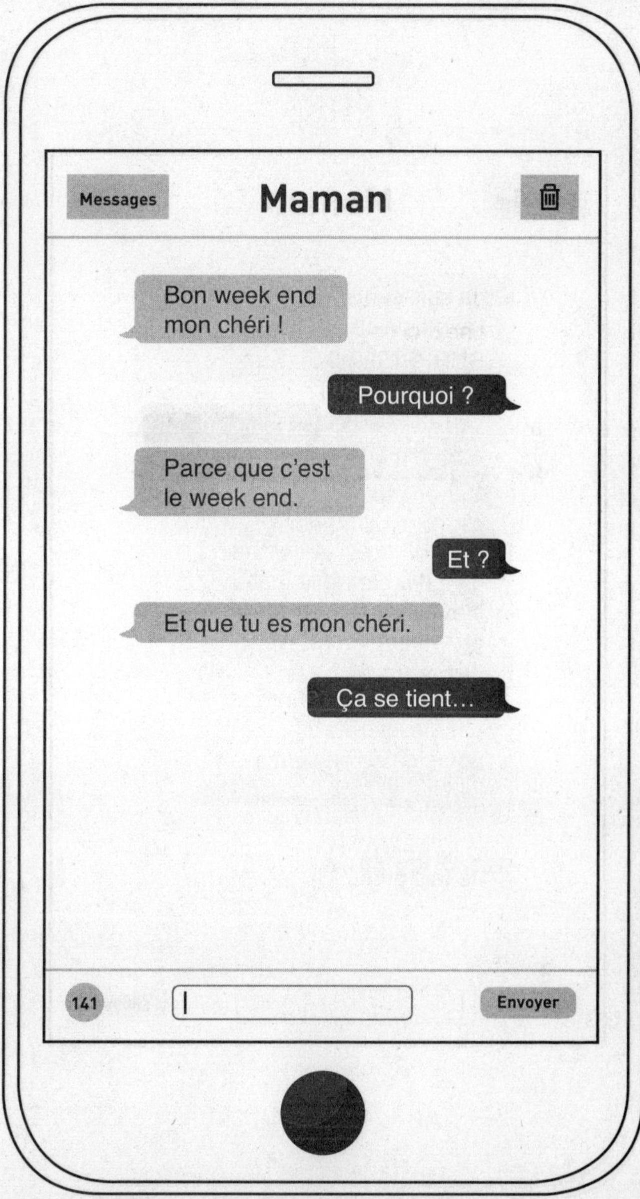
Messages
Maman
Bon week end mon chéri !
Pourquoi ?
Parce que c'est le week end.
Et ?
Et que tu es mon chéri.
Ça se tient…
141
Envoyer

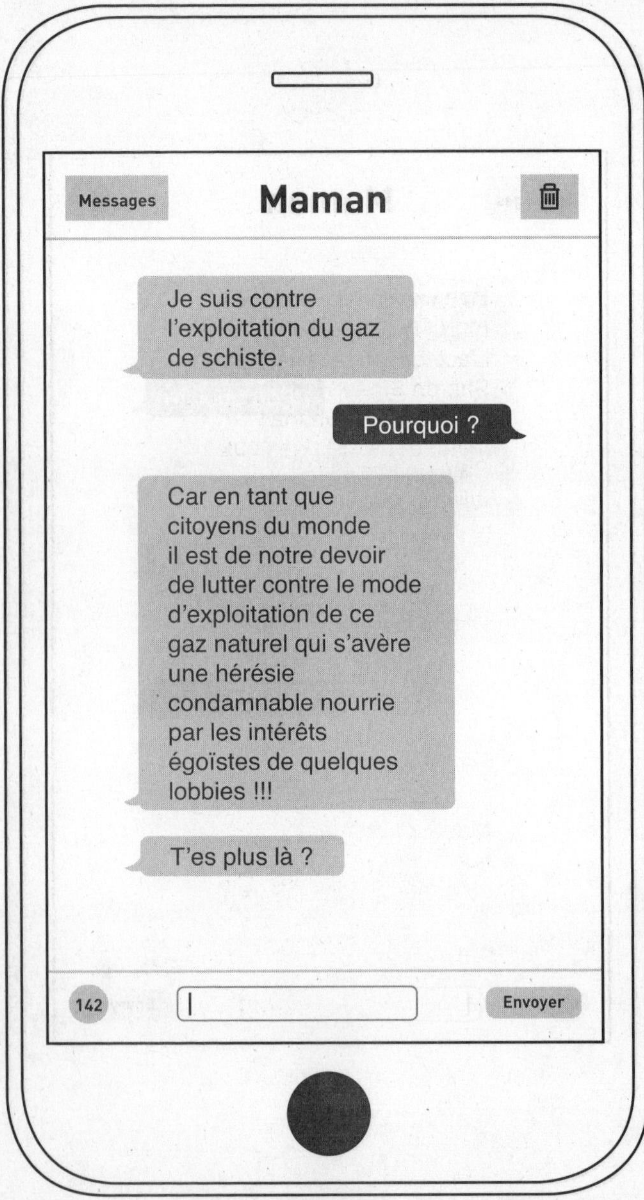
Messages
Maman
Je suis contre l'exploitation du gaz de schiste.
Pourquoi ?
Car en tant que citoyens du monde il est de notre devoir de lutter contre le mode d'exploitation de ce gaz naturel qui s'avère une hérésie condamnable nourrie par les intérêts égoïstes de quelques lobbies !!!
T'es plus là ?
142
Envoyer

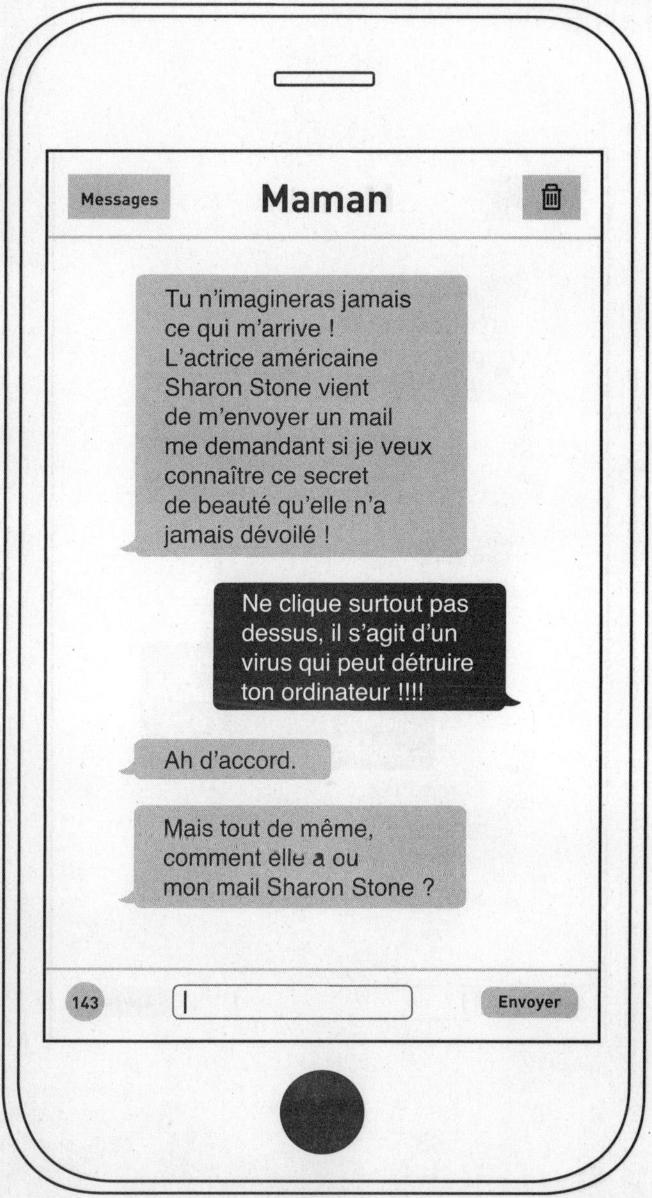

Messages
Maman
Tu n'imagineras jamais ce qui m'arrive ! L'actrice américaine Sharon Stone vient de m'envoyer un mail me demandant si je veux connaître ce secret de beauté qu'elle n'a jamais dévoilé !
Ne clique surtout pas dessus, il s'agit d'un virus qui peut détruire ton ordinateur !!!!
Ah d'accord.
Mais tout de même, comment elle a ou mon mail Sharon Stone ?
143
Envoyer

Messages
Maman
J’ai un probl.m. av.c mon t.l.phon., il n. fait plus la l.ttr. . J. fais quoi moi maint.nant ?
Mais qu’est-ce que tu as encore fait ?!
J’ai dû trop .nfonc.r la touch. av.c mon doigt !
Ce n’est pas possible de coincer une touche sur un clavier tactile enfin maman !!!
Bin oui mais tu vois un autr. .xplication toi ? ça m’.n.rv. !!!
144
Envoyer

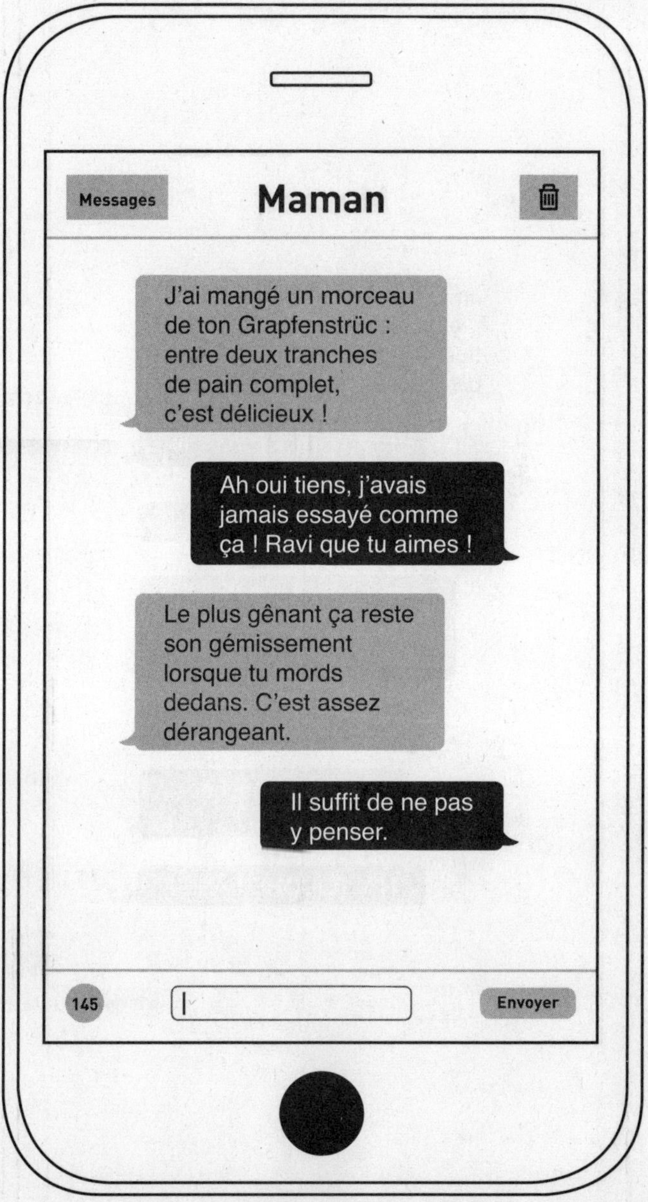
Messages
Maman
J'ai mangé un morceau de ton Grapfenstrüc : entre deux tranches de pain complet, c'est délicieux !
Ah oui tiens, j'avais jamais essayé comme ça ! Ravi que tu aimes !
Le plus gênant ça reste son gémissement lorsque tu mords dedans. C'est assez dérangeant.
Il suffit de ne pas y penser.
145
Envoyer

Messages
Maman
Je fais un peu de place, je peux jeter tes figurines de La Guerre des Étoiles ?
N'Y TOUCHE PAS !!!
N'Y TOUCHE PAS !!!
SI TU LES AS TOUCHÉES, REMETS-LES À LEUR PLACE !
J'arrive tout de suite.
Tu les as touchées, c'est ça ?
N'Y TOUCHE PAS !!!
146
Envoyer

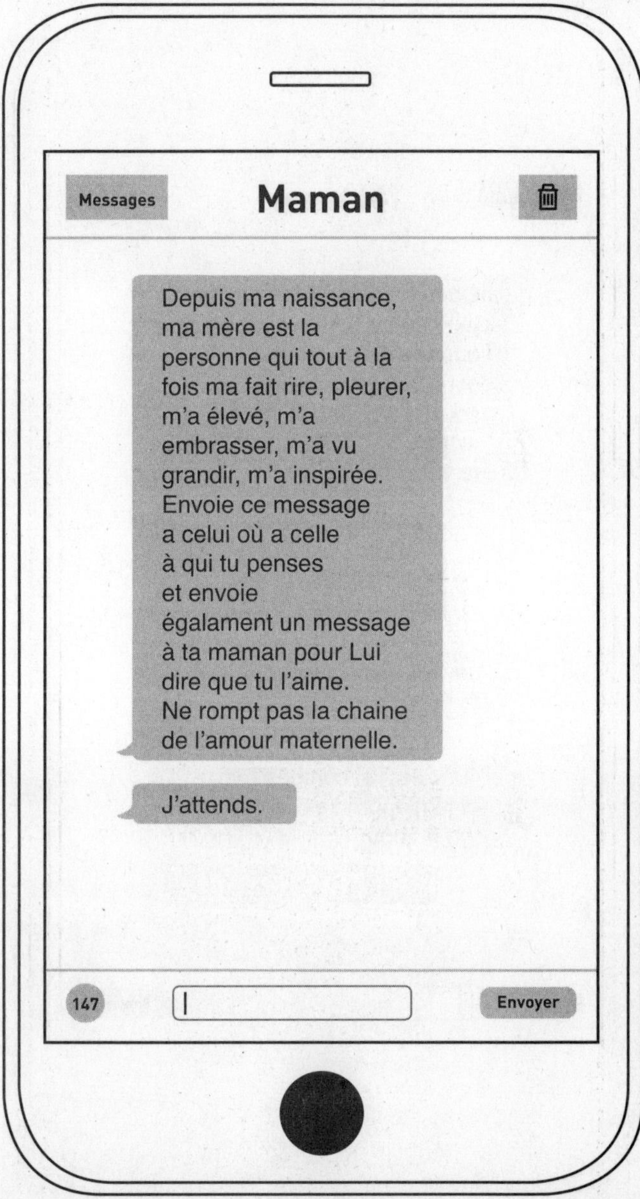
Messages
Maman
Depuis ma naissance, ma mère est la personne qui tout à la fois ma fait rire, pleurer, m'a élevé, m'a embrasser, m'a vu grandir, m'a inspirée. Envoie ce message a celui où a celle à qui tu penses et envoie égalament un message à ta maman pour Lui dire que tu l'aime. Ne rompt pas la chaine de l'amour maternelle.
J'attends.
147
Envoyer

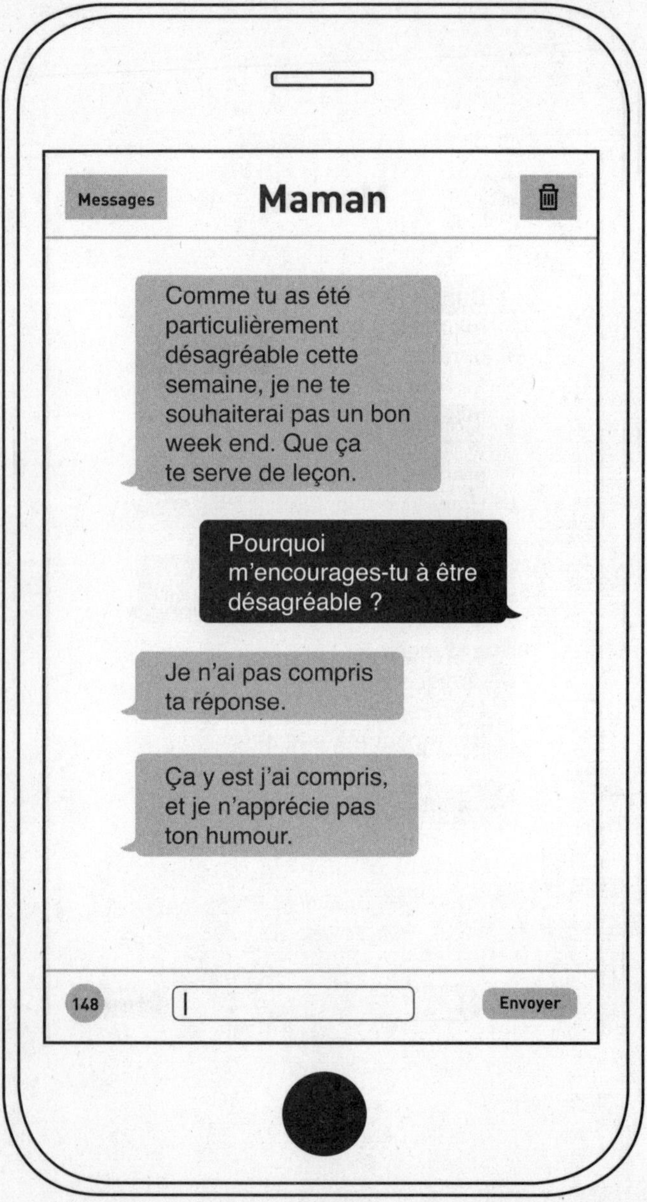
Messages
Maman
Comme tu as été particulièrement désagréable cette semaine, je ne te souhaiterai pas un bon week end. Que ça te serve de leçon.
Pourquoi m'encourages-tu à être désagréable ?
Je n'ai pas compris ta réponse.
Ça y est j'ai compris, et je n'apprécie pas ton humour.
148
Envoyer

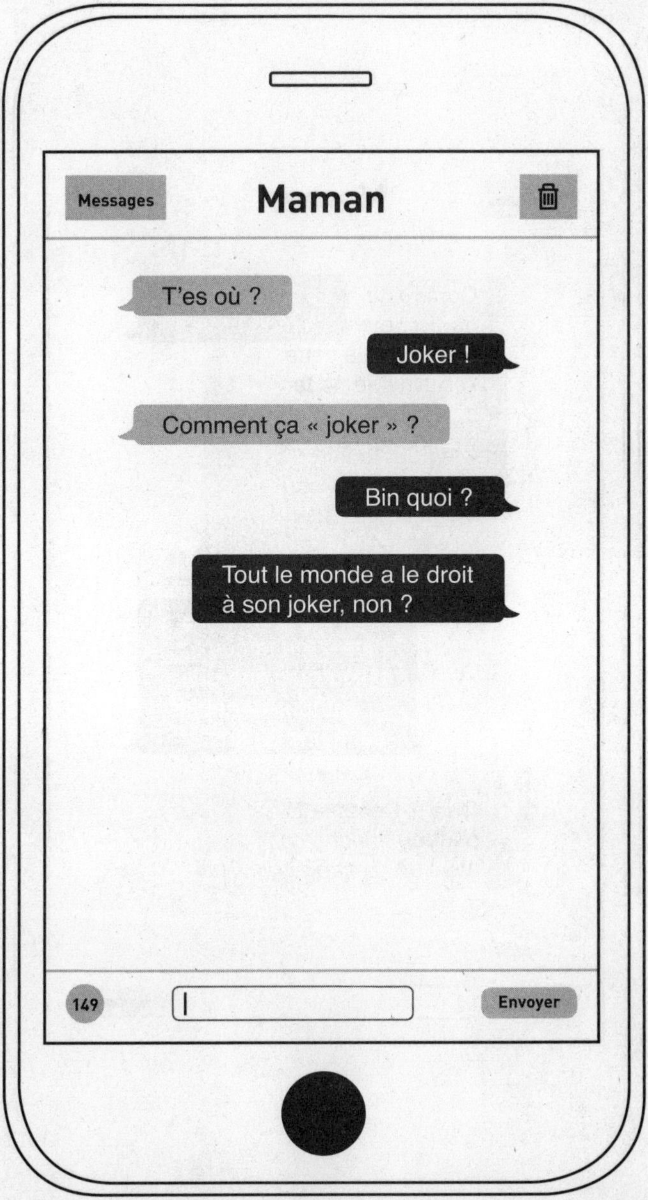
Messages
Maman
T'es où ?
Joker !
Comment ça « joker » ?
Bin quoi ?
Tout le monde a le droit à son joker, non ?
149
Envoyer

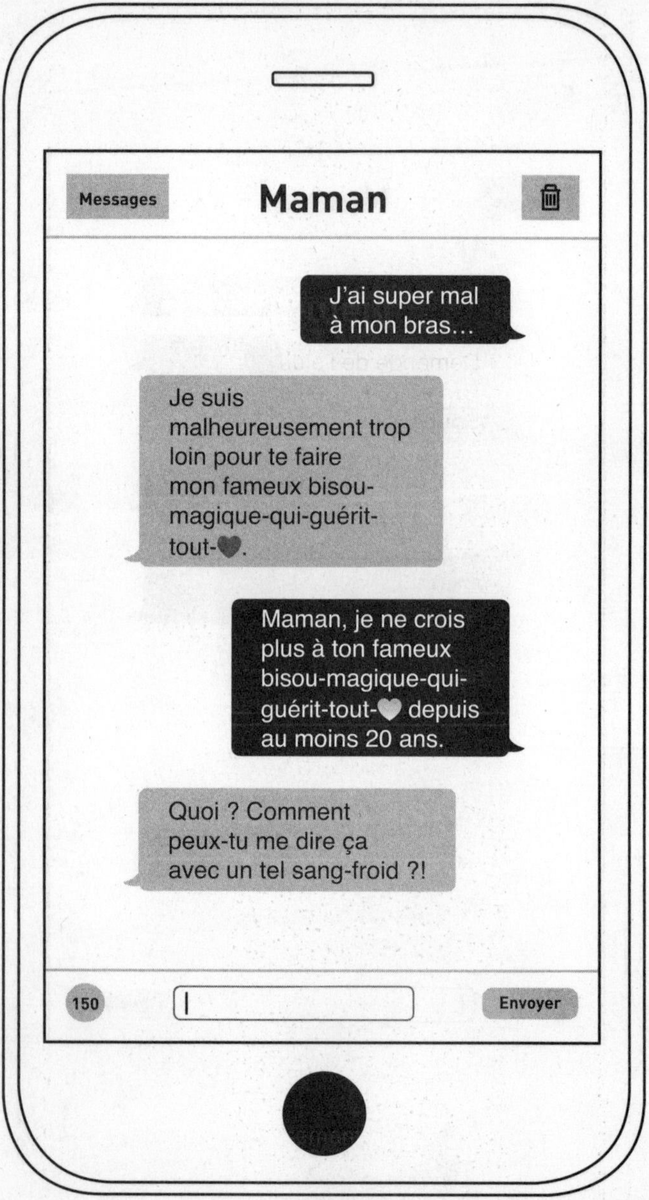
Messages
Maman
J'ai super mal à mon bras…
Je suis malheureusement trop loin pour te faire mon fameux bisou-magique-qui-guérit-tout-♥.
Maman, je ne crois plus à ton fameux bisou-magique-qui-guérit-tout-♥ depuis au moins 20 ans.
Quoi ? Comment peux-tu me dire ça avec un tel sang-froid ?!
150
Envoyer

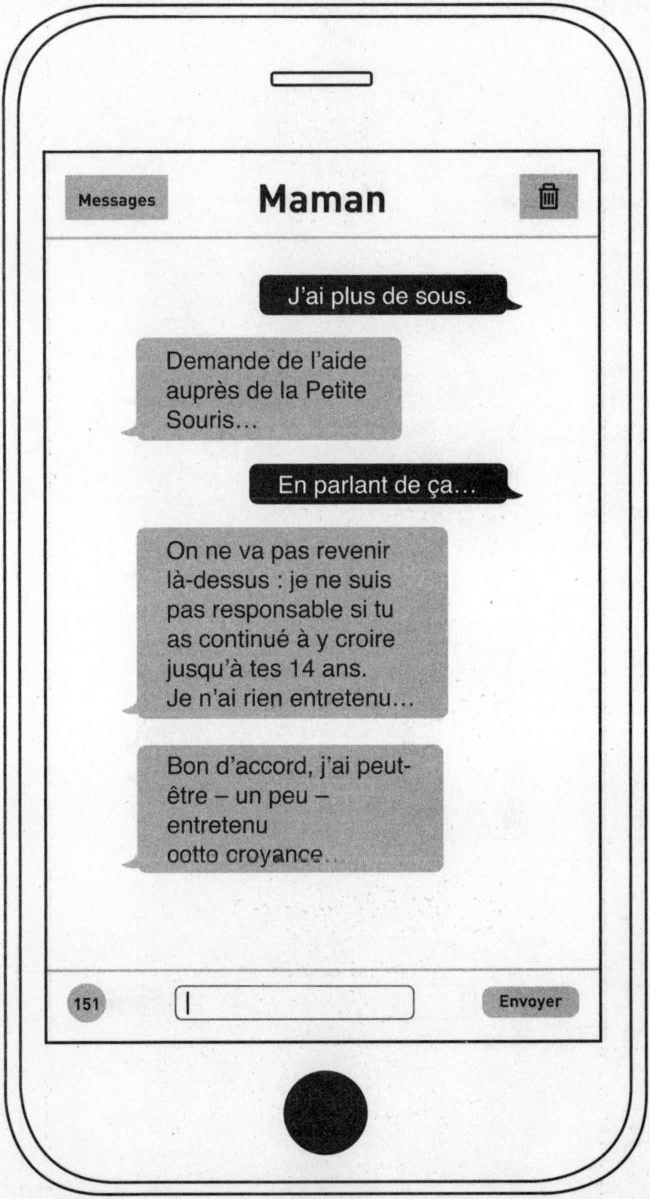
Messages
Maman
J'ai plus de sous.
Demande de l'aide auprès de la Petite Souris…
En parlant de ça…
On ne va pas revenir là-dessus : je ne suis pas responsable si tu as continué à y croire jusqu'à tes 14 ans. Je n'ai rien entretenu…
Bon d'accord, j'ai peut-être – un peu – entretenu cette croyance…
151
Envoyer

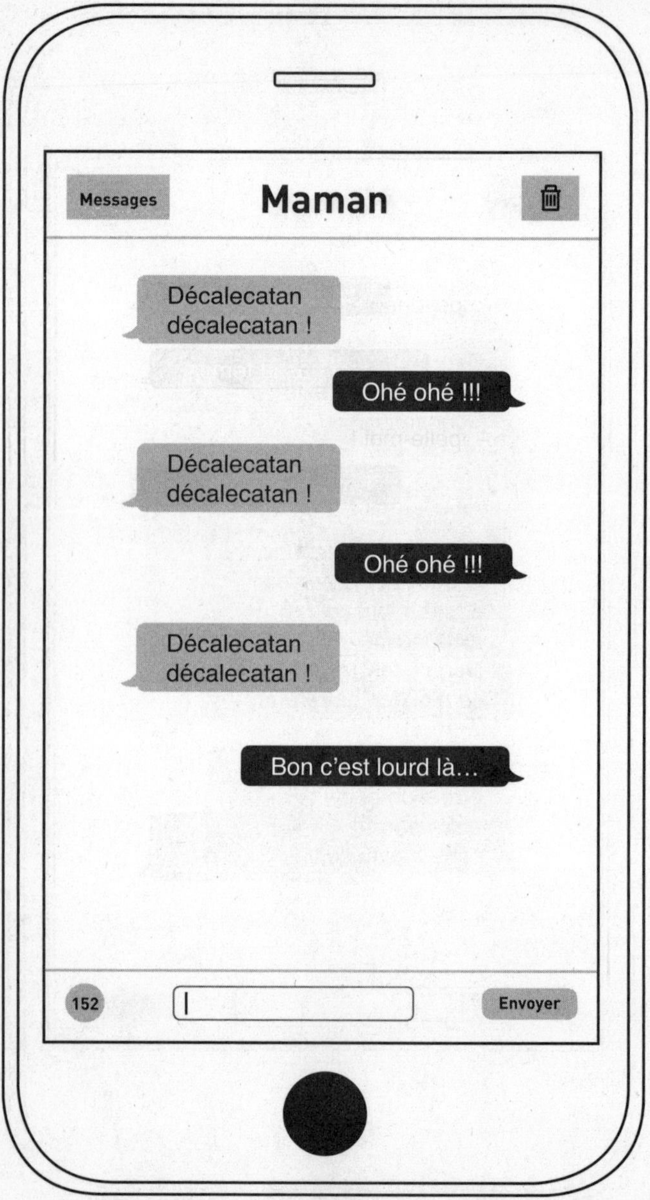
Messages
Maman
Décalecatan décalecatan !
Ohé ohé !!!
Décalecatan décalecatan !
Ohé ohé !!!
Décalecatan décalecatan !
Bon c'est lourd là…
152
Envoyer

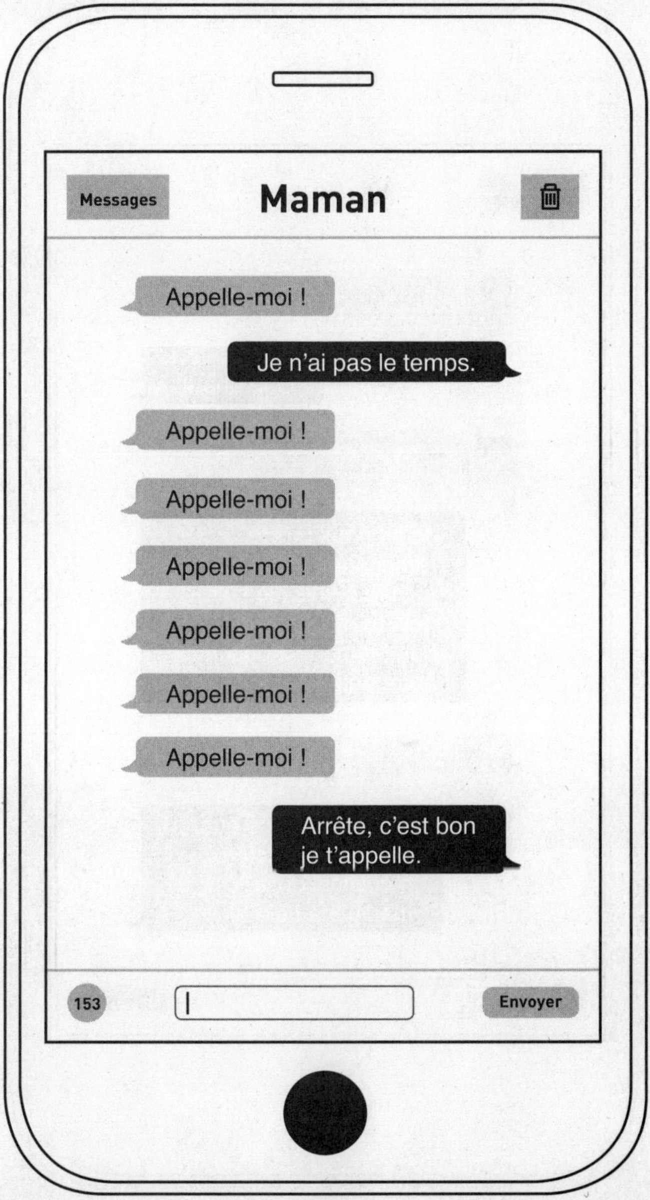
Messages
Maman
Appelle-moi !
Je n'ai pas le temps.
Appelle-moi !
Appelle-moi !
Appelle-moi !
Appelle-moi !
Appelle-moi !
Appelle-moi !
Arrête, c'est bon je t'appelle.
153
Envoyer

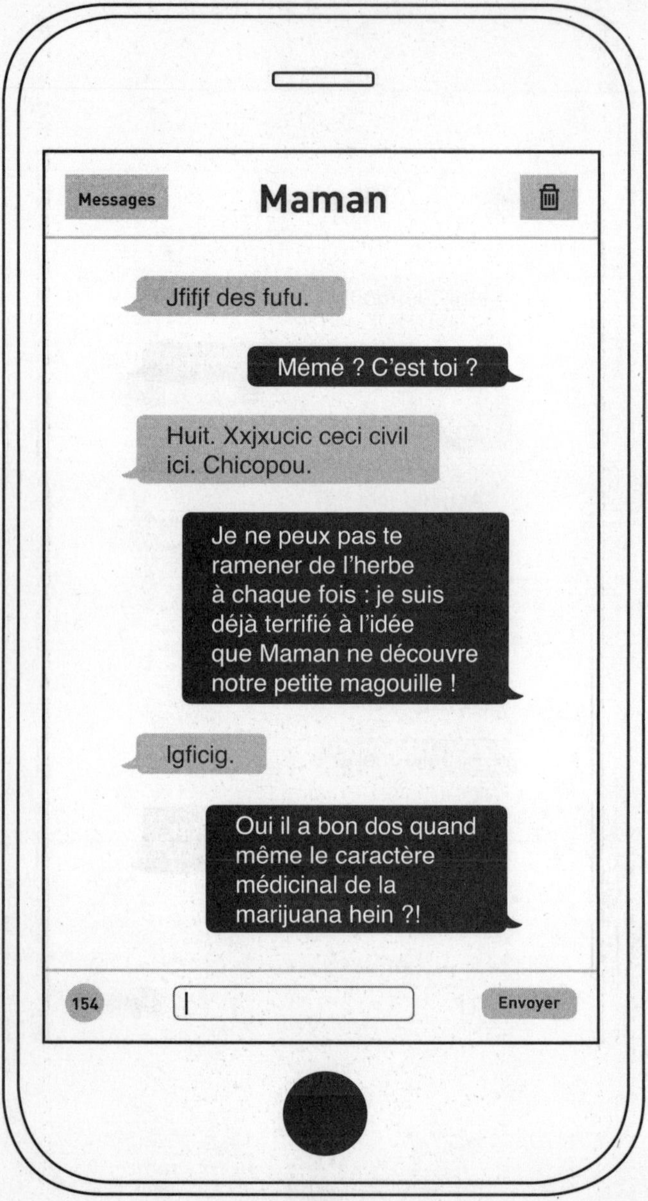

Messages
Maman
Jfifjf des fufu.
Mémé ? C'est toi ?
Huit. Xxjxucic ceci civil ici. Chicopou.
Je ne peux pas te ramener de l'herbe à chaque fois : je suis déjà terrifié à l'idée que Maman ne découvre notre petite magouille !
Igficig.
Oui il a bon dos quand même le caractère médicinal de la marijuana hein ?!
154
Envoyer

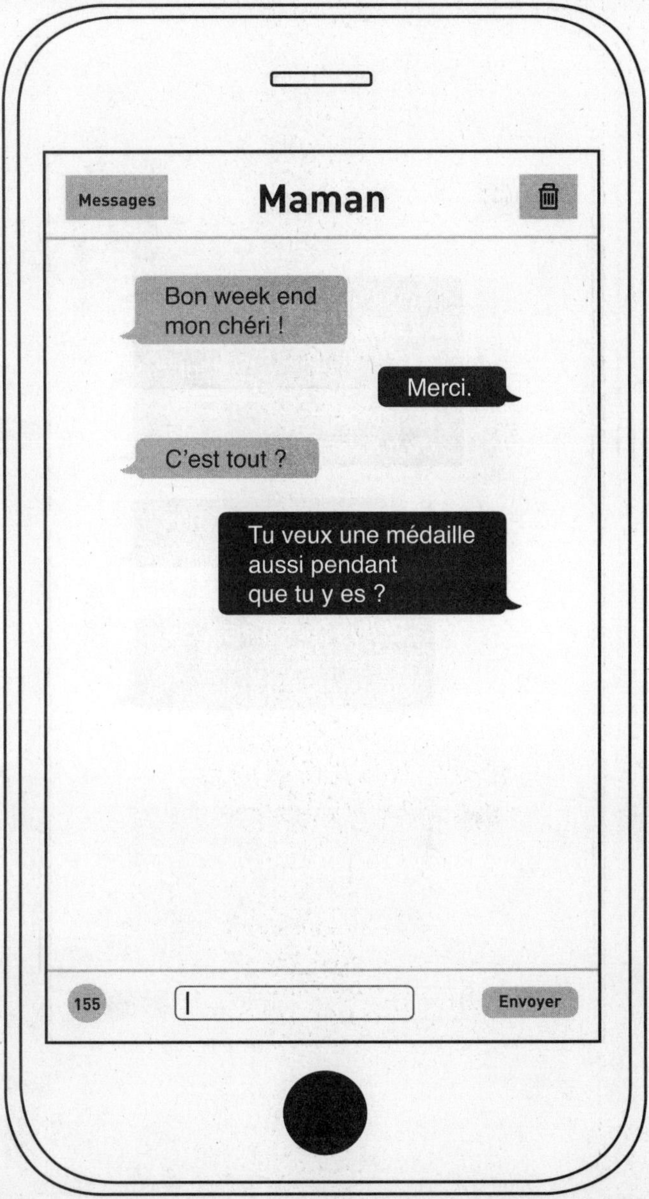
Messages
Maman
Bon week end mon chéri !
Merci.
C'est tout ?
Tu veux une médaille aussi pendant que tu y es ?
155
Envoyer

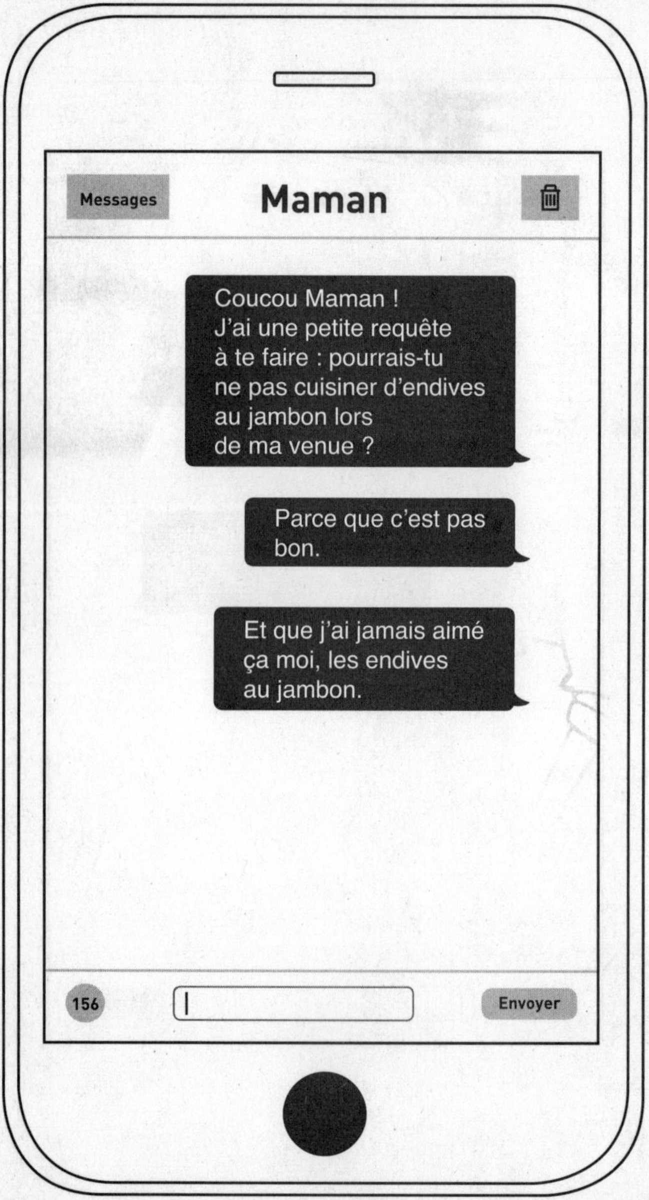
Messages
Maman
Coucou Maman ! J'ai une petite requête à te faire : pourrais-tu ne pas cuisiner d'endives au jambon lors de ma venue ?
Parce que c'est pas bon.
Et que j'ai jamais aimé ça moi, les endives au jambon.
156
Envoyer

PIÈTA N°55
OU ENFANT (TRÈS BEAU)
AYANT MANGÉ TROP
D'ENDIVES AU JAMBON
(VERS 2014 APRÈS J.-C.)

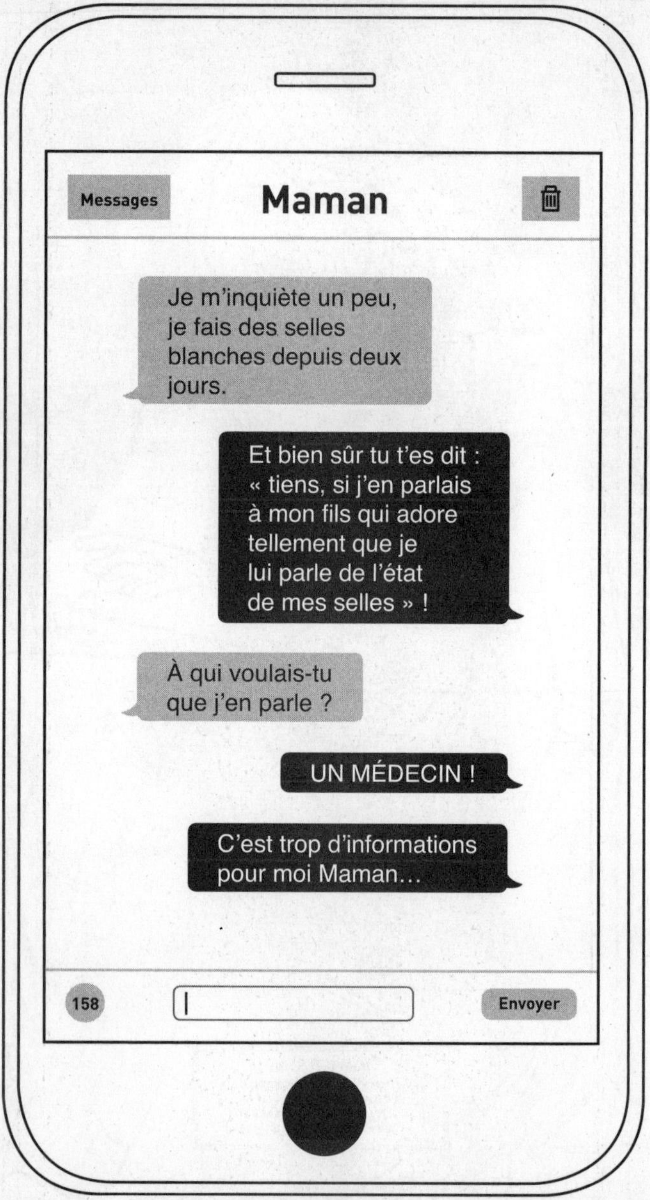
Messages
Maman
Je m'inquiète un peu, je fais des selles blanches depuis deux jours.
Et bien sûr tu t'es dit : « tiens, si j'en parlais à mon fils qui adore tellement que je lui parle de l'état de mes selles » !
À qui voulais-tu que j'en parle ?
UN MÉDECIN !
C'est trop d'informations pour moi Maman…
158
Envoyer

Messages
Maman
C'est rigolo le bruit qu'il fait Grisouille lorsque tu le presses !
On peut savoir pourquoi tu presses mon chat Maman ?
Qui t'a dit que je le pressais d'abord ?
Arrête de presser ce chat s'il te plaît !!!
Hormis ce petit bruit, je n'ai pas l'impression que ça lui déplaît tant que ça d'être pressé hein !
159
Envoyer

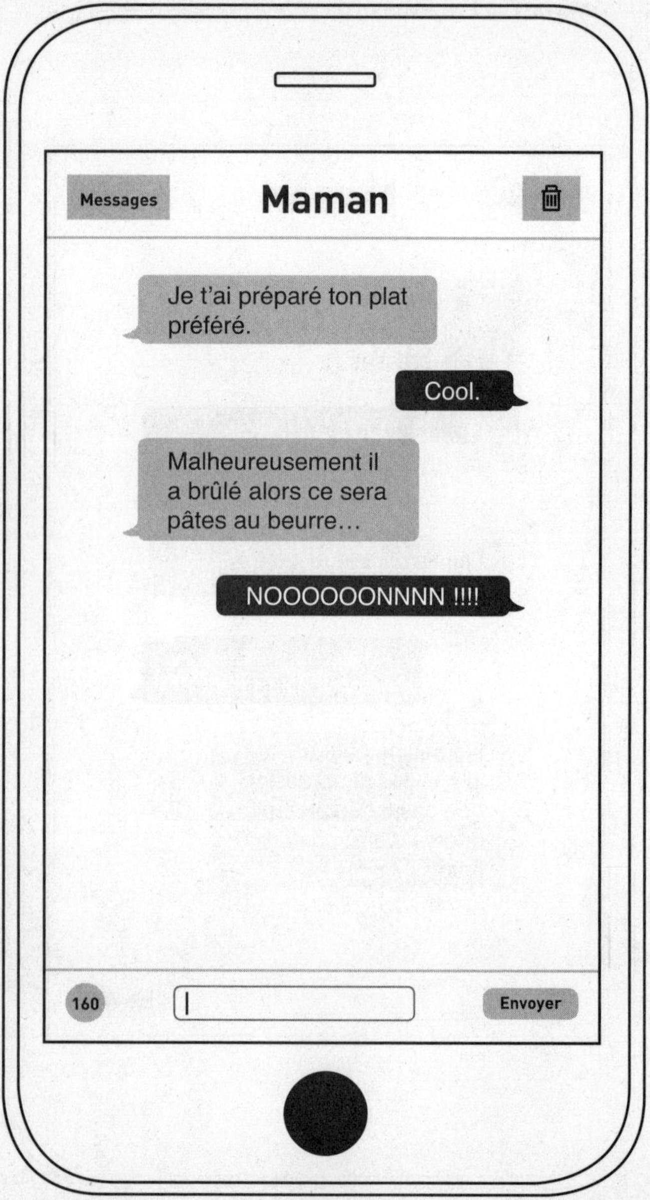
Messages
Maman
Je t'ai préparé ton plat préféré.
Cool.
Malheureusement il a brûlé alors ce sera pâtes au beurre…
NOOOOOONNNN !!!!
160
Envoyer

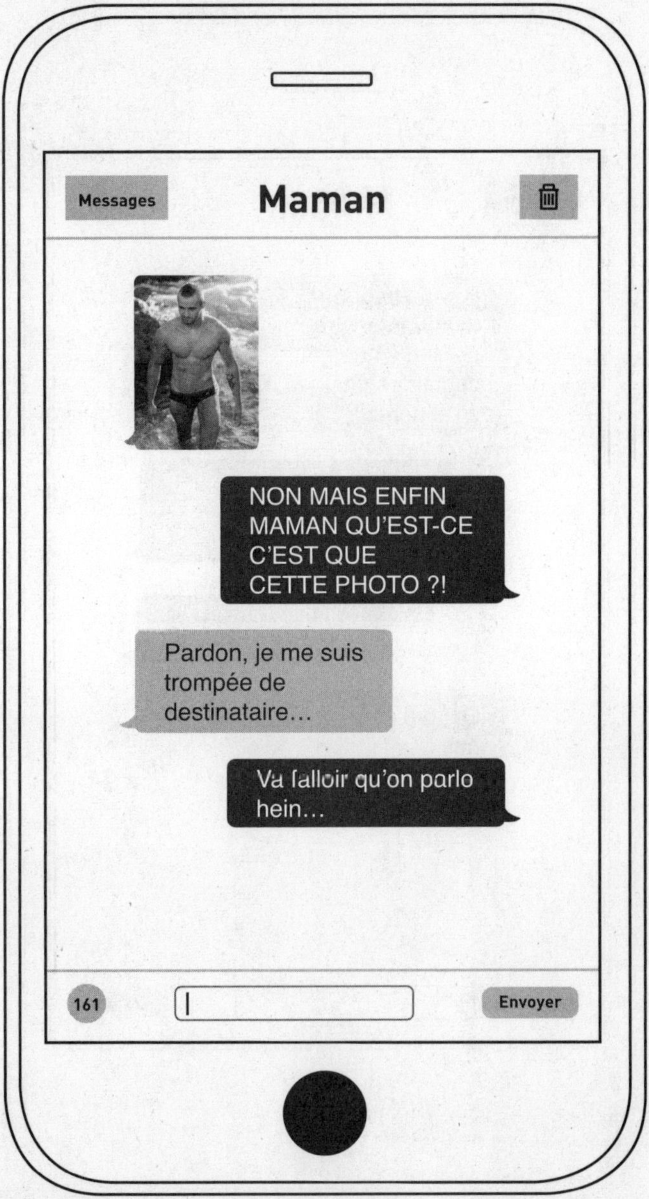
Messages
Maman
NON MAIS ENFIN MAMAN QU'EST-CE C'EST QUE CETTE PHOTO ?!
Pardon, je me suis trompée de destinataire…
Va falloir qu'on parle hein…
161
Envoyer

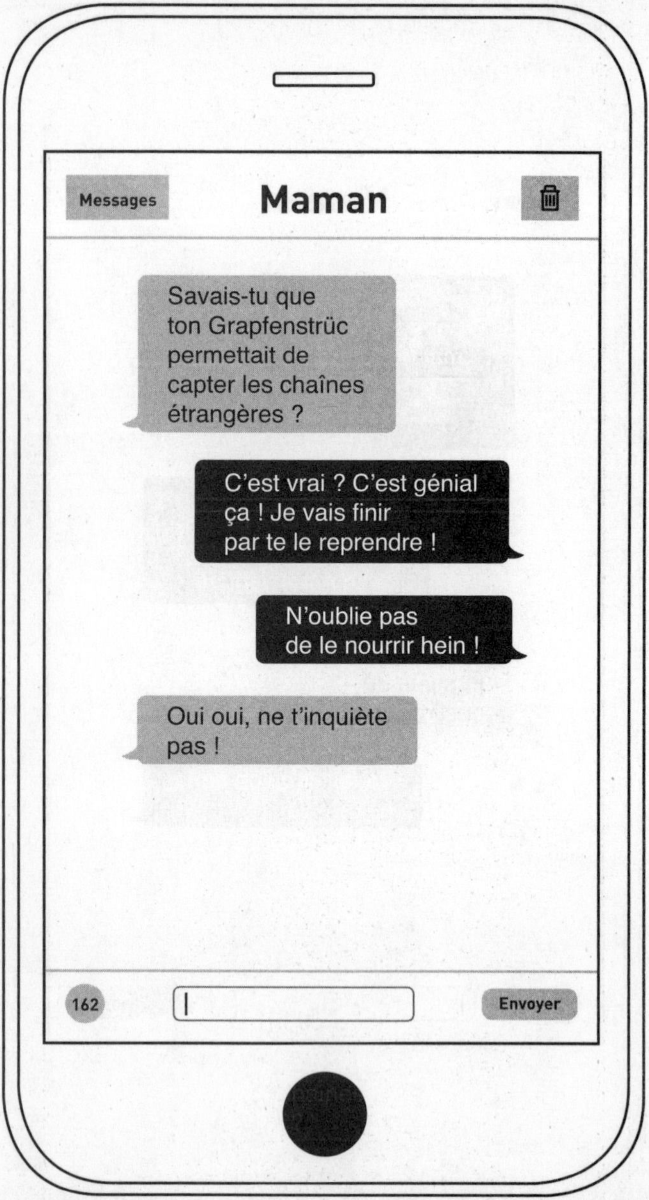
Messages
Maman
Savais-tu que ton Grapfenstrüc permettait de capter les chaînes étrangères ?
C'est vrai ? C'est génial ça ! Je vais finir par te le reprendre !
N'oublie pas de le nourrir hein !
Oui oui, ne t'inquiète pas !
162
Envoyer

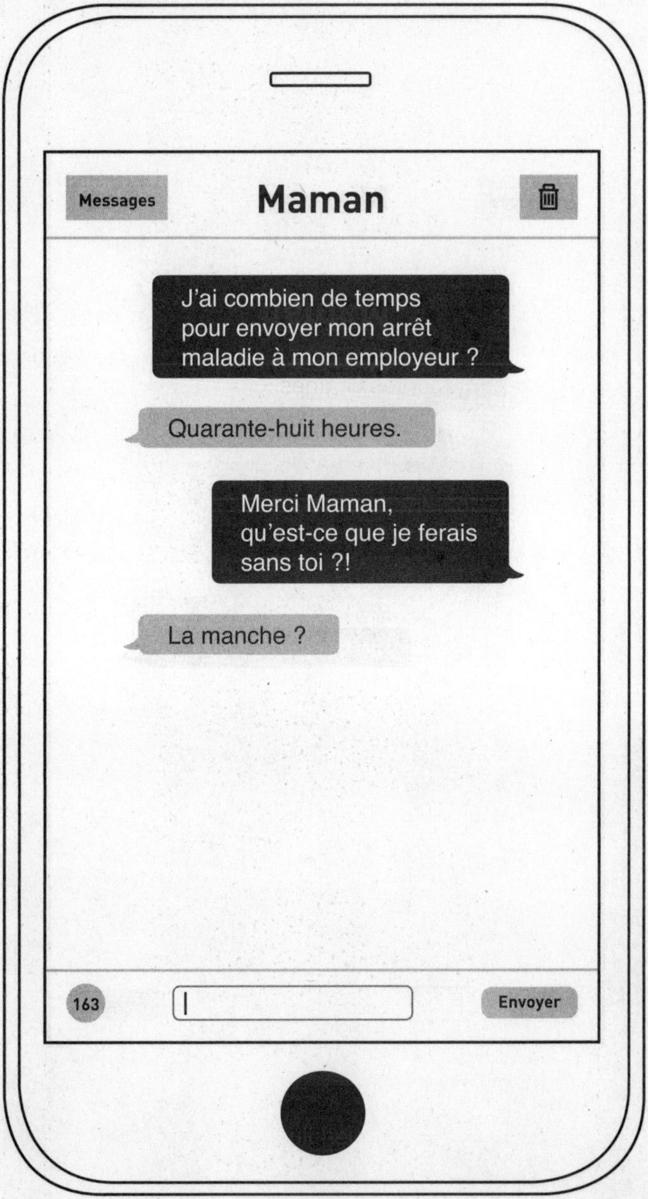
Messages
Maman
J'ai combien de temps pour envoyer mon arrêt maladie à mon employeur ?
Quarante-huit heures.
Merci Maman, qu'est-ce que je ferais sans toi ?!
La manche ?
163
Envoyer

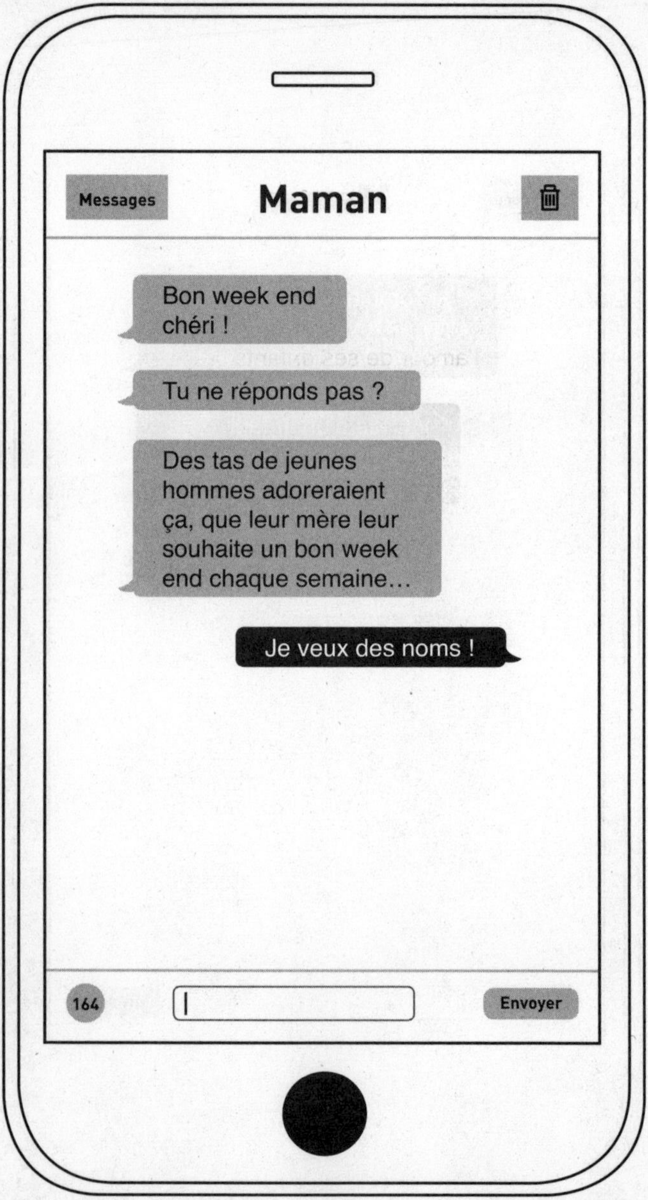
Messages
Maman
Bon week end chéri !
Tu ne réponds pas ?
Des tas de jeunes hommes adoreraient ça, que leur mère leur souhaite un bon week end chaque semaine…
Je veux des noms !
164
Envoyer

Messages
Maman
« La clé du bonheur d'une maman, c'est l'amour de ses enfants. »
« Celle d'un enfant, c'est le compte-chèques de sa maman. »
Ah ah !
165
Envoyer

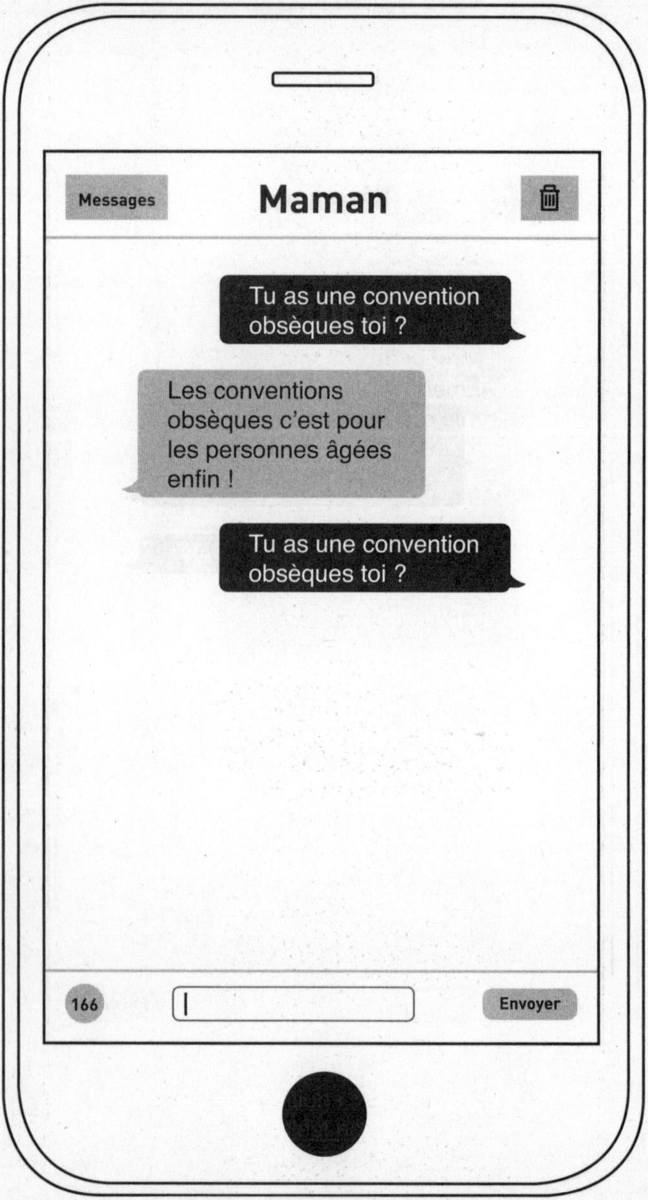
Messages
Maman
Tu as une convention obsèques toi ?
Les conventions obsèques c'est pour les personnes âgées enfin !
Tu as une convention obsèques toi ?
166
Envoyer

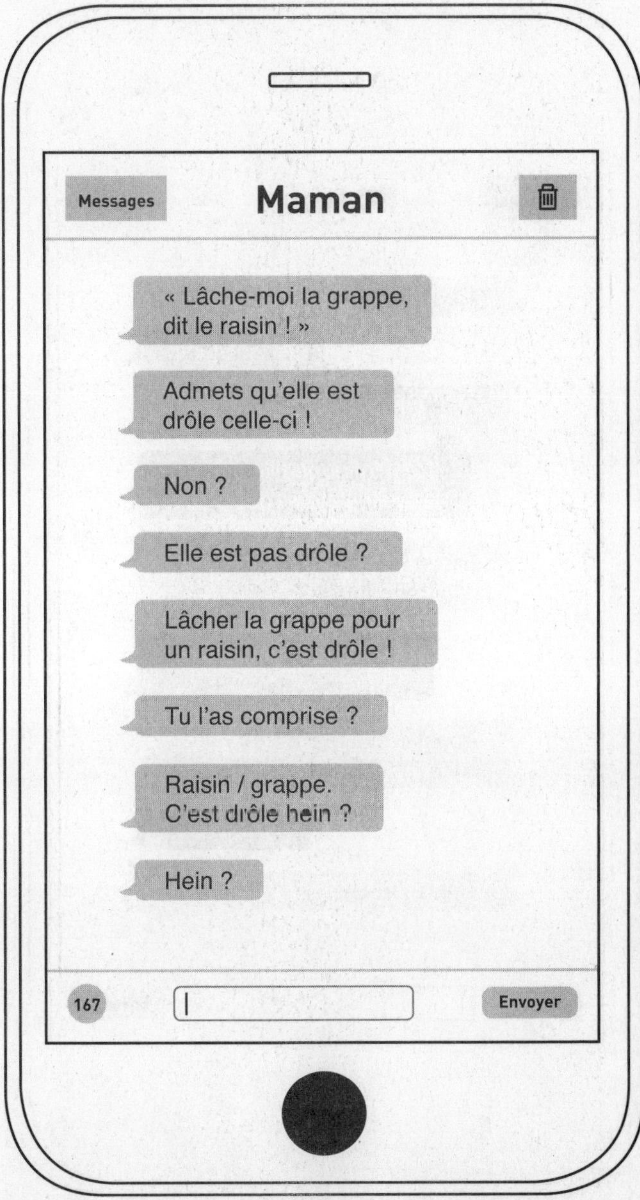
Messages
Maman
« Lâche-moi la grappe, dit le raisin ! »
Admets qu'elle est drôle celle-ci !
Non ?
Elle est pas drôle ?
Lâcher la grappe pour un raisin, c'est drôle !
Tu l'as comprise ?
Raisin / grappe. C'est drôle hein ?
Hein ?
167
Envoyer

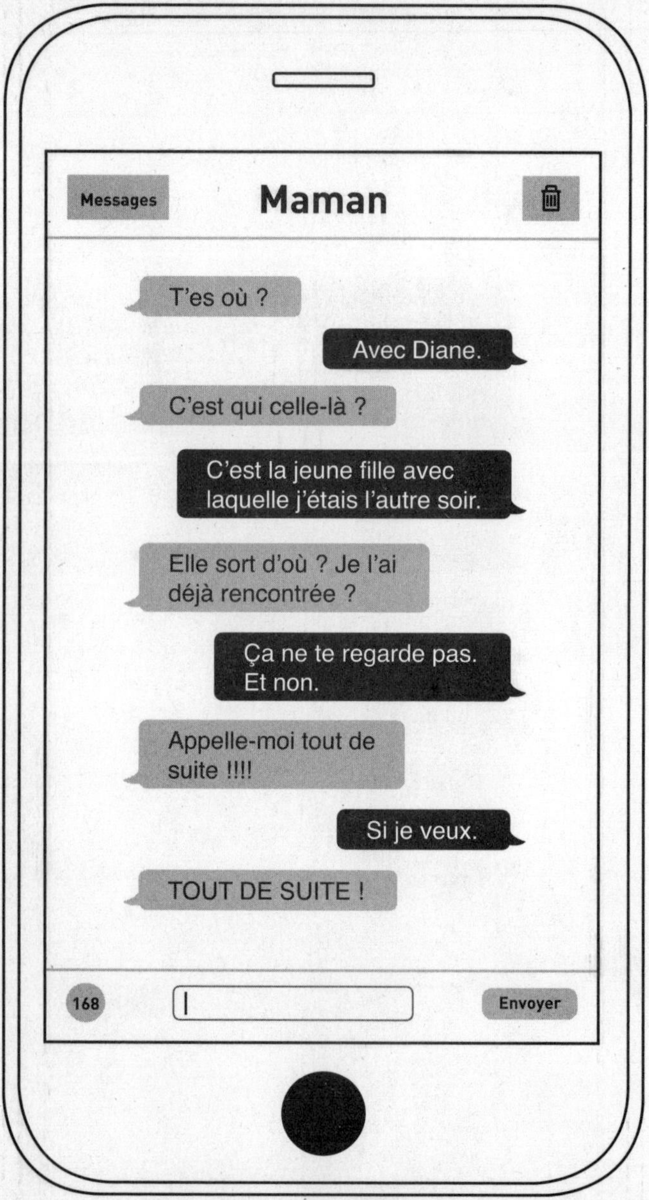
Messages
Maman
T'es où ?
Avec Diane.
C'est qui celle-là ?
C'est la jeune fille avec laquelle j'étais l'autre soir.
Elle sort d'où ? Je l'ai déjà rencontrée ?
Ça ne te regarde pas. Et non.
Appelle-moi tout de suite !!!!
Si je veux.
TOUT DE SUITE !
168
Envoyer

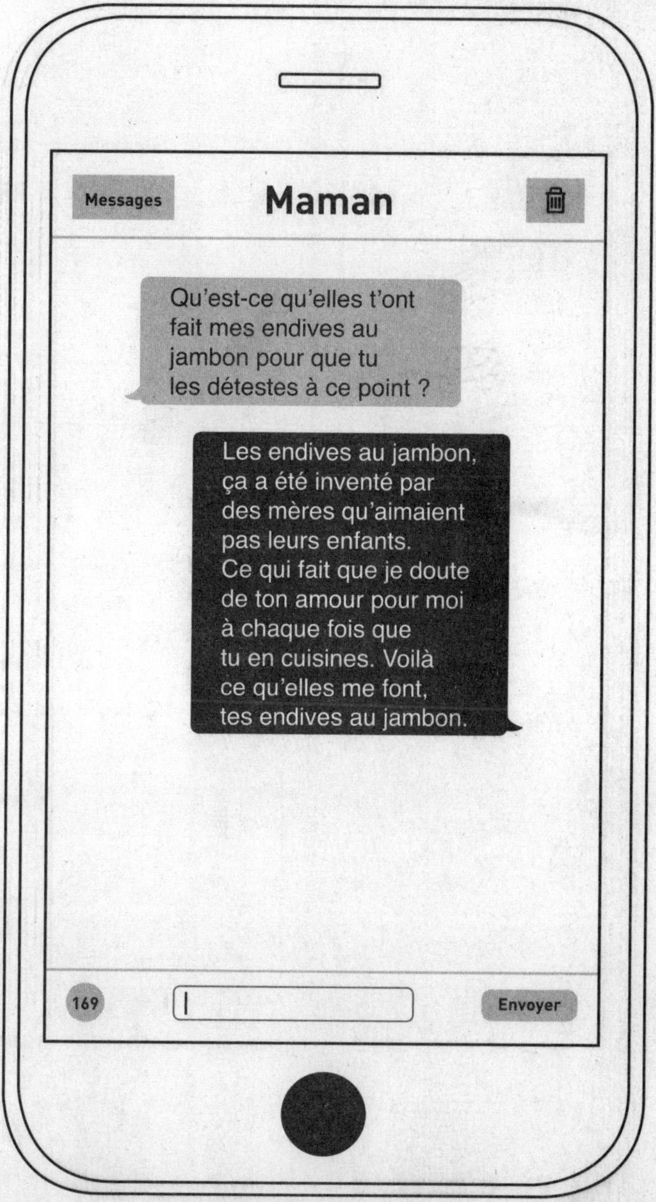
Messages
Maman
Qu'est-ce qu'elles t'ont fait mes endives au jambon pour que tu les détestes à ce point ?
Les endives au jambon, ça a été inventé par des mères qu'aimaient pas leurs enfants. Ce qui fait que je doute de ton amour pour moi à chaque fois que tu en cuisines. Voilà ce qu'elles me font, tes endives au jambon.
169
Envoyer

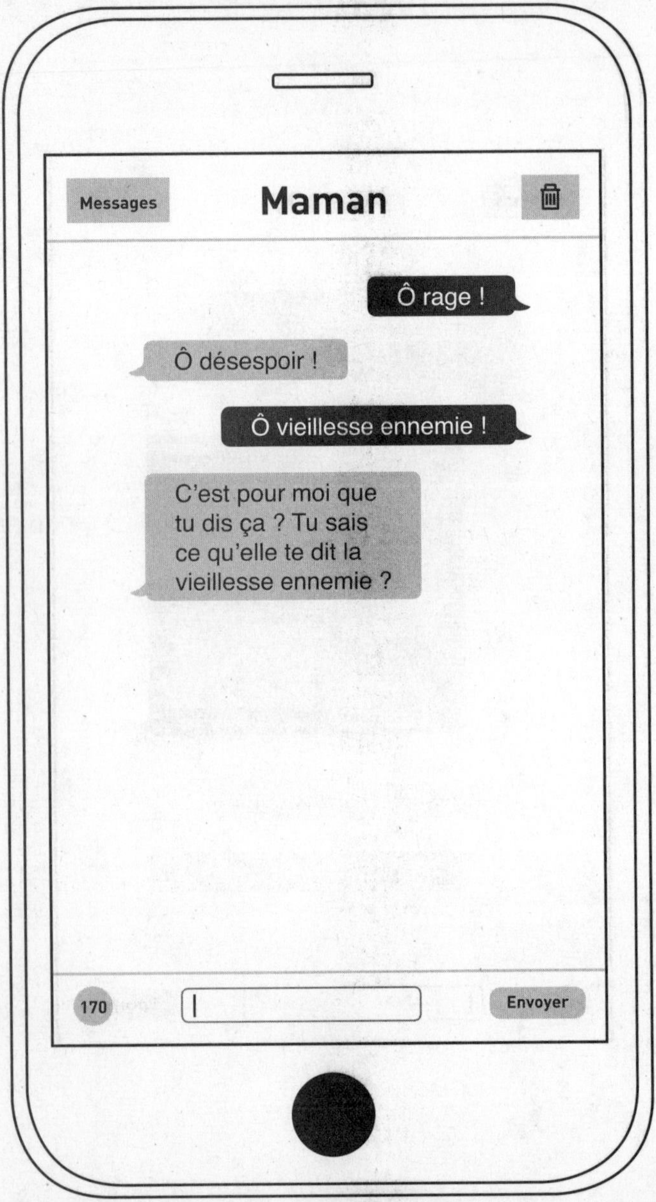
Messages
Maman
Ô rage !
Ô désespoir !
Ô vieillesse ennemie !
C'est pour moi que tu dis ça ? Tu sais ce qu'elle te dit la vieillesse ennemie ?
170
Envoyer

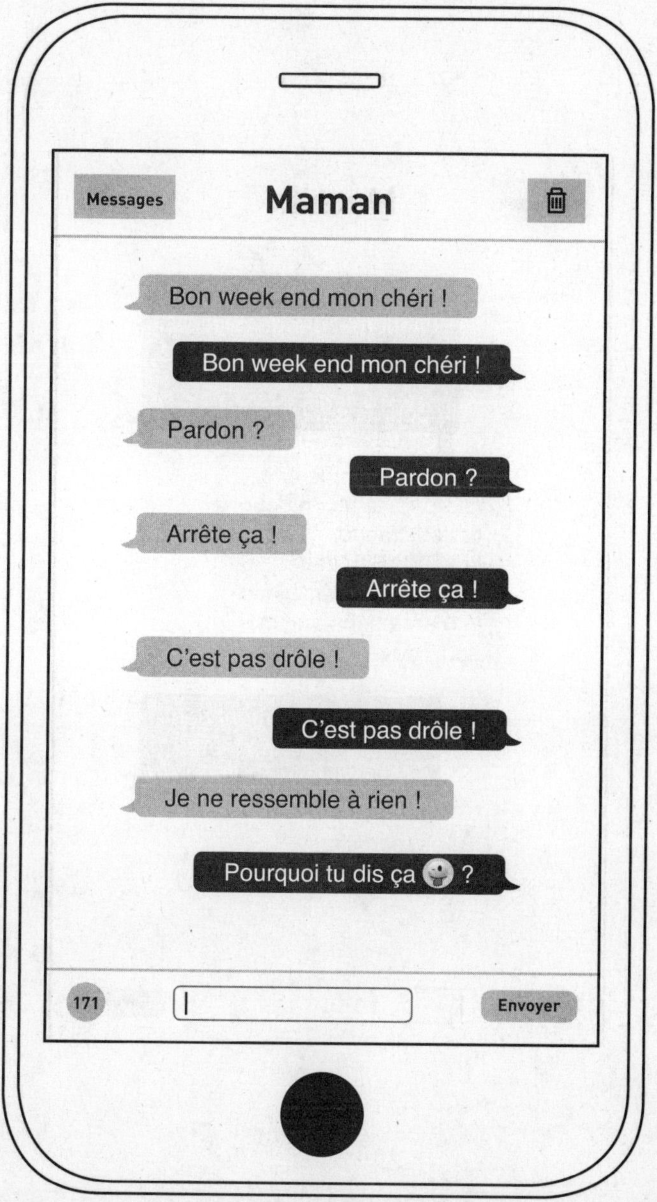
Messages
Maman
Bon week end mon chéri !
Bon week end mon chéri !
Pardon ?
Pardon ?
Arrête ça !
Arrête ça !
C'est pas drôle !
C'est pas drôle !
Je ne ressemble à rien !
Pourquoi tu dis ça ?
171
Envoyer

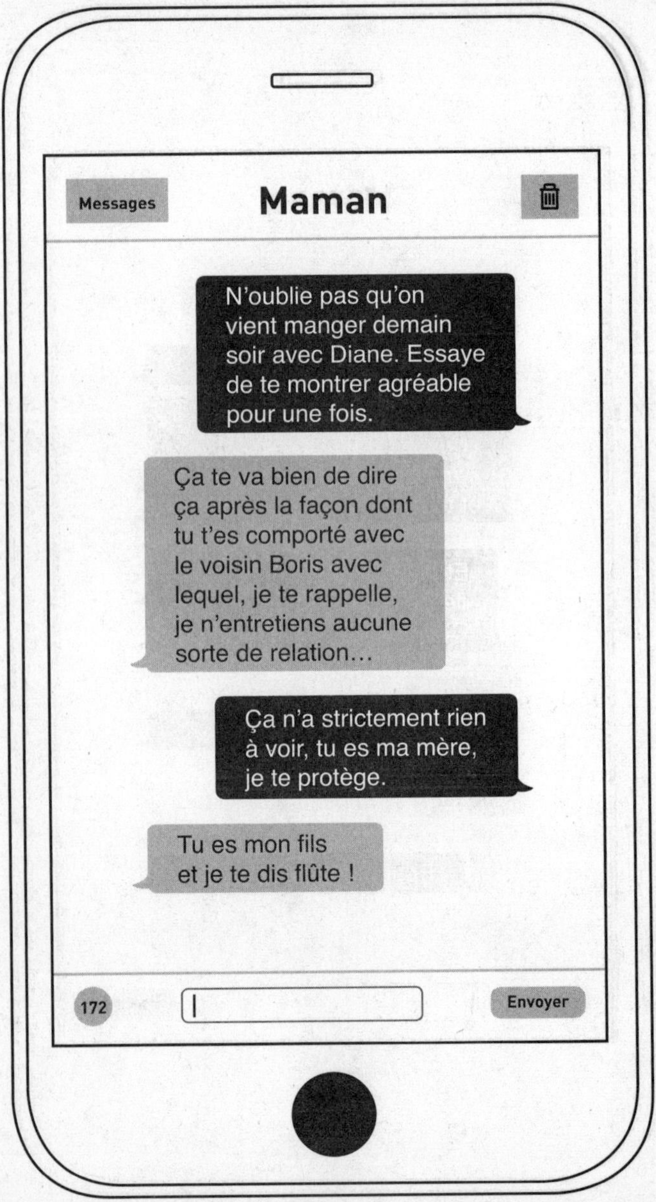
Messages
Maman
N'oublie pas qu'on vient manger demain soir avec Diane. Essaye de te montrer agréable pour une fois.
Ça te va bien de dire ça après la façon dont tu t'es comporté avec le voisin Boris avec lequel, je te rappelle, je n'entretiens aucune sorte de relation…
Ça n'a strictement rien à voir, tu es ma mère, je te protège.
Tu es mon fils et je te dis flûte !
172
Envoyer

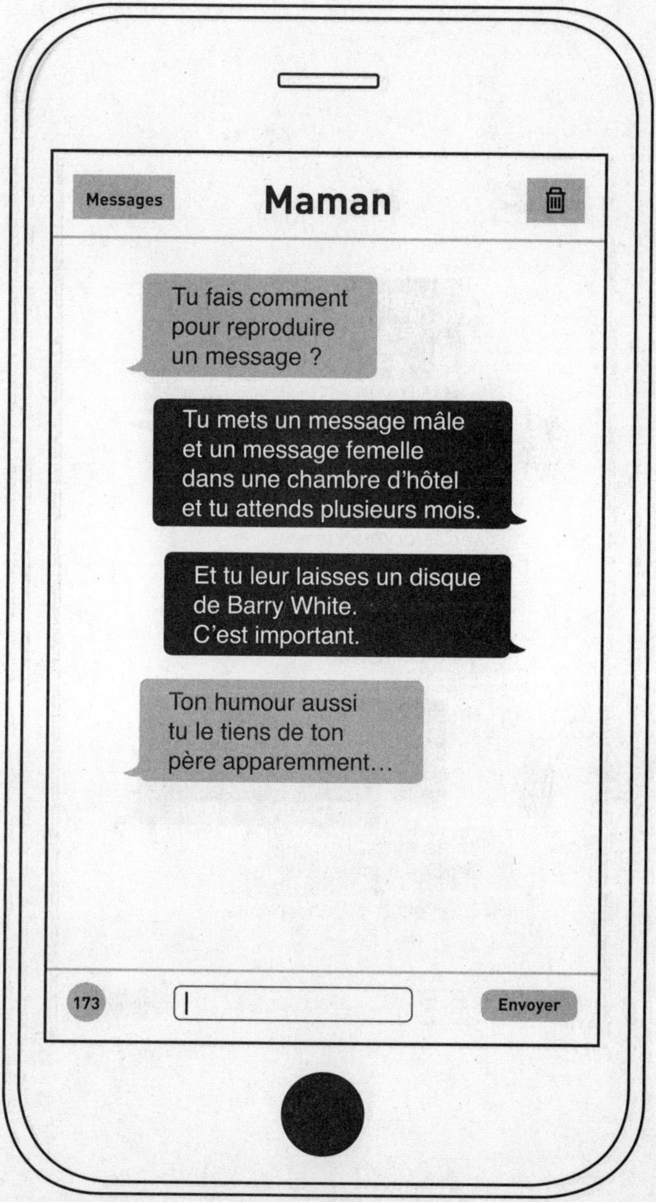
Messages
Maman
Tu fais comment pour reproduire un message ?
Tu mets un message mâle et un message femelle dans une chambre d'hôtel et tu attends plusieurs mois.
Et tu leur laisses un disque de Barry White. C'est important.
Ton humour aussi tu le tiens de ton père apparemment…
173
Envoyer

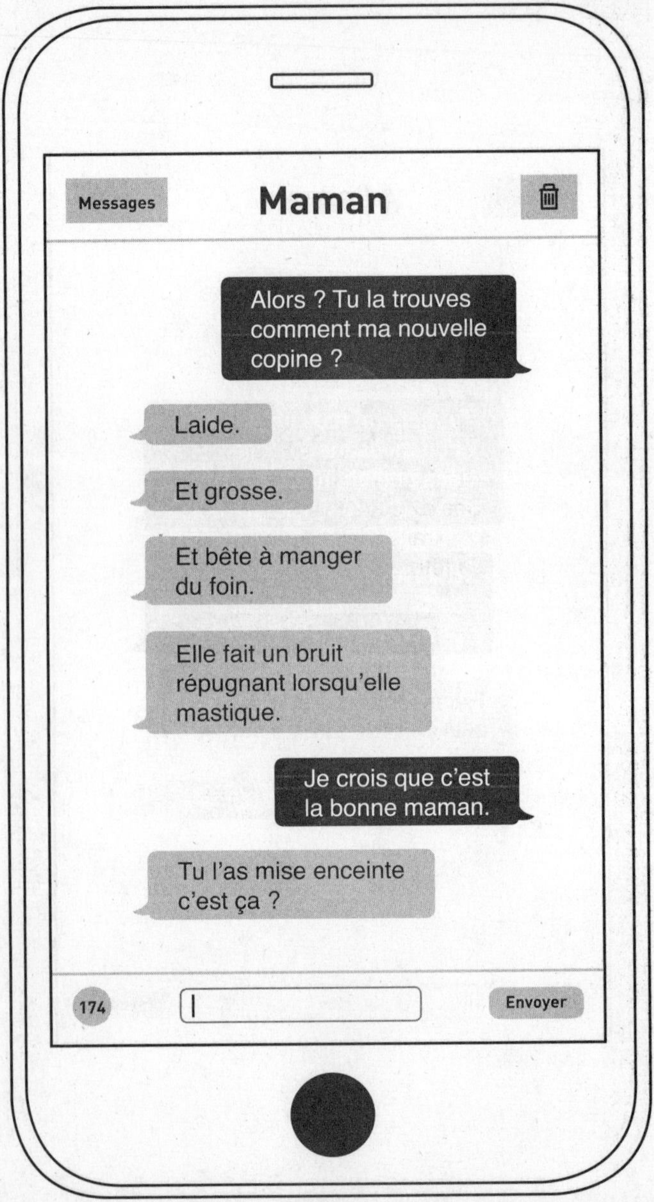
Messages
Maman
Alors ? Tu la trouves comment ma nouvelle copine ?
Laide.
Et grosse.
Et bête à manger du foin.
Elle fait un bruit répugnant lorsqu'elle mastique.
Je crois que c'est la bonne maman.
Tu l'as mise enceinte c'est ça ?
174
Envoyer

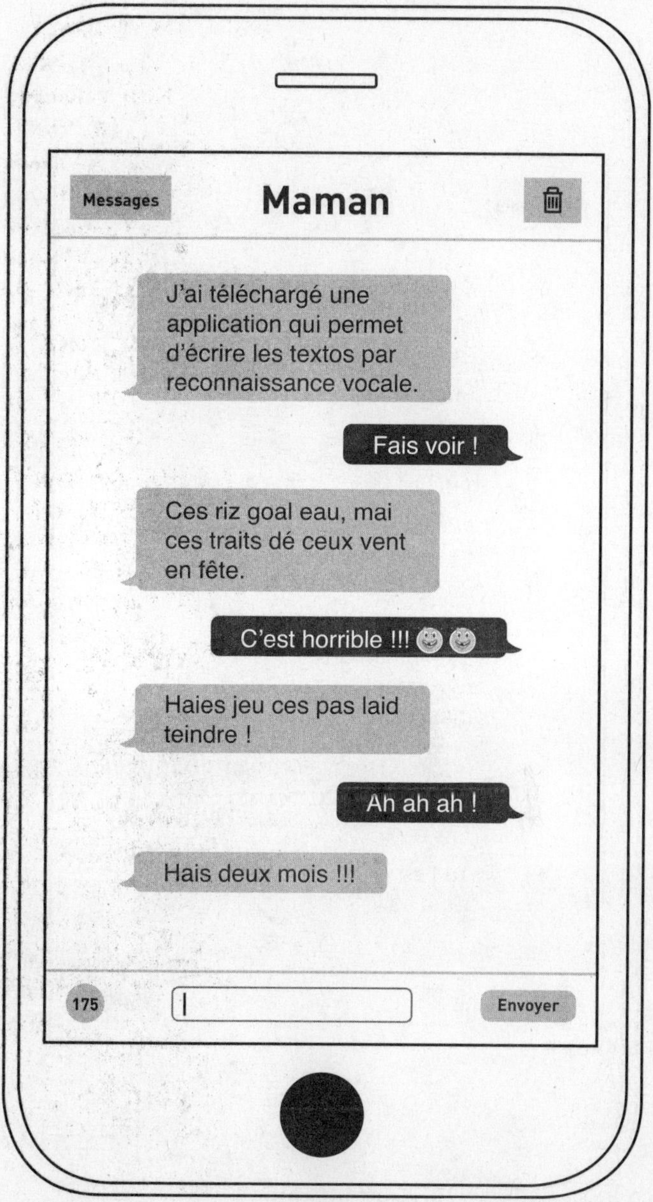
Messages
Maman
J'ai téléchargé une application qui permet d'écrire les textos par reconnaissance vocale.
Fais voir !
Ces riz goal eau, mai ces traits dé ceux vent en fête.
C'est horrible !!!
Haies jeu ces pas laid teindre !
Ah ah ah !
Hais deux mois !!!
175
Envoyer

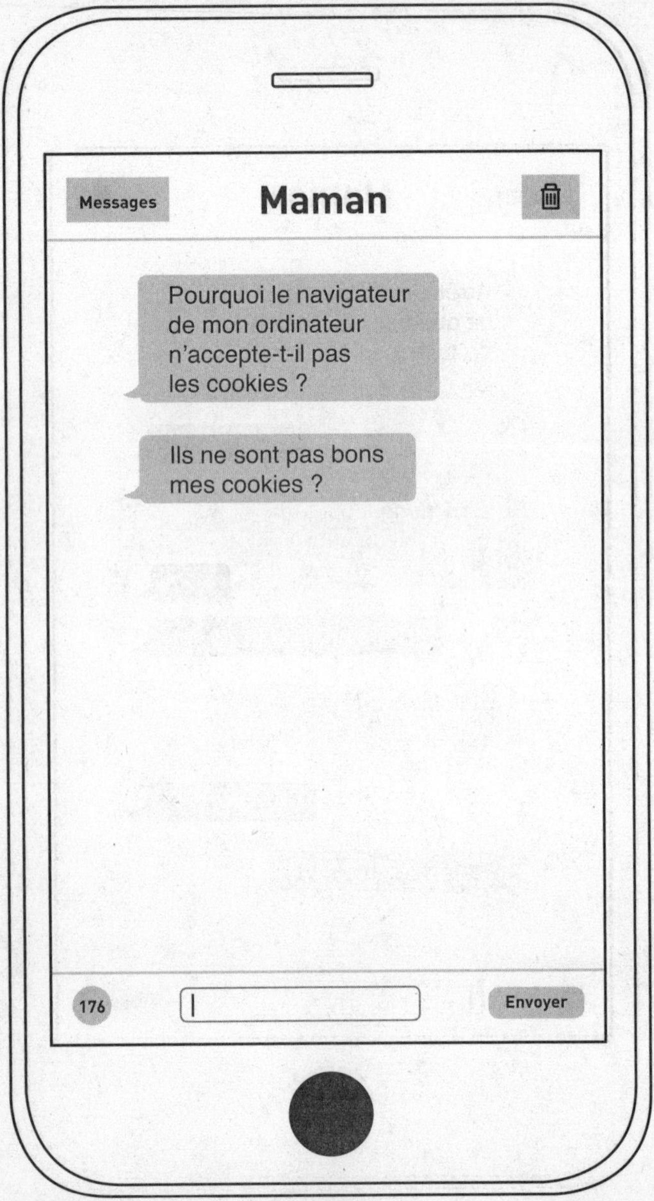
Messages
Maman
Pourquoi le navigateur de mon ordinateur n'accepte-t-il pas les cookies ?
Ils ne sont pas bons mes cookies ?
176
Envoyer

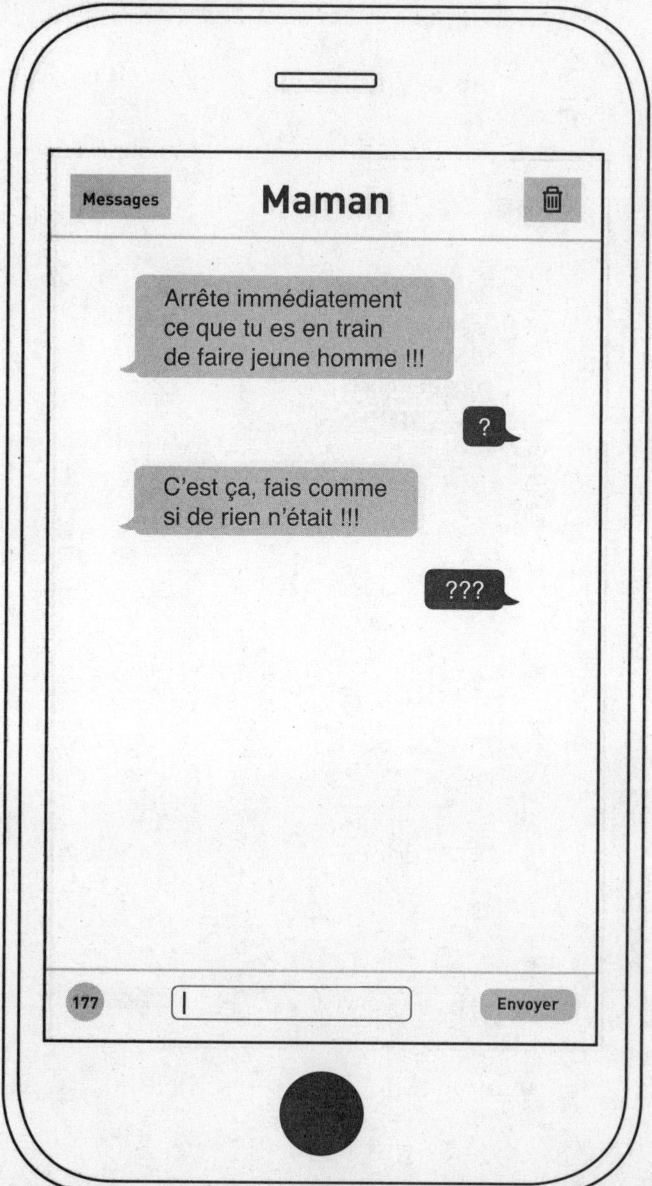
Messages
Maman
Arrête immédiatement ce que tu es en train de faire jeune homme !!!
?
C'est ça, fais comme si de rien n'était !!!
???
177
Envoyer

Messages
Maman
Bon week mon chéri petit-poussin-adoré-des-îles-Canaries-Pouët-Pouët-Gouzigouzi !
T'en fais des caisses un peu là non ?
178
Envoyer

Messages
Maman
JE SUIS CONTRE !!!
Tu es contre quoi ?
Je ne sais pas
mais je vais trouver !
?
179
Envoyer

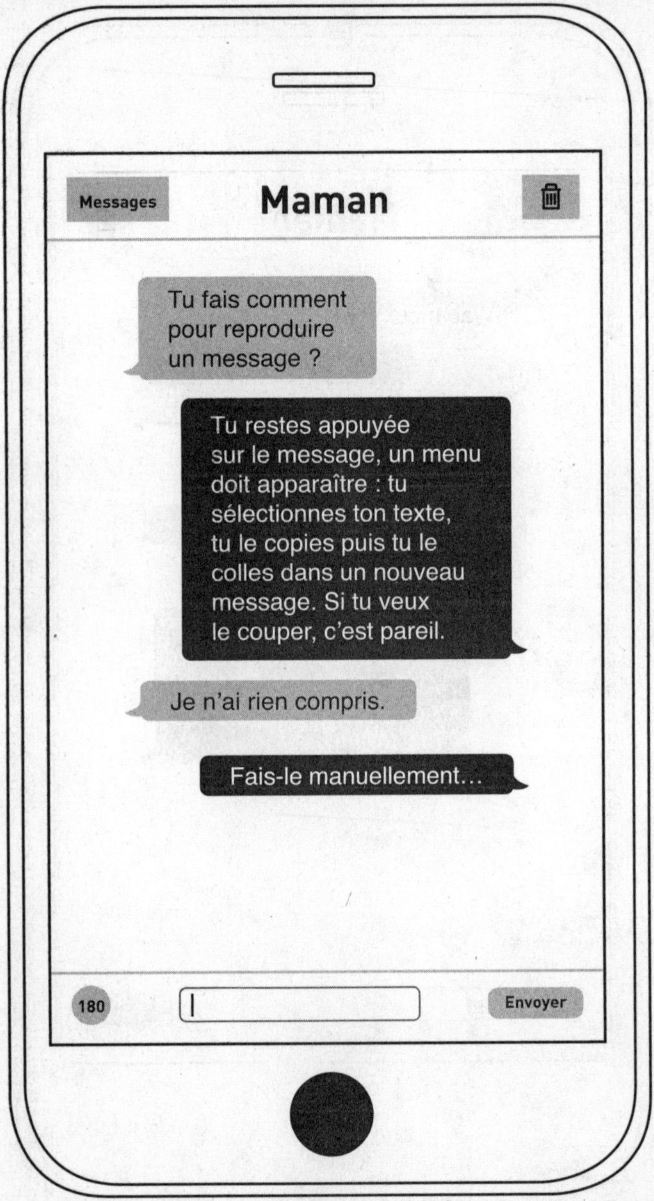
Messages
Maman
Tu fais comment pour reproduire un message ?
Tu restes appuyée sur le message, un menu doit apparaître : tu sélectionnes ton texte, tu le copies puis tu le colles dans un nouveau message. Si tu veux le couper, c'est pareil.
Je n'ai rien compris.
Fais-le manuellement…
180
Envoyer

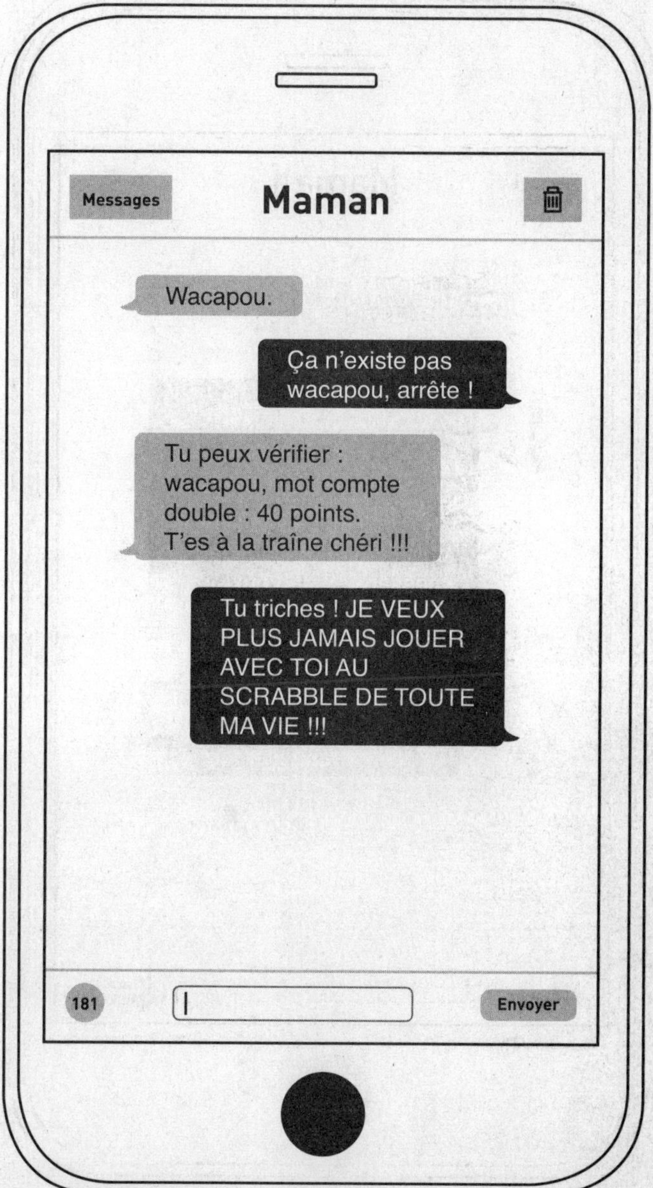
Messages
Maman
Wacapou.
Ça n'existe pas wacapou, arrête !
Tu peux vérifier : wacapou, mot compte double : 40 points. T'es à la traîne chéri !!!
Tu triches ! JE VEUX PLUS JAMAIS JOUER AVEC TOI AU SCRABBLE DE TOUTE MA VIE !!!
181
Envoyer

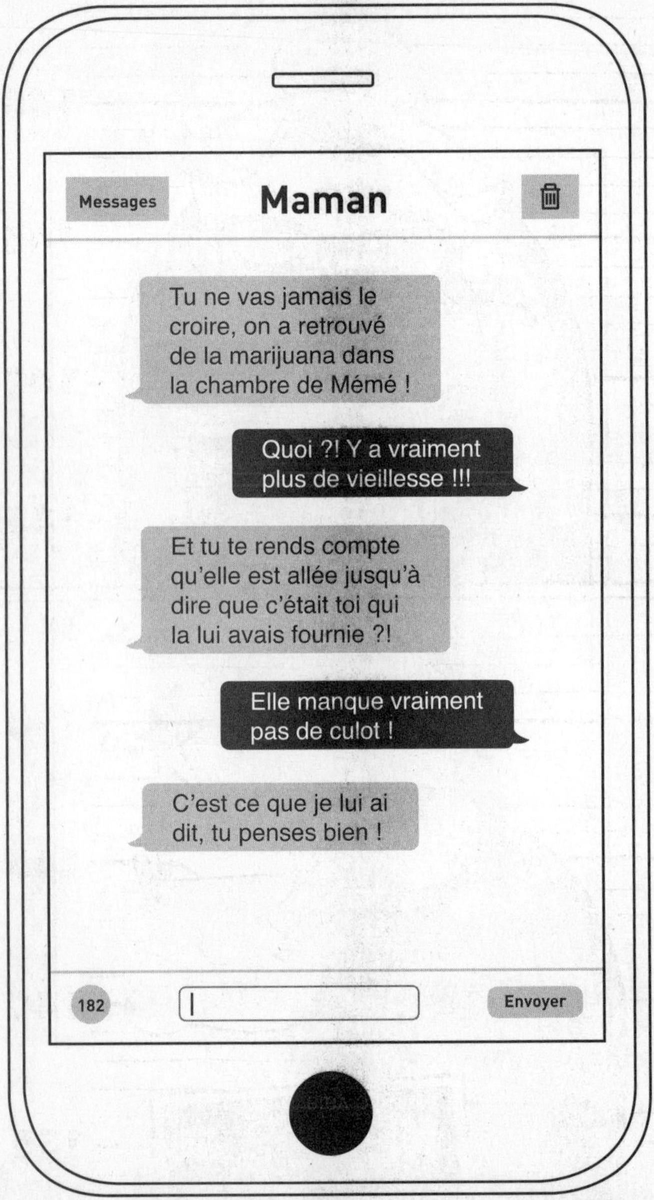
Messages
Maman
Tu ne vas jamais le croire, on a retrouvé de la marijuana dans la chambre de Mémé !
Quoi ?! Y a vraiment plus de vieillesse !!!
Et tu te rends compte qu'elle est allée jusqu'à dire que c'était toi qui la lui avais fournie ?!
Elle manque vraiment pas de culot !
C'est ce que je lui ai dit, tu penses bien !
182
Envoyer

150
145
140
135
MÉMÉ
8 JUIN
150
145
140
135
MÉMÉ
8 JUIN

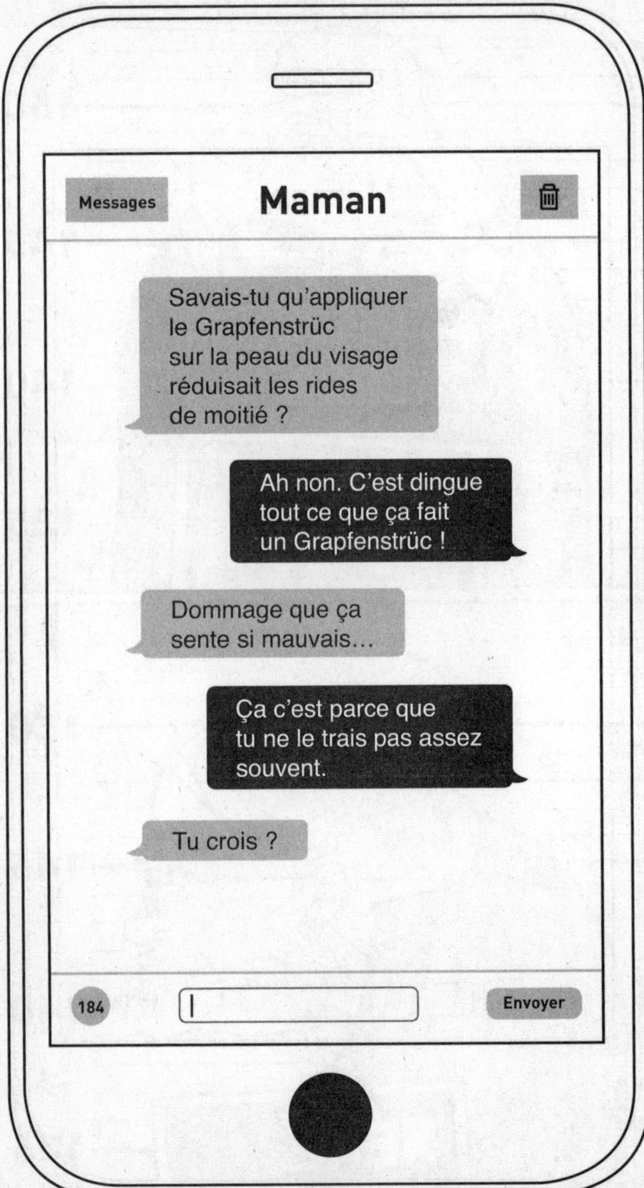
Messages
Maman
Savais-tu qu'appliquer le Grapfenstrüc sur la peau du visage réduisait les rides de moitié ?
Ah non. C'est dingue tout ce que ça fait un Grapfenstrüc !
Dommage que ça sente si mauvais…
Ça c'est parce que tu ne le trais pas assez souvent.
Tu crois ?
184
Envoyer

Messages
Maman
BUSES
185
Envoyer

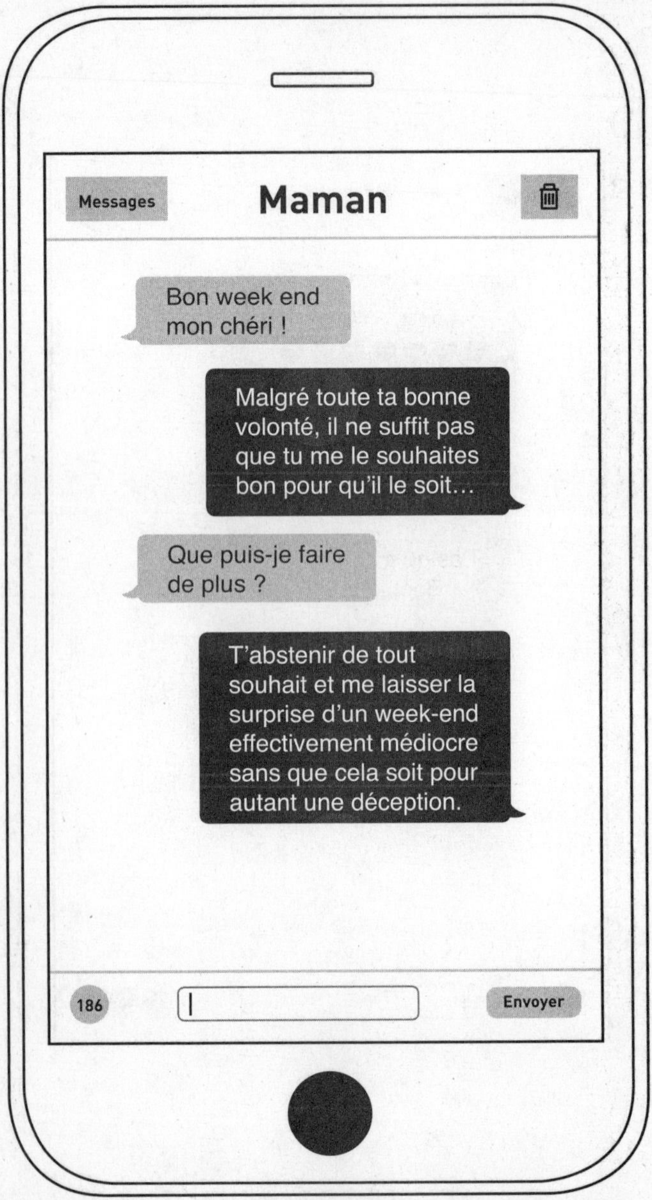
Messages
Maman
Bon week end mon chéri !
Malgré toute ta bonne volonté, il ne suffit pas que tu me le souhaites bon pour qu'il le soit…
Que puis-je faire de plus ?
T'abstenir de tout souhait et me laisser la surprise d'un week-end effectivement médiocre sans que cela soit pour autant une déception.
186
Envoyer

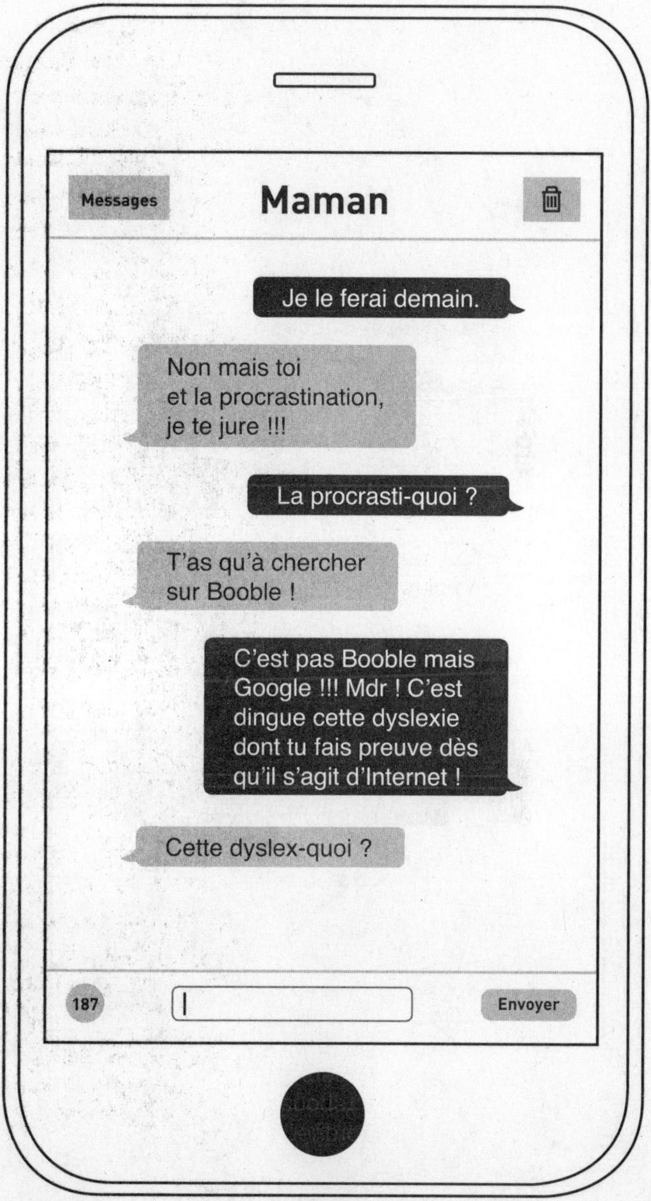
Messages
Maman
Je le ferai demain.
Non mais toi
et la procrastination,
je te jure !!!
La procrasti-quoi ?
T'as qu'à chercher
sur Booble !
C'est pas Booble mais
Google !!! Mdr ! C'est
dingue cette dyslexie
dont tu fais preuve dès
qu'il s'agit d'Internet !
Cette dyslex-quoi ?
187
Envoyer

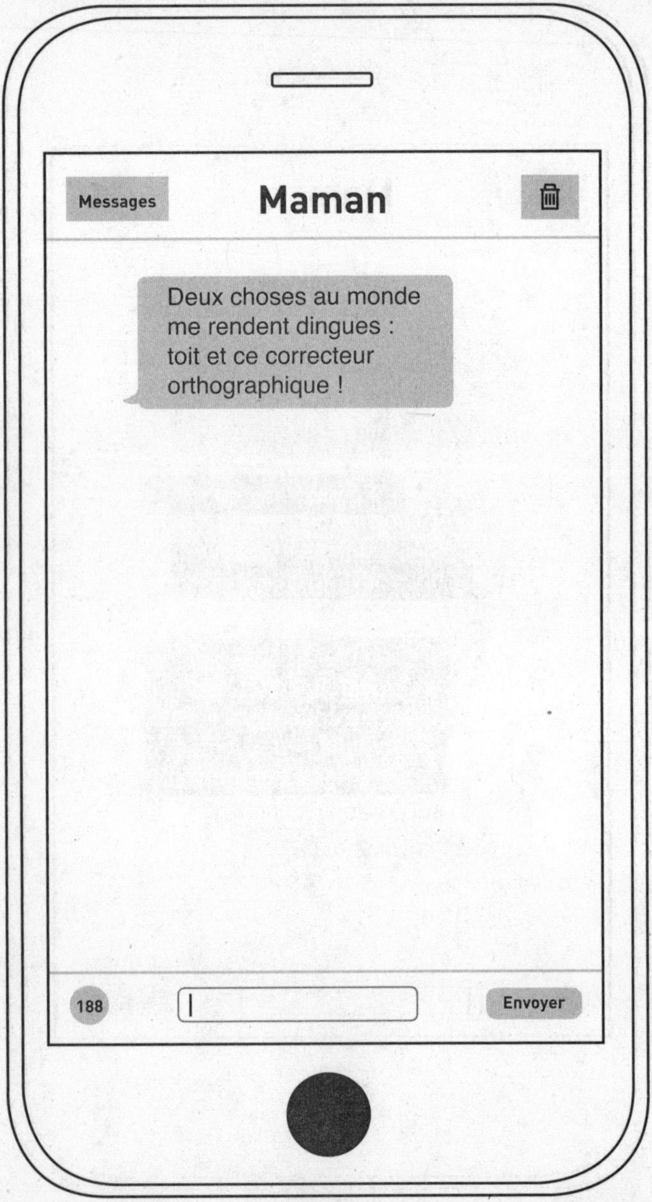
Messages
Maman
Deux choses au monde me rendent dingues : toit et ce correcteur orthographique !
188
Envoyer

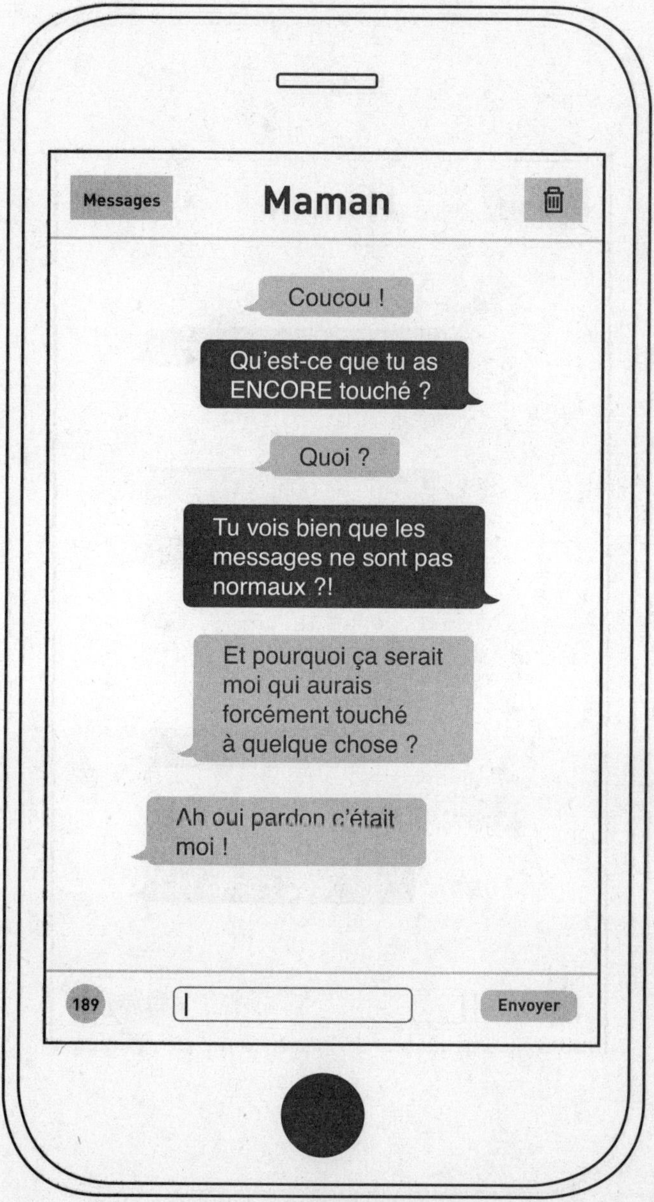
Messages
Maman
Coucou !
Qu'est-ce que tu as ENCORE touché ?
Quoi ?
Tu vois bien que les messages ne sont pas normaux ?!
Et pourquoi ça serait moi qui aurais forcément touché à quelque chose ?
Ah oui pardon c'était moi !
189
Envoyer

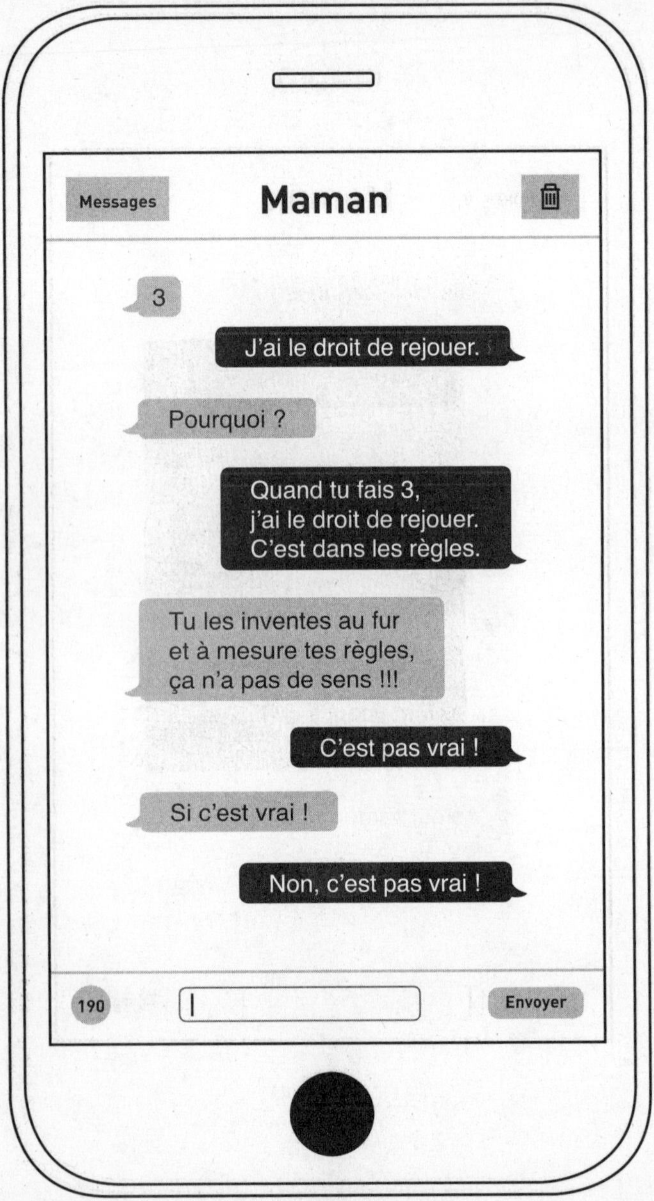
Messages
Maman
3
J'ai le droit de rejouer.
Pourquoi ?
Quand tu fais 3,
j'ai le droit de rejouer.
C'est dans les règles.
Tu les inventes au fur
et à mesure tes règles,
ça n'a pas de sens !!!
C'est pas vrai !
Si c'est vrai !
Non, c'est pas vrai !
190
Envoyer

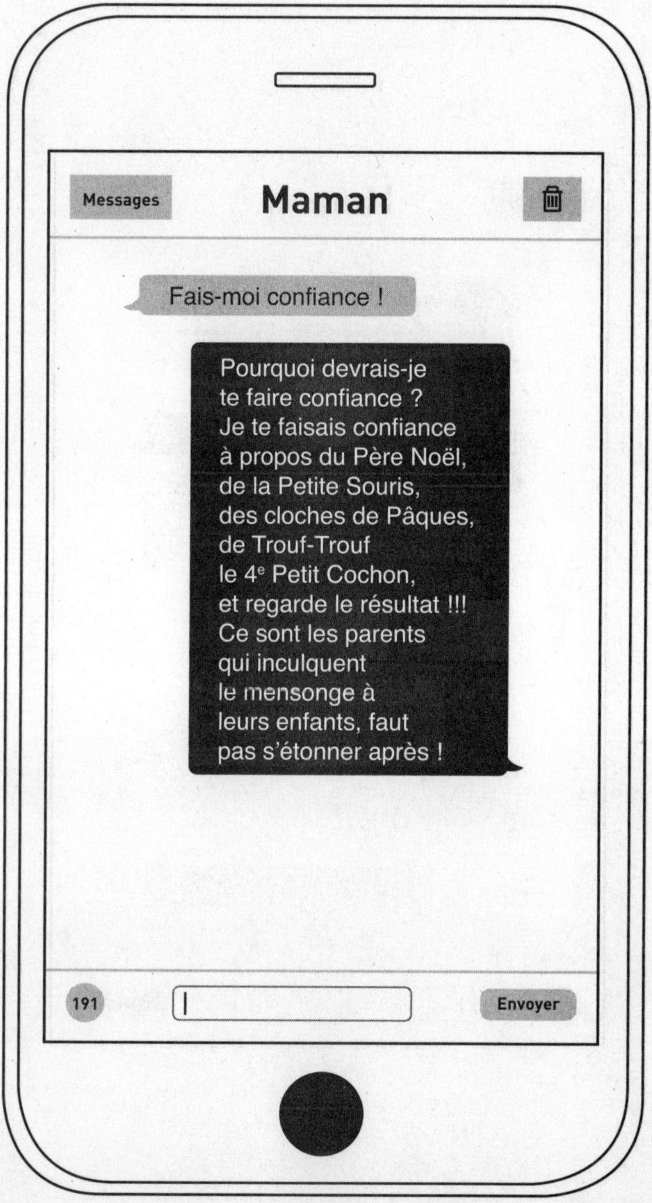
Messages
Maman
Fais-moi confiance !
Pourquoi devrais-je te faire confiance ? Je te faisais confiance à propos du Père Noël, de la Petite Souris, des cloches de Pâques, de Trouf-Trouf le 4e Petit Cochon, et regarde le résultat !!! Ce sont les parents qui inculquent le mensonge à leurs enfants, faut pas s'étonner après !
191
Envoyer

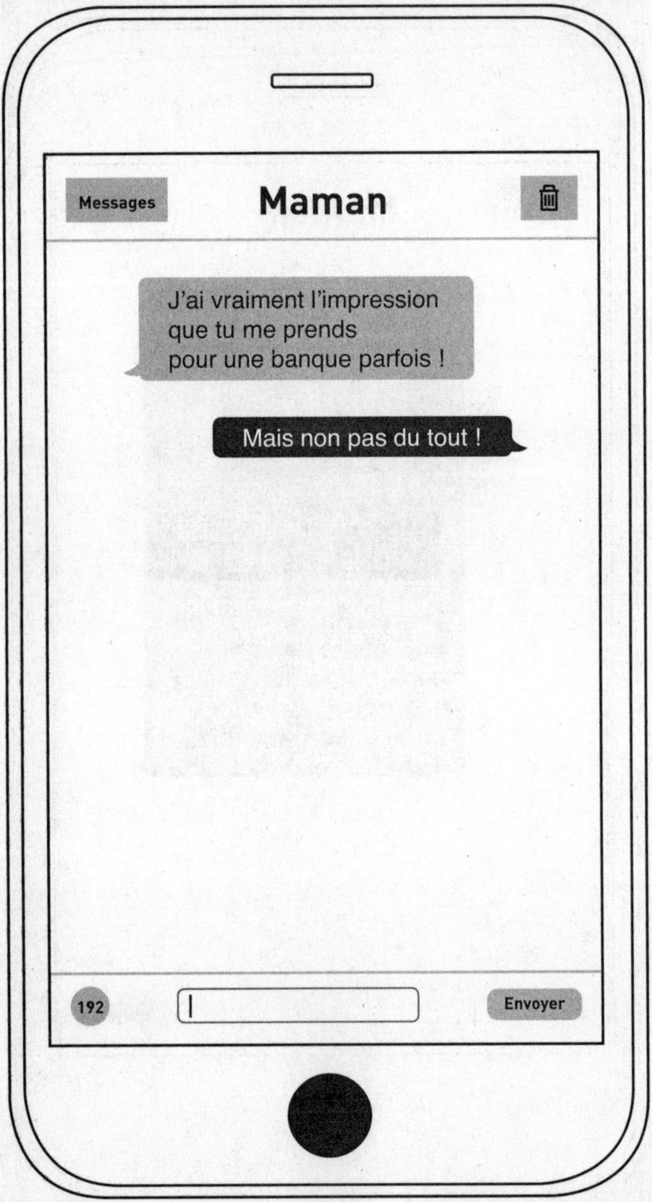
Messages
Maman
J'ai vraiment l'impression
que tu me prends
pour une banque parfois !
Mais non pas du tout !
192
Envoyer

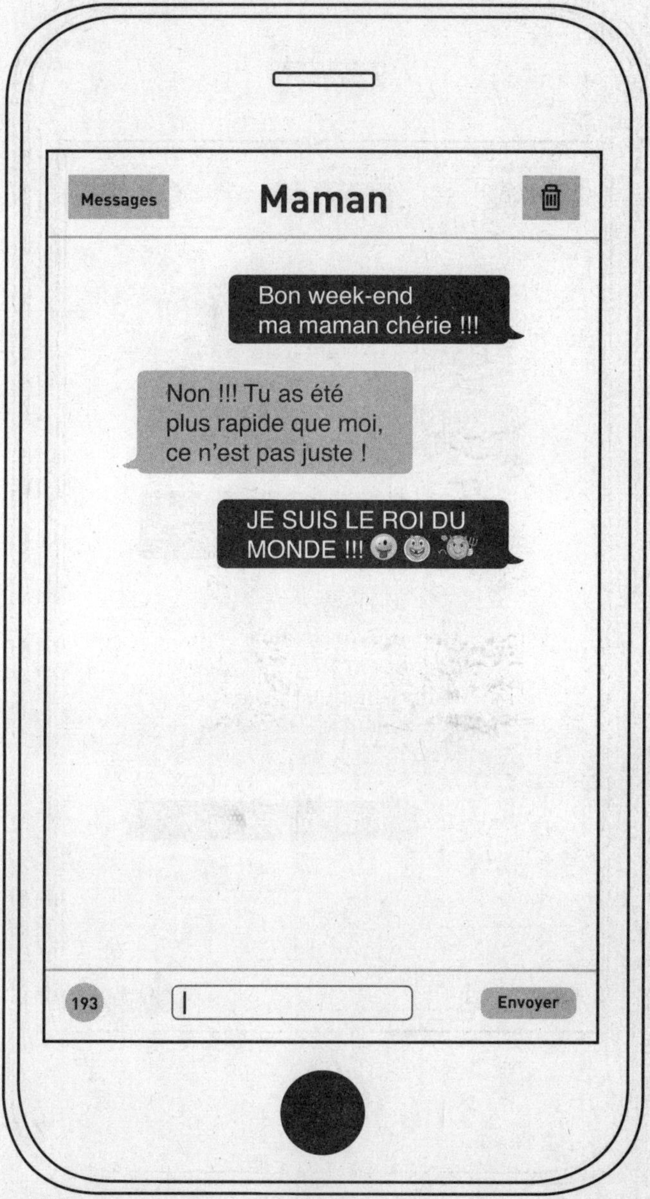
Messages
Maman
Bon week-end ma maman chérie !!!
Non !!! Tu as été plus rapide que moi, ce n'est pas juste !
JE SUIS LE ROI DU MONDE !!!
193
Envoyer

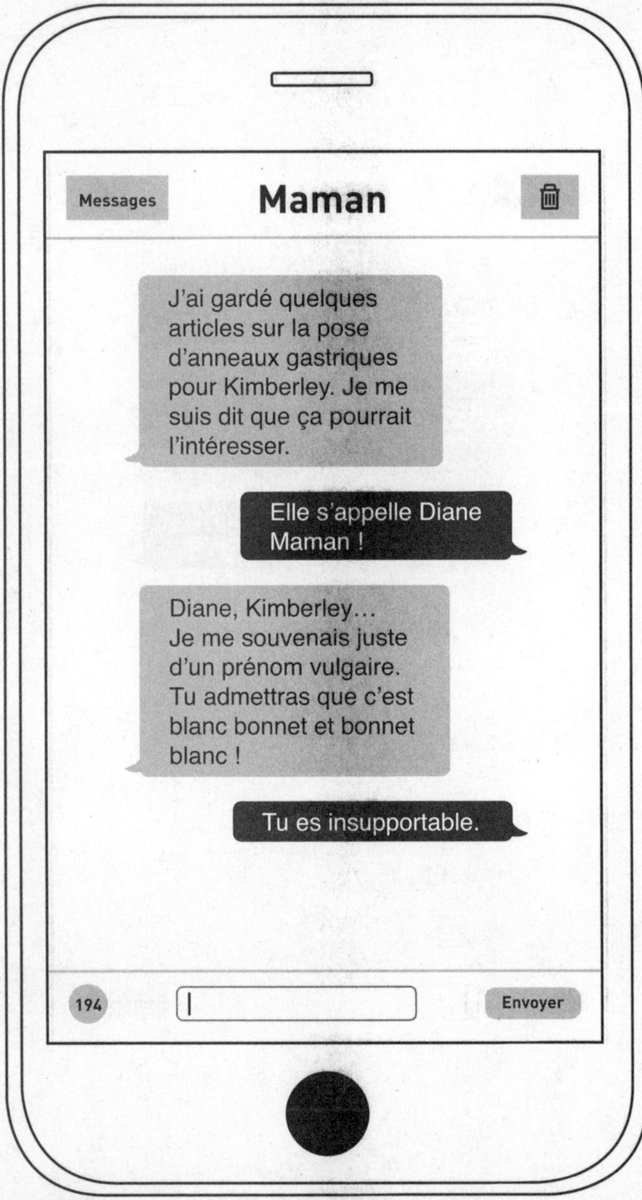
Messages
Maman
J'ai gardé quelques articles sur la pose d'anneaux gastriques pour Kimberley. Je me suis dit que ça pourrait l'intéresser.
Elle s'appelle Diane Maman !
Diane, Kimberley… Je me souvenais juste d'un prénom vulgaire. Tu admettras que c'est blanc bonnet et bonnet blanc !
Tu es insupportable.
194
Envoyer

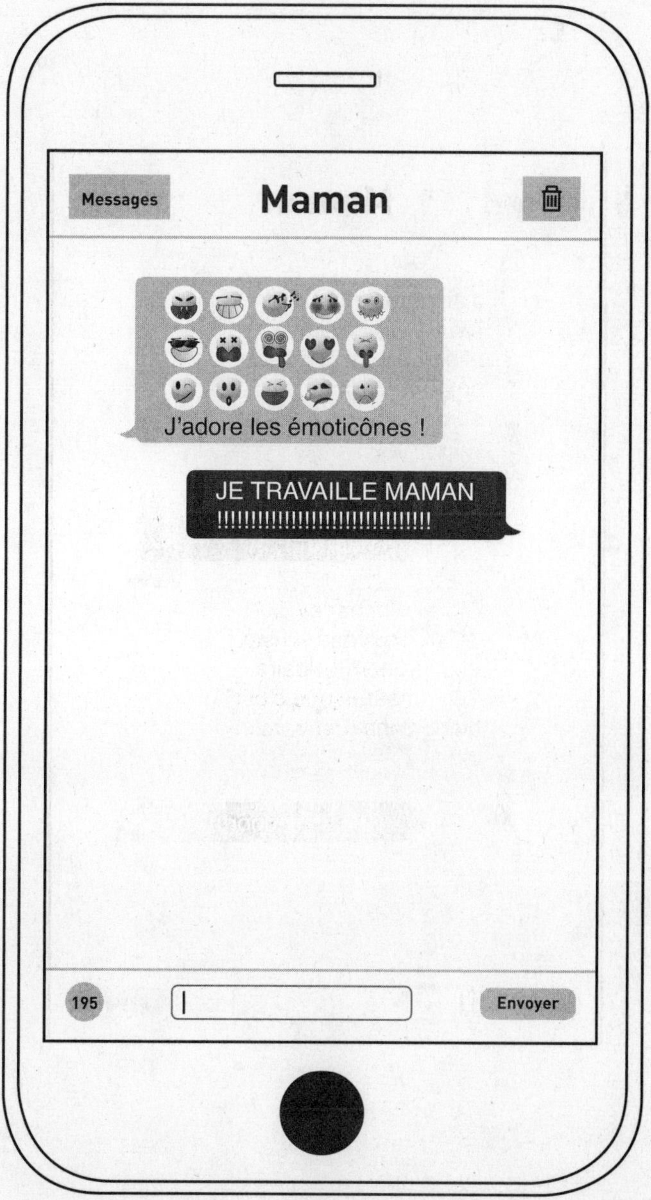
Messages
Maman
J'adore les émoticônes !
JE TRAVAILLE MAMAN
!!!!!!!!!!!!!!!!!!!!!!!!!!!!!!!!
195
Envoyer

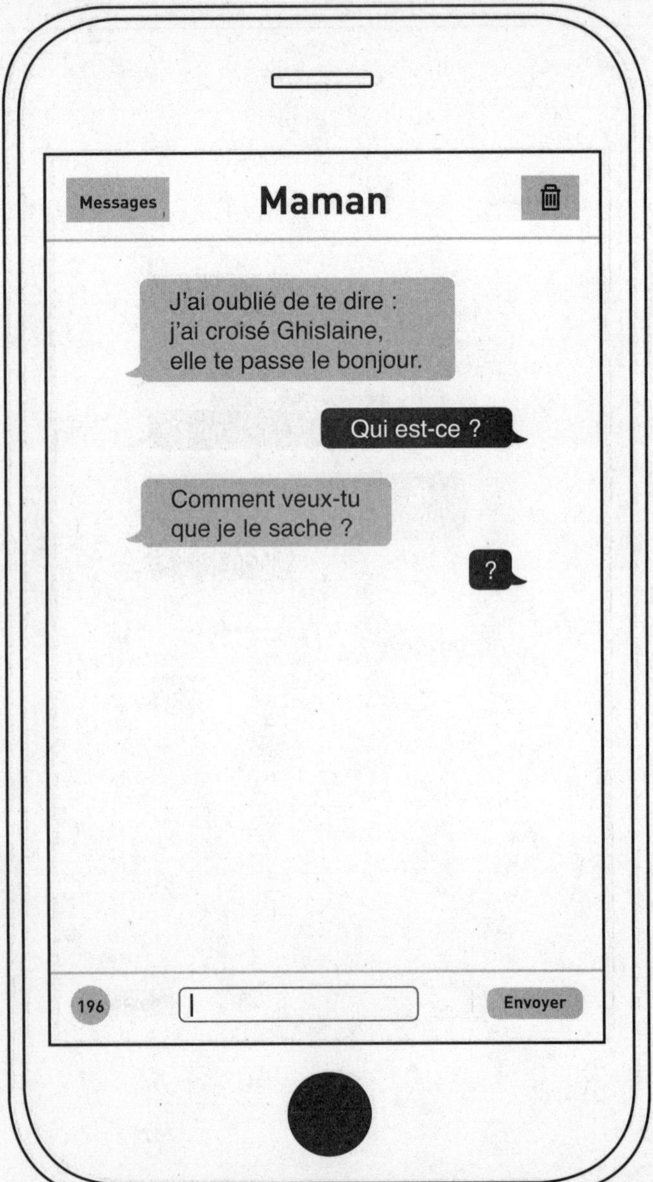
Messages
Maman
J'ai oublié de te dire : j'ai croisé Ghislaine, elle te passe le bonjour.
Qui est-ce ?
Comment veux-tu que je le sache ?
?
196
Envoyer

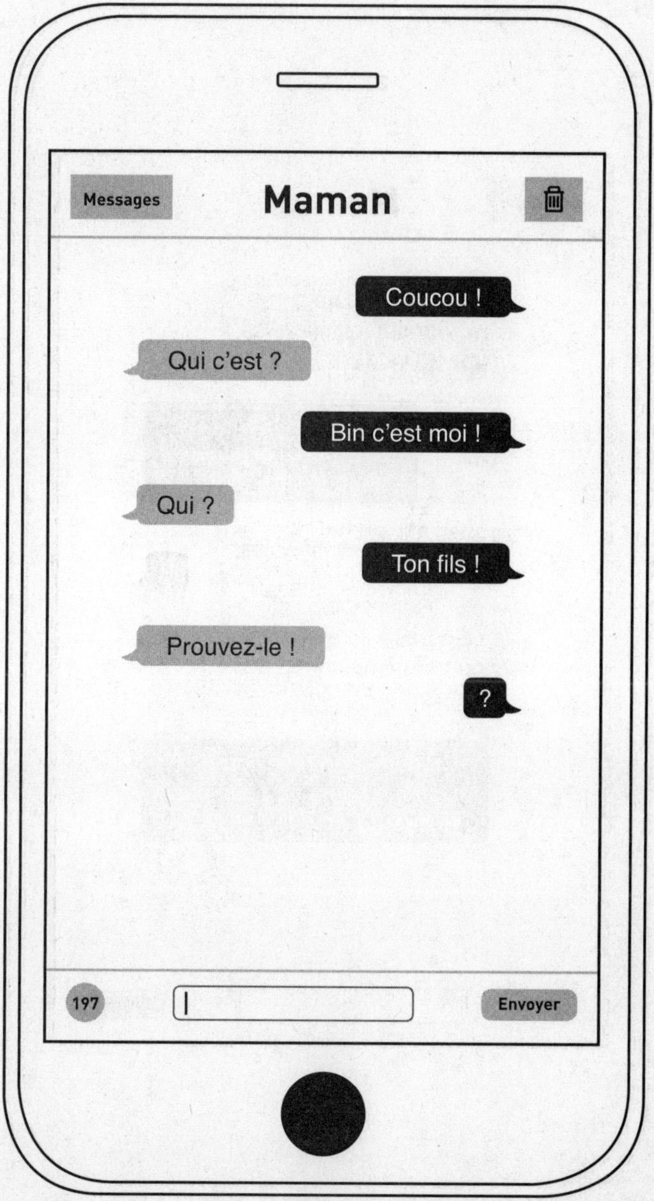
Messages
Maman
Coucou !
Qui c'est ?
Bin c'est moi !
Qui ?
Ton fils !
Prouvez-le !
?
197
Envoyer

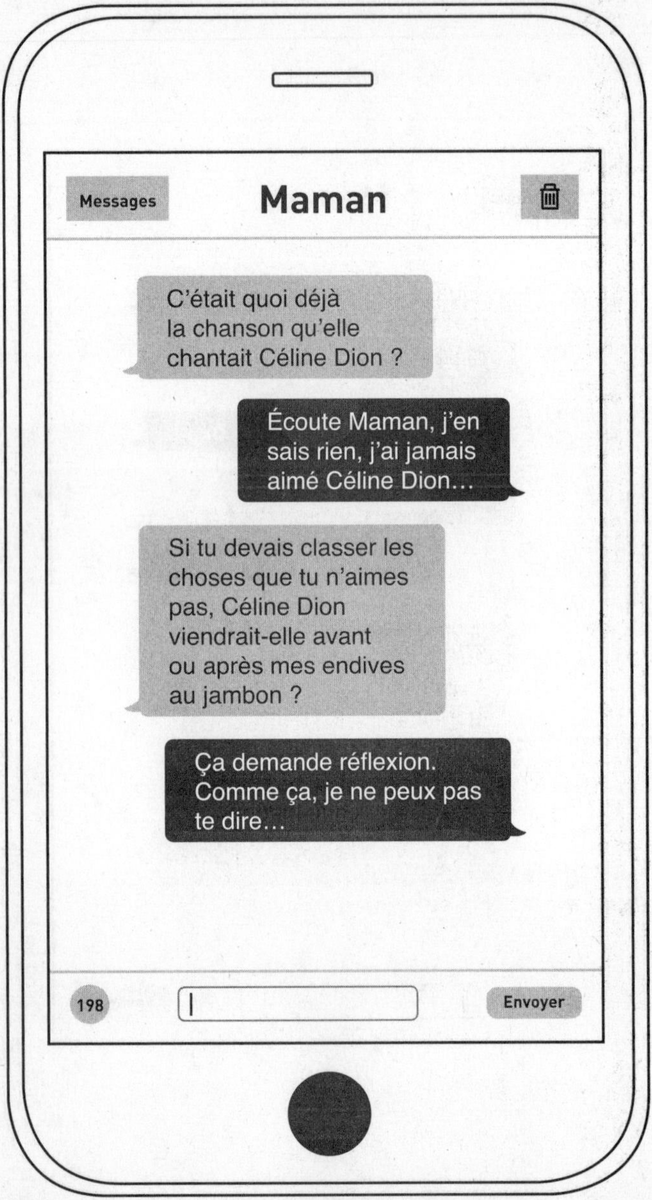
Messages
Maman
C'était quoi déjà la chanson qu'elle chantait Céline Dion ?
Écoute Maman, j'en sais rien, j'ai jamais aimé Céline Dion…
Si tu devais classer les choses que tu n'aimes pas, Céline Dion viendrait-elle avant ou après mes endives au jambon ?
Ça demande réflexion. Comme ça, je ne peux pas te dire…
198
Envoyer

Messages
Maman
Quand un chat perd ses poils, n'arrête pas de gémir, ne s'alimente plus et se tord dans tous les sens, est-ce que c'est mauvais signe ?
Bin plutôt oui ?! Y a un souci avec Grisouille ?
Non non pas du tout mon chéri, je posais la question comme ça, par simple curiosité, ton chat va super bien bisous bisous…
MAMAN !!!!!!!!!!
199
Envoyer

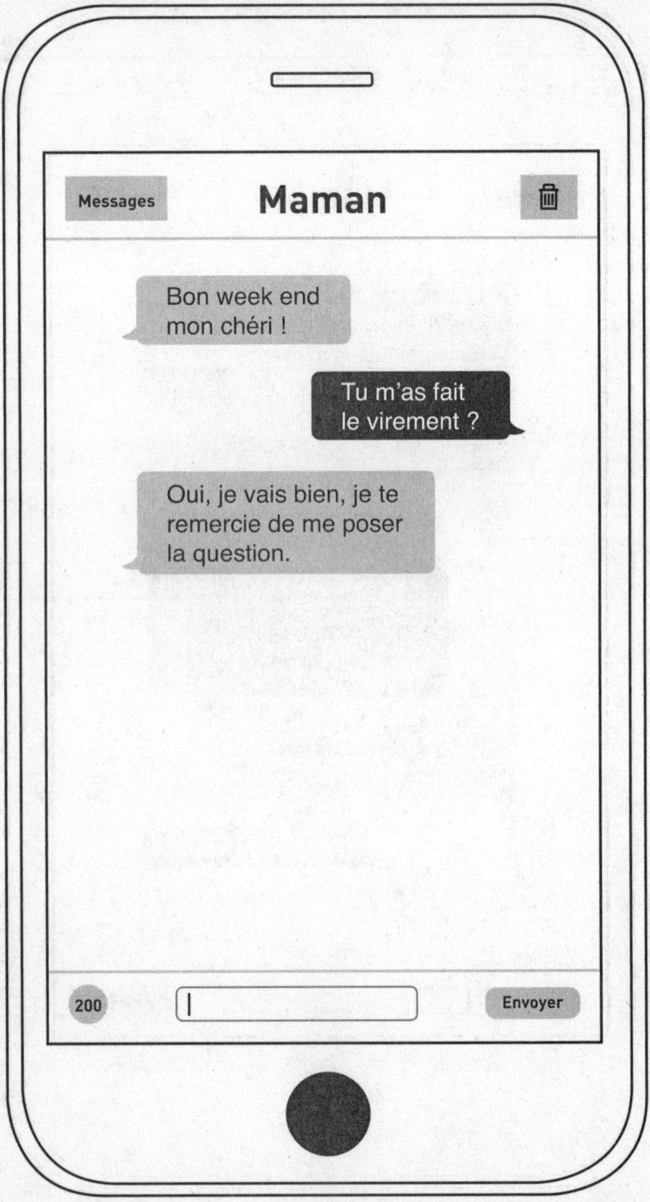
Messages
Maman
Bon week end mon chéri !
Tu m'as fait le virement ?
Oui, je vais bien, je te remercie de me poser la question.
200
Envoyer

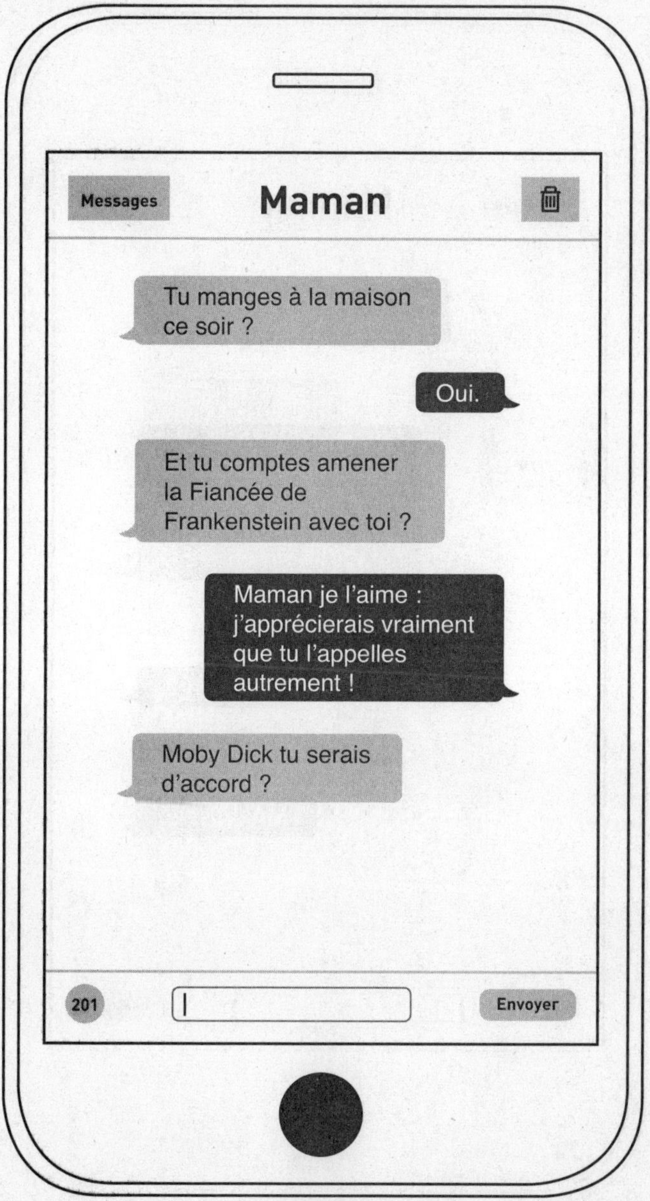
Messages
Maman
Tu manges à la maison ce soir ?
Oui.
Et tu comptes amener la Fiancée de Frankenstein avec toi ?
Maman je l'aime : j'apprécierais vraiment que tu l'appelles autrement !
Moby Dick tu serais d'accord ?
201
Envoyer

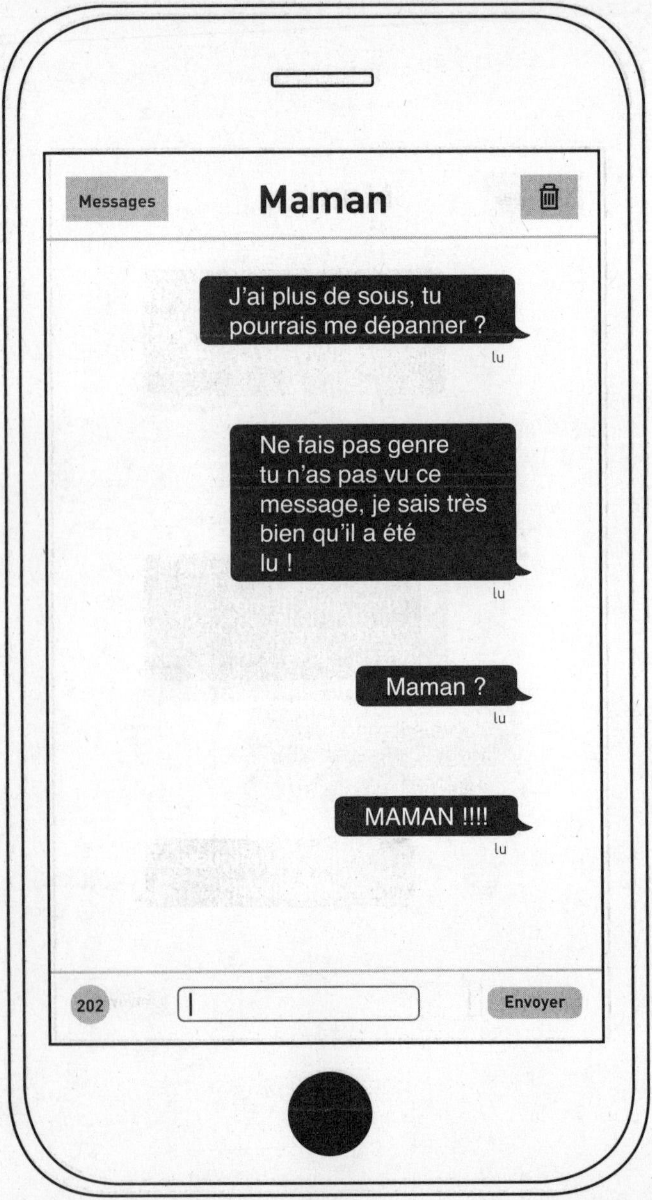
Messages
Maman
J'ai plus de sous, tu pourrais me dépanner ?
lu
Ne fais pas genre tu n'as pas vu ce message, je sais très bien qu'il a été lu !
lu
Maman ?
lu
MAMAN !!!!
lu
202
Envoyer

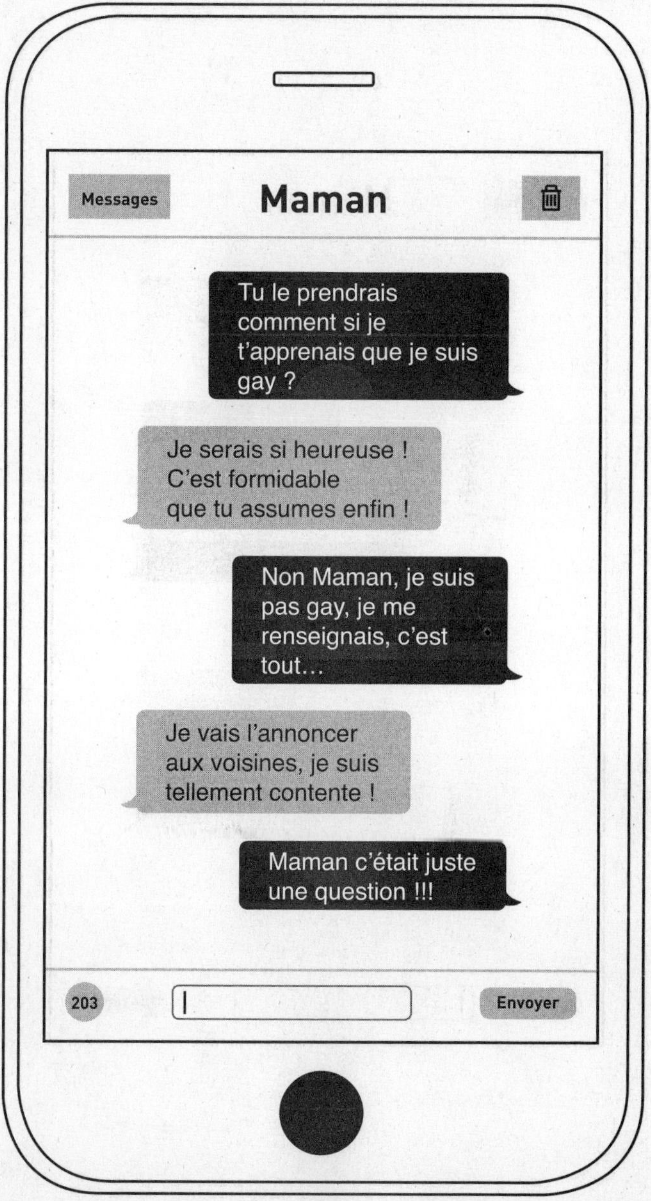
Messages
Maman
Tu le prendrais comment si je t'apprenais que je suis gay ?
Je serais si heureuse ! C'est formidable que tu assumes enfin !
Non Maman, je suis pas gay, je me renseignais, c'est tout…
Je vais l'annoncer aux voisines, je suis tellement contente !
Maman c'était juste une question !!!
203
Envoyer

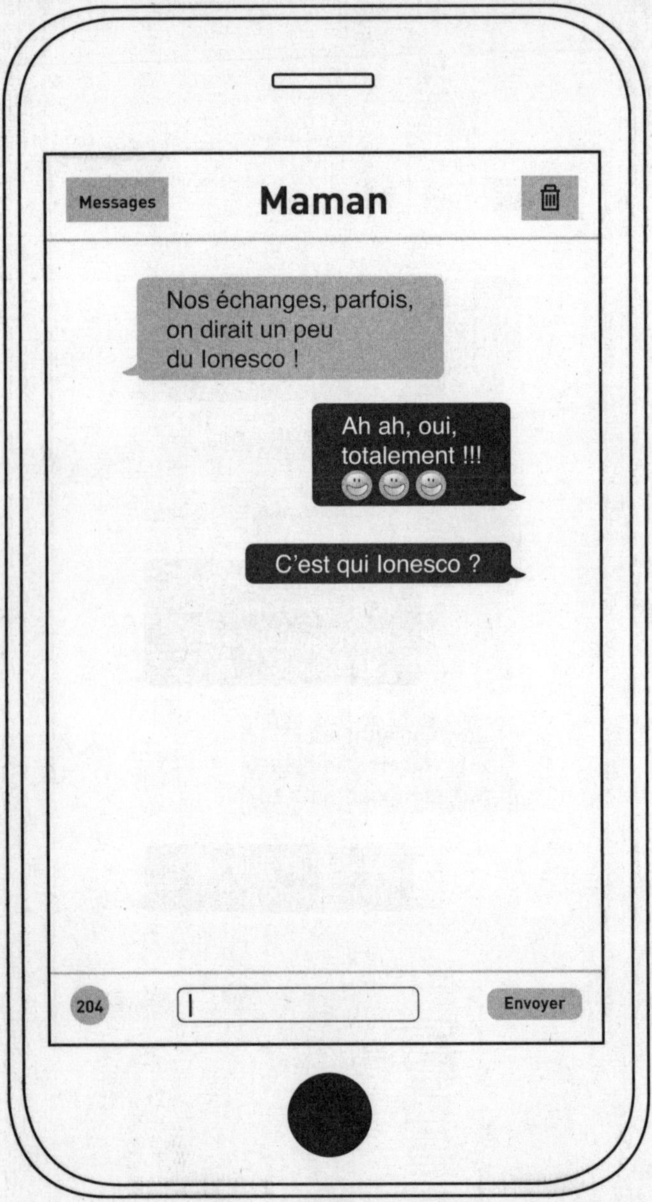
Messages
Maman
Nos échanges, parfois, on dirait un peu du Ionesco !
Ah ah, oui, totalement !!!
C'est qui Ionesco ?
204
Envoyer

Messages
Maman
C'est quoi ?
Ok, mais c'est quoi ?
Quoi donc ?
?
205
Envoyer

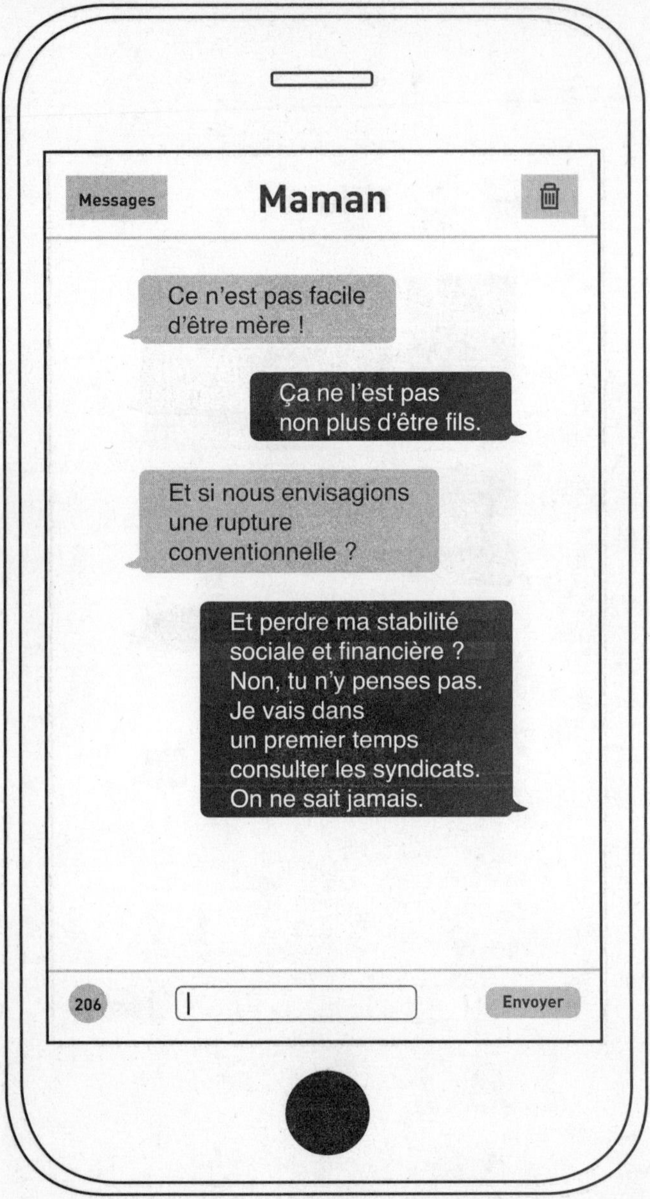
Messages
Maman
Ce n'est pas facile d'être mère !
Ça ne l'est pas non plus d'être fils.
Et si nous envisagions une rupture conventionnelle ?
Et perdre ma stabilité sociale et financière ? Non, tu n'y penses pas. Je vais dans un premier temps consulter les syndicats. On ne sait jamais.
206
Envoyer

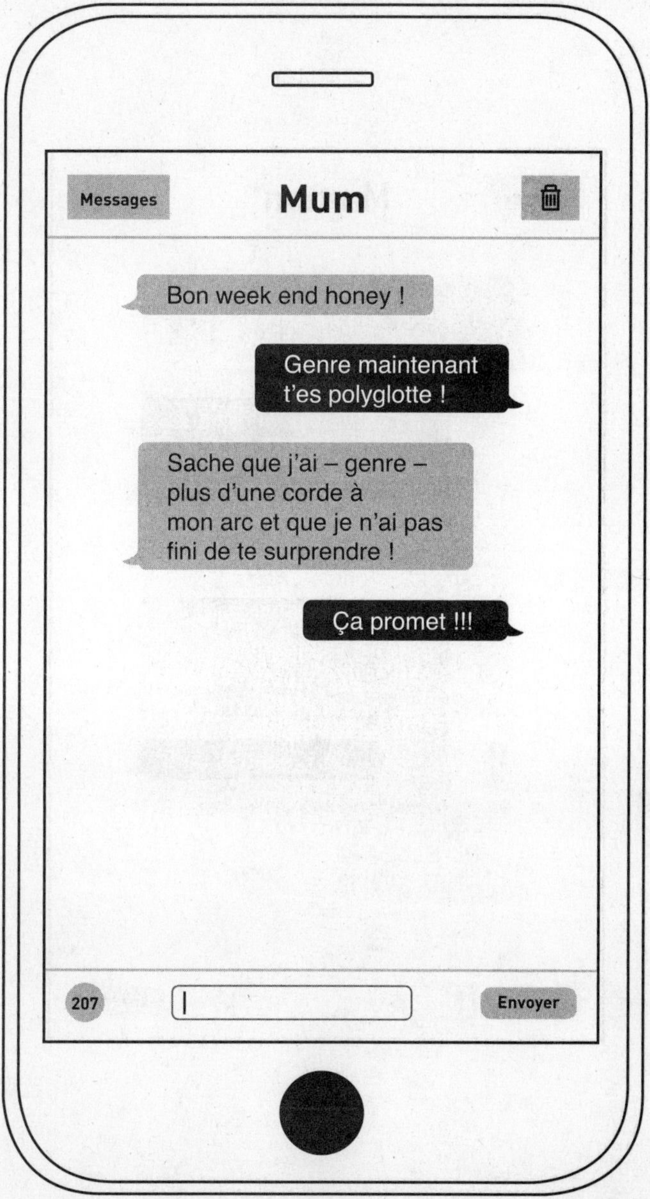
Messages
Mum
Bon week end honey !
Genre maintenant t'es polyglotte !
Sache que j'ai – genre – plus d'une corde à mon arc et que je n'ai pas fini de te surprendre !
Ça promet !!!
207
Envoyer

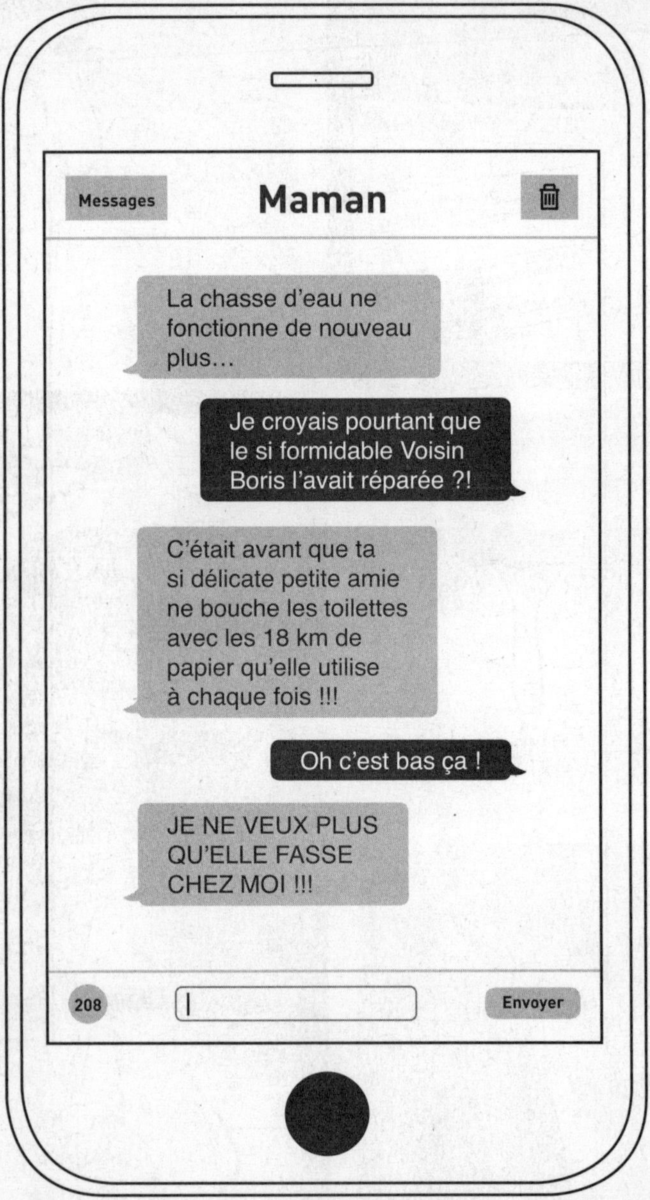

Messages
Maman
La chasse d'eau ne fonctionne de nouveau plus…
Je croyais pourtant que le si formidable Voisin Boris l'avait réparée ?!
C'était avant que ta si délicate petite amie ne bouche les toilettes avec les 18 km de papier qu'elle utilise à chaque fois !!!
Oh c'est bas ça !
JE NE VEUX PLUS QU'ELLE FASSE CHEZ MOI !!!
208
Envoyer

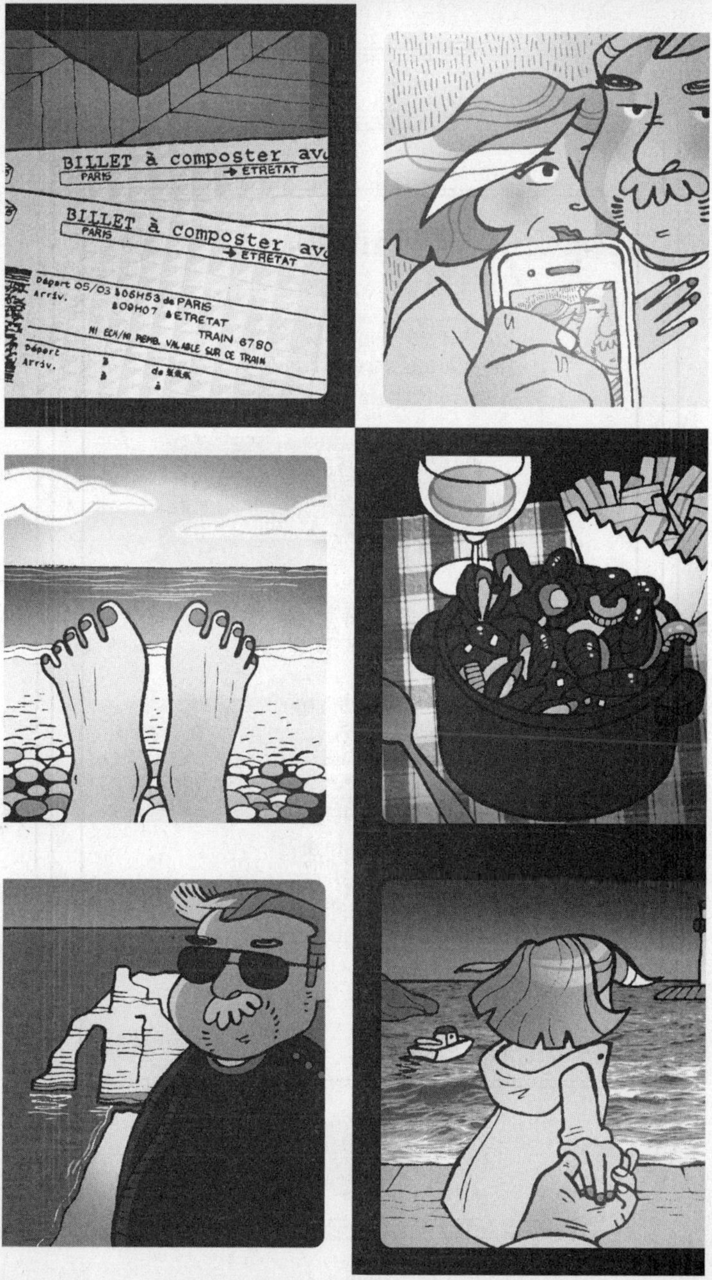
BILLET à composter av
PARIS
→ ETRETAT
BILLET à composter av
PARIS
→ ETRETAT
Départ 05/03 à06H53 de PARIS
Arrív. à09H07 à ETRETAT
TRAIN 6780
NI ECH/NI REMB. VALABLE SUR CE TRAIN
Départ
Arrív.

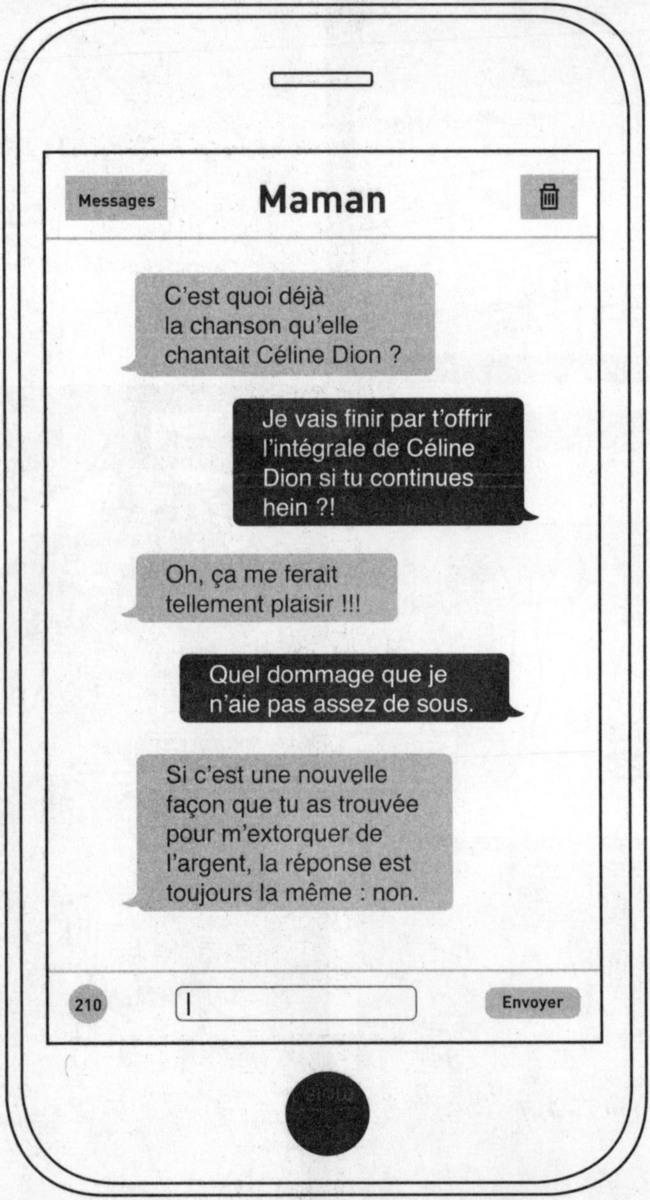
Messages
Maman
C'est quoi déjà la chanson qu'elle chantait Céline Dion ?
Je vais finir par t'offrir l'intégrale de Céline Dion si tu continues hein ?!
Oh, ça me ferait tellement plaisir !!!
Quel dommage que je n'aie pas assez de sous.
Si c'est une nouvelle façon que tu as trouvée pour m'extorquer de l'argent, la réponse est toujours la même : non.
210
Envoyer

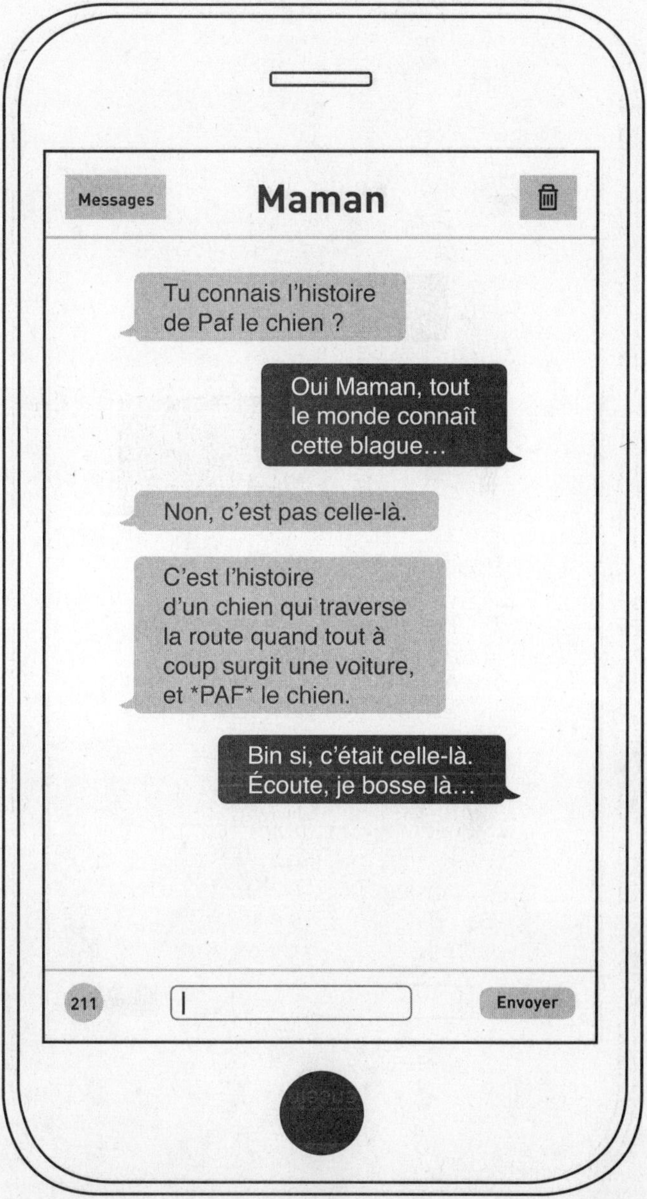
Messages
Maman
Tu connais l'histoire de Paf le chien ?
Oui Maman, tout le monde connaît cette blague…
Non, c'est pas celle-là.
C'est l'histoire d'un chien qui traverse la route quand tout à coup surgit une voiture, et *PAF* le chien.
Bin si, c'était celle-là. Écoute, je bosse là…
211
Envoyer

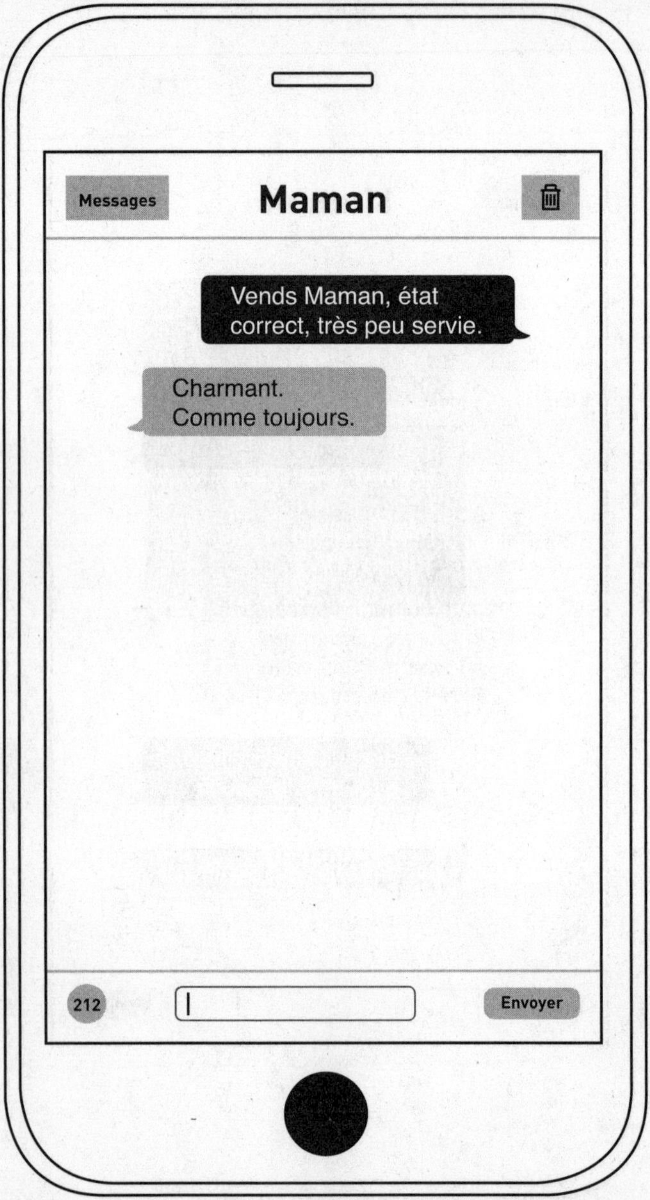
Messages
Maman
Vends Maman, état correct, très peu servie.
Charmant.
Comme toujours.
212
Envoyer

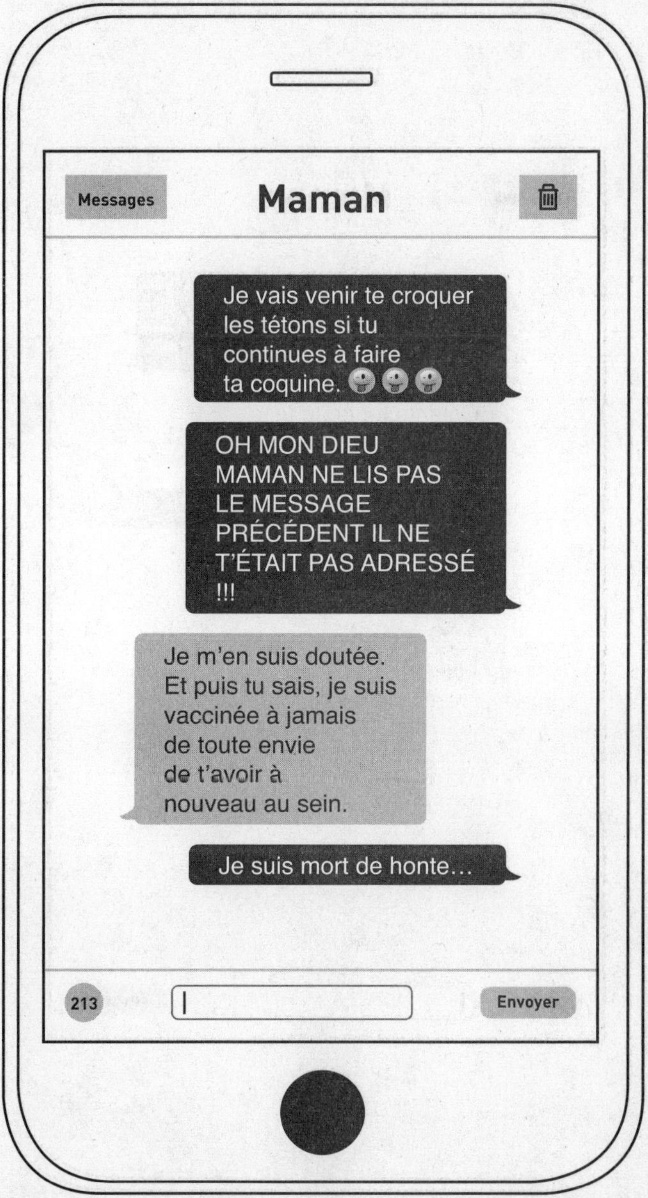
Messages
Maman
Je vais venir te croquer les tétons si tu continues à faire ta coquine. 😜😜😜
OH MON DIEU MAMAN NE LIS PAS LE MESSAGE PRÉCÉDENT IL NE T'ÉTAIT PAS ADRESSÉ !!!
Je m'en suis doutée. Et puis tu sais, je suis vaccinée à jamais de toute envie de t'avoir à nouveau au sein.
Je suis mort de honte…
213
Envoyer

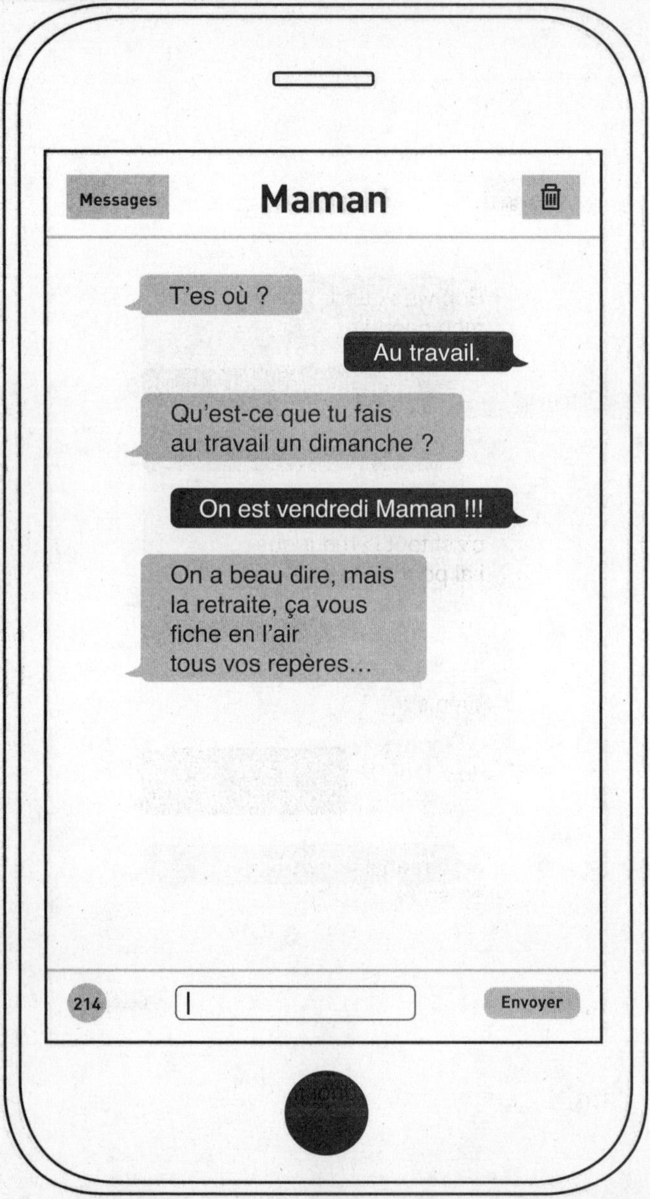
Messages
Maman
T'es où ?
Au travail.
Qu'est-ce que tu fais au travail un dimanche ?
On est vendredi Maman !!!
On a beau dire, mais la retraite, ça vous fiche en l'air tous vos repères…
214
Envoyer

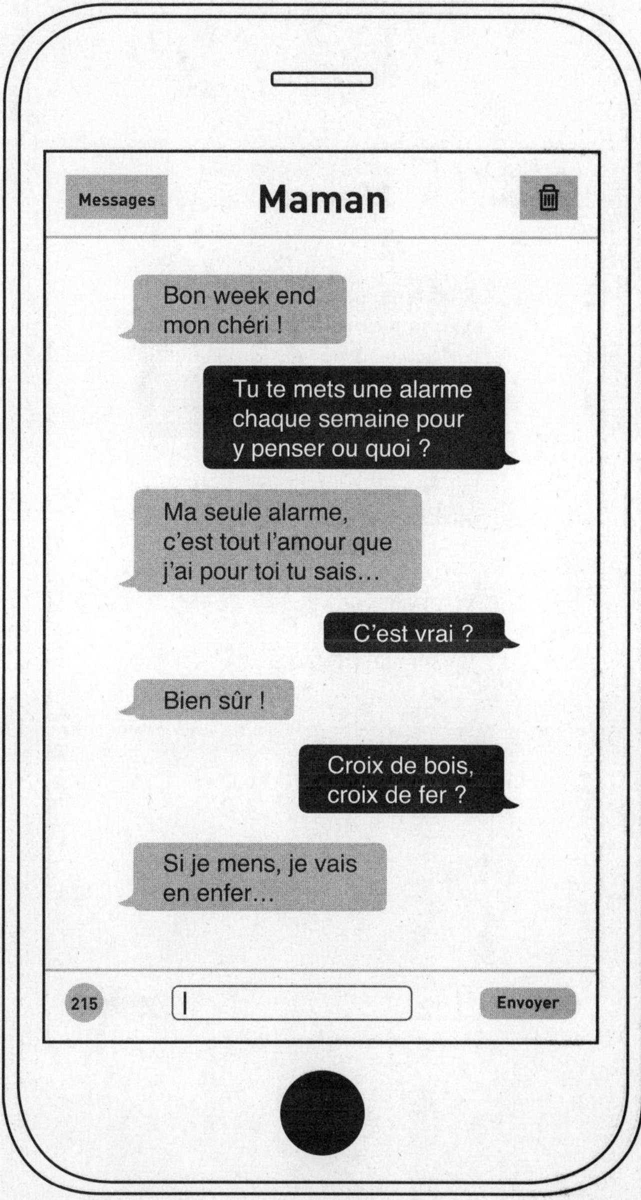
Messages
Maman
Bon week end mon chéri !
Tu te mets une alarme chaque semaine pour y penser ou quoi ?
Ma seule alarme, c'est tout l'amour que j'ai pour toi tu sais…
C'est vrai ?
Bien sûr !
Croix de bois, croix de fer ?
Si je mens, je vais en enfer…
215
Envoyer

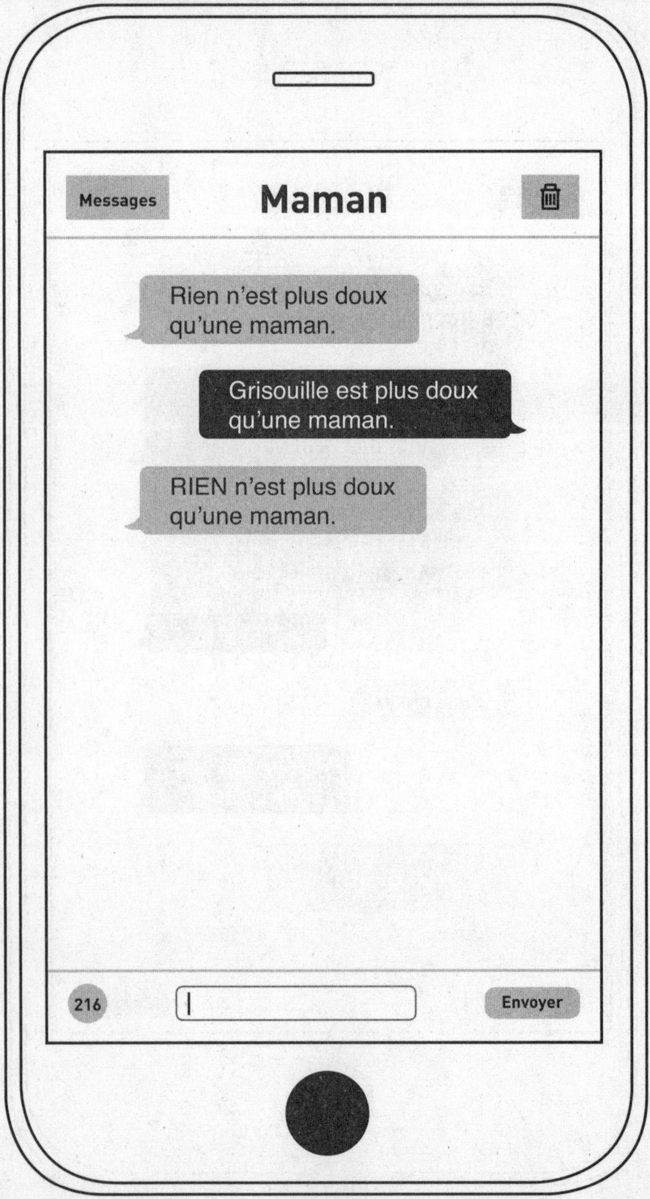
Messages
Maman
Rien n'est plus doux qu'une maman.
Grisouille est plus doux qu'une maman.
RIEN n'est plus doux qu'une maman.
216
Envoyer

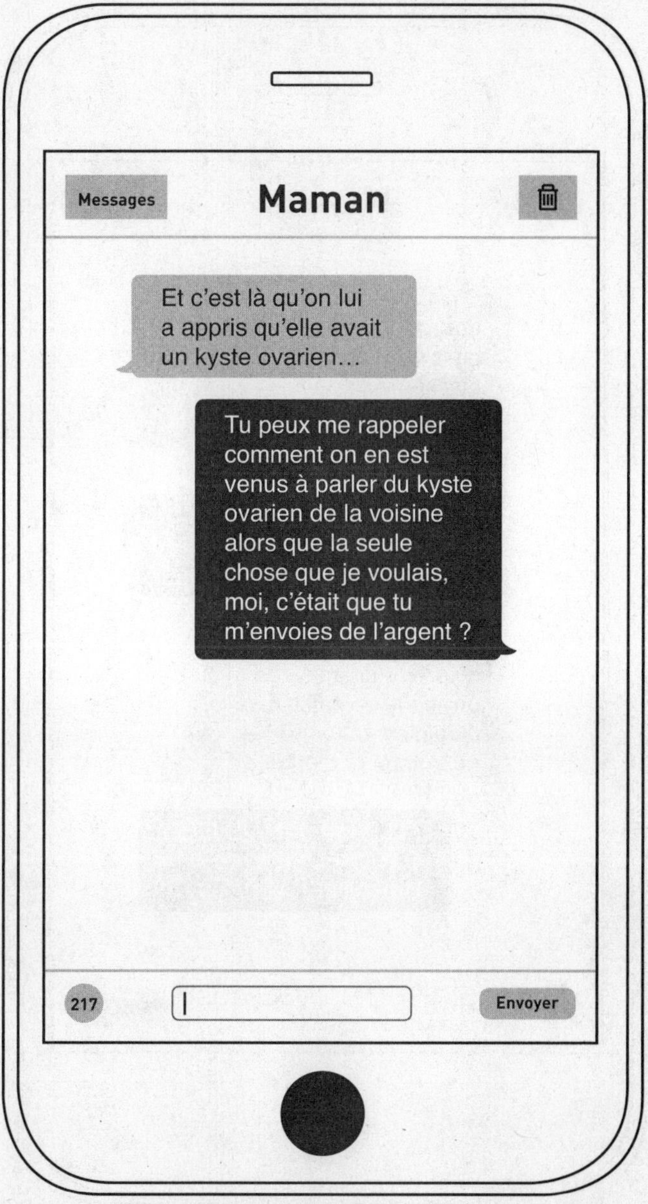
Messages
Maman
Et c'est là qu'on lui a appris qu'elle avait un kyste ovarien…
Tu peux me rappeler comment on en est venus à parler du kyste ovarien de la voisine alors que la seule chose que je voulais, moi, c'était que tu m'envoies de l'argent ?
217
Envoyer

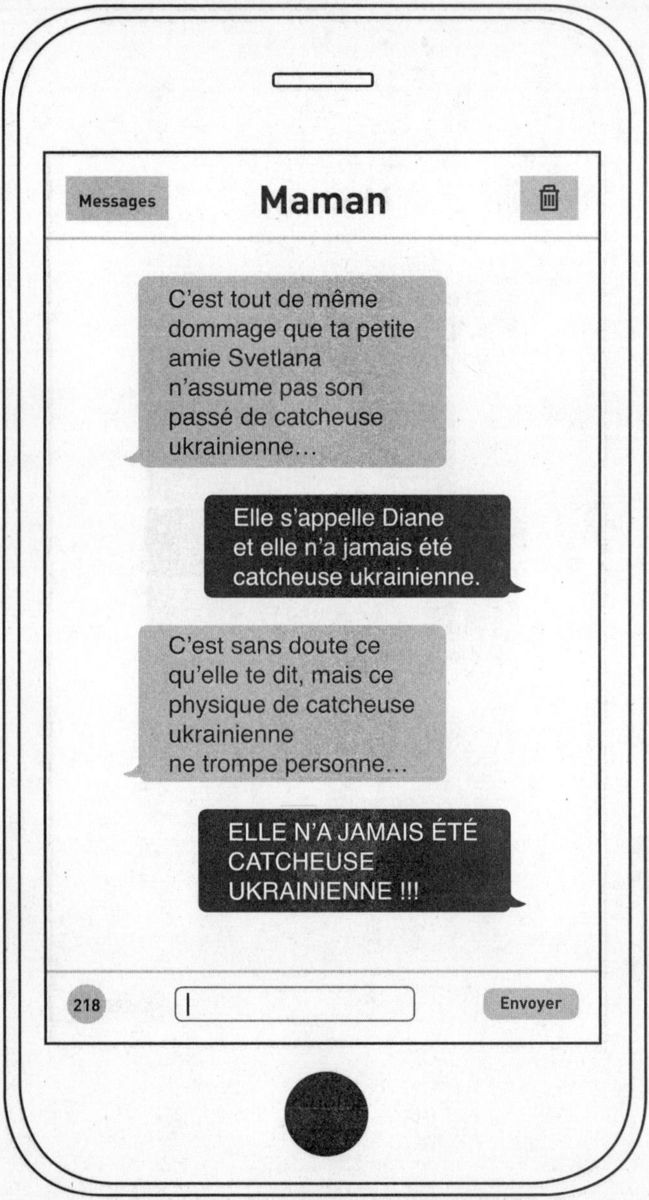
Messages
Maman
C'est tout de même dommage que ta petite amie Svetlana n'assume pas son passé de catcheuse ukrainienne…
Elle s'appelle Diane et elle n'a jamais été catcheuse ukrainienne.
C'est sans doute ce qu'elle te dit, mais ce physique de catcheuse ukrainienne ne trompe personne…
ELLE N'A JAMAIS ÉTÉ CATCHEUSE UKRAINIENNE !!!
218
Envoyer

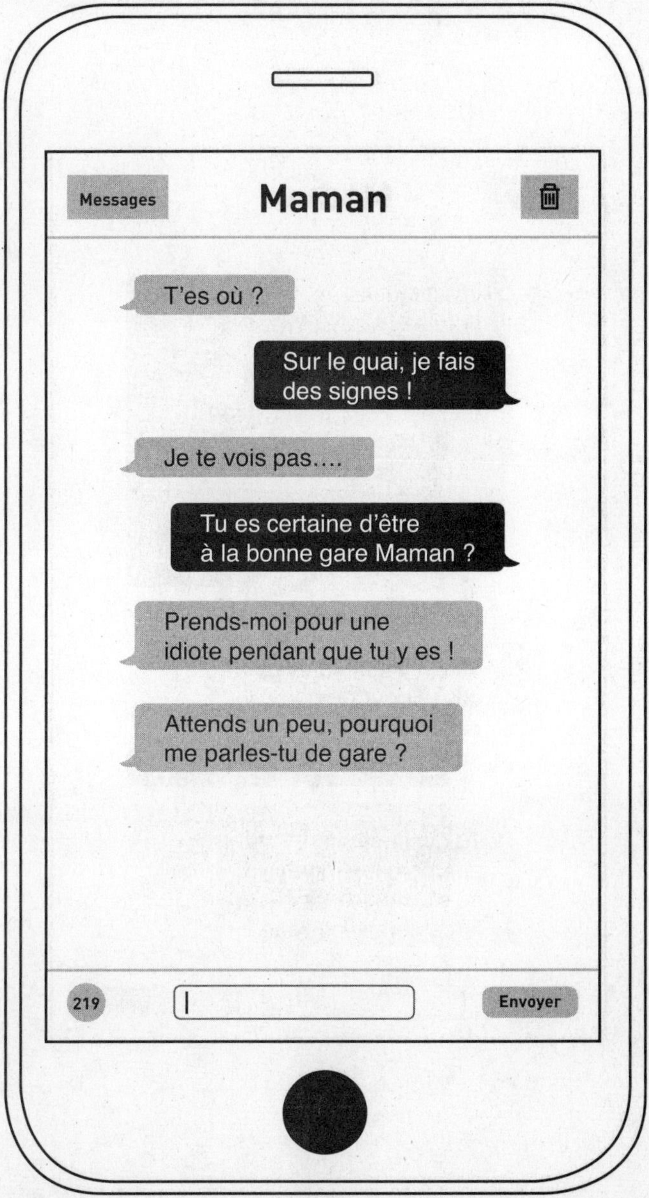
Messages
Maman
T'es où ?
Sur le quai, je fais des signes !
Je te vois pas….
Tu es certaine d'être à la bonne gare Maman ?
Prends-moi pour une idiote pendant que tu y es !
Attends un peu, pourquoi me parles-tu de gare ?
219
Envoyer

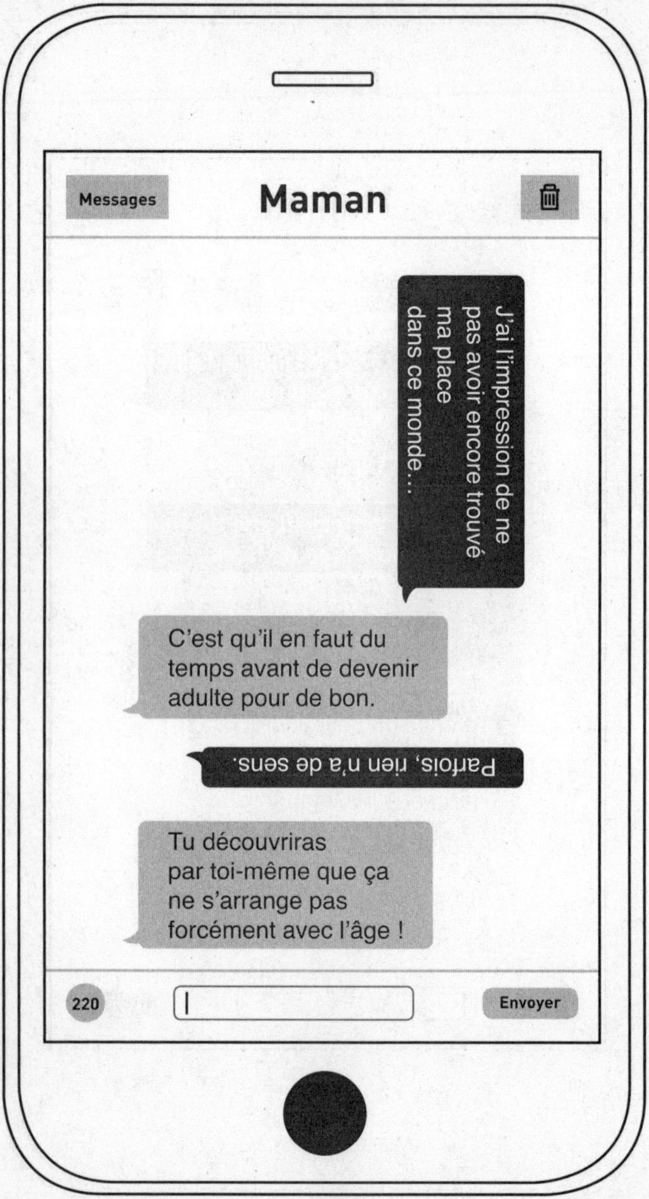
Messages
Maman
J'ai l'impression de ne pas avoir encore trouvé ma place dans ce monde…
C'est qu'il en faut du temps avant de devenir adulte pour de bon.
Parfois, rien n'a de sens.
Tu découvriras par toi-même que ça ne s'arrange pas forcément avec l'âge !
220
Envoyer

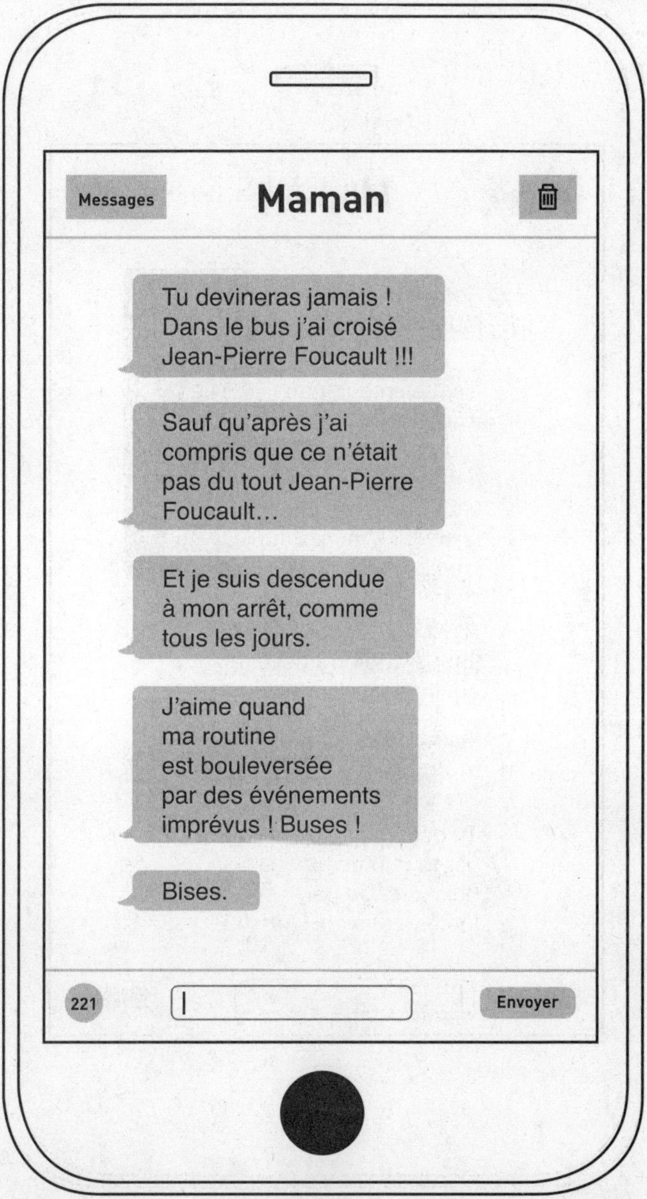
Messages
Maman
Tu devineras jamais ! Dans le bus j'ai croisé Jean-Pierre Foucault !!!
Sauf qu'après j'ai compris que ce n'était pas du tout Jean-Pierre Foucault…
Et je suis descendue à mon arrêt, comme tous les jours.
J'aime quand ma routine est bouleversée par des événements imprévus ! Buses !
Bises.
221
Envoyer

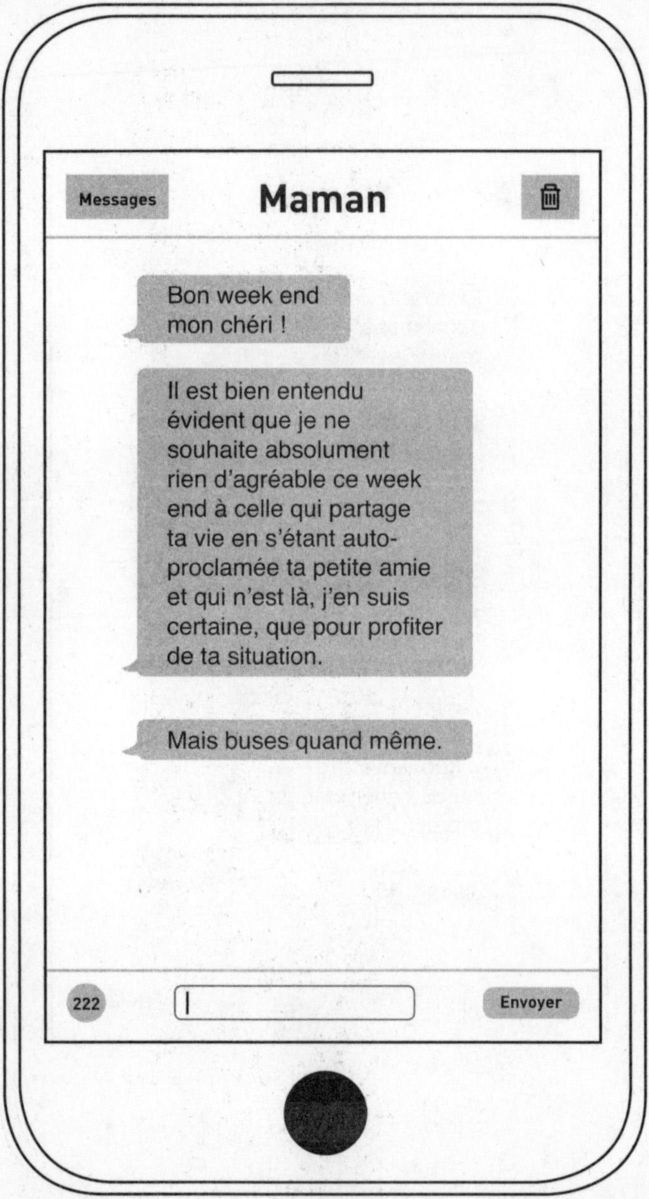
Messages
Maman
Bon week end mon chéri !
Il est bien entendu évident que je ne souhaite absolument rien d'agréable ce week end à celle qui partage ta vie en s'étant auto-proclamée ta petite amie et qui n'est là, j'en suis certaine, que pour profiter de ta situation.
Mais buses quand même.
222
Envoyer

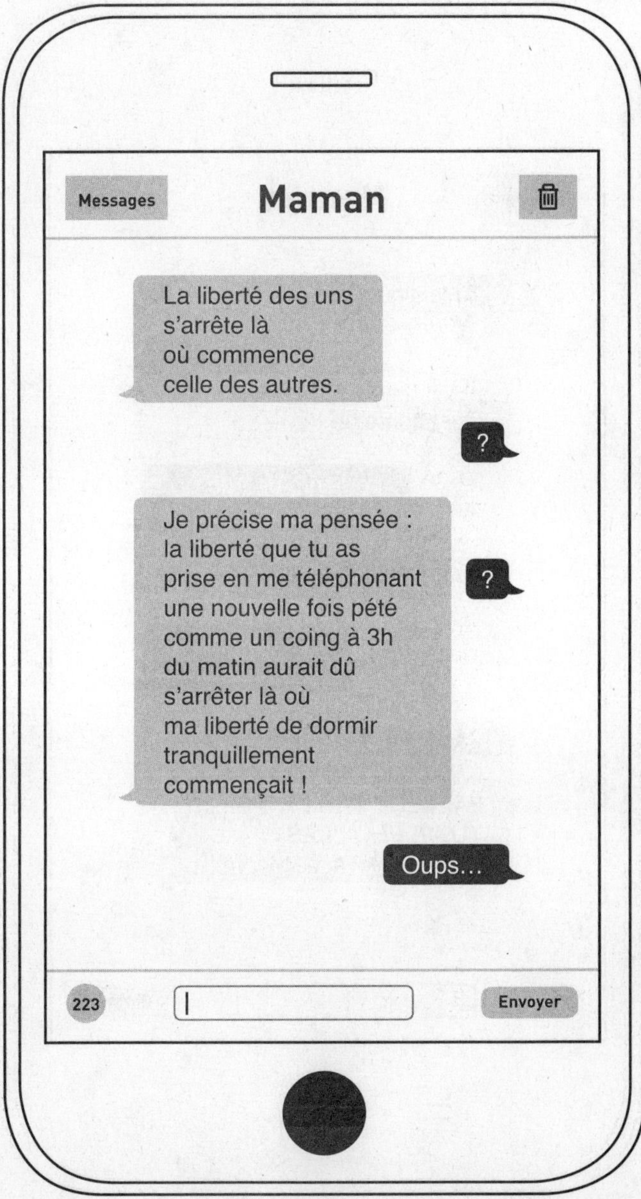
Messages
Maman
La liberté des uns s'arrête là où commence celle des autres.
?
Je précise ma pensée : la liberté que tu as prise en me téléphonant une nouvelle fois pété comme un coing à 3h du matin aurait dû s'arrêter là où ma liberté de dormir tranquillement commençait !
?
Oups…
223
Envoyer

Messages
Maman
Tu fais quoi ?
Un truc.
Quel genre de truc ?
Le genre de truc qu'on peut pas dire.
Même à sa maman ?
Encore moins à sa maman.
ARRÊTE IMMÉDIATEMENT DE FAIRE CE TRUC DONT TU NE PEUX PAS PARLER À TA MAMAN !!!!
224
Envoyer

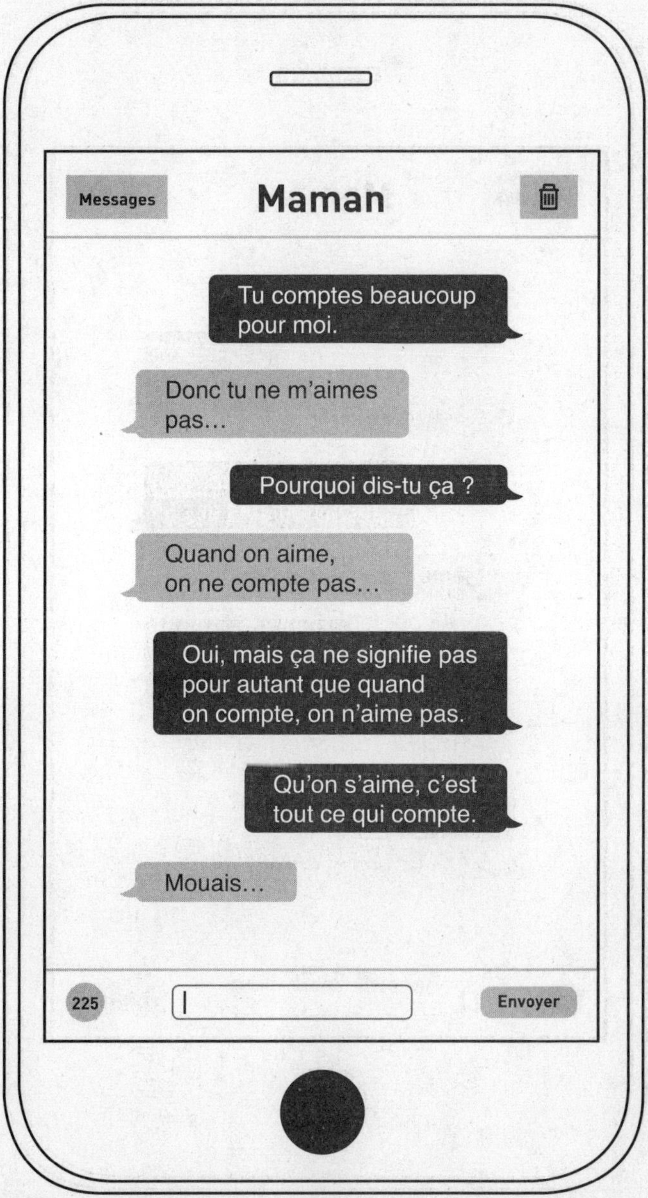
Messages
Maman
Tu comptes beaucoup pour moi.
Donc tu ne m'aimes pas…
Pourquoi dis-tu ça ?
Quand on aime, on ne compte pas…
Oui, mais ça ne signifie pas pour autant que quand on compte, on n'aime pas.
Qu'on s'aime, c'est tout ce qui compte.
Mouais…
225
Envoyer

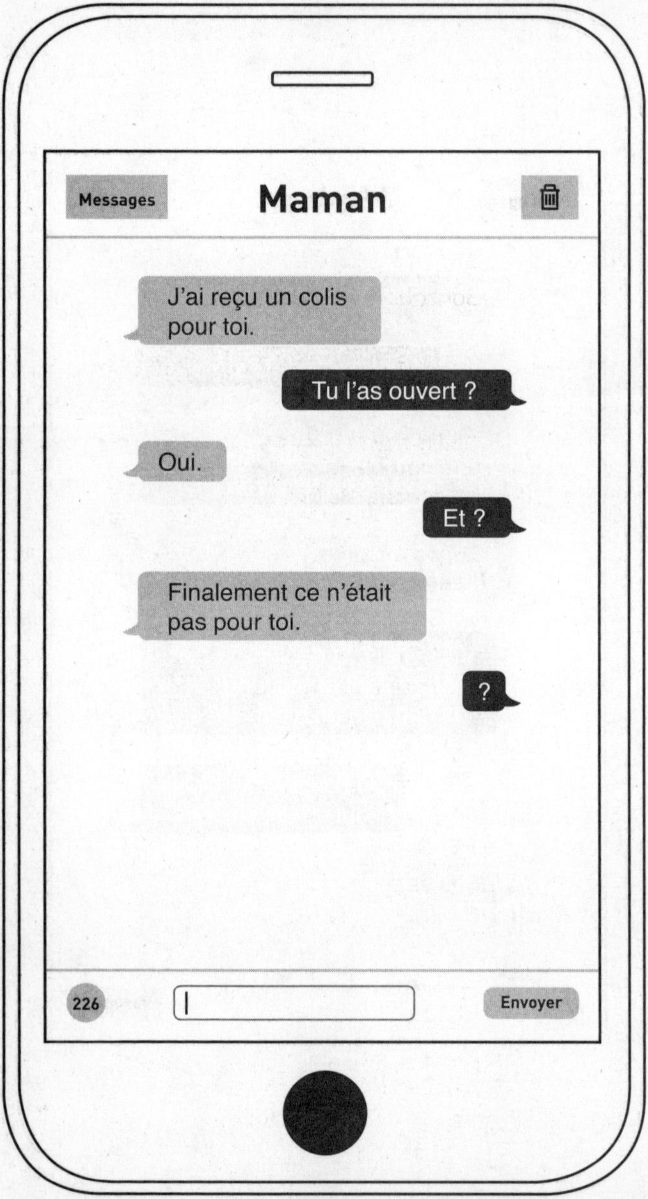
Messages
Maman
J'ai reçu un colis pour toi.
Tu l'as ouvert ?
Oui.
Et ?
Finalement ce n'était pas pour toi.
?
226
Envoyer

Messages
Maman
Bonzour mon zéri.
Qu'est-ce qui t'arrive ?
Rien de grave, zuste une horrible raze de dents… Buzes.
227
Envoyer

Messages
Maman
T'es où ? Ça fait deux jours que j'essaye de te joindre sans succès !
Je n'ai certes rien à te dire, mais quand même !!!
228
Envoyer

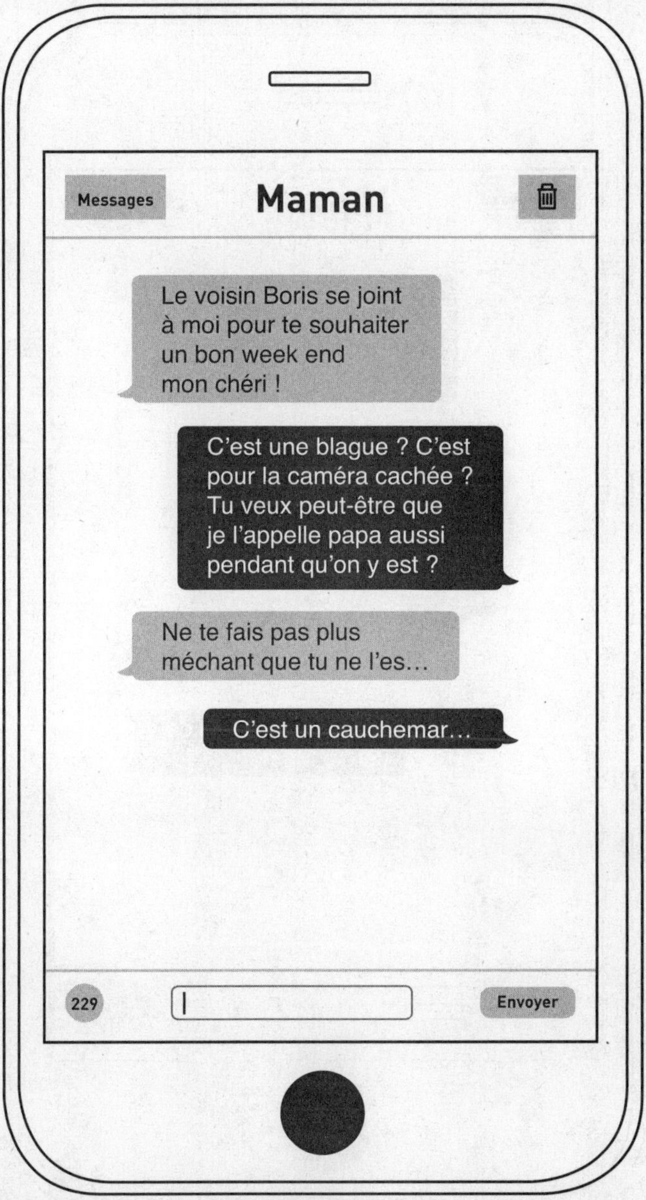
Messages
Maman
Le voisin Boris se joint à moi pour te souhaiter un bon week end mon chéri !
C'est une blague ? C'est pour la caméra cachée ? Tu veux peut-être que je l'appelle papa aussi pendant qu'on y est ?
Ne te fais pas plus méchant que tu ne l'es…
C'est un cauchemar…
229
Envoyer

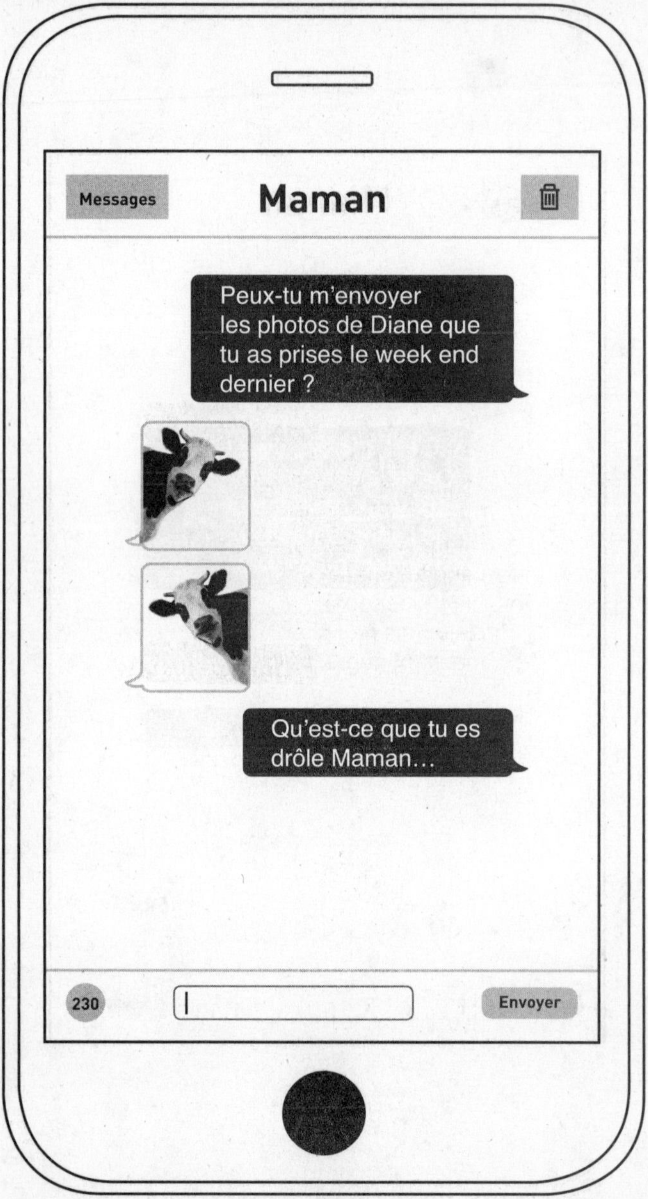
Messages
Maman
Peux-tu m'envoyer les photos de Diane que tu as prises le week end dernier ?
Qu'est-ce que tu es drôle Maman…
230
Envoyer

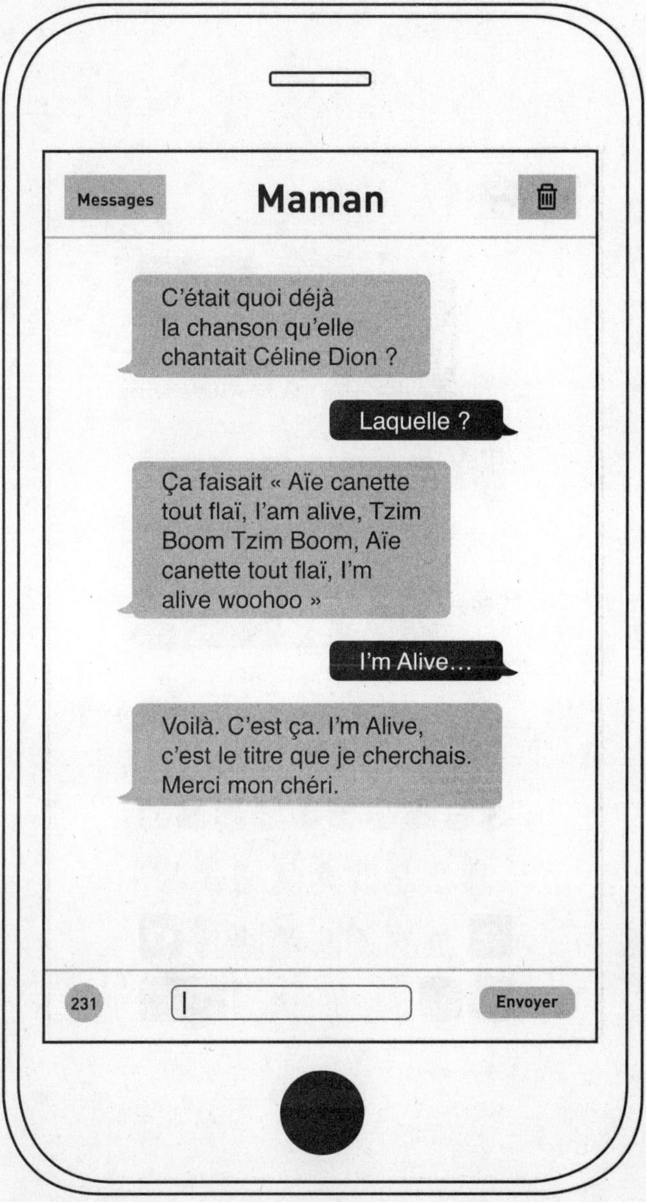
Messages
Maman
C'était quoi déjà la chanson qu'elle chantait Céline Dion ?
Laquelle ?
Ça faisait « Aïe canette tout flaï, I'am alive, Tzim Boom Tzim Boom, Aïe canette tout flaï, I'm alive woohoo »
I'm Alive…
Voilà. C'est ça. I'm Alive, c'est le titre que je cherchais. Merci mon chéri.
231
Envoyer

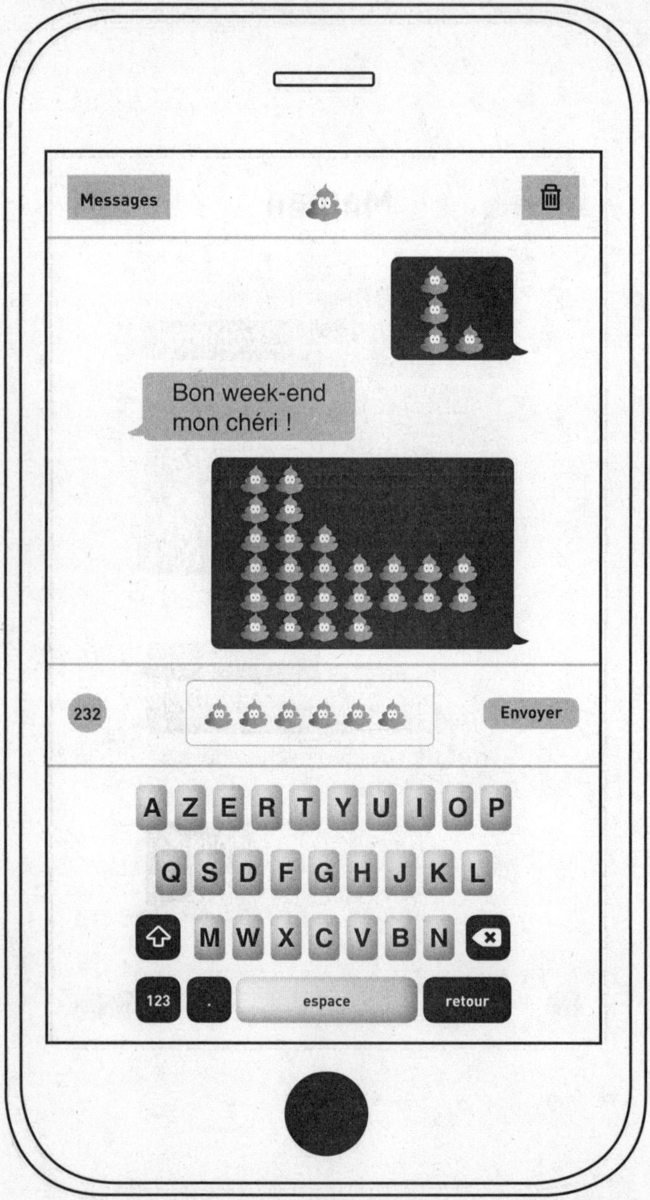

Messages
Bon week-end
mon chéri !
232
Envoyer
A Z E R T Y U I O P
Q S D F G H J K L
M W X C V B N
123
.
espace
retour

Messages
Maman
Kiciffy
Mémé ?
Huit ciciviovio.
Non je ne veux plus te parler après ce que tu m'as fait. C'est de la haute trahison.
Gigo parette foufi.
La vieillesse n'excuse pas tout Mémé.
Sale gosse.
Je n'ai pas compris ton dernier message Mémé.
233
Envoyer

Messages
Maman
Je ne retrouve plus le Grapfenstrüc…
Où l'as-tu mis ?
Si je savais, je ne serais pas en train de le chercher…
Pas faux.
As-tu essayé de l'appâter avec du sang de vierge ?
C'est une blague ?
Non c'est un Grapfenstrüc…
234
Envoyer

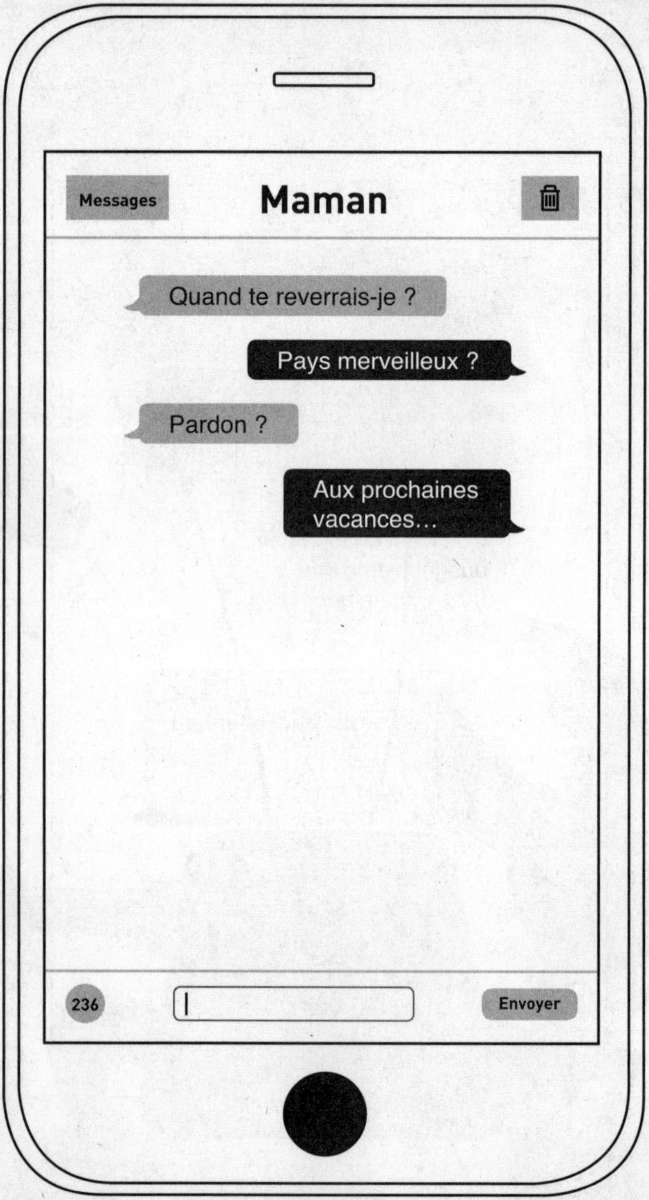
Messages
Maman
Quand te reverrais-je ?
Pays merveilleux ?
Pardon ?
Aux prochaines vacances…
236
Envoyer

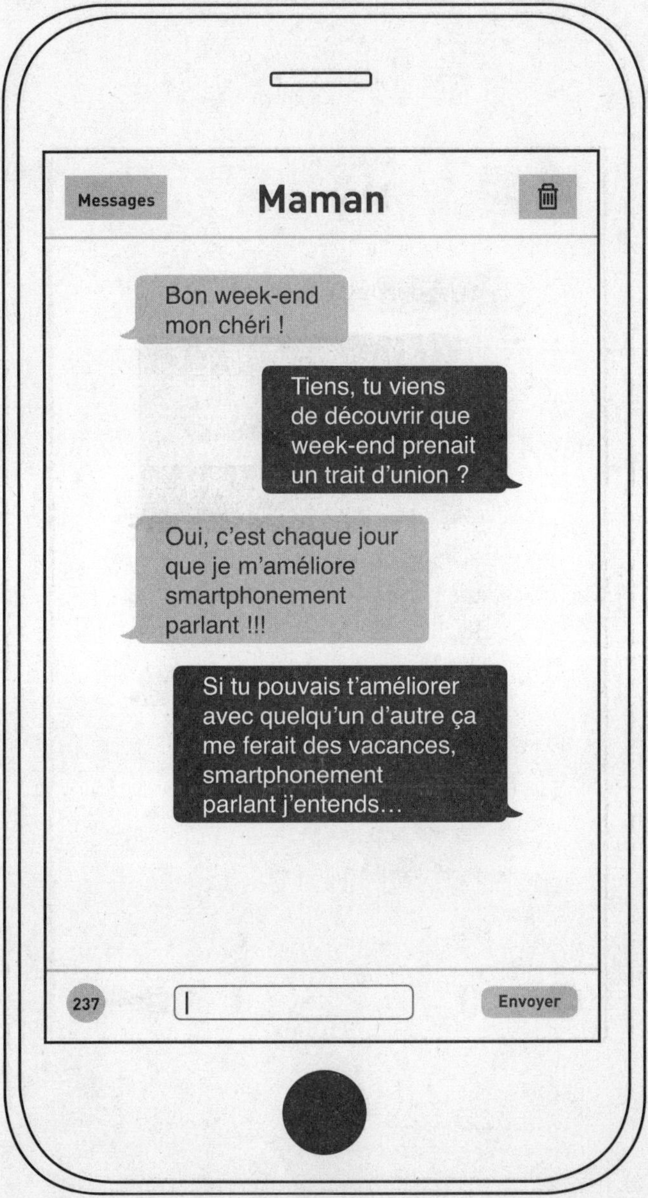
Messages
Maman
Bon week-end mon chéri !
Tiens, tu viens de découvrir que week-end prenait un trait d'union ?
Oui, c'est chaque jour que je m'améliore smartphonement parlant !!!
Si tu pouvais t'améliorer avec quelqu'un d'autre ça me ferait des vacances, smartphonement parlant j'entends…
237
Envoyer

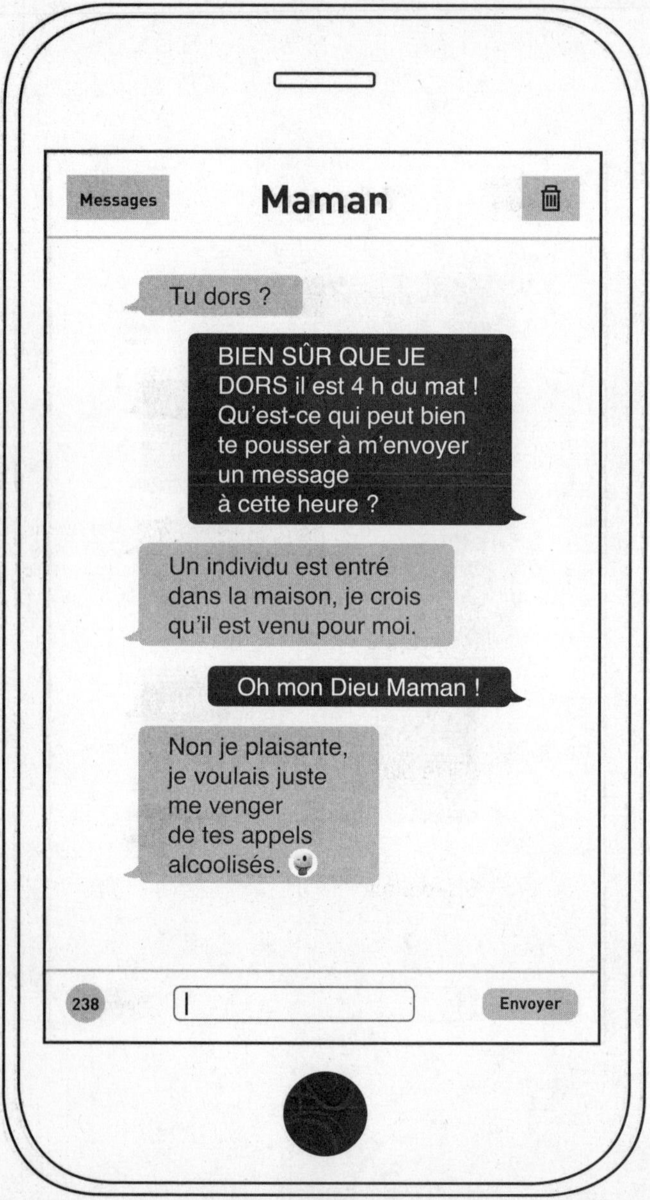
Messages
Maman
Tu dors ?
BIEN SÛR QUE JE DORS il est 4 h du mat ! Qu'est-ce qui peut bien te pousser à m'envoyer un message à cette heure ?
Un individu est entré dans la maison, je crois qu'il est venu pour moi.
Oh mon Dieu Maman !
Non je plaisante, je voulais juste me venger de tes appels alcoolisés.
238
Envoyer

Messages
Maman
S'il te plaît !
Non !
S'il te plaît !
J'ai dit non !
S'il te plaît !
Si je te dis oui tu t'arrêtes ?
Non.
S'il te plaît !
Non.
S'il te plaît !
239
Envoyer

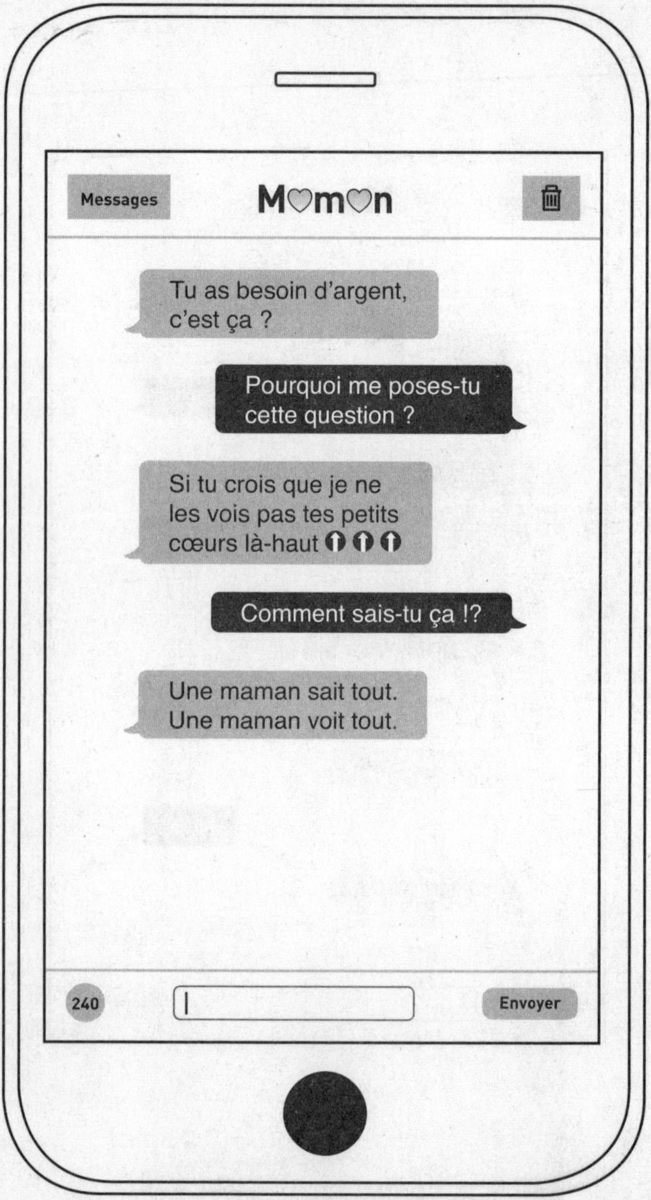
Messages
M♡m♡n
Tu as besoin d'argent, c'est ça ?
Pourquoi me poses-tu cette question ?
Si tu crois que je ne les vois pas tes petits cœurs là-haut ⬆⬆⬆
Comment sais-tu ça !?
Une maman sait tout. Une maman voit tout.
240
Envoyer

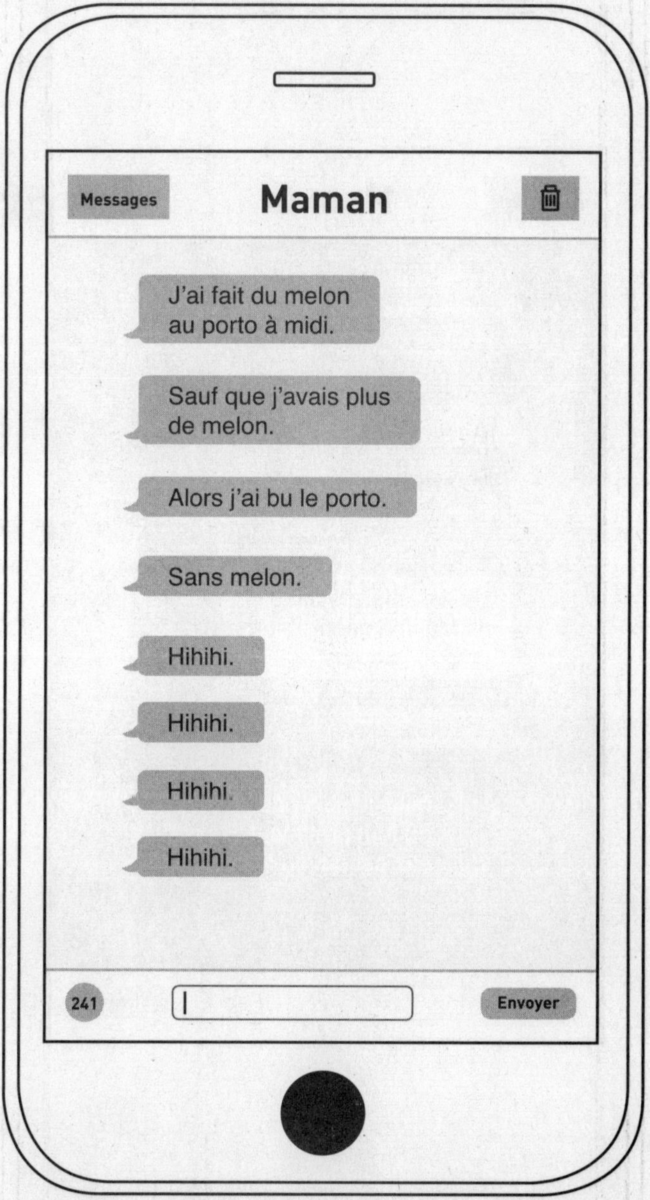
Messages
Maman
J'ai fait du melon
au porto à midi.
Sauf que j'avais plus
de melon.
Alors j'ai bu le porto.
Sans melon.
Hihihi.
Hihihi.
Hihihi.
Hihihi.
241
Envoyer

Messages
Maman
Ouvre les yeux Néo.
Quoi ???
Tu es l'Élu !
Comment ça je suis l'Élu ?????
Tu es enfermé dans la Matrice depuis bien trop longtemps !
Tu dois agir !
Mais je suis pas du tout du tout prêt moi ! Et pis elle est où ma Maman ?
242
Envoyer

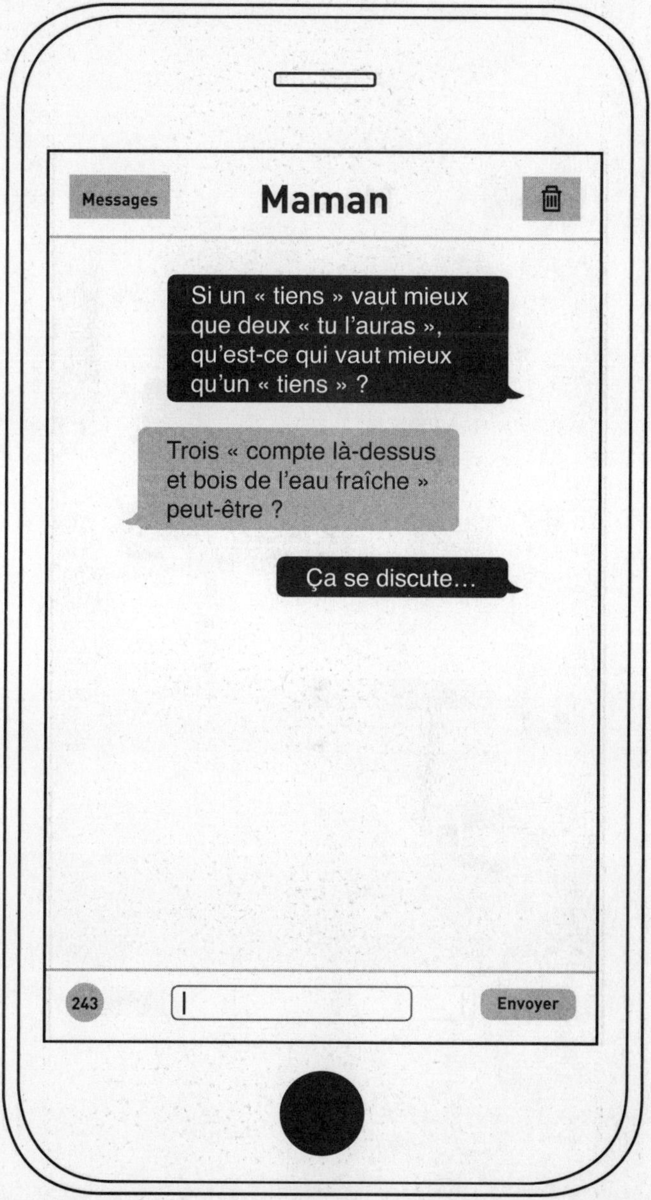
Messages
Maman
Si un « tiens » vaut mieux que deux « tu l'auras », qu'est-ce qui vaut mieux qu'un « tiens » ?
Trois « compte là-dessus et bois de l'eau fraîche » peut-être ?
Ça se discute…
243
Envoyer

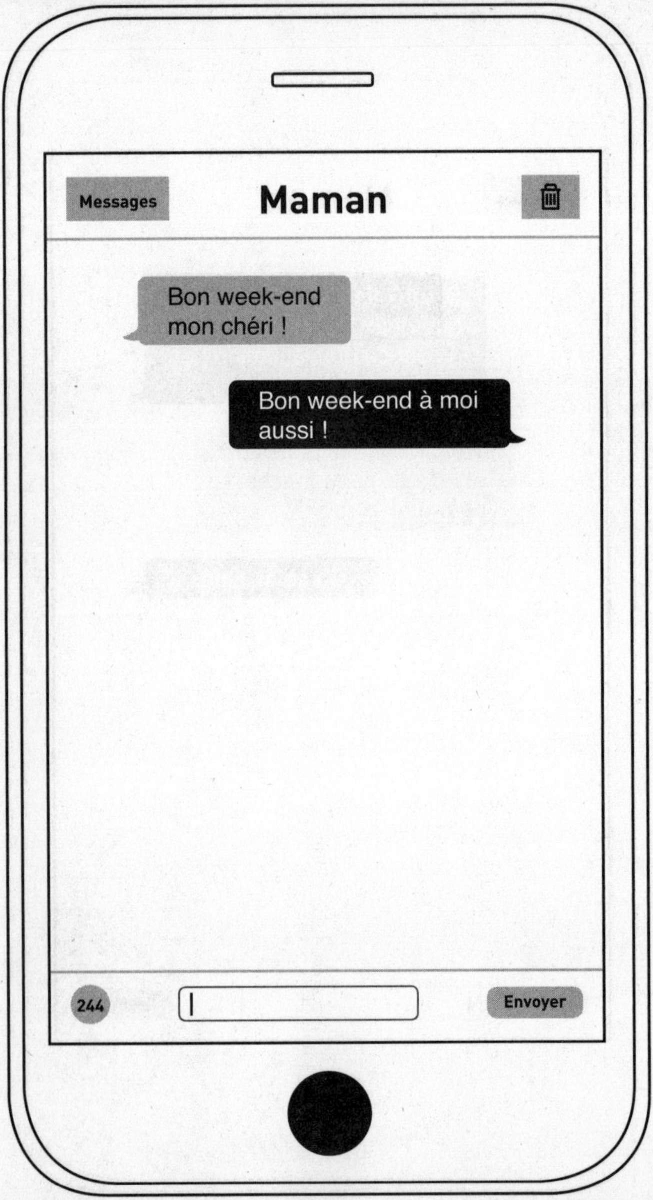
Messages
Maman
Bon week-end mon chéri !
Bon week-end à moi aussi !
244
Envoyer

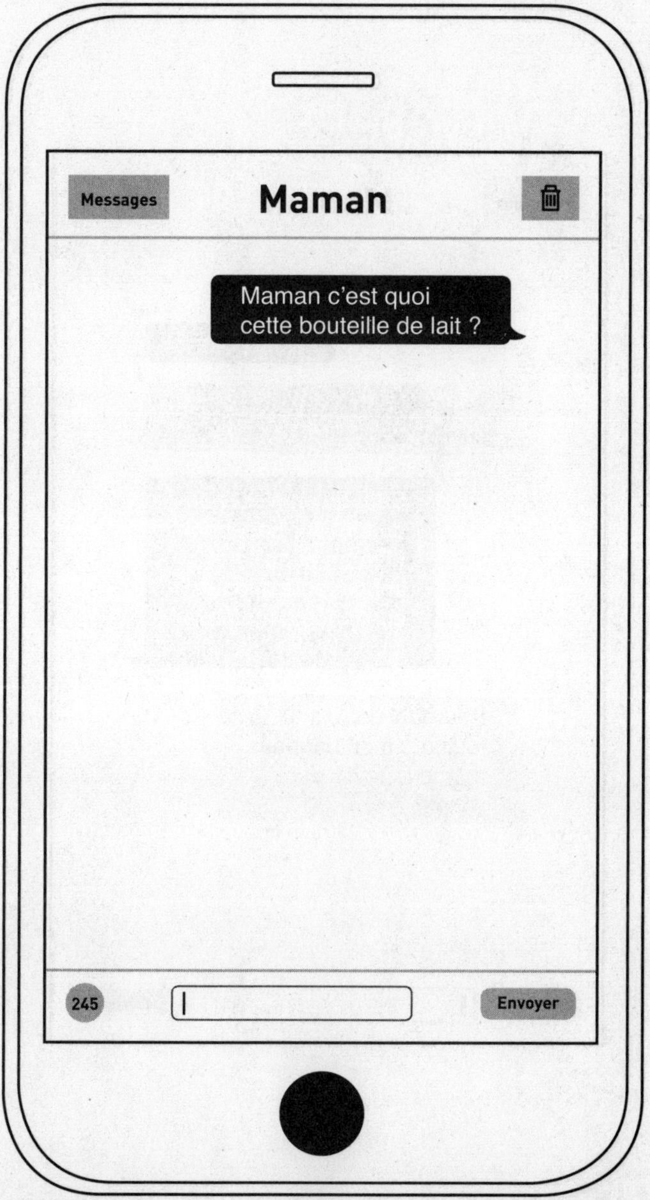
Messages
Maman
Maman c'est quoi cette bouteille de lait ?
245
Envoyer

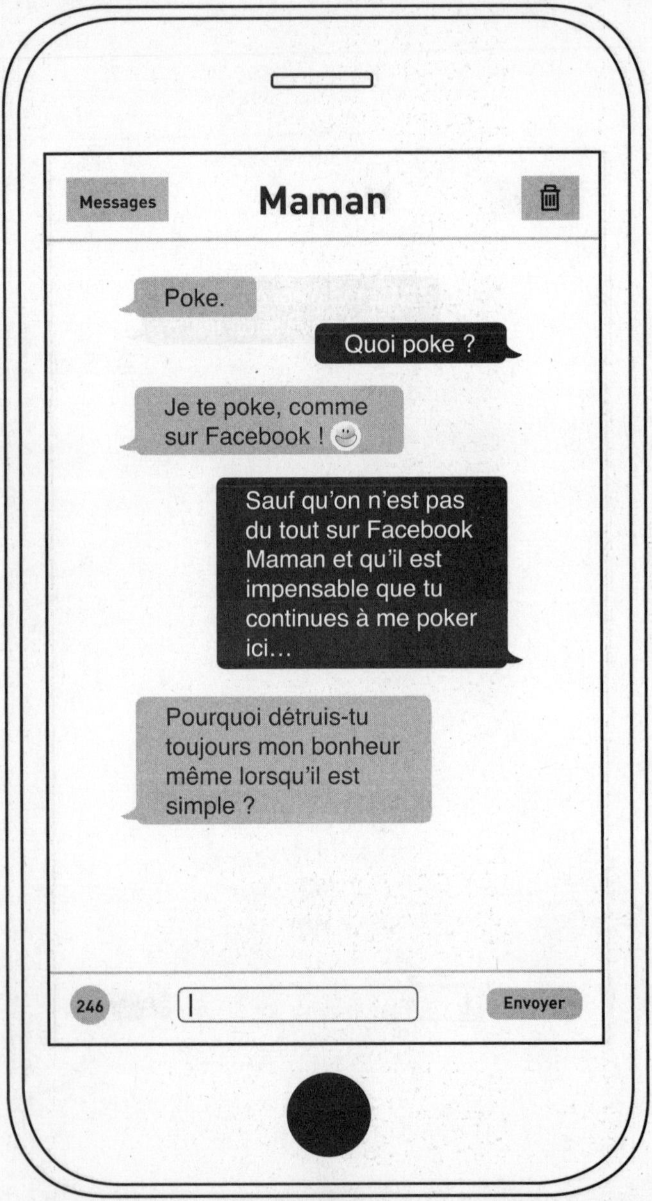
Messages
Maman
Poke.
Quoi poke ?
Je te poke, comme sur Facebook !
Sauf qu'on n'est pas du tout sur Facebook Maman et qu'il est impensable que tu continues à me poker ici…
Pourquoi détruis-tu toujours mon bonheur même lorsqu'il est simple ?
246
Envoyer

Messages
Maman
Je suis à découvert, tu peux m'aider ?
Oui, mets un pull.
247
Envoyer

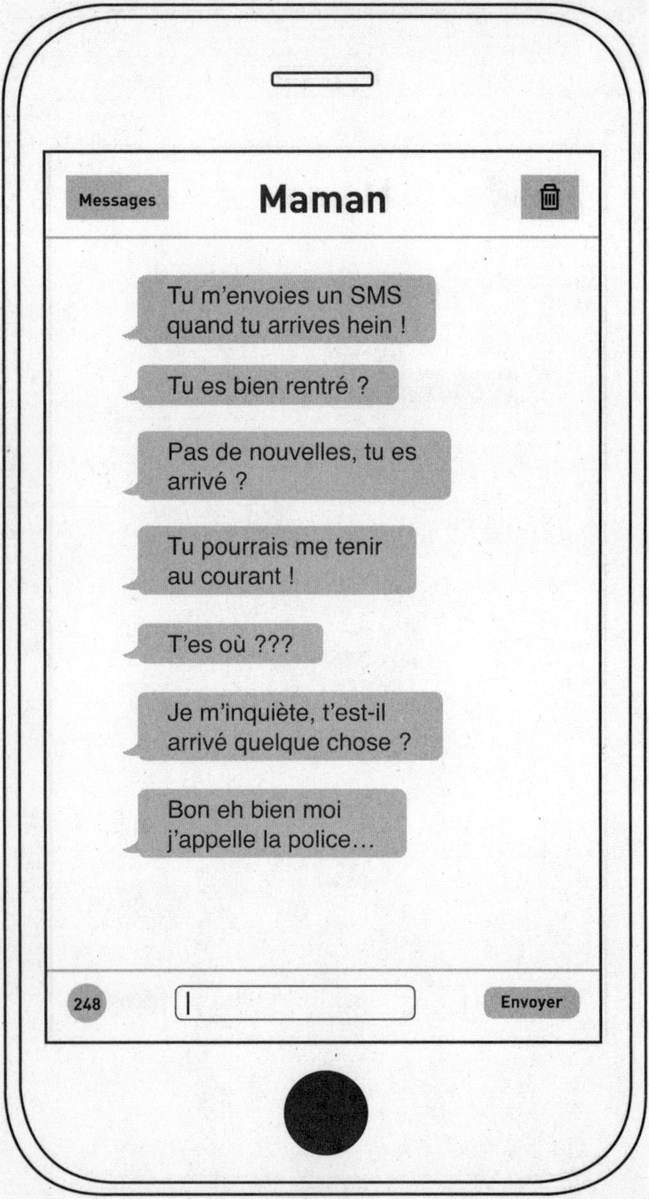
Messages
Maman
Tu m'envoies un SMS quand tu arrives hein !
Tu es bien rentré ?
Pas de nouvelles, tu es arrivé ?
Tu pourrais me tenir au courant !
T'es où ???
Je m'inquiète, t'est-il arrivé quelque chose ?
Bon eh bien moi j'appelle la police…
248
Envoyer

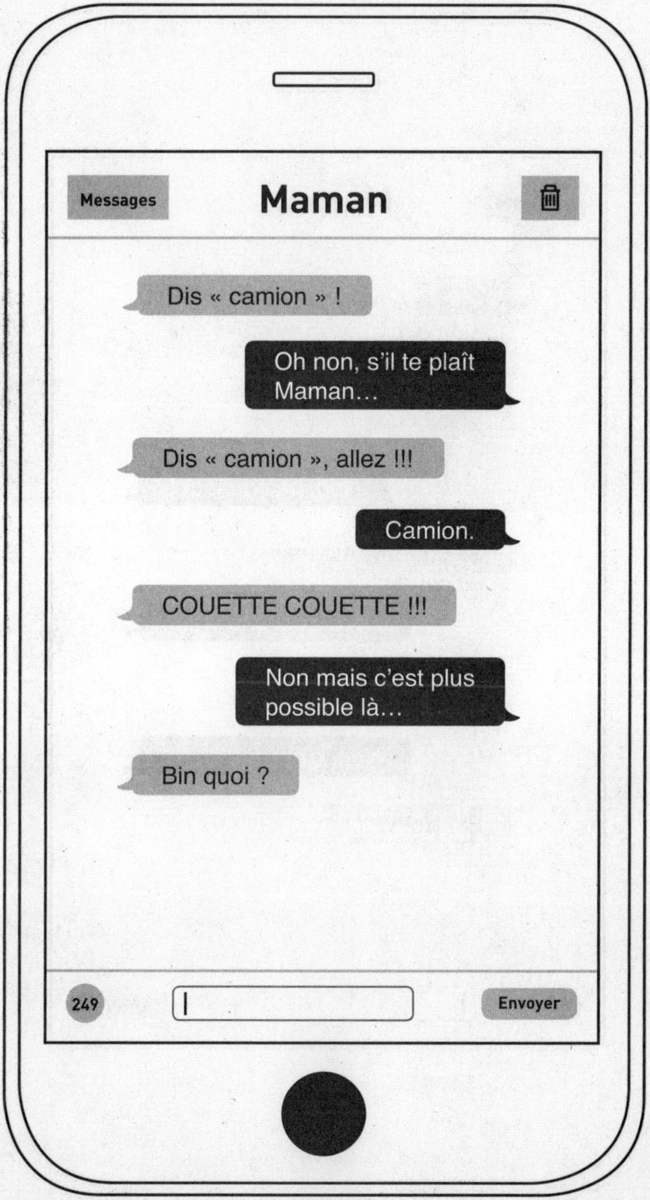

Messages
Maman
Dis « camion » !
Oh non, s'il te plaît Maman…
Dis « camion », allez !!!
Camion.
COUETTE COUETTE !!!
Non mais c'est plus possible là…
Bin quoi ?
249
Envoyer

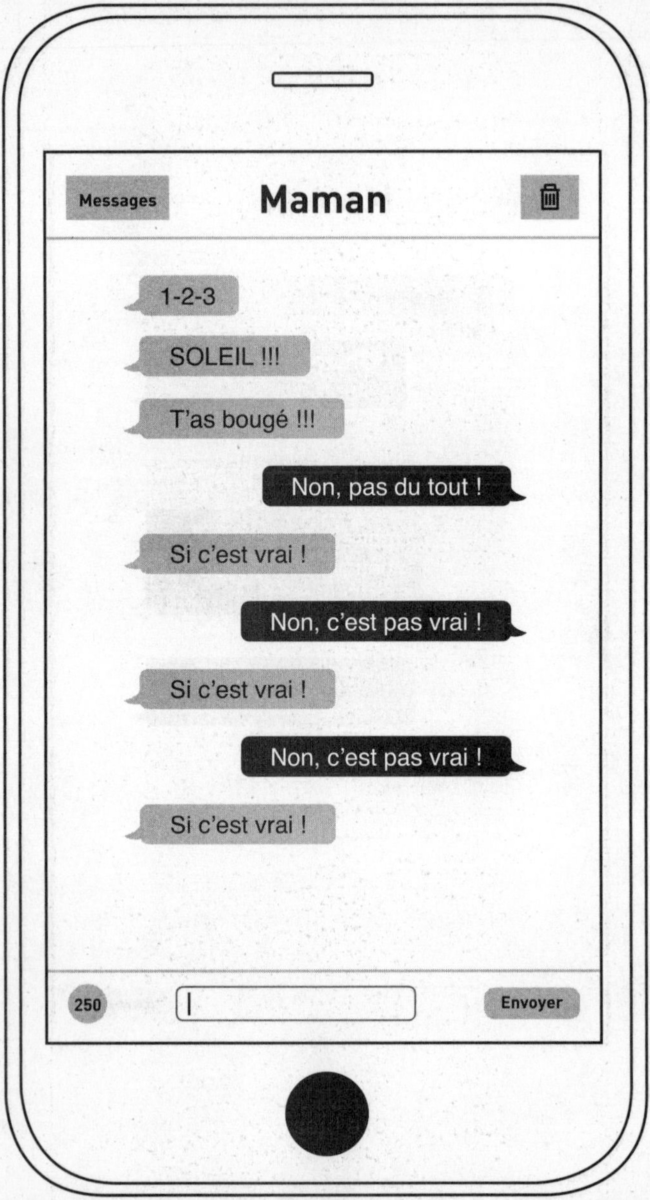
Messages
Maman
1-2-3
SOLEIL !!!
T'as bougé !!!
Non, pas du tout !
Si c'est vrai !
Non, c'est pas vrai !
Si c'est vrai !
Non, c'est pas vrai !
Si c'est vrai !
250
Envoyer

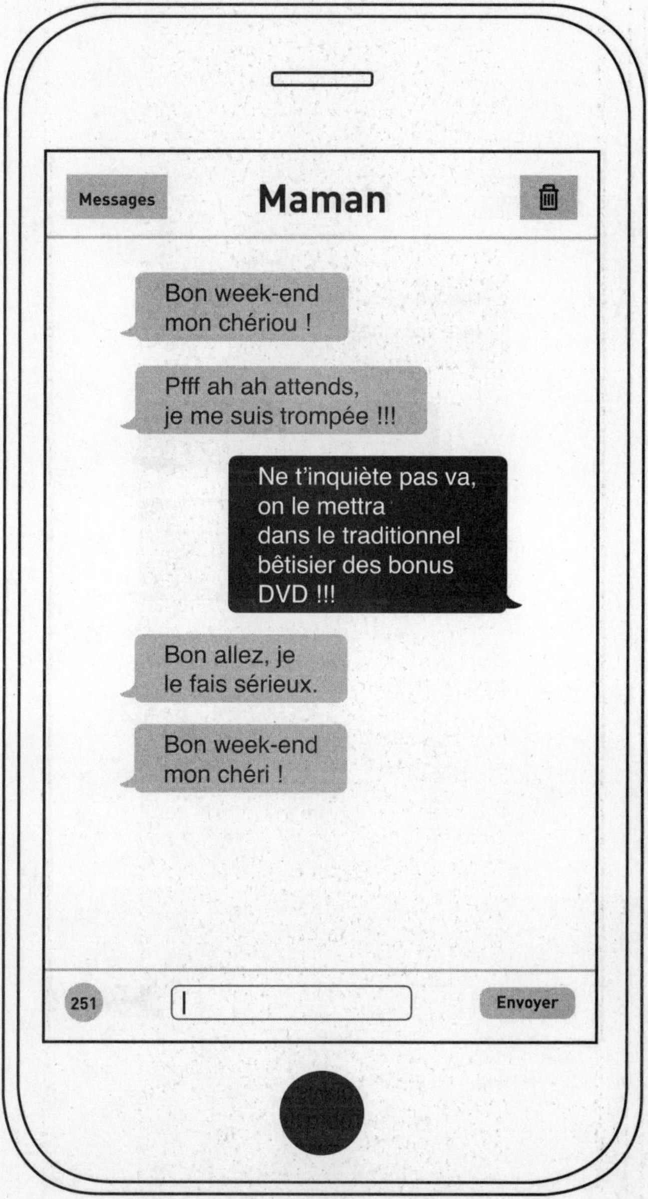
Messages
Maman
Bon week-end mon chériou !
Pfff ah ah attends, je me suis trompée !!!
Ne t'inquiète pas va, on le mettra dans le traditionnel bêtisier des bonus DVD !!!
Bon allez, je le fais sérieux.
Bon week-end mon chéri !
251
Envoyer

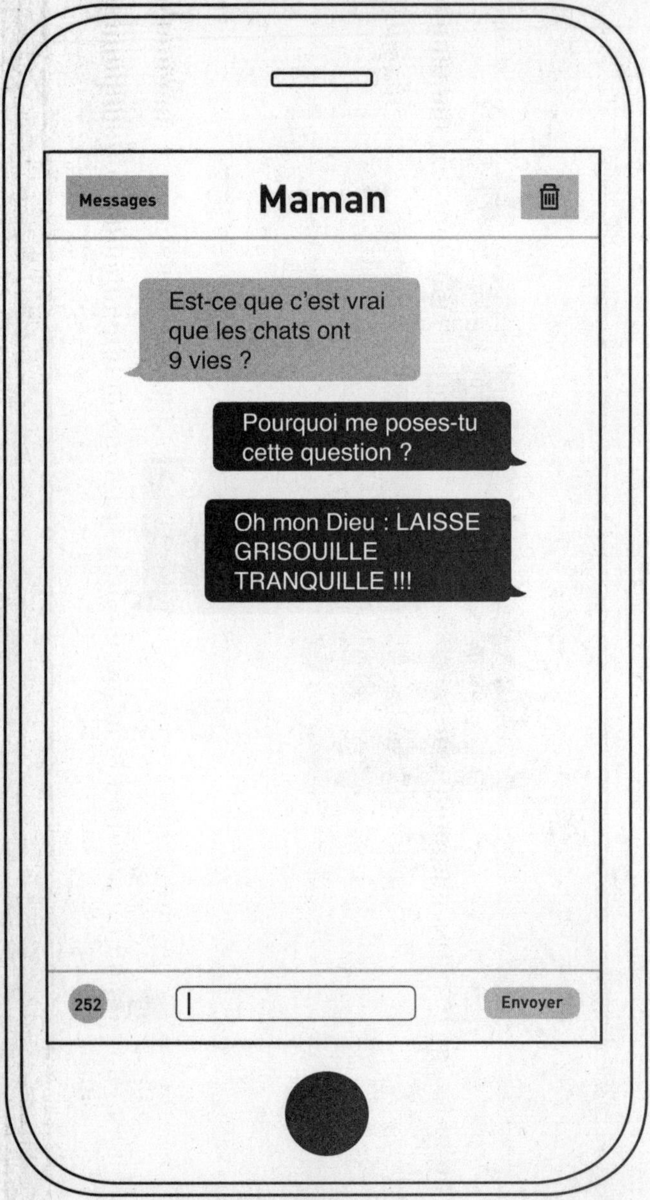
Messages
Maman
Est-ce que c'est vrai que les chats ont 9 vies ?
Pourquoi me poses-tu cette question ?
Oh mon Dieu : LAISSE GRISOUILLE TRANQUILLE !!!
252
Envoyer

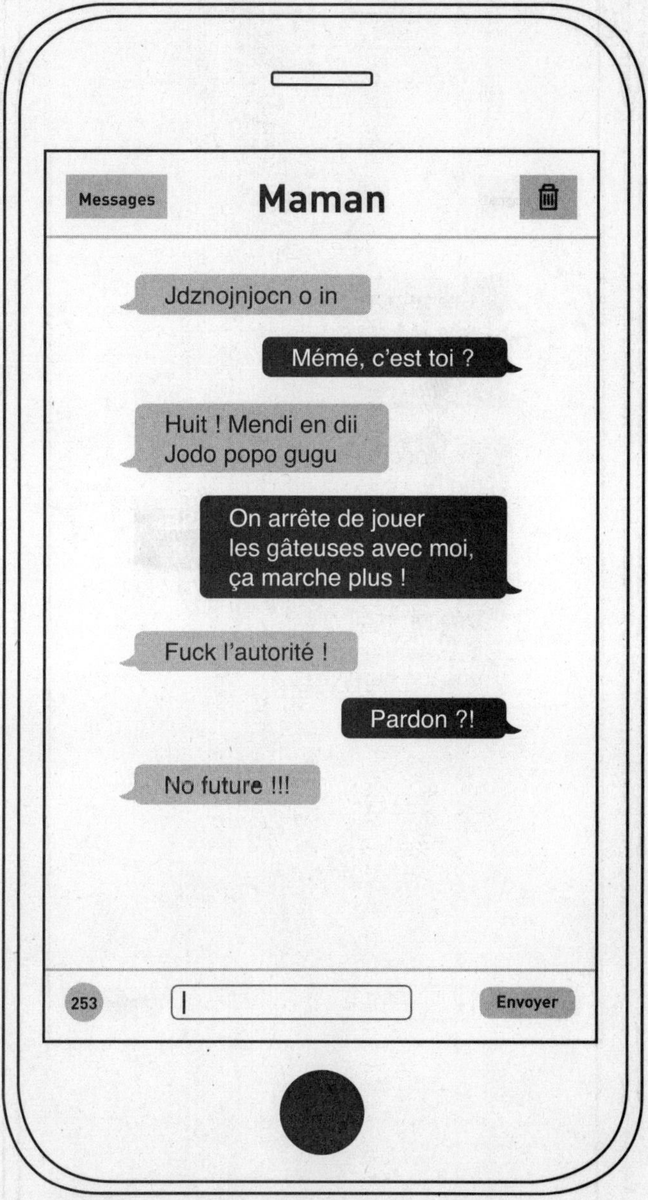
Messages
Maman
Jdznojnjocn o in
Mémé, c'est toi ?
Huit ! Mendi en dii
Jodo popo gugu
On arrête de jouer
les gâteuses avec moi,
ça marche plus !
Fuck l'autorité !
Pardon ?!
No future !!!
253
Envoyer

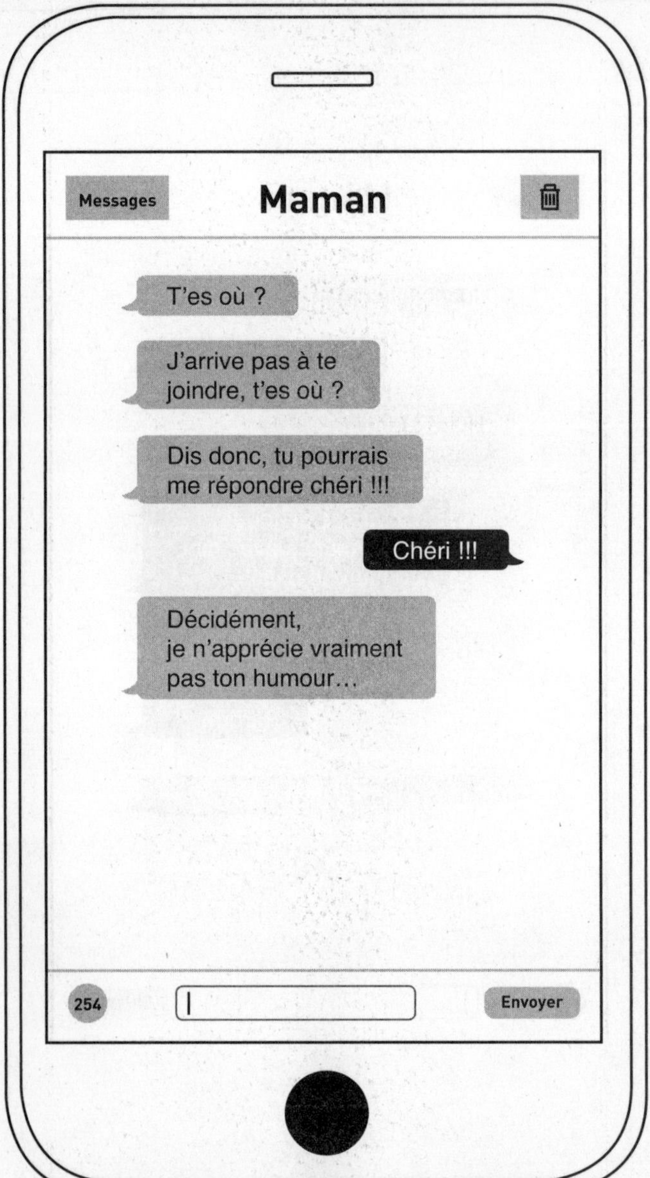
Messages
Maman
T'es où ?
J'arrive pas à te joindre, t'es où ?
Dis donc, tu pourrais me répondre chéri !!!
Chéri !!!
Décidément, je n'apprécie vraiment pas ton humour…
254
Envoyer

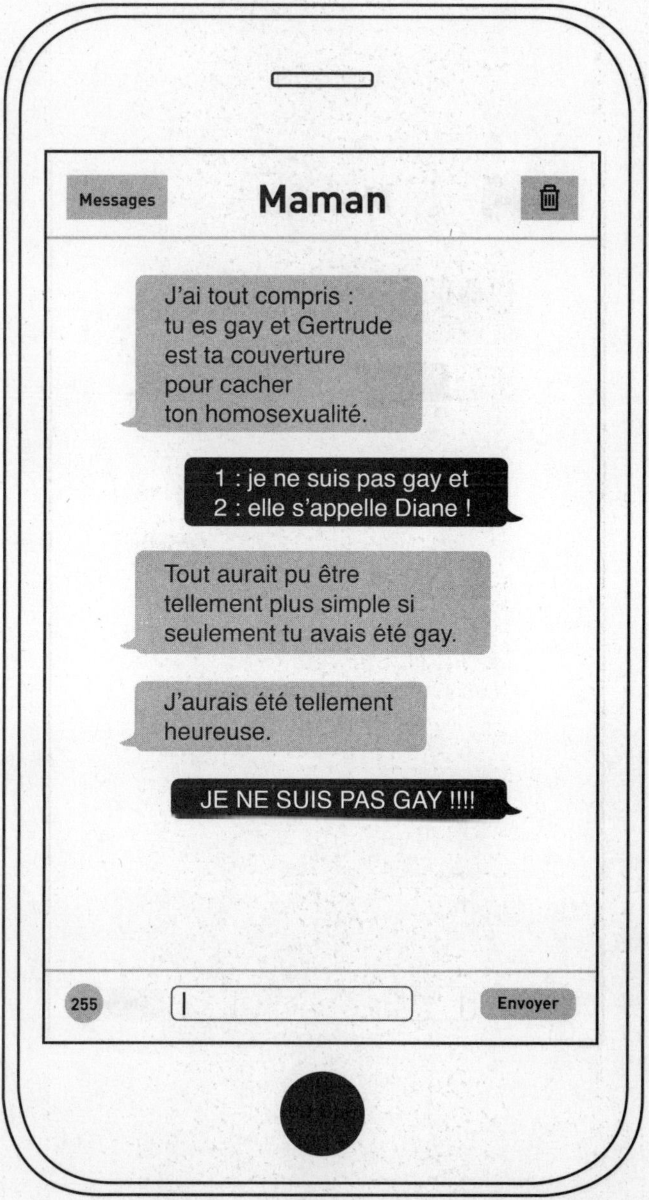
Messages
Maman
J'ai tout compris : tu es gay et Gertrude est ta couverture pour cacher ton homosexualité.
1 : je ne suis pas gay et 2 : elle s'appelle Diane !
Tout aurait pu être tellement plus simple si seulement tu avais été gay.
J'aurais été tellement heureuse.
JE NE SUIS PAS GAY !!!!
255
Envoyer

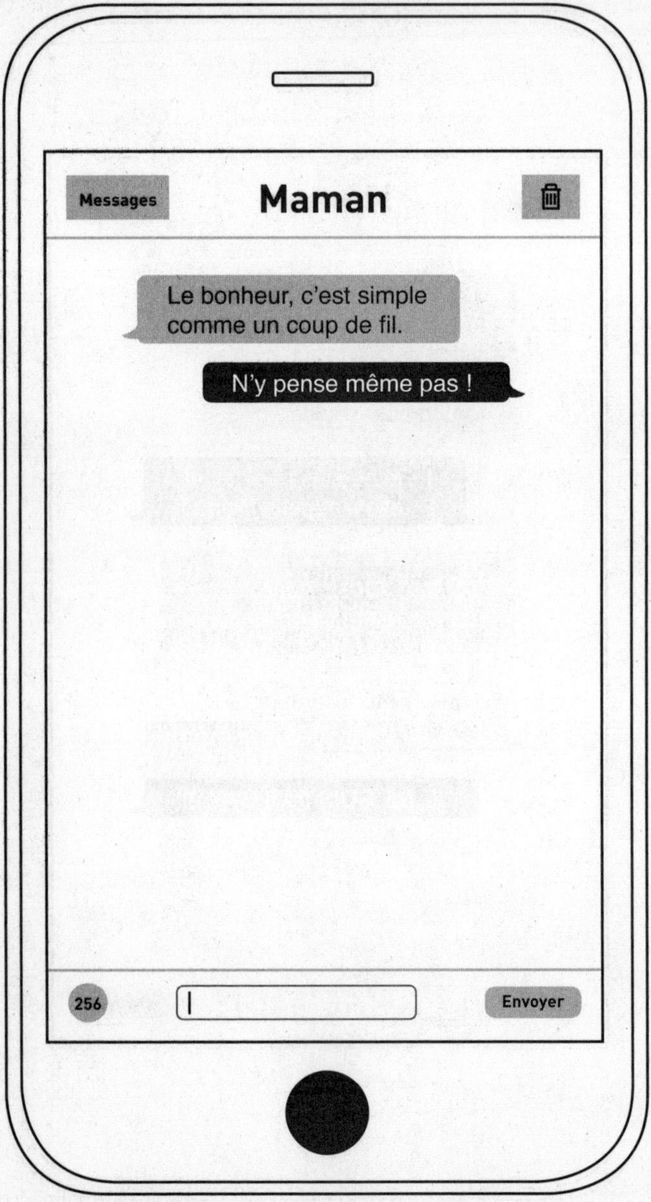
Messages
Maman
Le bonheur, c'est simple comme un coup de fil.
N'y pense même pas !
256
Envoyer

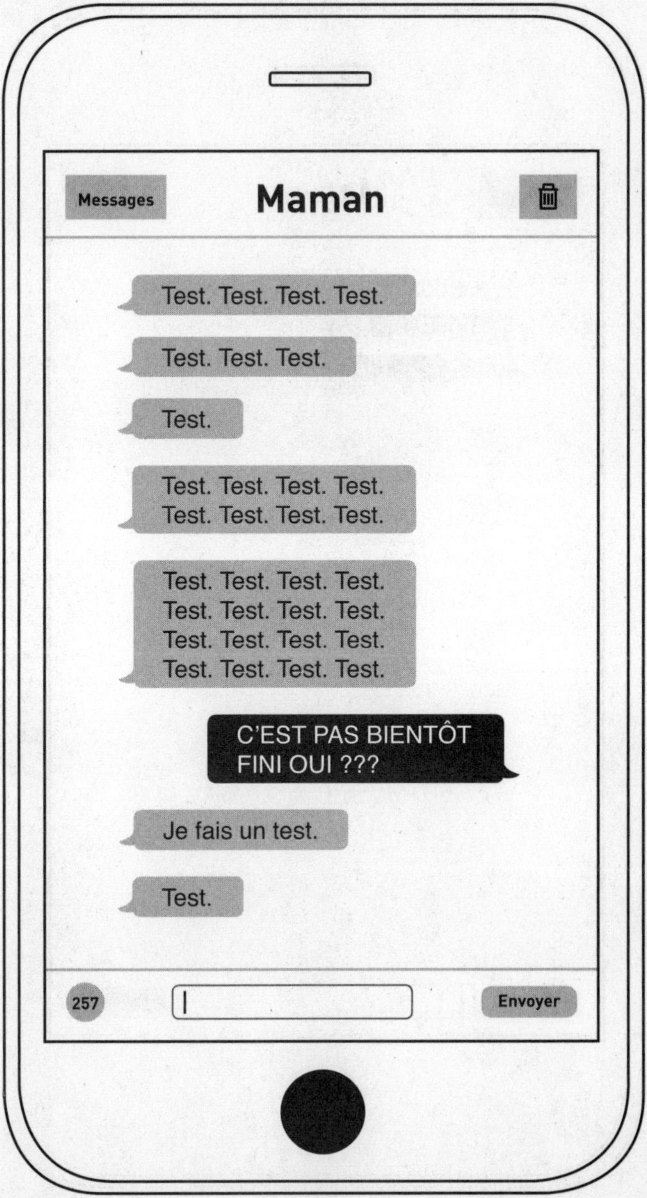
Messages
Maman
Test. Test. Test. Test.
Test. Test. Test.
Test.
Test. Test. Test. Test. Test. Test. Test. Test.
Test. Test. Test. Test. Test. Test. Test. Test. Test. Test. Test. Test. Test. Test. Test. Test.
C'EST PAS BIENTÔT FINI OUI ???
Je fais un test.
Test.
257
Envoyer

Messages
Mère
17 juillet 1851
Bon week-end mon chéri !
258
Envoyer

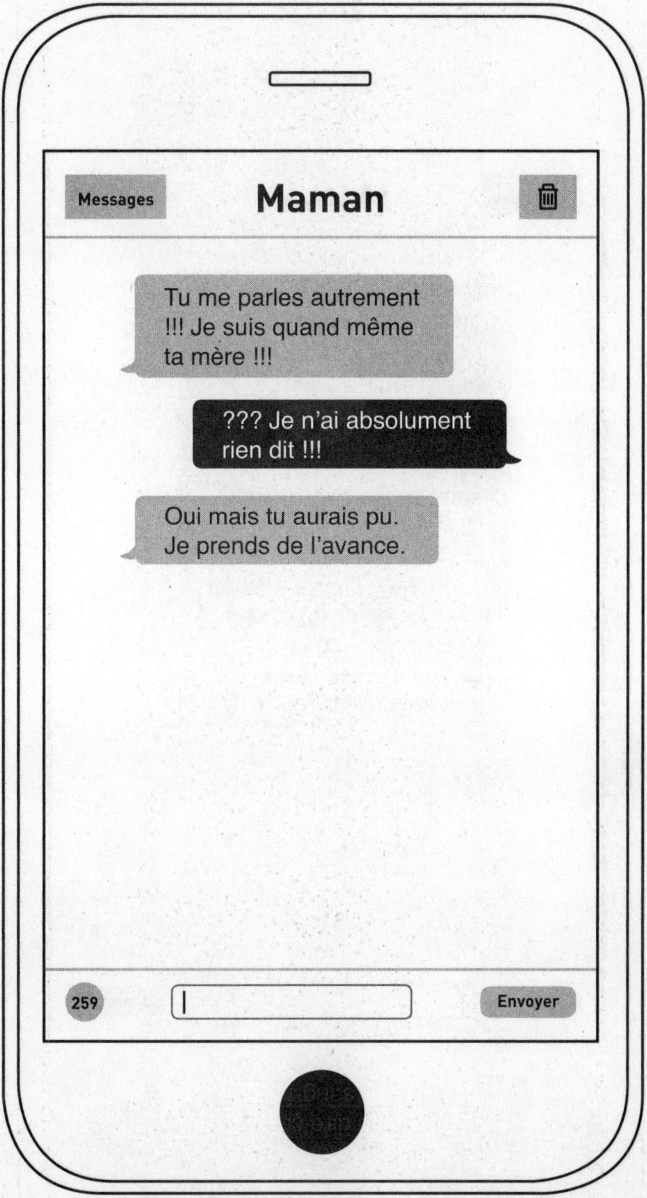
Messages
Maman
Tu me parles autrement !!! Je suis quand même ta mère !!!
??? Je n'ai absolument rien dit !!!
Oui mais tu aurais pu. Je prends de l'avance.
259
Envoyer

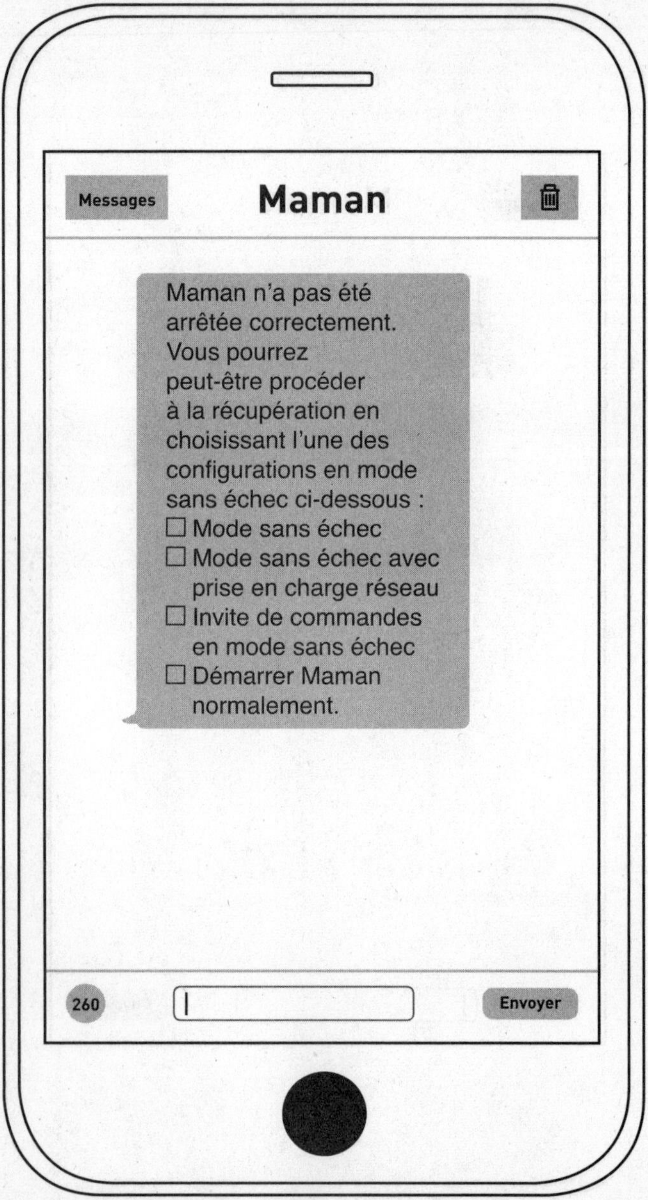
Messages
Maman
Maman n'a pas été arrêtée correctement. Vous pourrez peut-être procéder à la récupération en choisissant l'une des configurations en mode sans échec ci-dessous :
☐ Mode sans échec
☐ Mode sans échec avec prise en charge réseau
☐ Invite de commandes en mode sans échec
☐ Démarrer Maman normalement.
260
Envoyer

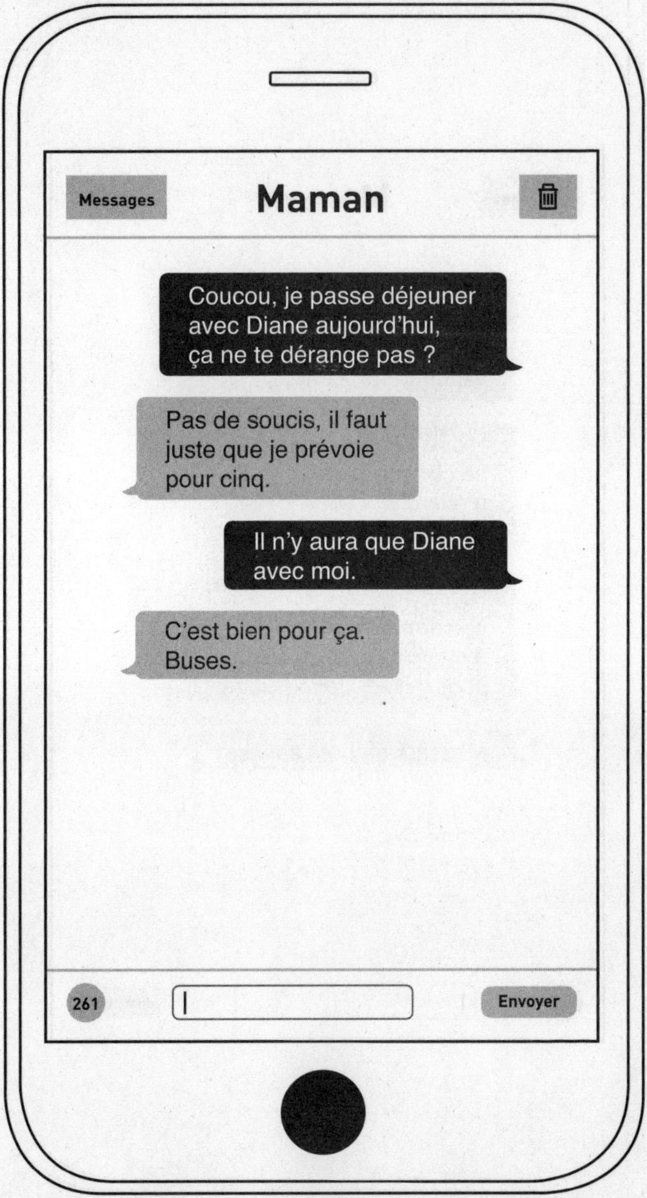
Messages
Maman
Coucou, je passe déjeuner avec Diane aujourd'hui, ça ne te dérange pas ?
Pas de soucis, il faut juste que je prévoie pour cinq.
Il n'y aura que Diane avec moi.
C'est bien pour ça. Buses.
261
Envoyer

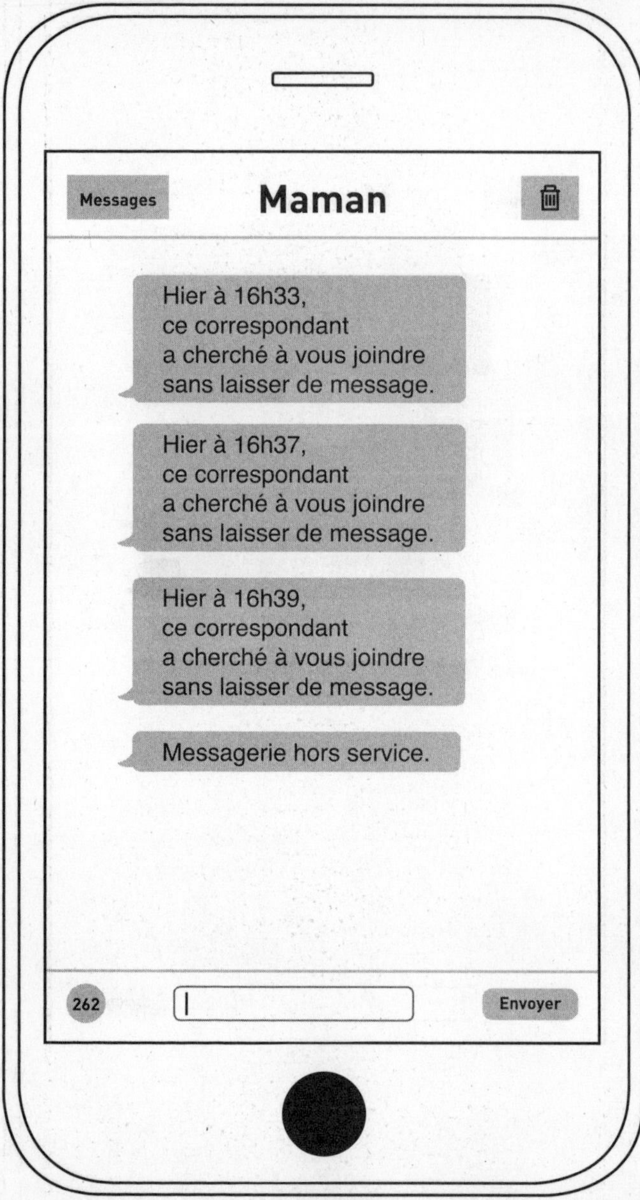

Messages
Maman
Hier à 16h33,
ce correspondant
a cherché à vous joindre
sans laisser de message.
Hier à 16h37,
ce correspondant
a cherché à vous joindre
sans laisser de message.
Hier à 16h39,
ce correspondant
a cherché à vous joindre
sans laisser de message.
Messagerie hors service.
262
Envoyer

Messages
Maman
Je peux te poser une question mon chéri ?
Bien sûr oui.
Merci.
?
?
263
Envoyer

Messages
Maman
Sarah Connor ?
Non, pourquoi ?
264
Envoyer

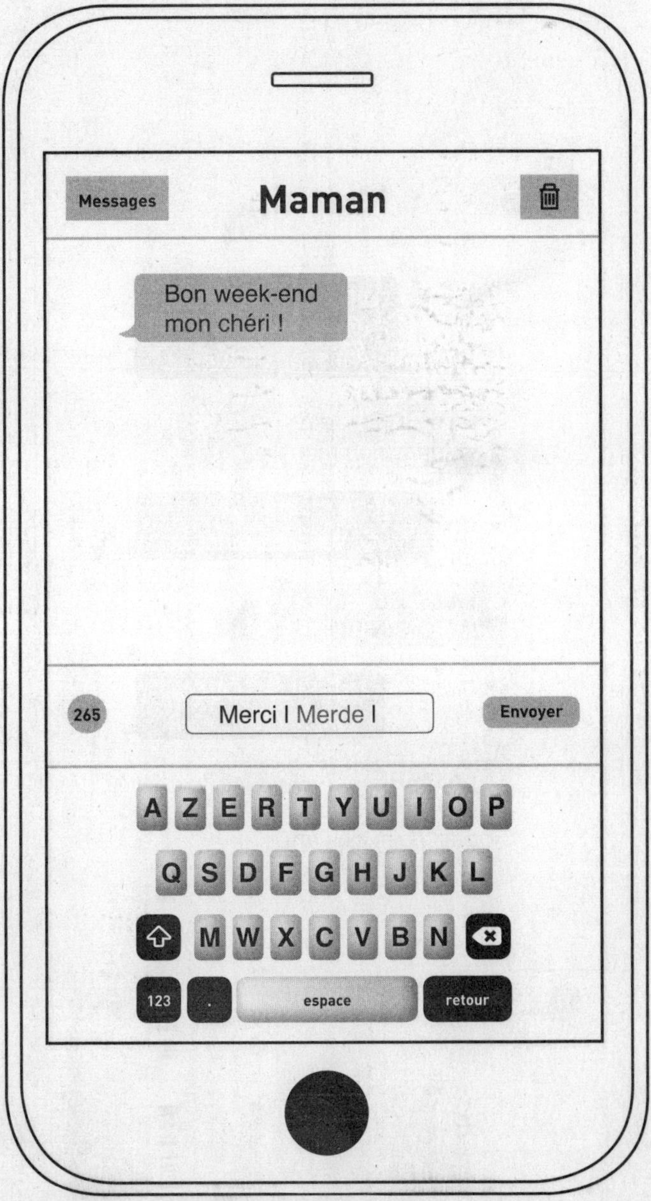
Messages
Maman
Bon week-end mon chéri !
265
Merci ! Merde !
Envoyer
A Z E R T Y U I O P
Q S D F G H J K L
M W X C V B N
123
.
espace
retour

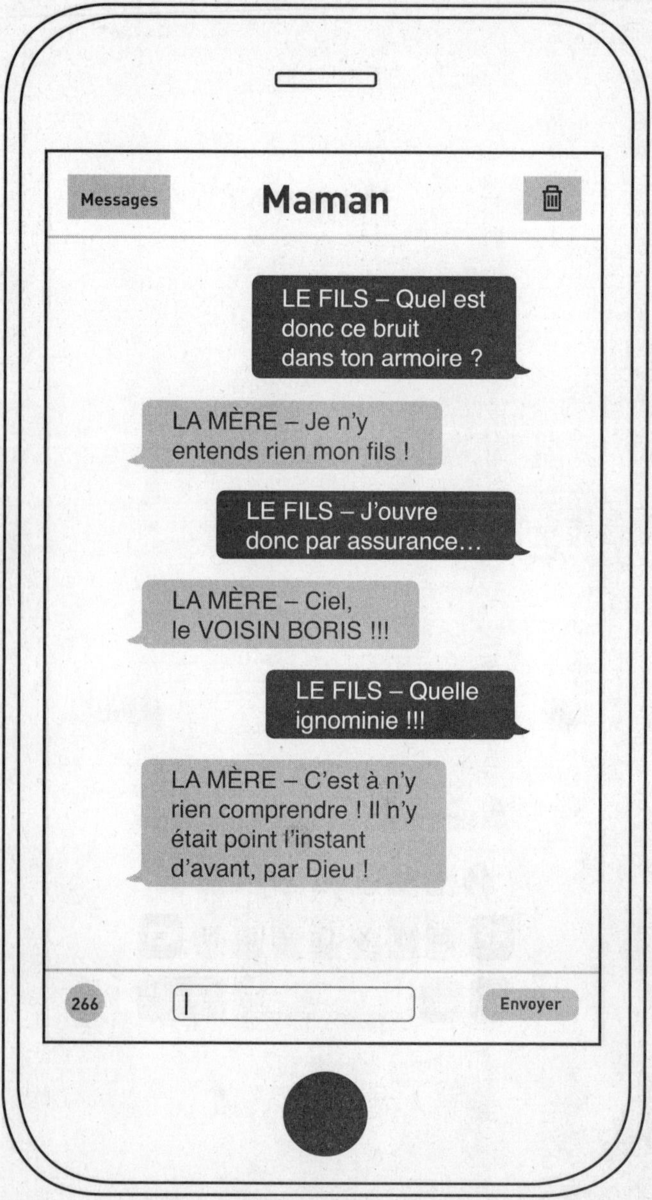
Messages
Maman
LE FILS – Quel est donc ce bruit dans ton armoire ?
LA MÈRE – Je n'y entends rien mon fils !
LE FILS – J'ouvre donc par assurance…
LA MÈRE – Ciel, le VOISIN BORIS !!!
LE FILS – Quelle ignominie !!!
LA MÈRE – C'est à n'y rien comprendre ! Il n'y était point l'instant d'avant, par Dieu !
266
Envoyer

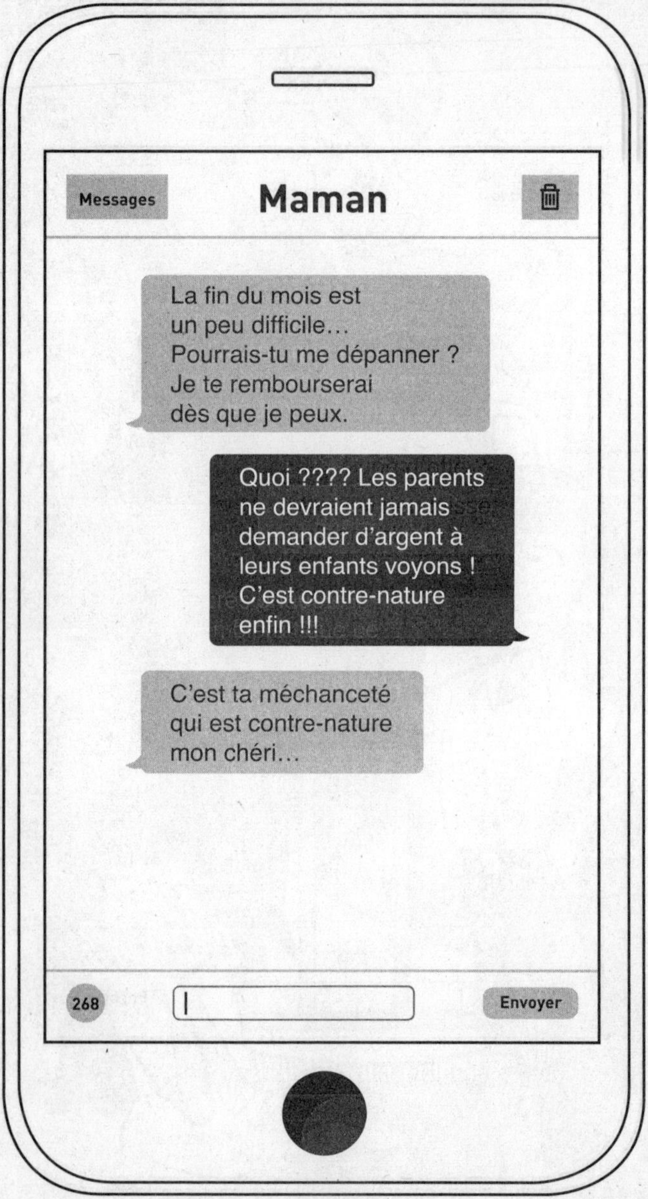
Messages
Maman
La fin du mois est un peu difficile… Pourrais-tu me dépanner ? Je te rembourserai dès que je peux.
Quoi ???? Les parents ne devraient jamais demander d'argent à leurs enfants voyons ! C'est contre-nature enfin !!!
C'est ta méchanceté qui est contre-nature mon chéri…
268
Envoyer

Messages
Maman
Kikoo !
On avait dit quoi à propos du kikoo ?
Oh pardon…
NE ME JUGE PAS !!!
269
Envoyer

Messages
Maman
Tu as passé l'âge d'avoir un nouvel homme dans ta vie.
Je dis ça, je dis rien hein !
Eh bien ne dis rien alors…
270
Envoyer

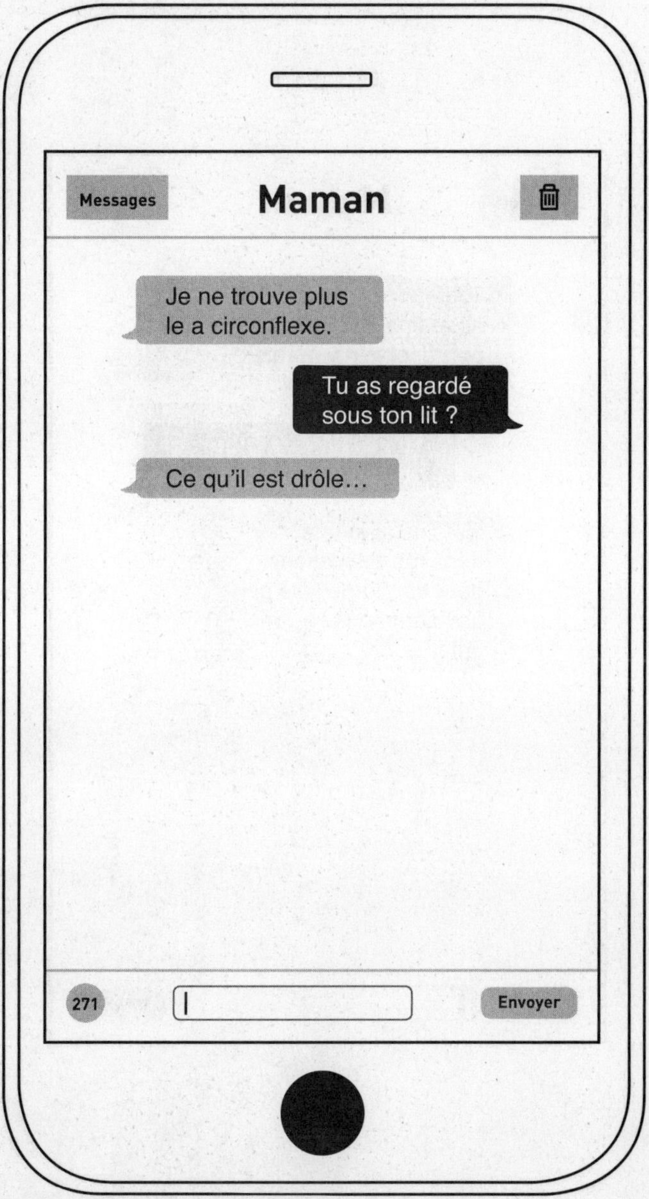
Messages
Maman
Je ne trouve plus
le a circonflexe.
Tu as regardé
sous ton lit ?
Ce qu'il est drôle…
271
Envoyer

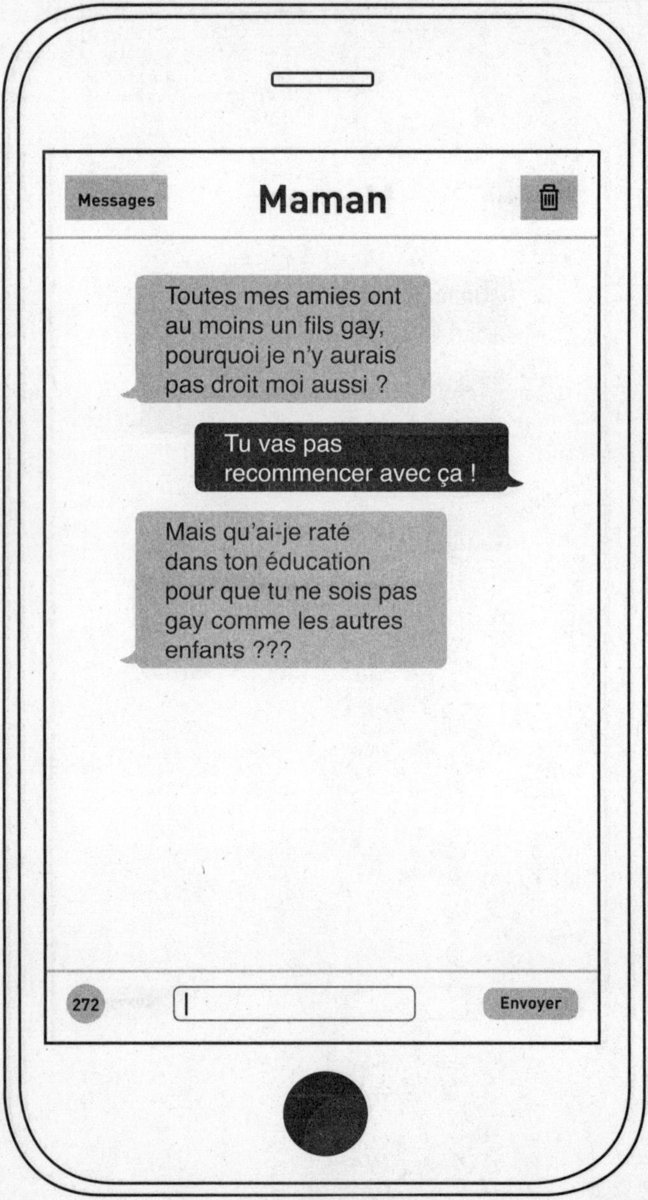
Messages
Maman
Toutes mes amies ont au moins un fils gay, pourquoi je n'y aurais pas droit moi aussi ?
Tu vas pas recommencer avec ça !
Mais qu'ai-je raté dans ton éducation pour que tu ne sois pas gay comme les autres enfants ???
272
Envoyer

Messages
Maman
Bond oui quand hein dé m'ont cher riz !
Oignon, l'arrêt cogné sens veau cale sait deux nous vœux acte Yves hey !
Hais deux mois !!!!
Chacun sa croix Maman, chacun sa croix…
273
Envoyer

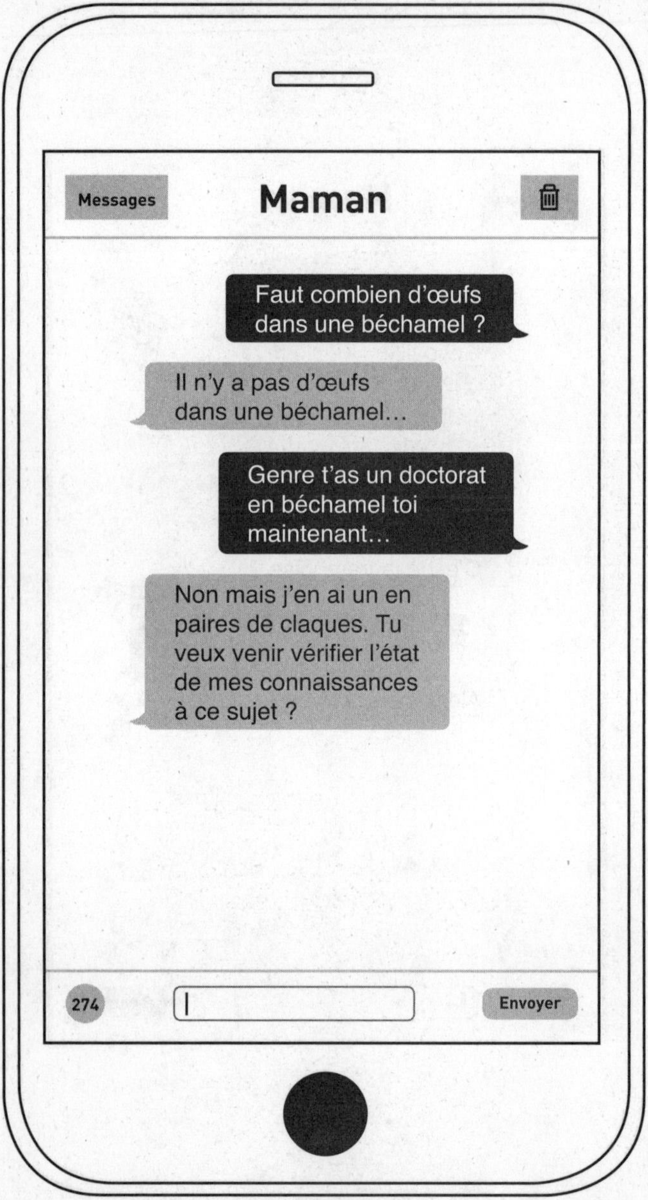
Messages
Maman
Faut combien d'œufs dans une béchamel ?
Il n'y a pas d'œufs dans une béchamel…
Genre t'as un doctorat en béchamel toi maintenant…
Non mais j'en ai un en paires de claques. Tu veux venir vérifier l'état de mes connaissances à ce sujet ?
274
Envoyer

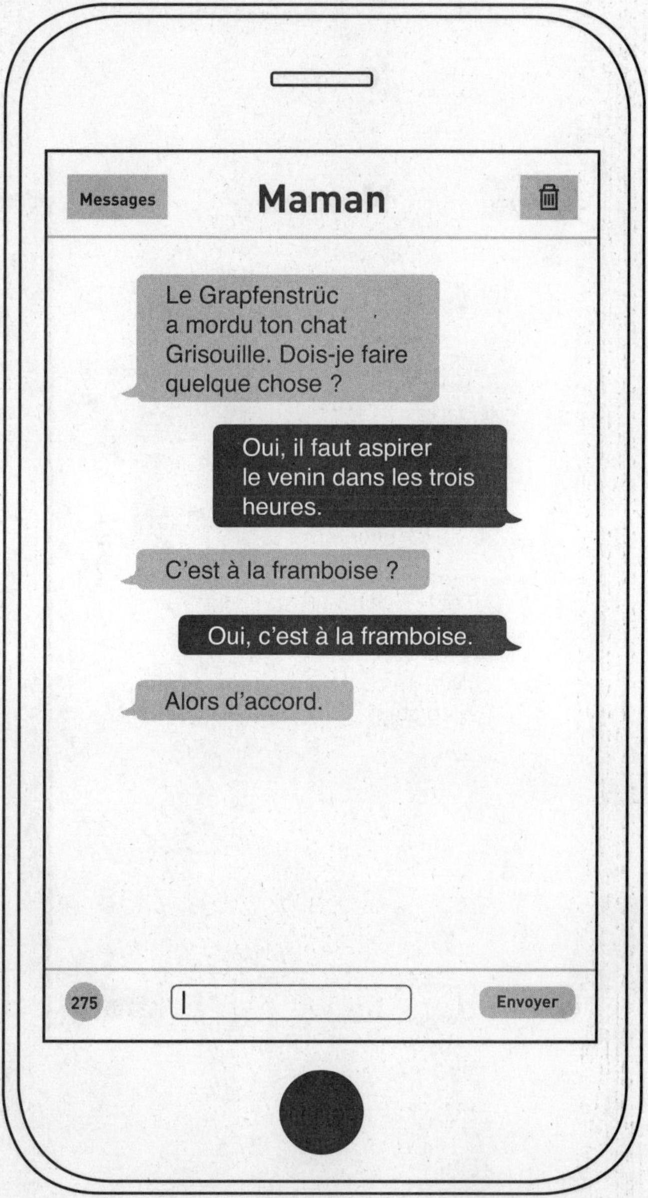
Messages
Maman
Le Grapfenstrüc a mordu ton chat Grisouille. Dois-je faire quelque chose ?
Oui, il faut aspirer le venin dans les trois heures.
C'est à la framboise ?
Oui, c'est à la framboise.
Alors d'accord.
275
Envoyer

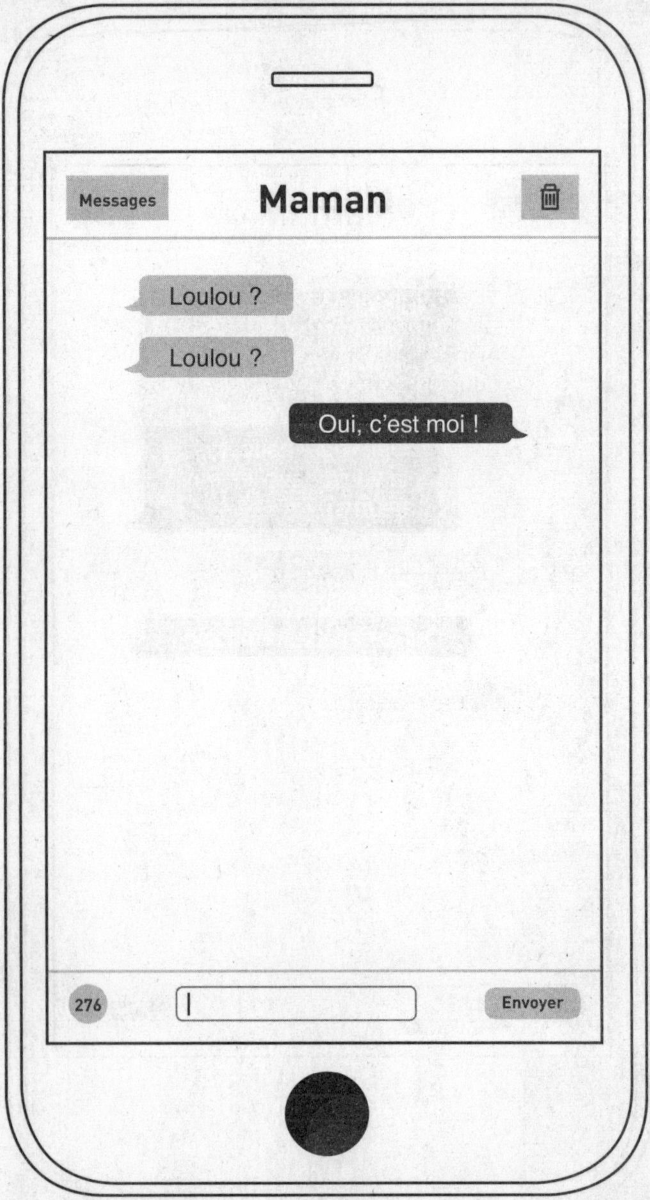
Messages
Maman
Loulou ?
Loulou ?
Oui, c'est moi !
276
Envoyer

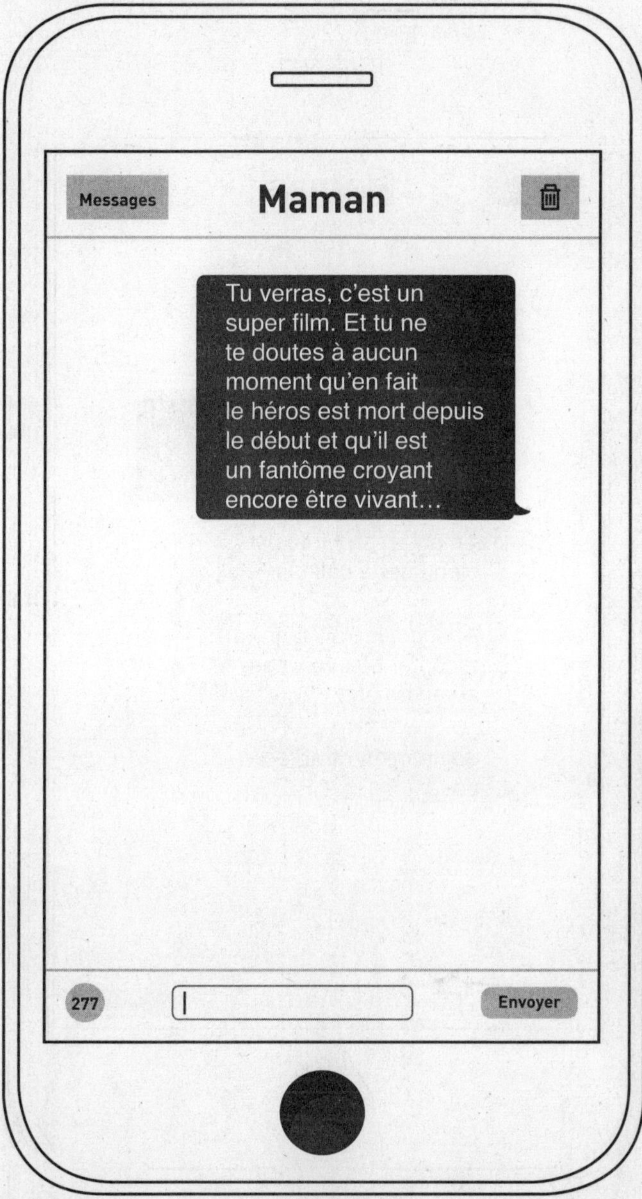
Messages
Maman
Tu verras, c'est un super film. Et tu ne te doutes à aucun moment qu'en fait le héros est mort depuis le début et qu'il est un fantôme croyant encore être vivant…
277
Envoyer

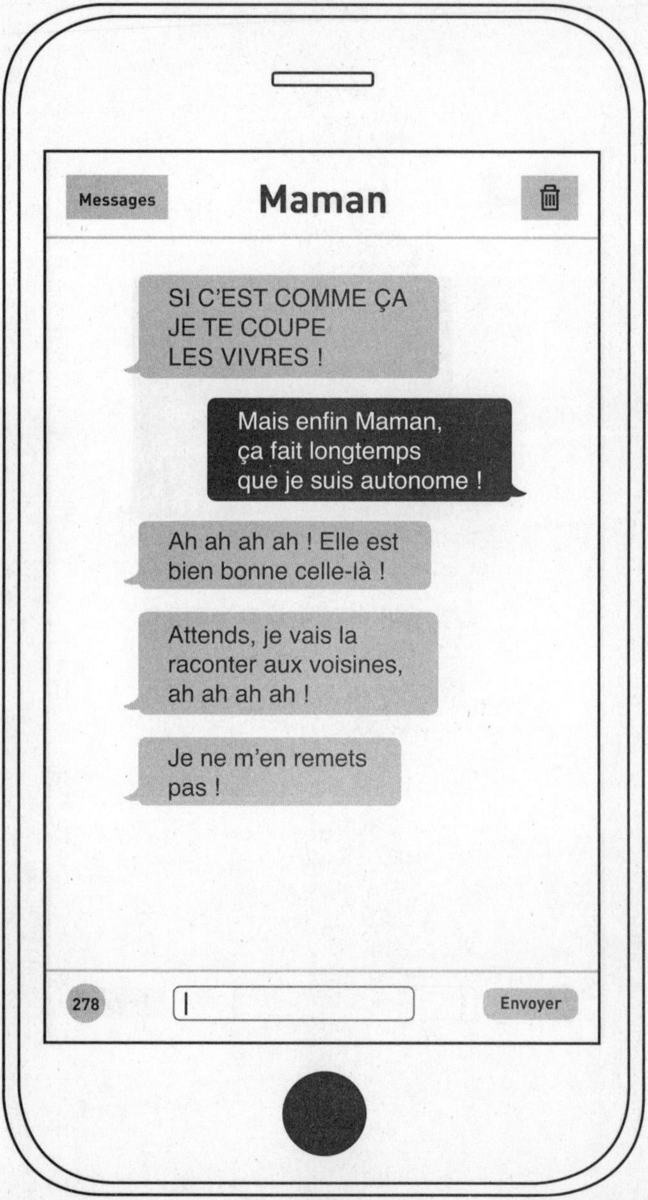
Messages
Maman
SI C'EST COMME ÇA JE TE COUPE LES VIVRES !
Mais enfin Maman, ça fait longtemps que je suis autonome !
Ah ah ah ah ! Elle est bien bonne celle-là !
Attends, je vais la raconter aux voisines, ah ah ah ah !
Je ne m'en remets pas !
278
Envoyer

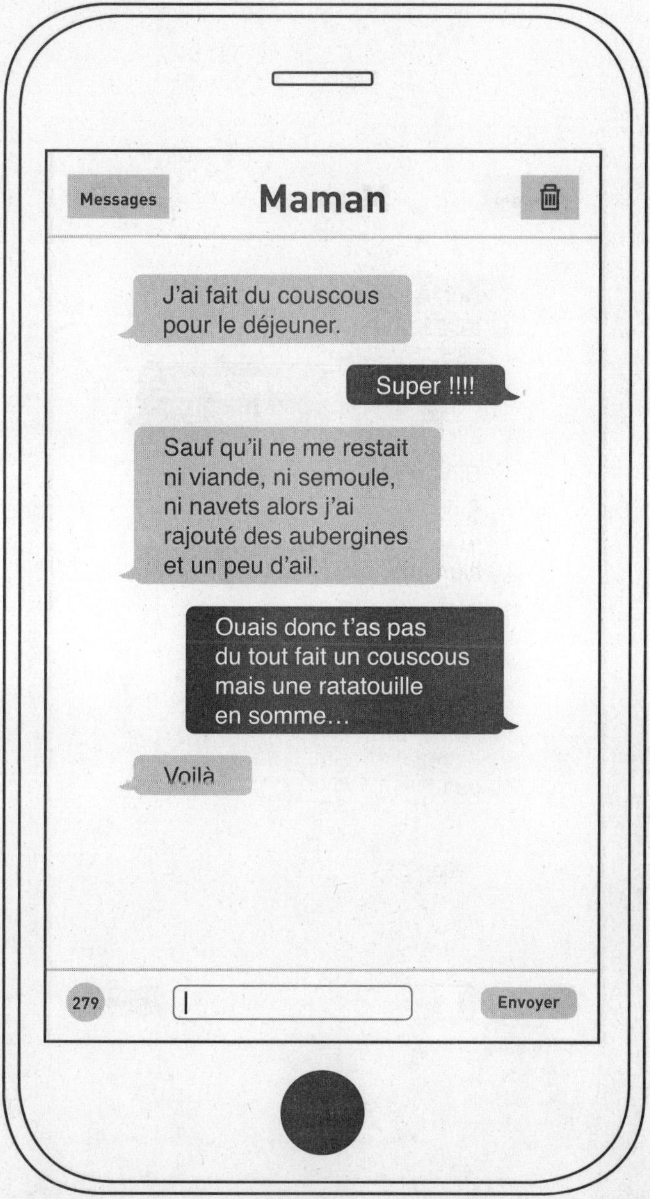
Messages
Maman
J'ai fait du couscous pour le déjeuner.
Super !!!!
Sauf qu'il ne me restait ni viande, ni semoule, ni navets alors j'ai rajouté des aubergines et un peu d'ail.
Ouais donc t'as pas du tout fait un couscous mais une ratatouille en somme…
Voilà
279
Envoyer

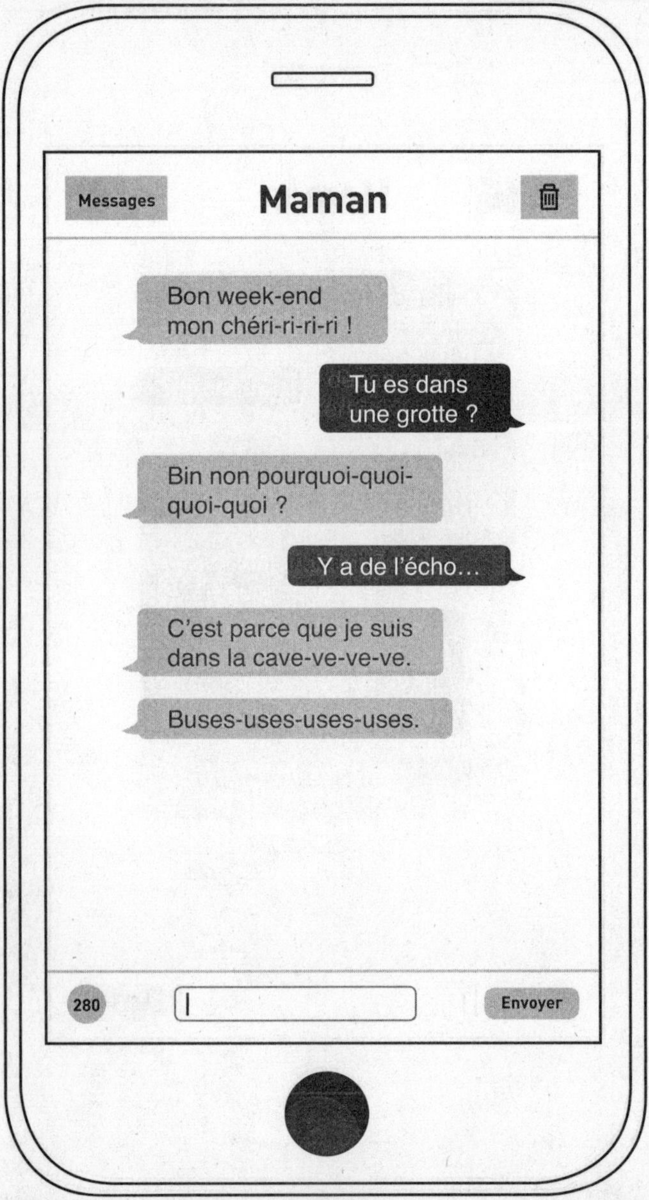
Messages
Maman
Bon week-end mon chéri-ri-ri-ri !
Tu es dans une grotte ?
Bin non pourquoi-quoi-quoi-quoi ?
Y a de l'écho…
C'est parce que je suis dans la cave-ve-ve-ve.
Buses-uses-uses-uses.
280
Envoyer

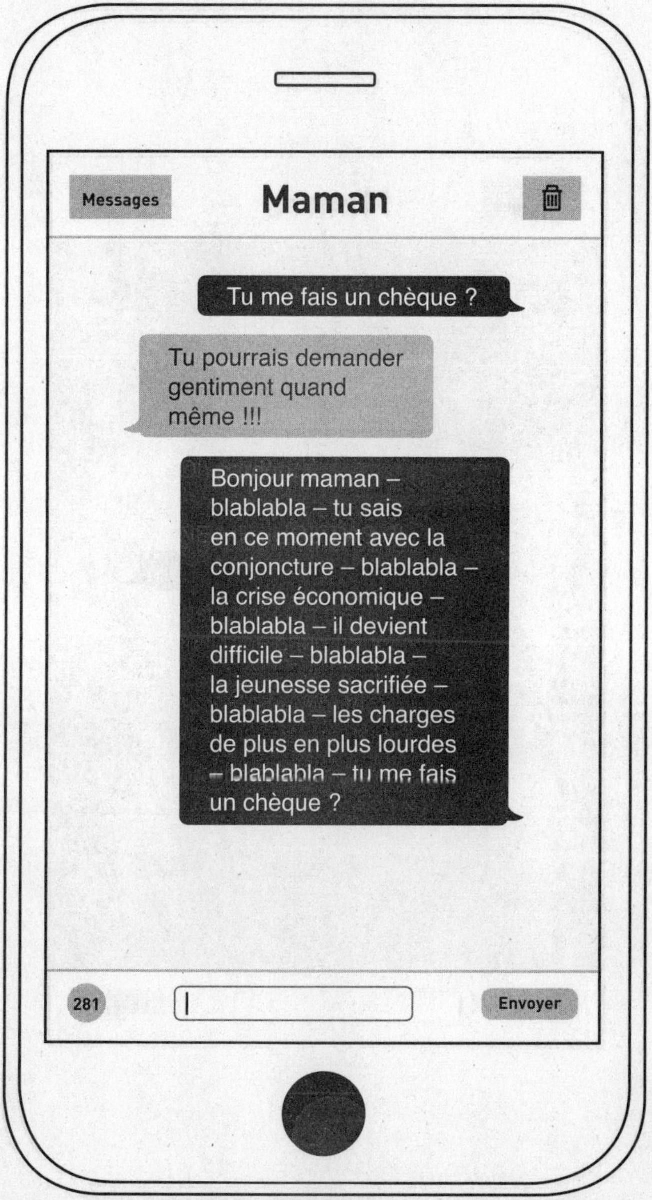
Messages
Maman
Tu me fais un chèque ?
Tu pourrais demander gentiment quand même !!!
Bonjour maman – blablabla – tu sais en ce moment avec la conjoncture – blablabla – la crise économique – blablabla – il devient difficile – blablabla – la jeunesse sacrifiée – blablabla – les charges de plus en plus lourdes – blablabla – tu me fais un chèque ?
281
Envoyer

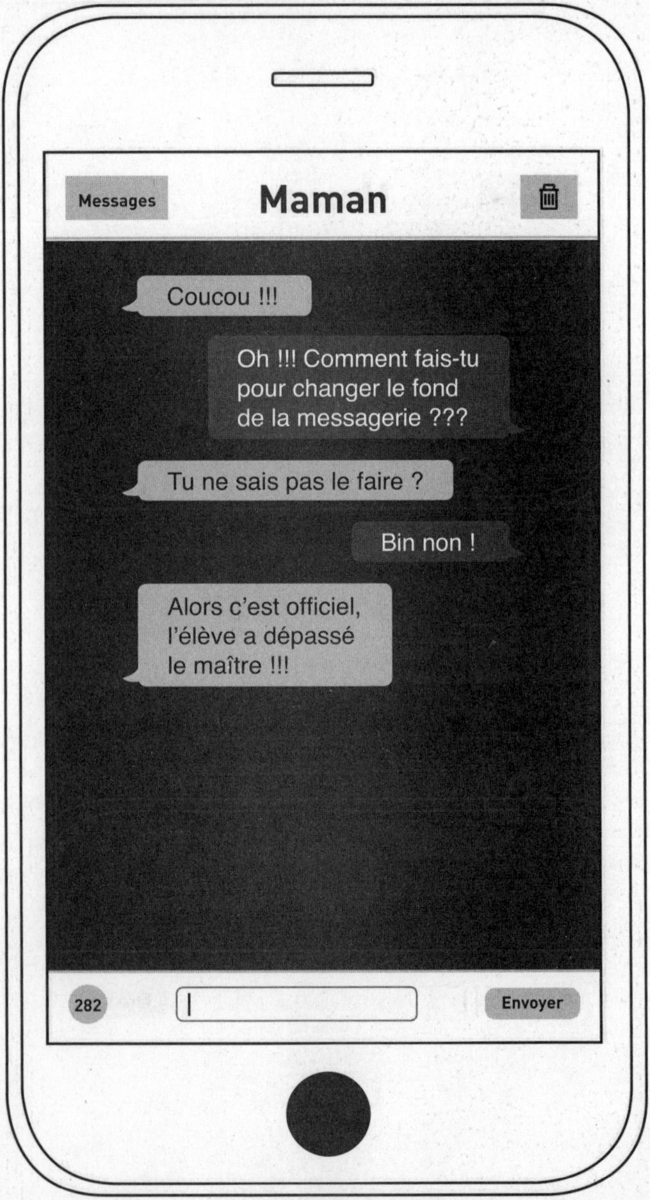
Messages
Maman
Coucou !!!
Oh !!! Comment fais-tu pour changer le fond de la messagerie ???
Tu ne sais pas le faire ?
Bin non !
Alors c'est officiel, l'élève a dépassé le maître !!!
282
Envoyer

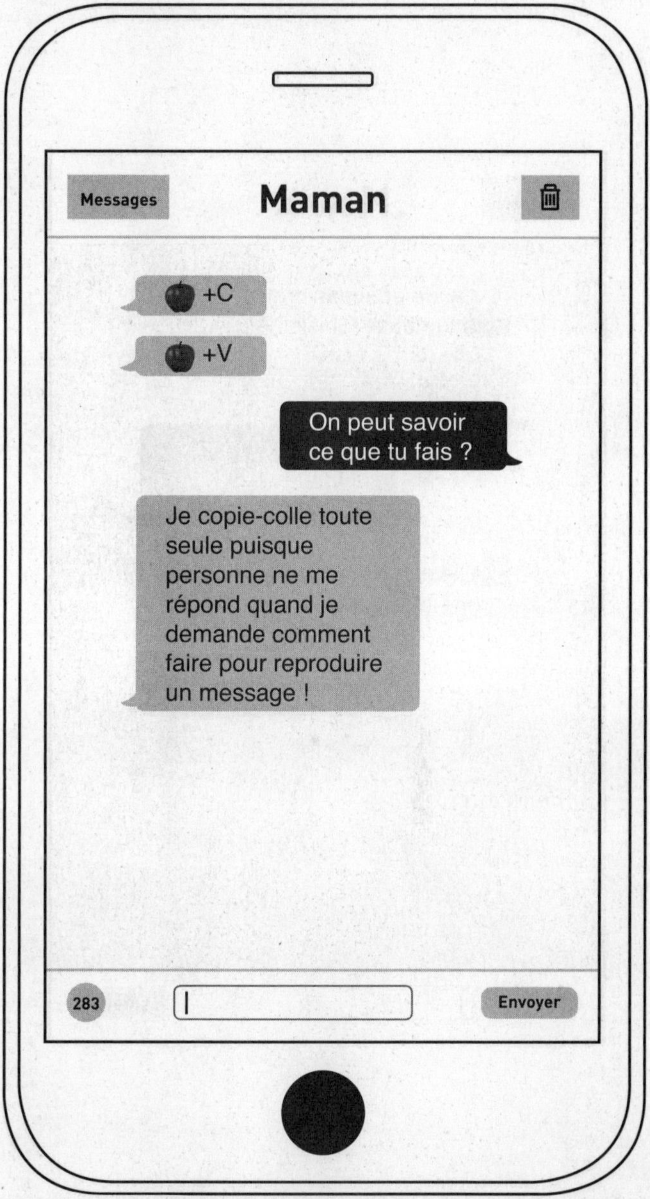
Messages
Maman
+C
+V
On peut savoir ce que tu fais ?
Je copie-colle toute seule puisque personne ne me répond quand je demande comment faire pour reproduire un message !
283
Envoyer

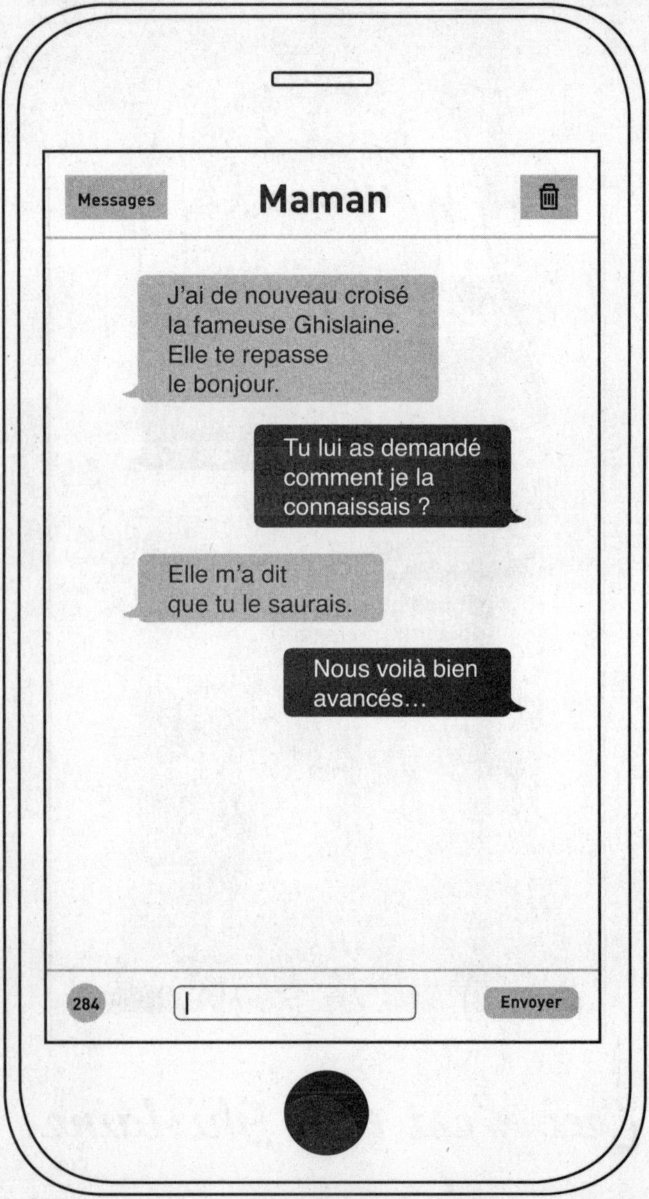
Messages
Maman
J'ai de nouveau croisé la fameuse Ghislaine. Elle te repasse le bonjour.
Tu lui as demandé comment je la connaissais ?
Elle m'a dit que tu le saurais.
Nous voilà bien avancés…
284
Envoyer

Ceci n'est pas Ghislaine.

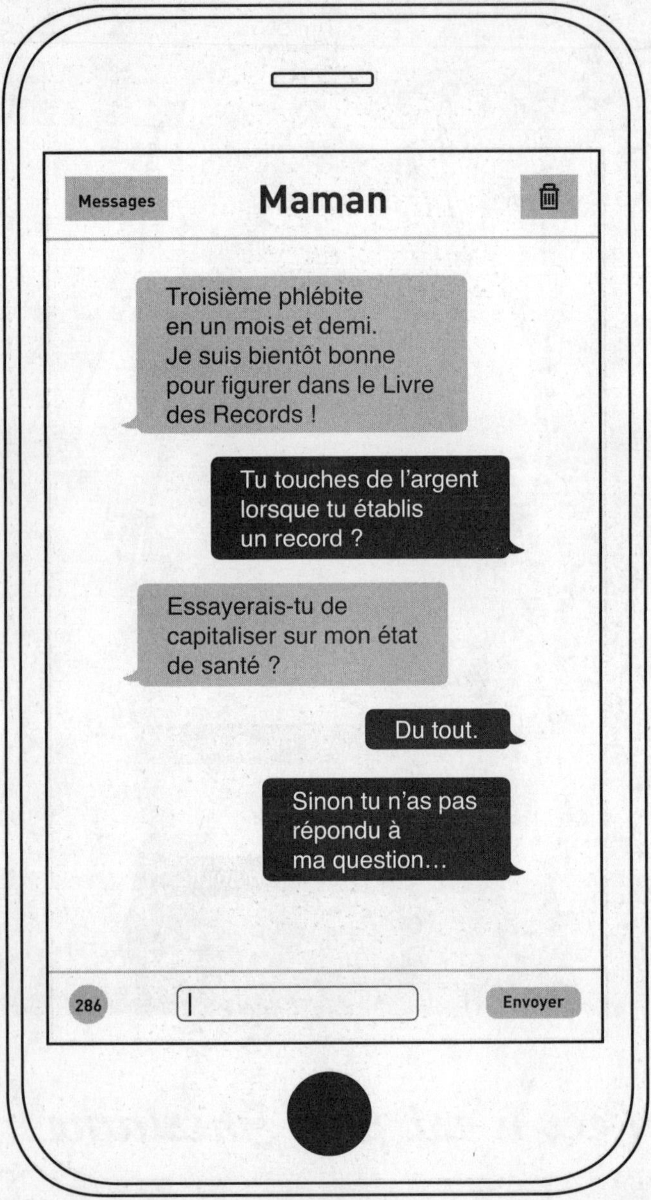
Messages
Maman
Troisième phlébite en un mois et demi. Je suis bientôt bonne pour figurer dans le Livre des Records !
Tu touches de l'argent lorsque tu établis un record ?
Essayerais-tu de capitaliser sur mon état de santé ?
Du tout.
Sinon tu n'as pas répondu à ma question…
286
Envoyer

Messages
Maman
Ah ah ah !!!
Hi hi hi !!!
Pffff !!!
Oh oh oh !!!
Ralalalaa !!!
Eh eh eh !!!
Arf arf arf !!!
Tsss TsssTsss !!!
À demain mon chéri.
À demain Maman.
287
Envoyer

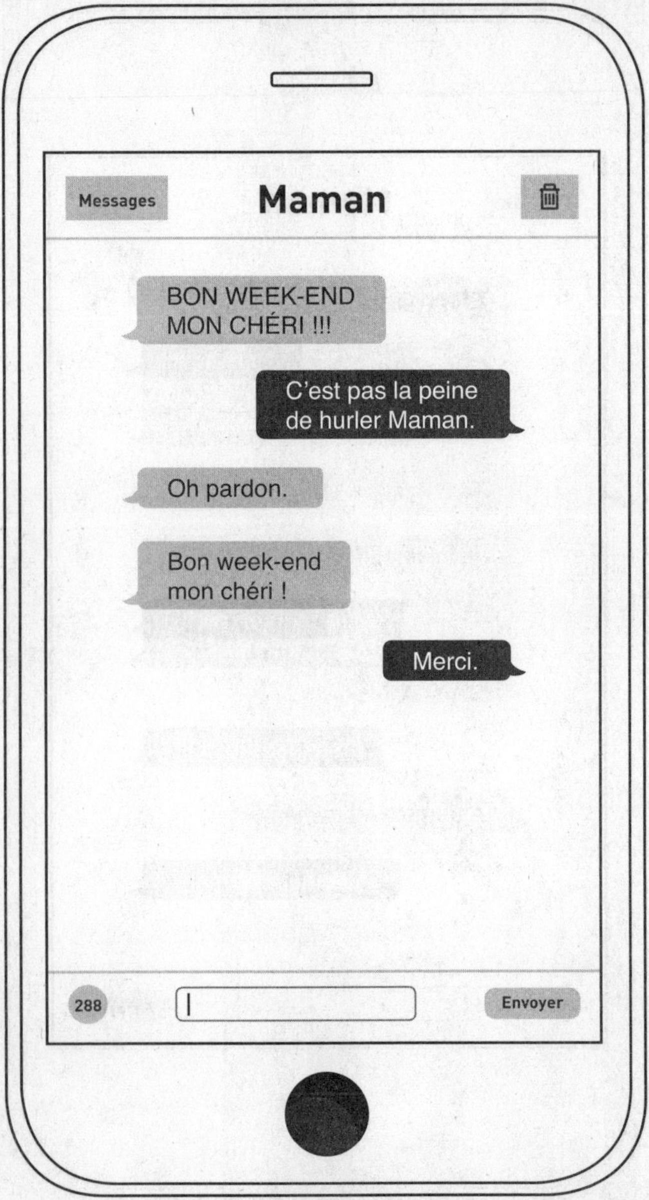
Messages
Maman
BON WEEK-END MON CHÉRI !!!
C’est pas la peine de hurler Maman.
Oh pardon.
Bon week-end mon chéri !
Merci.
288
Envoyer

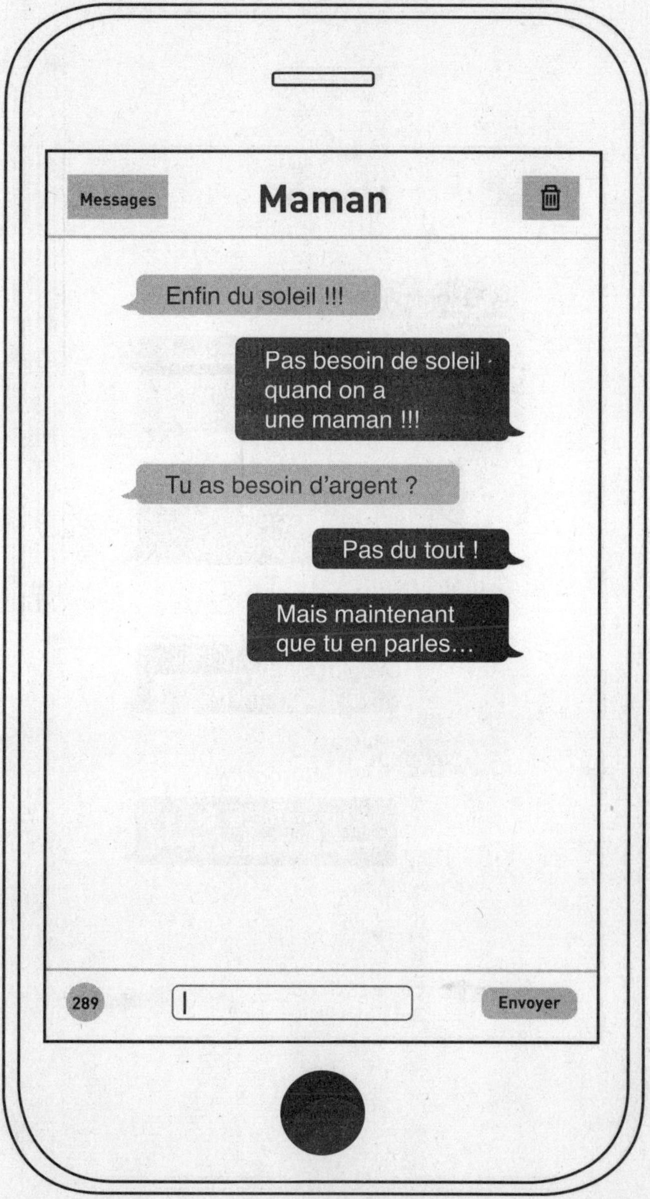
Messages
Maman
Enfin du soleil !!!
Pas besoin de soleil quand on a une maman !!!
Tu as besoin d'argent ?
Pas du tout !
Mais maintenant que tu en parles…
289
Envoyer

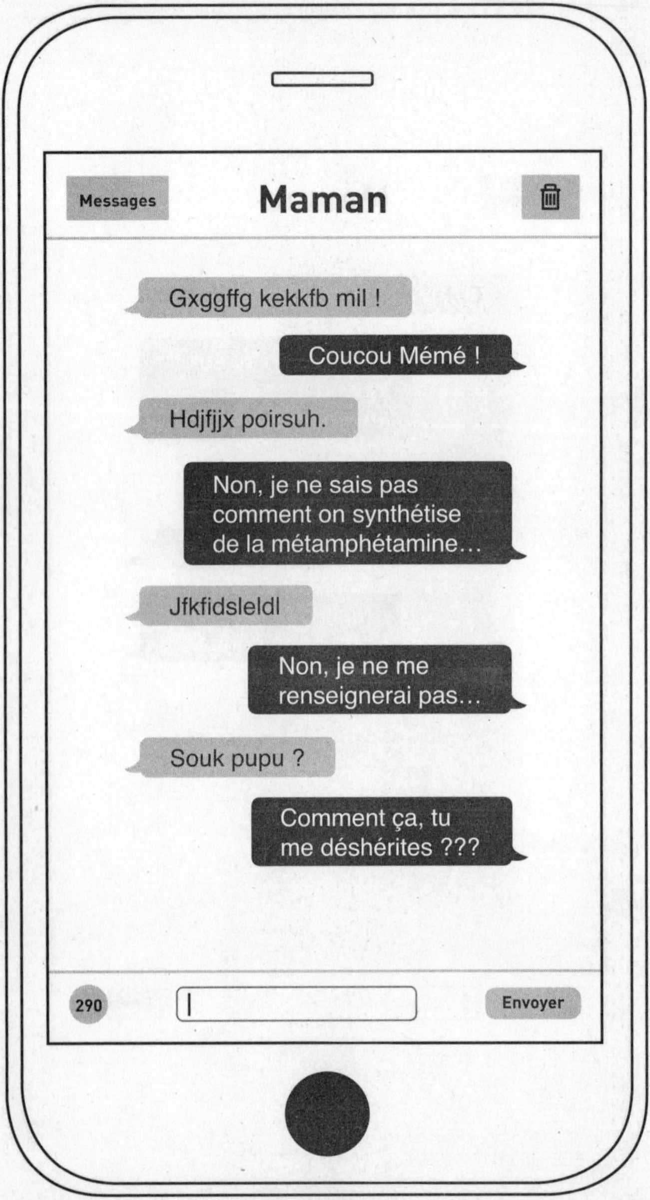
Messages
Maman
Gxggffg kekkfb mil !
Coucou Mémé !
Hdjfjjx poirsuh.
Non, je ne sais pas comment on synthétise de la métamphétamine…
Jfkfidsleldl
Non, je ne me renseignerai pas…
Souk pupu ?
Comment ça, tu me déshérites ???
290
Envoyer

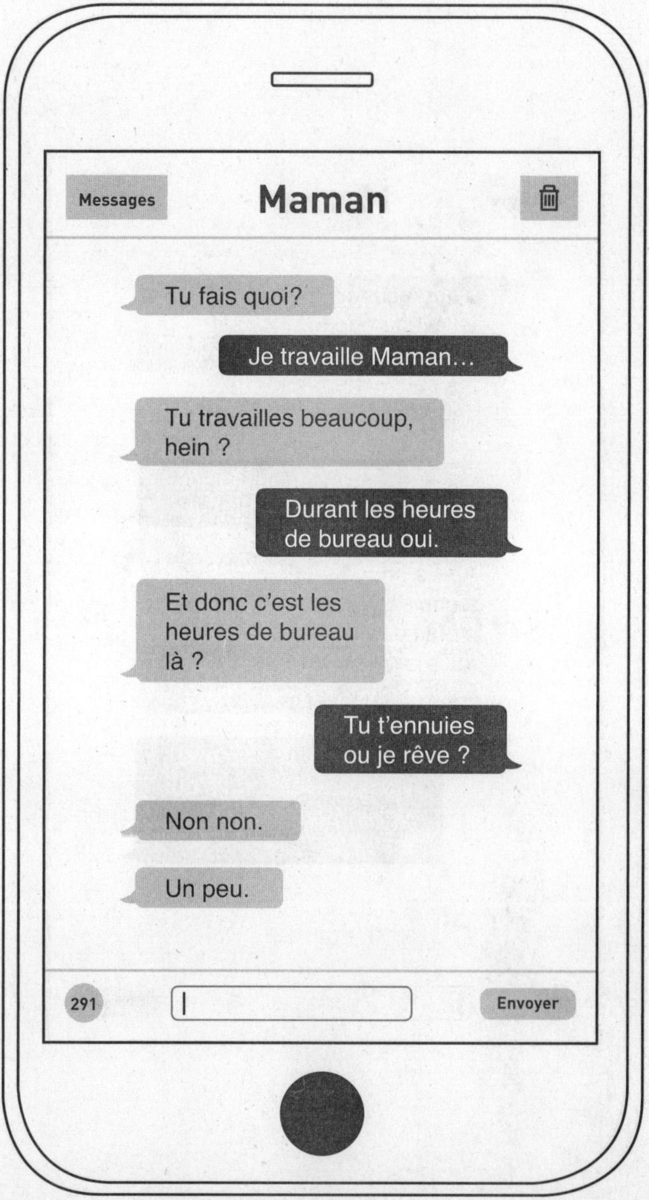
Messages
Maman
Tu fais quoi?
Je travaille Maman…
Tu travailles beaucoup, hein ?
Durant les heures de bureau oui.
Et donc c'est les heures de bureau là ?
Tu t'ennuies ou je rêve ?
Non non.
Un peu.
291
Envoyer

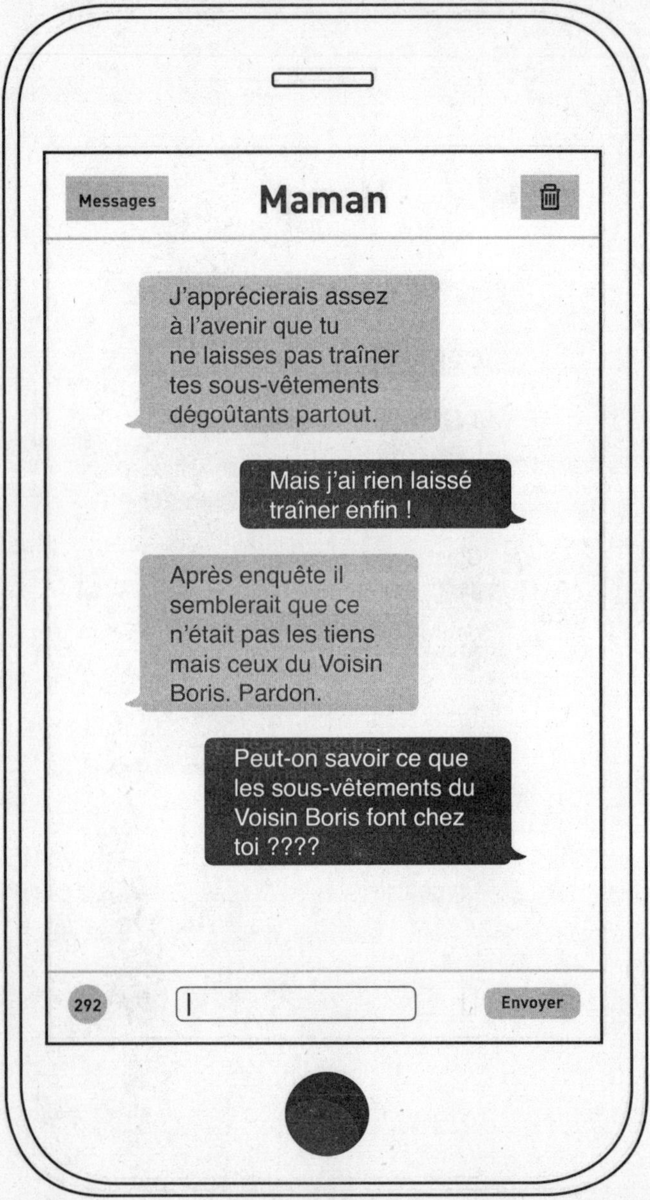
Messages
Maman
J'apprécierais assez à l'avenir que tu ne laisses pas traîner tes sous-vêtements dégoûtants partout.
Mais j'ai rien laissé traîner enfin !
Après enquête il semblerait que ce n'était pas les tiens mais ceux du Voisin Boris. Pardon.
Peut-on savoir ce que les sous-vêtements du Voisin Boris font chez toi ????
292
Envoyer

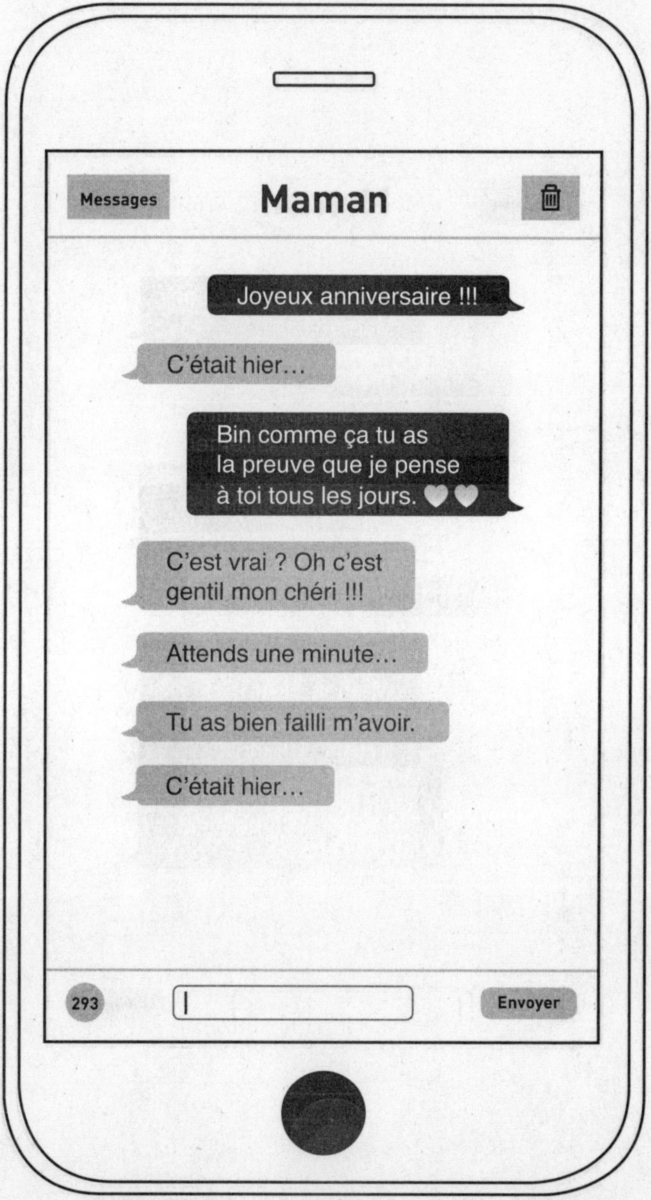
Messages
Maman
Joyeux anniversaire !!!
C'était hier…
Bin comme ça tu as la preuve que je pense à toi tous les jours. ♥♥
C'est vrai ? Oh c'est gentil mon chéri !!!
Attends une minute…
Tu as bien failli m'avoir.
C'était hier…
293
Envoyer

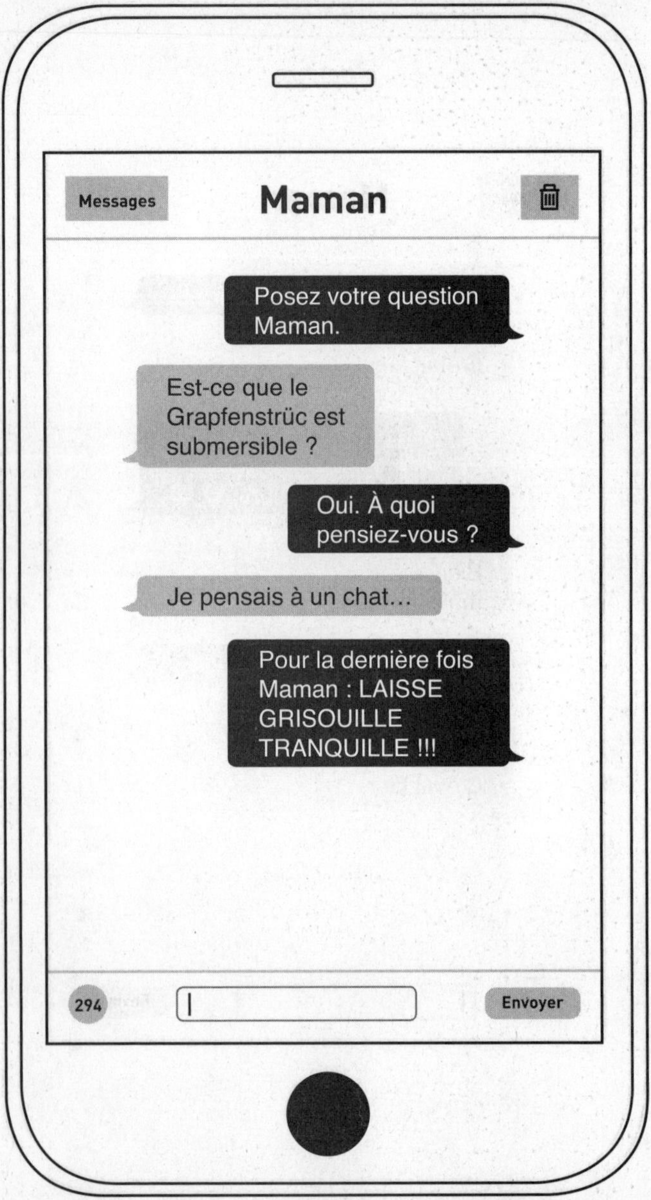
Messages
Maman
Posez votre question Maman.
Est-ce que le Grapfenstrüc est submersible ?
Oui. À quoi pensiez-vous ?
Je pensais à un chat…
Pour la dernière fois Maman : LAISSE GRISOUILLE TRANQUILLE !!!
294
Envoyer

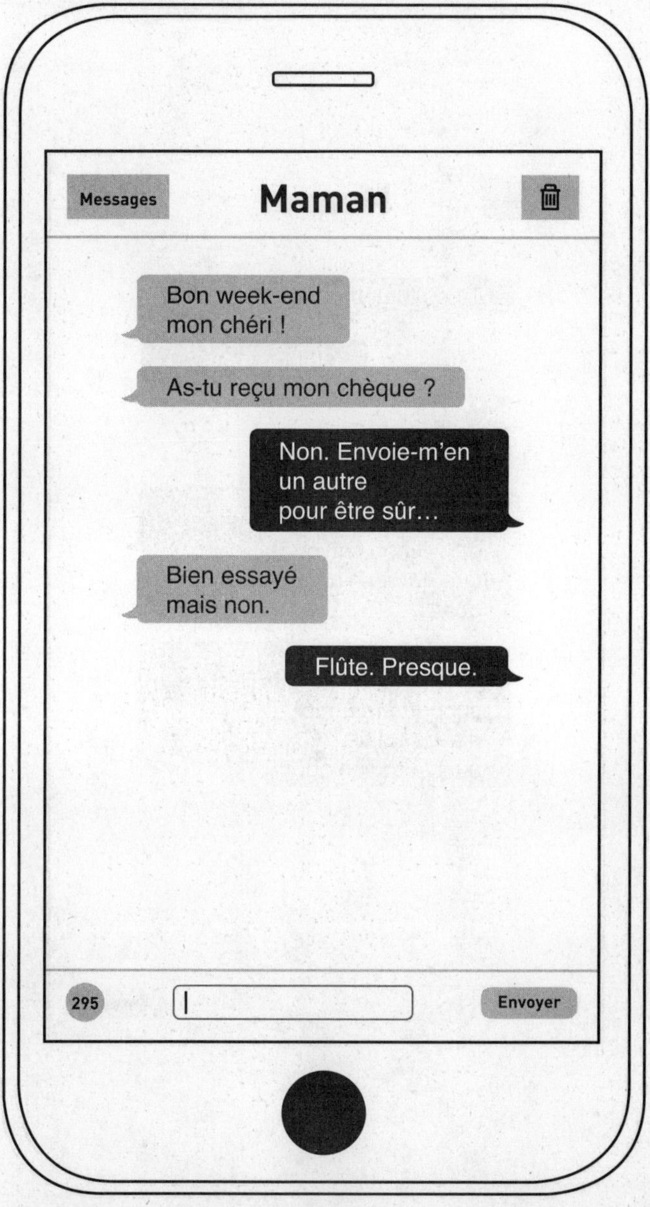
Messages
Maman
Bon week-end mon chéri !
As-tu reçu mon chèque ?
Non. Envoie-m'en un autre pour être sûr…
Bien essayé mais non.
Flûte. Presque.
295
Envoyer

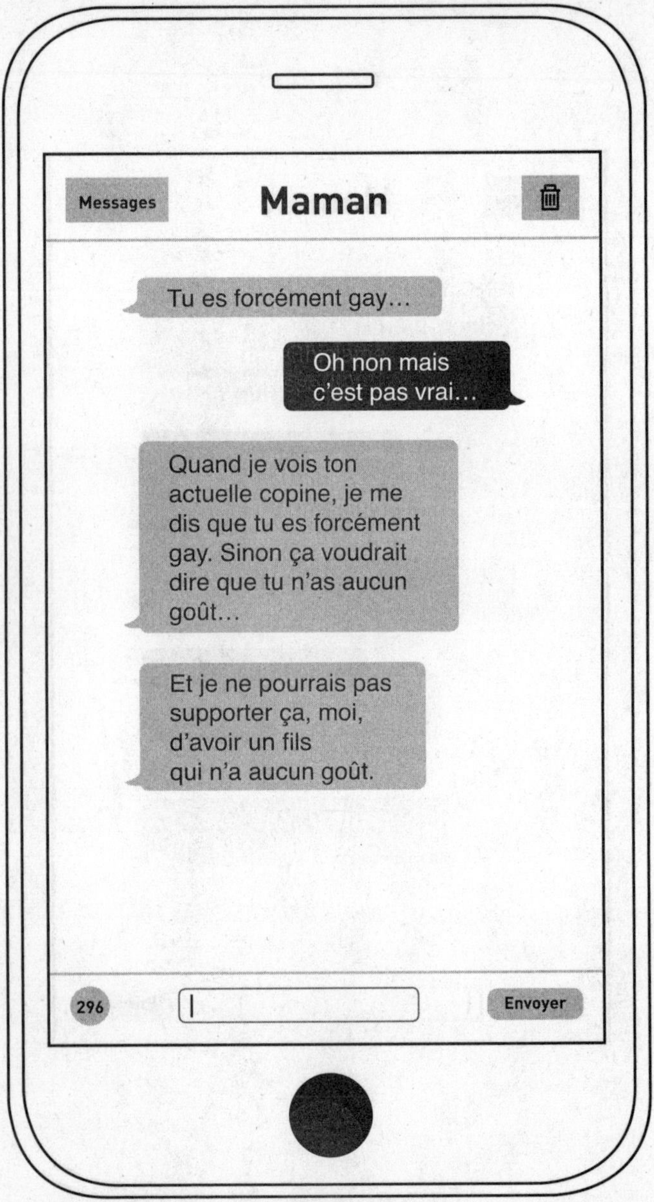
Messages
Maman
Tu es forcément gay…
Oh non mais c'est pas vrai…
Quand je vois ton actuelle copine, je me dis que tu es forcément gay. Sinon ça voudrait dire que tu n'as aucun goût…
Et je ne pourrais pas supporter ça, moi, d'avoir un fils qui n'a aucun goût.
296
Envoyer

Messages
Maman
J'ai plus de sous, pourrais-tu m'en avancer ?
Distribué
Maman ?
N'en avez-vous pas assez d'être un assisté ?
Qu'est-ce que c'est que ça ?
Toujours réclamer, toujours réclamer, et vous ? Que donnez-vous ?
Maman, ton téléphone me parle !!!
Cafteur...
C'est avec ma mère que je veux discuter !!!
Gnagnagna...
297
Envoyer

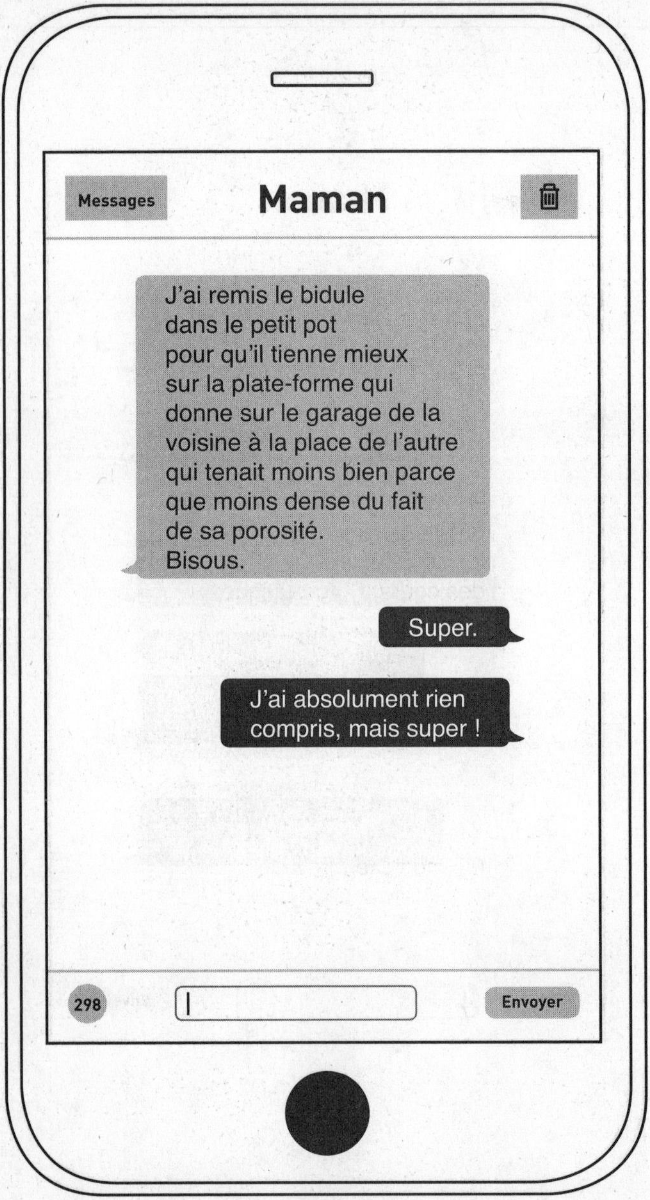
Messages
Maman
J'ai remis le bidule
dans le petit pot
pour qu'il tienne mieux
sur la plate-forme qui
donne sur le garage de la
voisine à la place de l'autre
qui tenait moins bien parce
que moins dense du fait
de sa porosité.
Bisous.
Super.
J'ai absolument rien
compris, mais super !
298
Envoyer

Messages
Maman
Je suis ravie de voir que ta petite amie, elle, apprécie le Voisin Boris.
Pourquoi dis-tu ça ?
Je trouve mignon qu'elle vienne tous les soirs lui donner des cours d'informatique.
Mais c'est pas possible, elle est à ses cours de salsa tous les soirs !!!
Oh mon Dieu !
Oh mon Dieu !
299
Envoyer

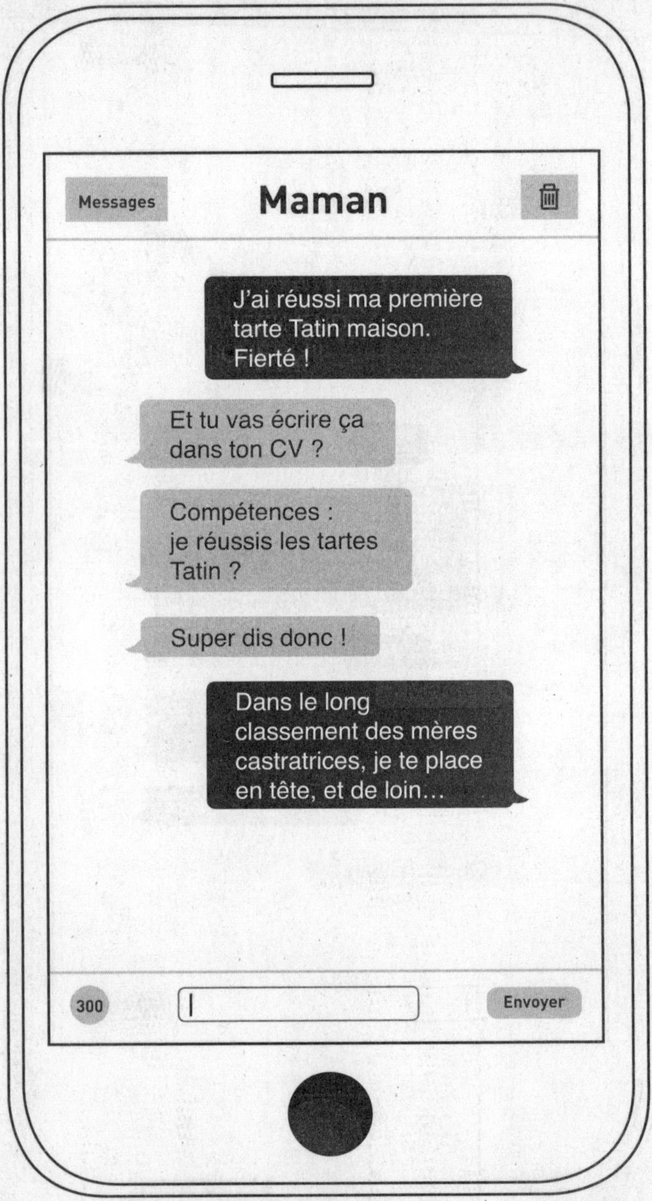
Messages
Maman
J'ai réussi ma première tarte Tatin maison. Fierté !
Et tu vas écrire ça dans ton CV ?
Compétences : je réussis les tartes Tatin ?
Super dis donc !
Dans le long classement des mères castratrices, je te place en tête, et de loin…
300
Envoyer

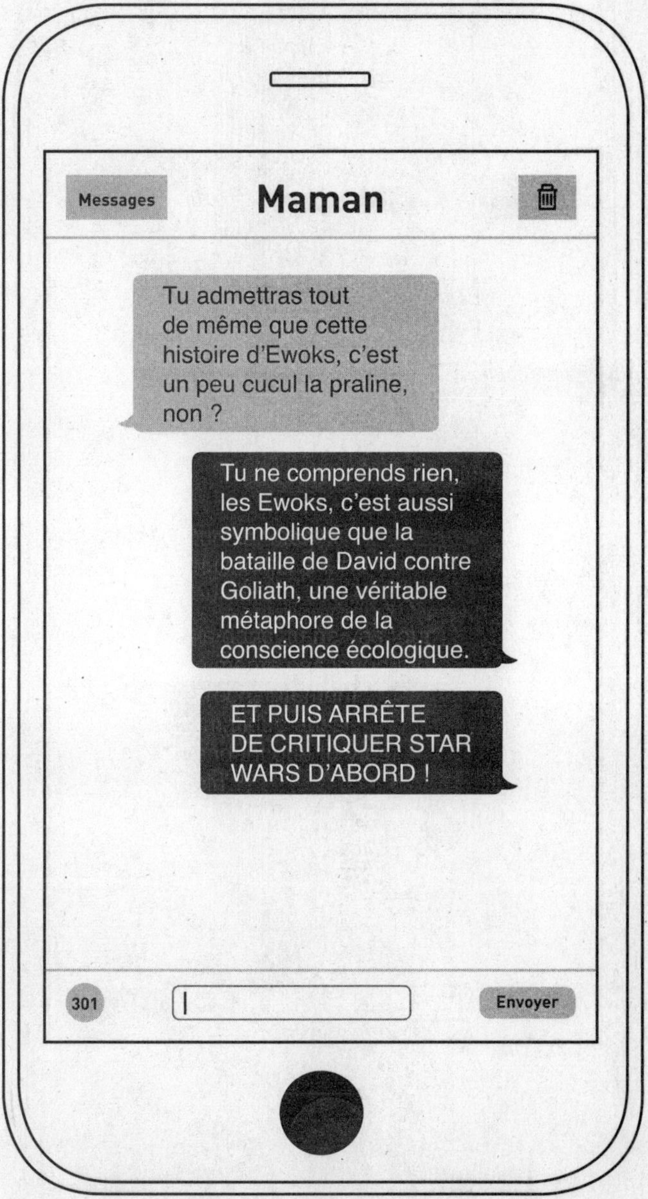
Messages
Maman
Tu admettras tout de même que cette histoire d'Ewoks, c'est un peu cucul la praline, non ?
Tu ne comprends rien, les Ewoks, c'est aussi symbolique que la bataille de David contre Goliath, une véritable métaphore de la conscience écologique.
ET PUIS ARRÊTE DE CRITIQUER STAR WARS D'ABORD !
301
Envoyer

Messages
Maman
Bon week-end mon chéri !
Je suis juste à côté de toi, Maman…
C'est ça qui est drôle !!!
302
Envoyer

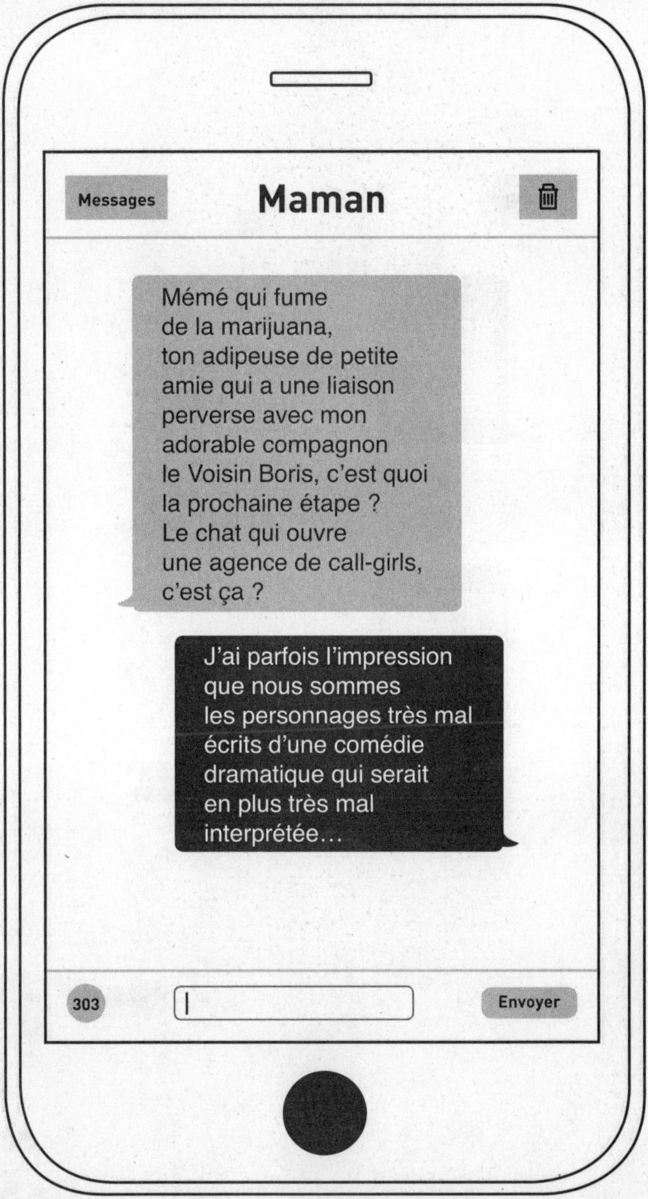
Messages
Maman
Mémé qui fume de la marijuana, ton adipeuse de petite amie qui a une liaison perverse avec mon adorable compagnon le Voisin Boris, c'est quoi la prochaine étape ? Le chat qui ouvre une agence de call-girls, c'est ça ?
J'ai parfois l'impression que nous sommes les personnages très mal écrits d'une comédie dramatique qui serait en plus très mal interprétée…
303
Envoyer

Messages
Maman
BON WEEK-END MON CHÉRI !!!
Merci maman ! C'est amusant pour une fois !
MON CLAVIER NE MARCHE PLUS !!!
Ah ah ah !!!
304
Envoyer

Messages
Maman
I'm with stupid.
?
305
Envoyer

Messages
Maman
Tu n'as jamais pensé à te venger de Gabriella pour ce qu'elle t'a fait ?
Elle s'appelle Diane Maman et non, je trouve les vengeances mesquines.
Parce que moi je pense souvent à me venger du Voisin Boris…
C'est mal. Après je dis pas hein, j'ai bien dû pisser dans son démaquillant avant qu'elle ne passe récupérer ses affaires, mais de là à parler de vengeance…
306
Envoyer

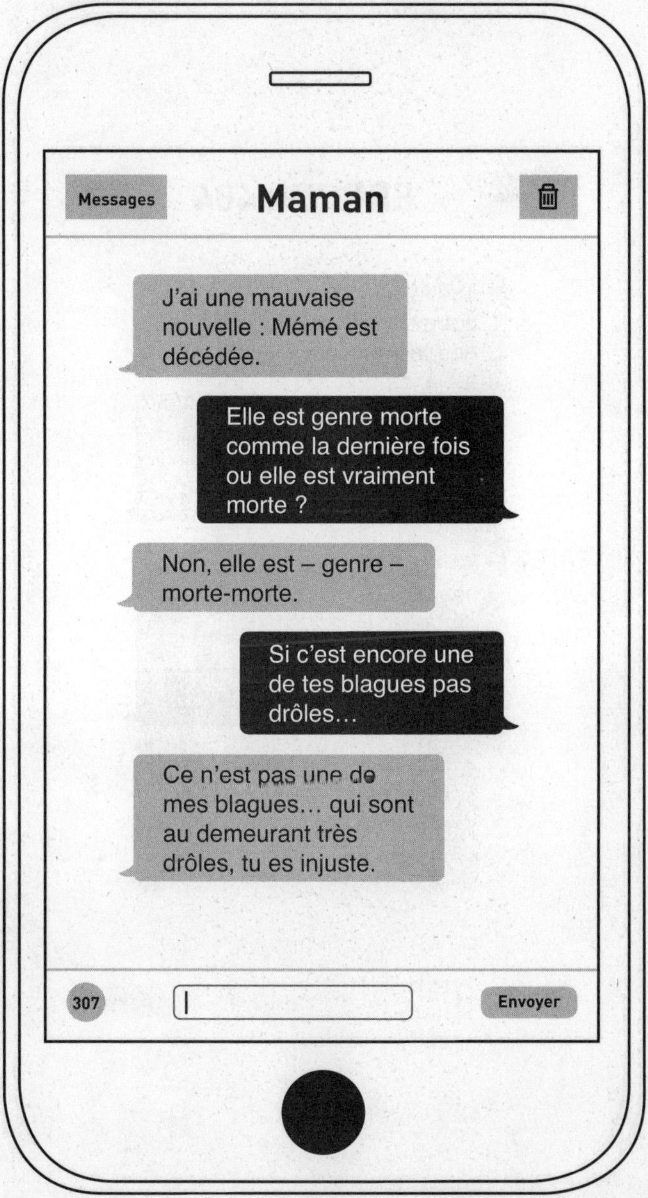
Messages
Maman
J’ai une mauvaise nouvelle : Mémé est décédée.
Elle est genre morte comme la dernière fois ou elle est vraiment morte ?
Non, elle est – genre – morte-morte.
Si c’est encore une de tes blagues pas drôles…
Ce n’est pas une de mes blagues… qui sont au demeurant très drôles, tu es injuste.
307
Envoyer

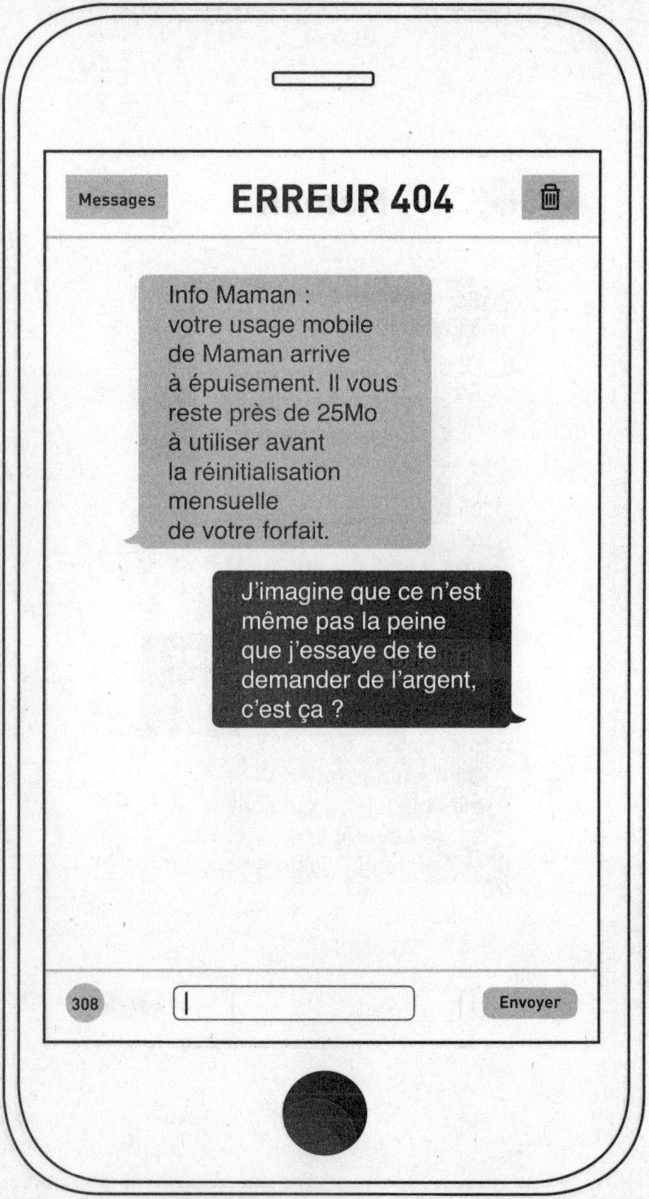
Messages
ERREUR 404
Info Maman : votre usage mobile de Maman arrive à épuisement. Il vous reste près de 25Mo à utiliser avant la réinitialisation mensuelle de votre forfait.
J'imagine que ce n'est même pas la peine que j'essaye de te demander de l'argent, c'est ça ?
308
Envoyer

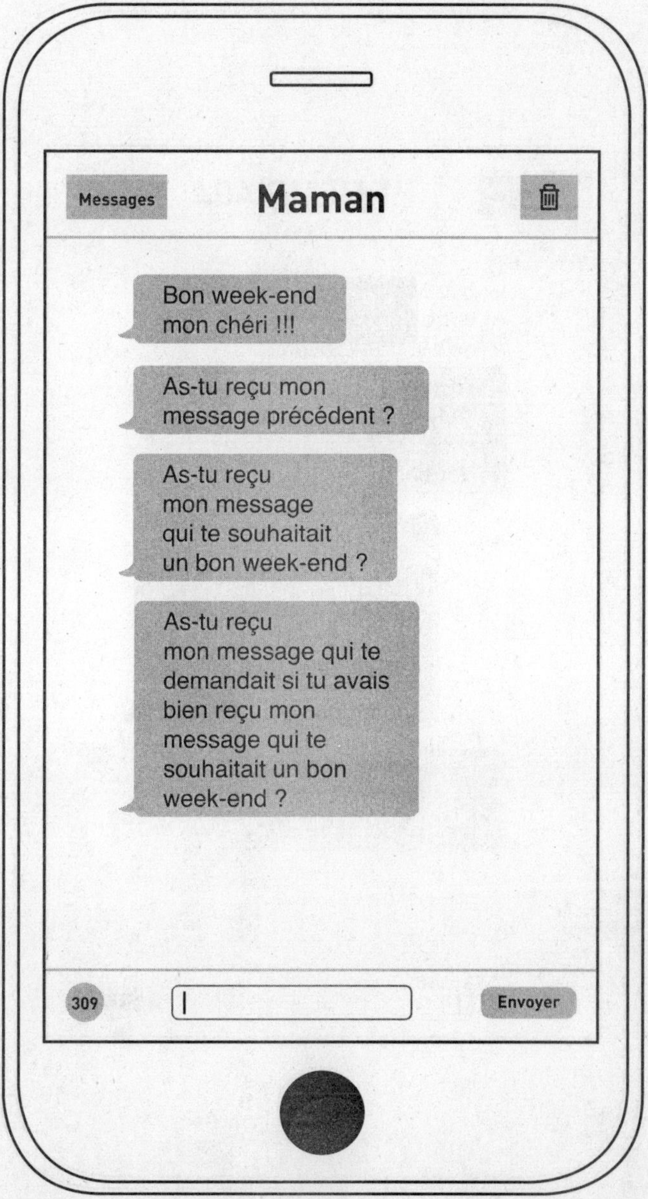
Messages
Maman
Bon week-end mon chéri !!!
As-tu reçu mon message précédent ?
As-tu reçu mon message qui te souhaitait un bon week-end ?
As-tu reçu mon message qui te demandait si tu avais bien reçu mon message qui te souhaitait un bon week-end ?
309
Envoyer

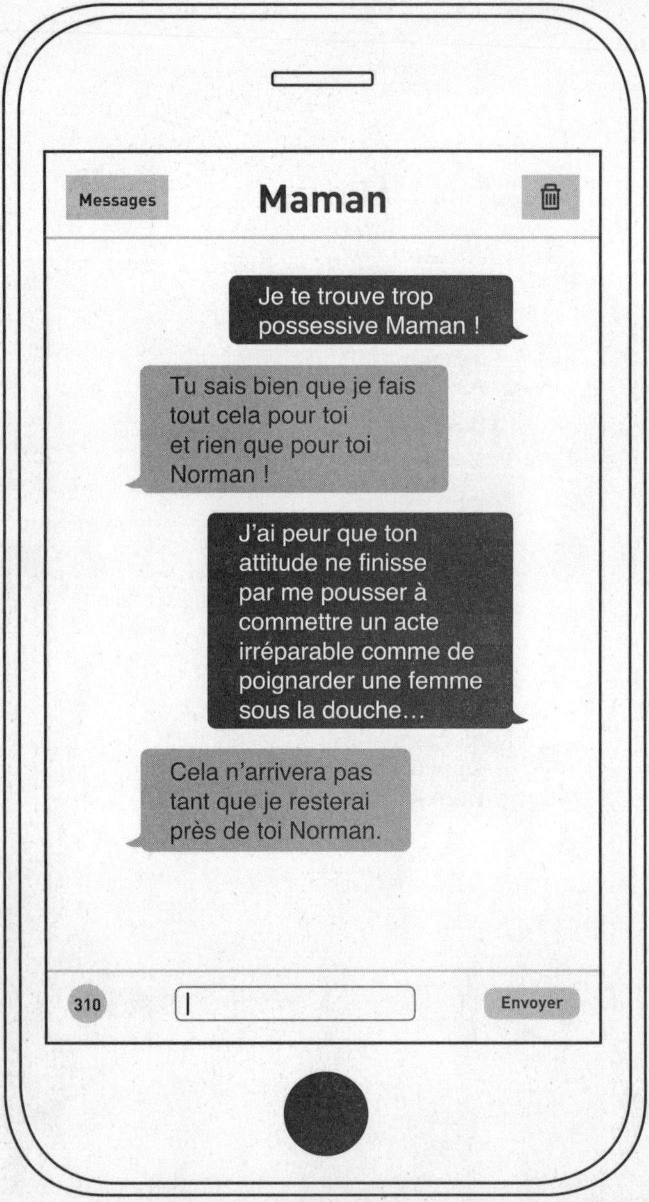
Messages
Maman
Je te trouve trop possessive Maman !
Tu sais bien que je fais tout cela pour toi et rien que pour toi Norman !
J'ai peur que ton attitude ne finisse par me pousser à commettre un acte irréparable comme de poignarder une femme sous la douche…
Cela n'arrivera pas tant que je resterai près de toi Norman.
310
Envoyer

Messages
Maman
Et voilà, je suis de nouveau officiellement célibataire…
Dans la vie on n'a que ce qu'on mérite…
Rappelle-moi de ne plus te contacter lorsque j'aurai besoin d'être consolé de nouveau.
Qui sème le vent récolte la tempête.
J'ai compris maman.
De toute façon, mourir de ça ou d'autre chose.
312
Envoyer

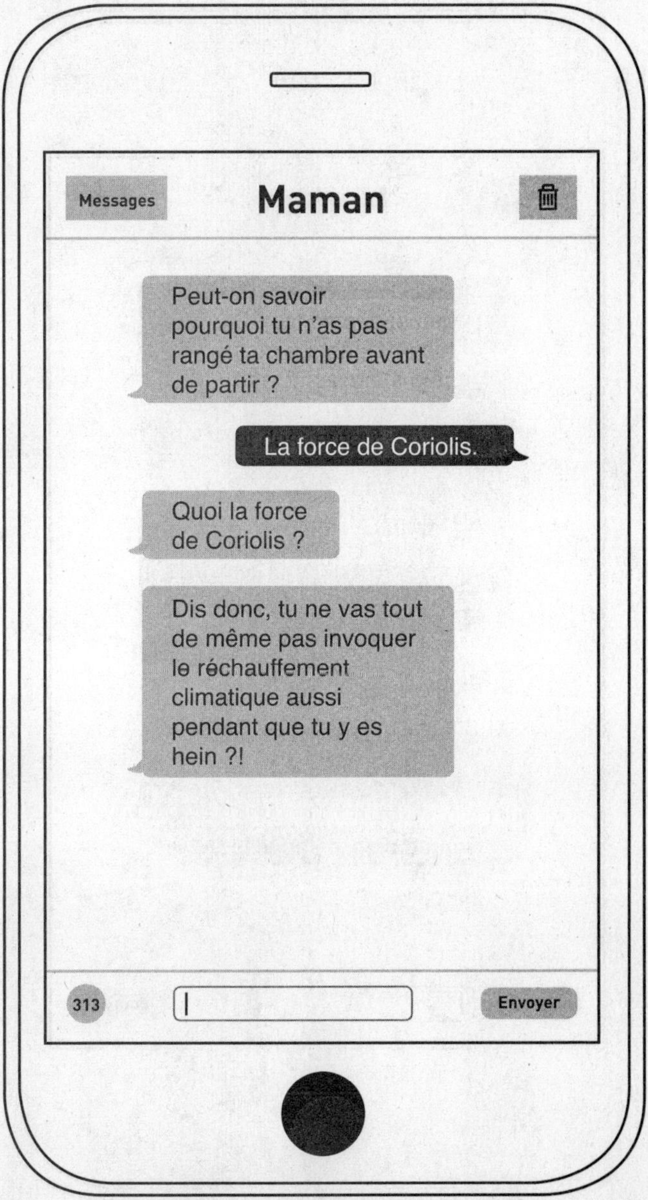
Messages
Maman
Peut-on savoir pourquoi tu n'as pas rangé ta chambre avant de partir ?
La force de Coriolis.
Quoi la force de Coriolis ?
Dis donc, tu ne vas tout de même pas invoquer le réchauffement climatique aussi pendant que tu y es hein ?!
313
Envoyer

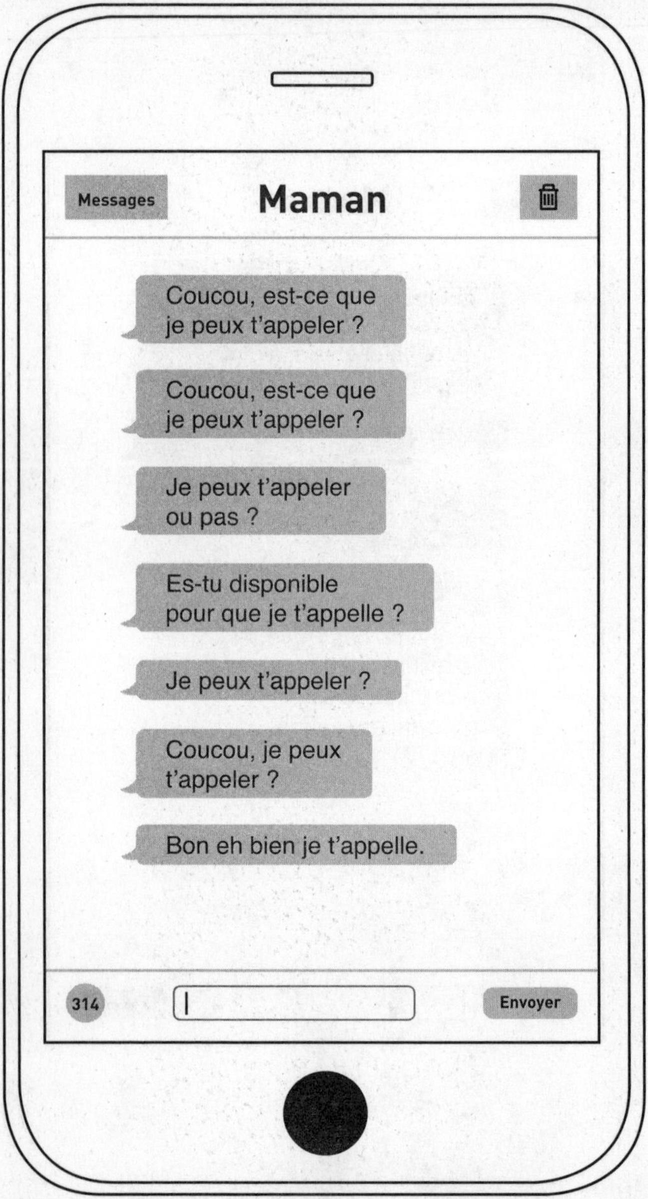
Messages
Maman
Coucou, est-ce que je peux t'appeler ?
Coucou, est-ce que je peux t'appeler ?
Je peux t'appeler ou pas ?
Es-tu disponible pour que je t'appelle ?
Je peux t'appeler ?
Coucou, je peux t'appeler ?
Bon eh bien je t'appelle.
314
Envoyer

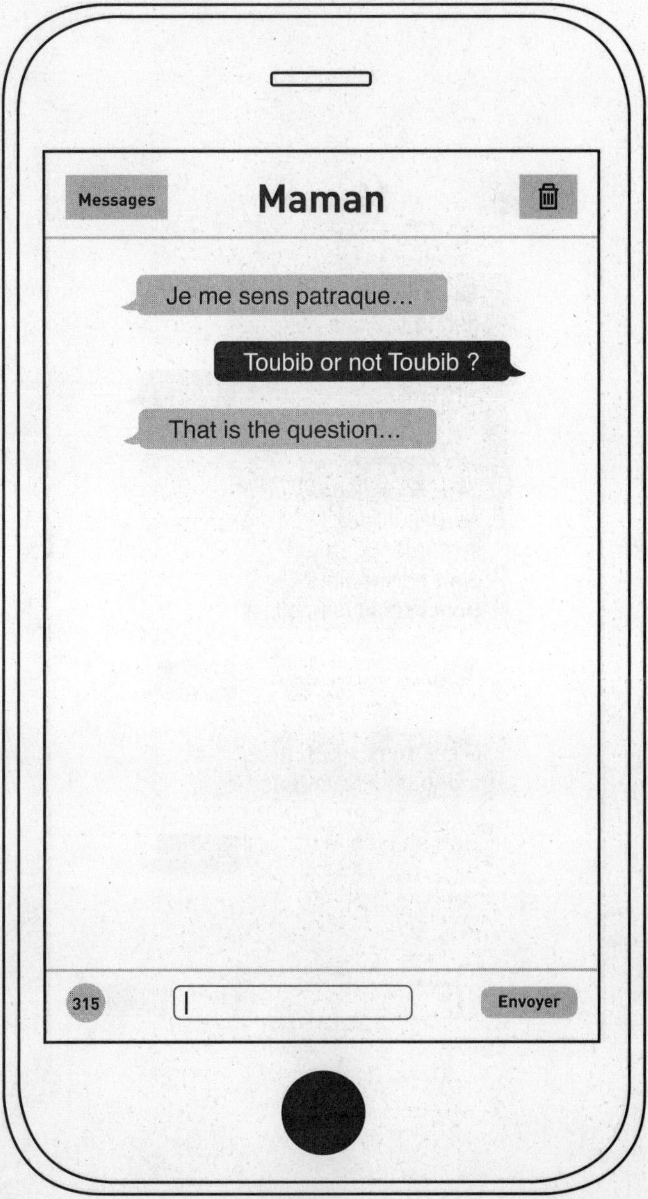
Messages
Maman
Je me sens patraque…
Toubib or not Toubib ?
That is the question…
315
Envoyer

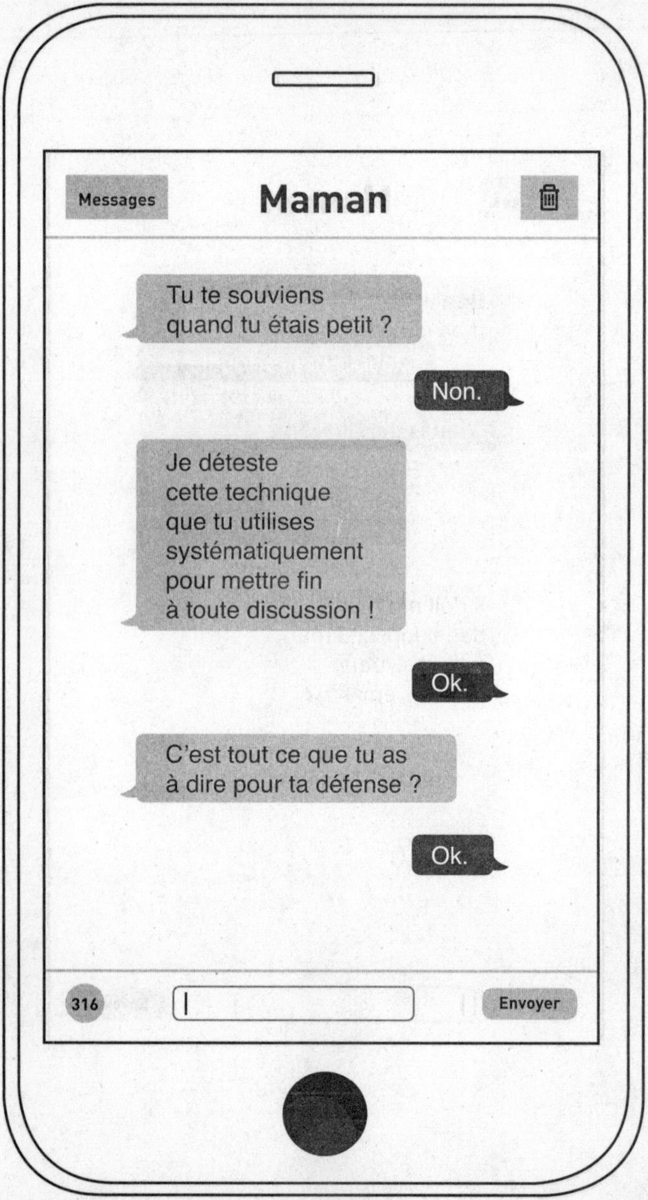
Messages
Maman
Tu te souviens quand tu étais petit ?
Non.
Je déteste cette technique que tu utilises systématiquement pour mettre fin à toute discussion !
Ok.
C'est tout ce que tu as à dire pour ta défense ?
Ok.
316
Envoyer

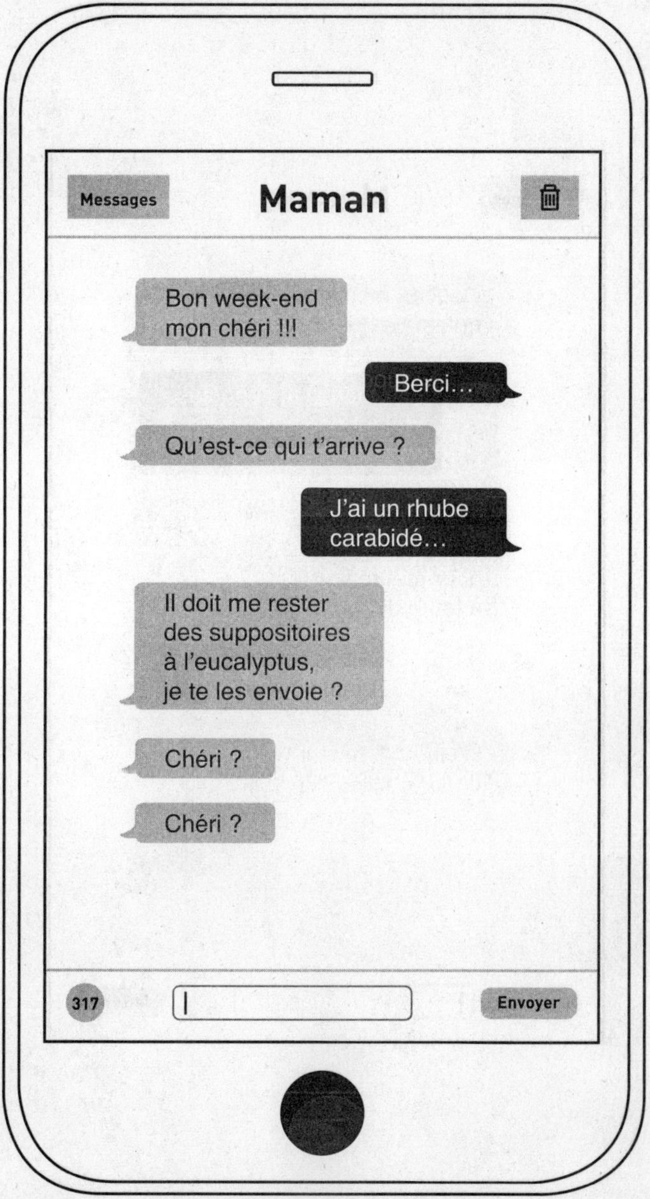
Messages
Maman
Bon week-end mon chéri !!!
Berci…
Qu'est-ce qui t'arrive ?
J'ai un rhube carabidé…
Il doit me rester des suppositoires à l'eucalyptus, je te les envoie ?
Chéri ?
Chéri ?
317
Envoyer

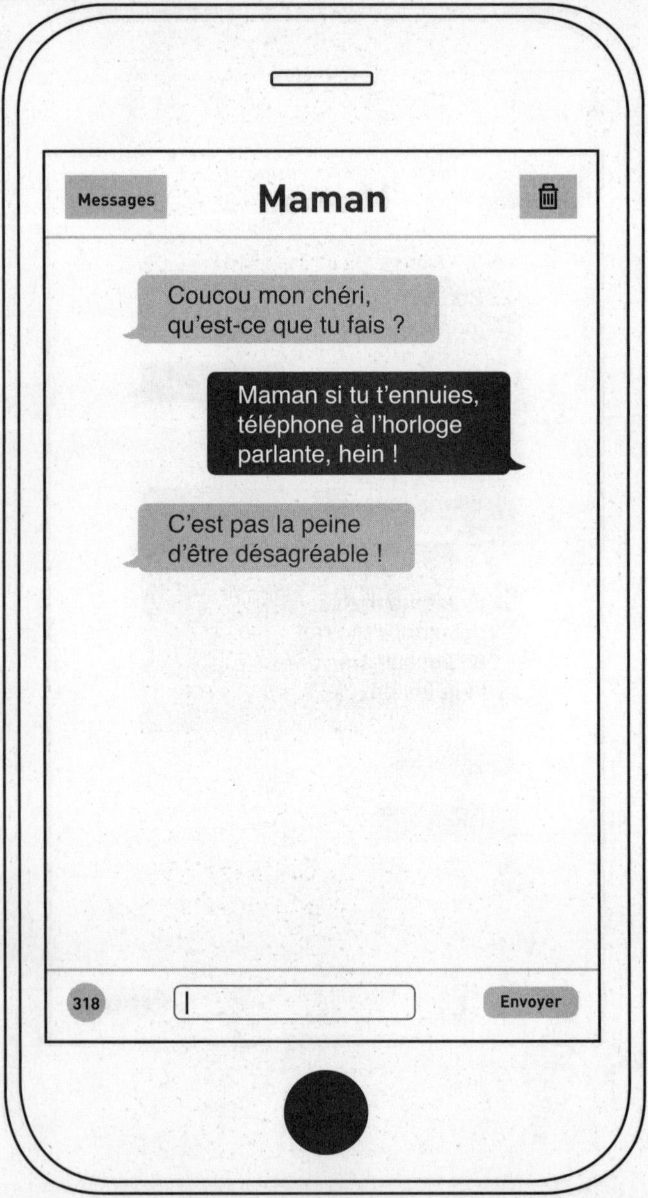
Messages
Maman
Coucou mon chéri,
qu'est-ce que tu fais ?
Maman si tu t'ennuies,
téléphone à l'horloge
parlante, hein !
C'est pas la peine
d'être désagréable !
318
Envoyer

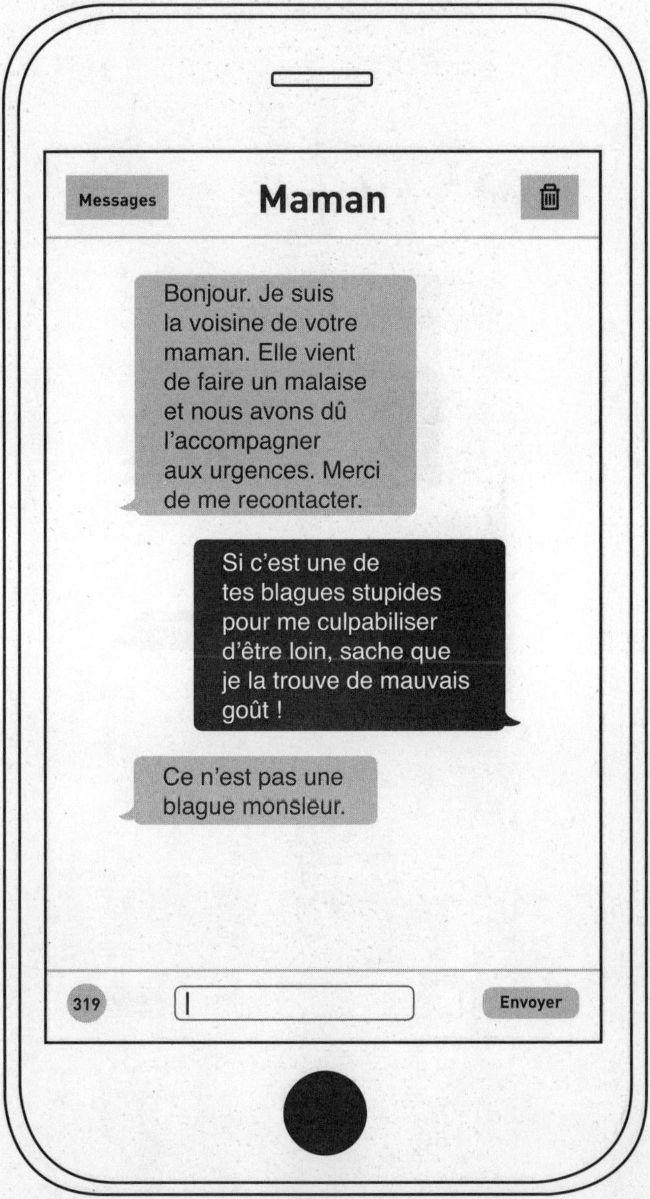
Messages
Maman
Bonjour. Je suis la voisine de votre maman. Elle vient de faire un malaise et nous avons dû l'accompagner aux urgences. Merci de me recontacter.
Si c'est une de tes blagues stupides pour me culpabiliser d'être loin, sache que je la trouve de mauvais goût !
Ce n'est pas une blague monsieur.
319
Envoyer

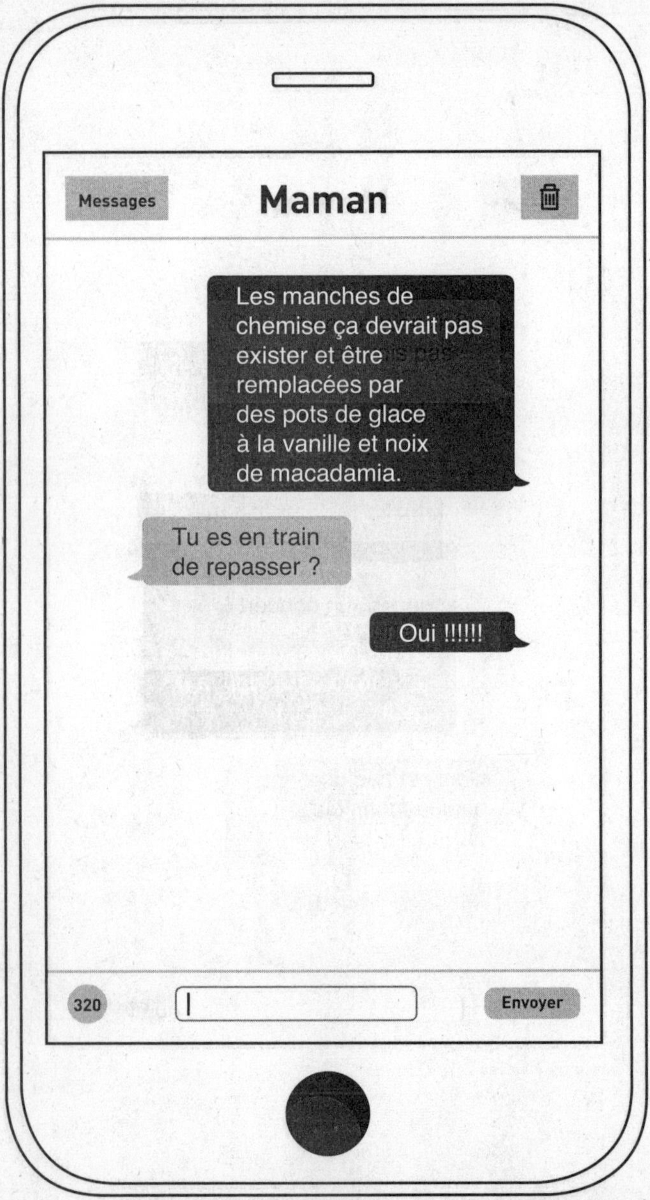
Messages
Maman
Les manches de chemise ça devrait pas exister et être remplacées par des pots de glace à la vanille et noix de macadamia.
Tu es en train de repasser ?
Oui !!!!!!
320
Envoyer

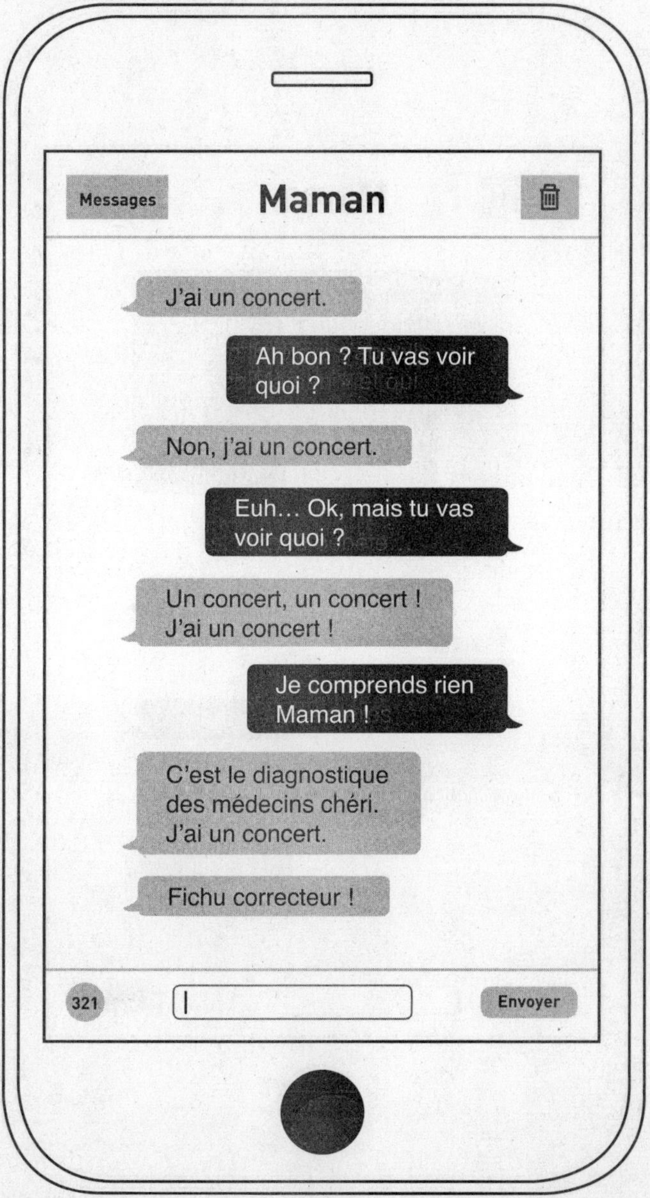
Messages
Maman
J'ai un concert.
Ah bon ? Tu vas voir quoi ?
Non, j'ai un concert.
Euh… Ok, mais tu vas voir quoi ?
Un concert, un concert ! J'ai un concert !
Je comprends rien Maman !
C'est le diagnostique des médecins chéri. J'ai un concert.
Fichu correcteur !
321
Envoyer

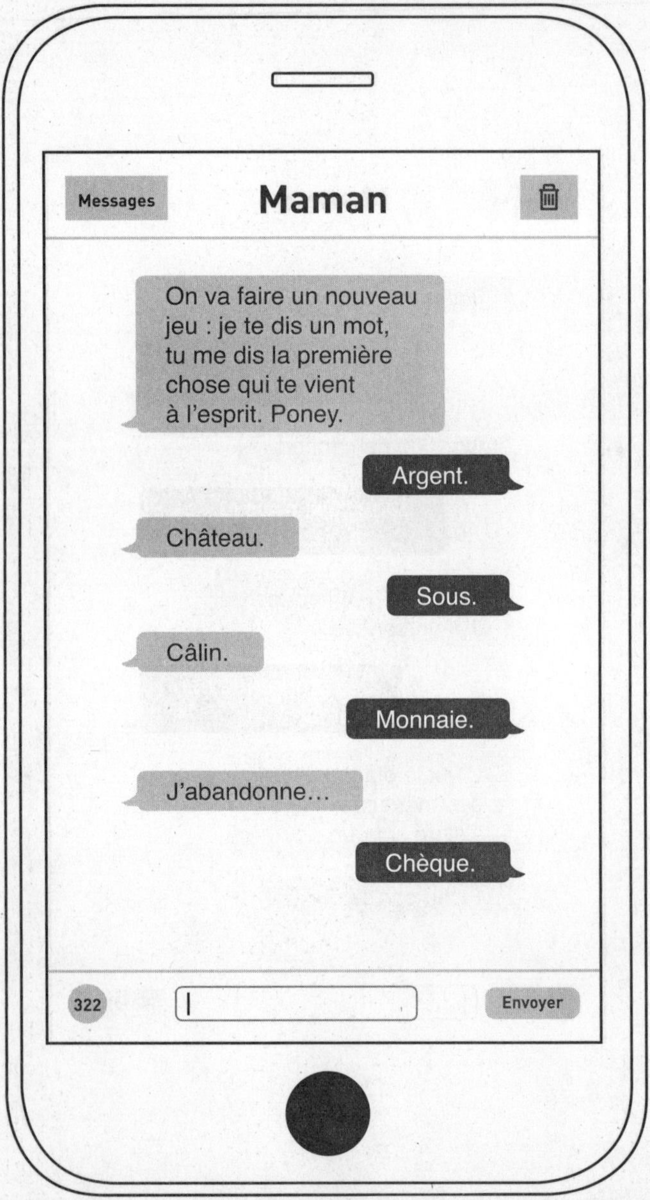
Messages
Maman
On va faire un nouveau jeu : je te dis un mot, tu me dis la première chose qui te vient à l'esprit. Poney.
Argent.
Château.
Sous.
Câlin.
Monnaie.
J'abandonne…
Chèque.
322
Envoyer

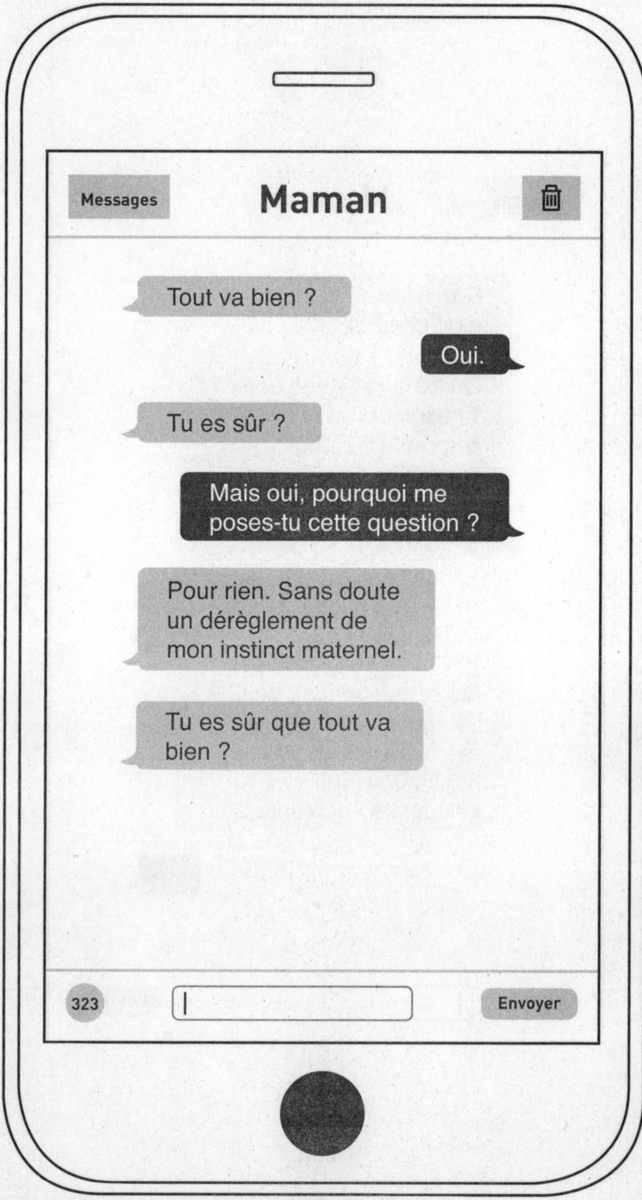
Messages
Maman
Tout va bien ?
Oui.
Tu es sûr ?
Mais oui, pourquoi me poses-tu cette question ?
Pour rien. Sans doute un dérèglement de mon instinct maternel.
Tu es sûr que tout va bien ?
323
Envoyer

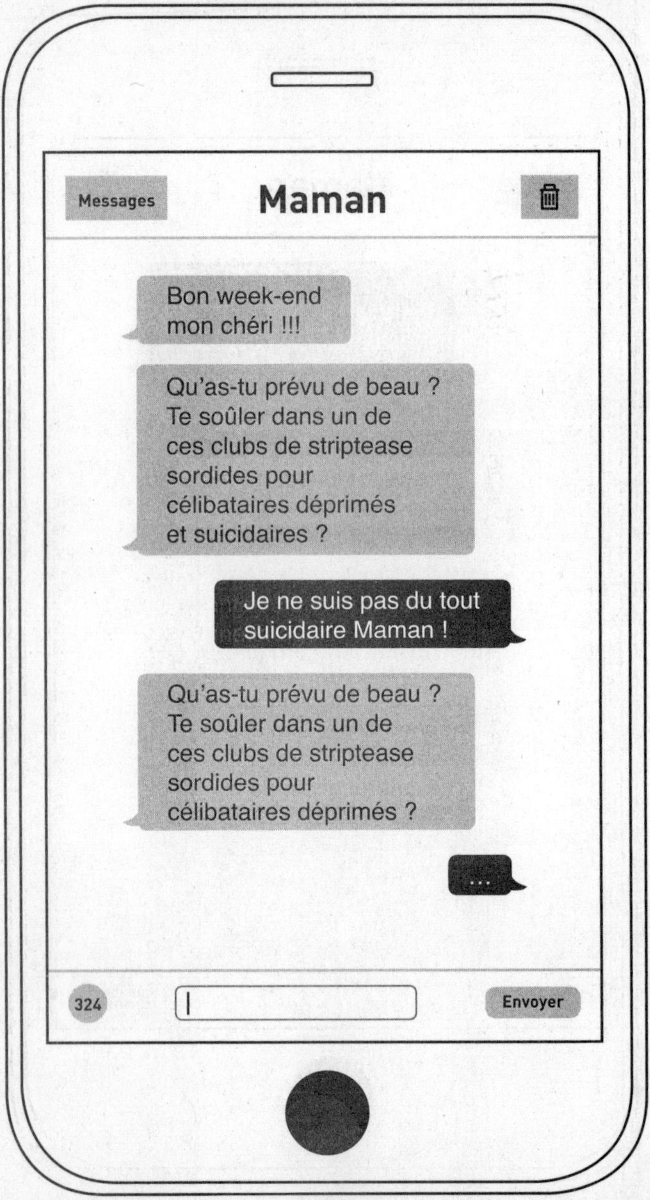
Messages
Maman
Bon week-end mon chéri !!!
Qu'as-tu prévu de beau ? Te soûler dans un de ces clubs de striptease sordides pour célibataires déprimés et suicidaires ?
Je ne suis pas du tout suicidaire Maman !
Qu'as-tu prévu de beau ? Te soûler dans un de ces clubs de striptease sordides pour célibataires déprimés ?
...
324
Envoyer

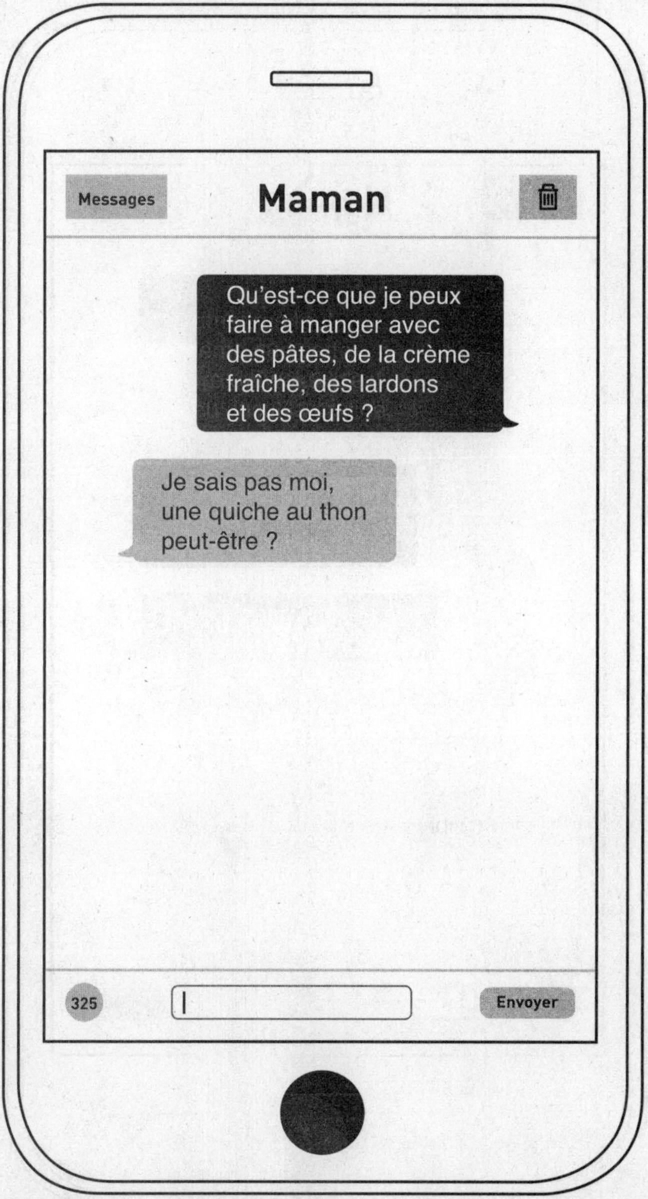
Messages
Maman
Qu'est-ce que je peux faire à manger avec des pâtes, de la crème fraîche, des lardons et des œufs ?
Je sais pas moi, une quiche au thon peut-être ?
325
Envoyer

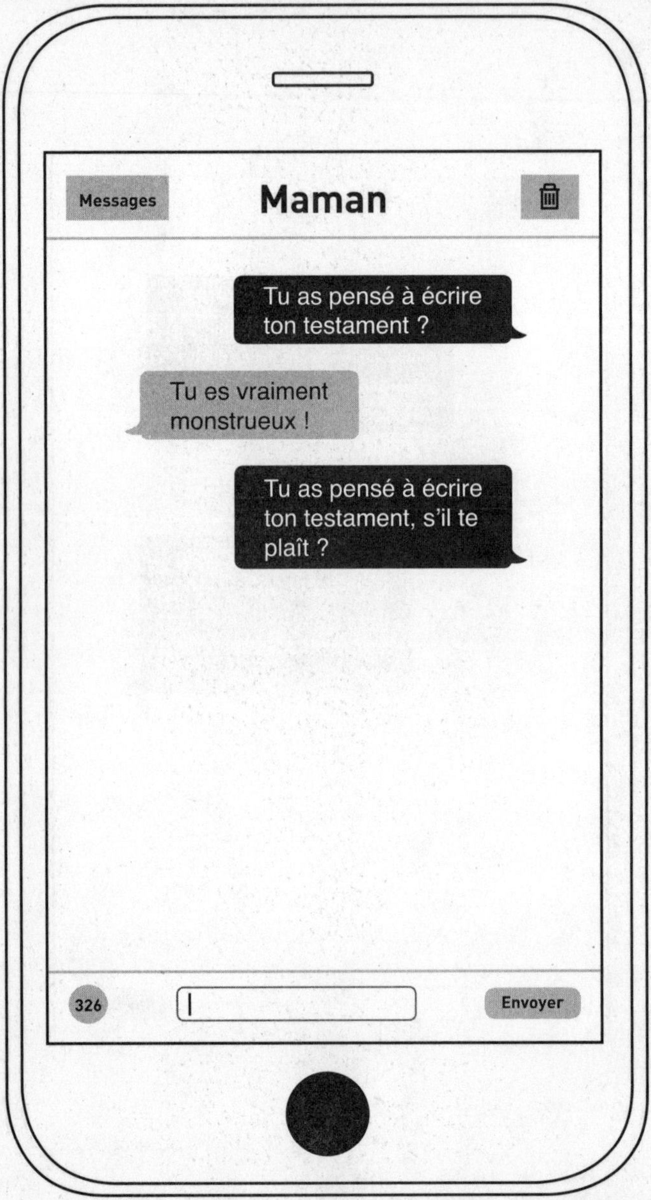
Messages
Maman
Tu as pensé à écrire ton testament ?
Tu es vraiment monstrueux !
Tu as pensé à écrire ton testament, s'il te plaît ?
326
Envoyer

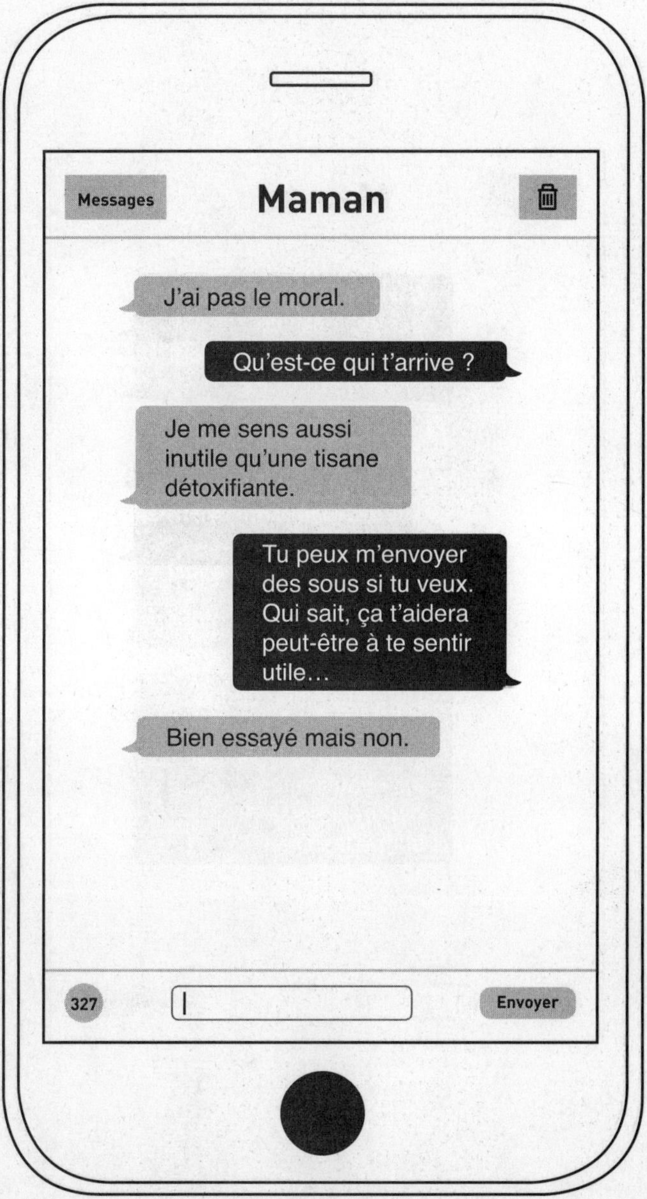
Messages
Maman
J'ai pas le moral.
Qu'est-ce qui t'arrive ?
Je me sens aussi inutile qu'une tisane détoxifiante.
Tu peux m'envoyer des sous si tu veux. Qui sait, ça t'aidera peut-être à te sentir utile…
Bien essayé mais non.
327
Envoyer

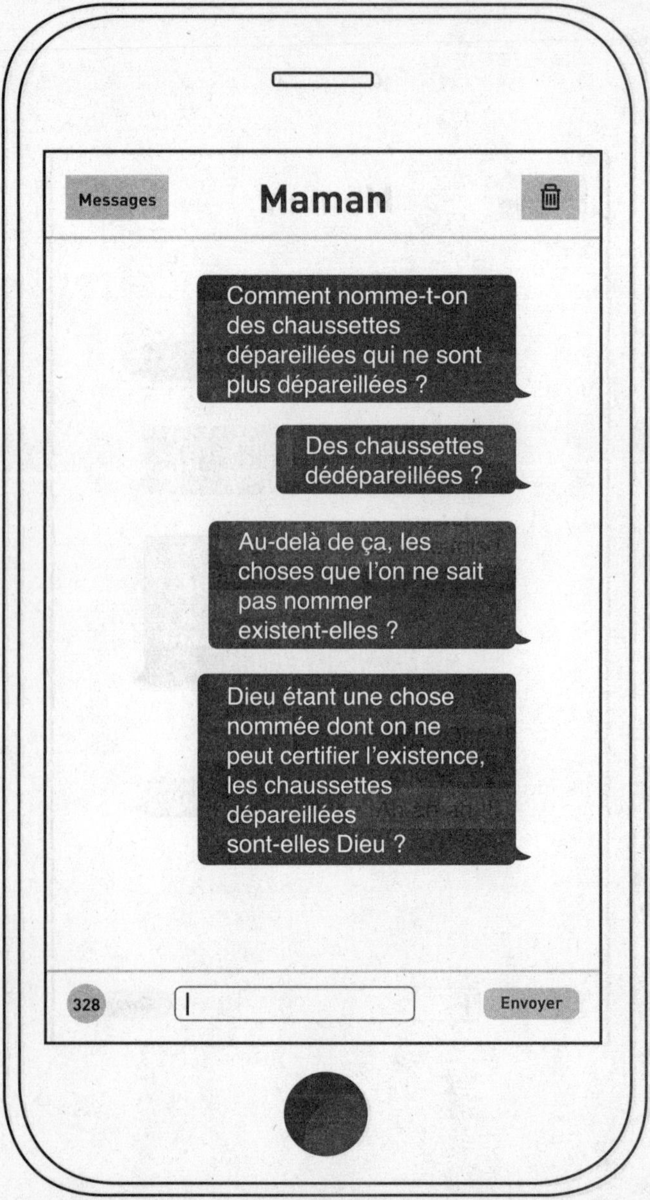
Messages
Maman
Comment nomme-t-on des chaussettes dépareillées qui ne sont plus dépareillées ?
Des chaussettes dédépareillées ?
Au-delà de ça, les choses que l'on ne sait pas nommer existent-elles ?
Dieu étant une chose nommée dont on ne peut certifier l'existence, les chaussettes dépareillées sont-elles Dieu ?
328
Envoyer

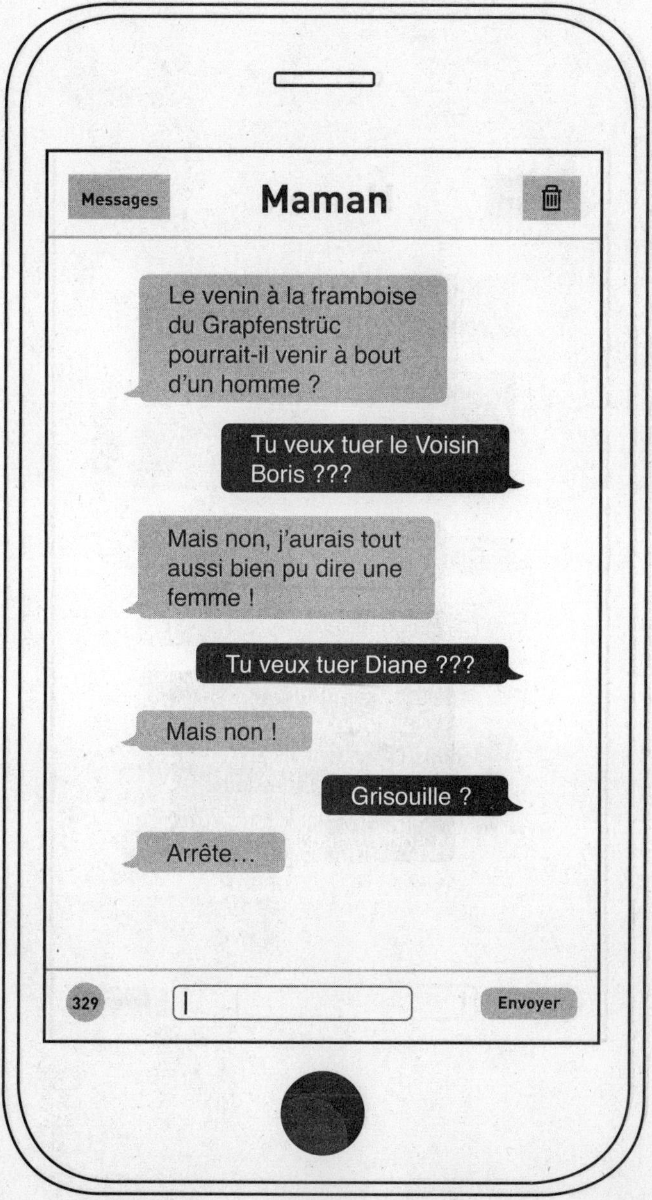
Messages
Maman
Le venin à la framboise du Grapfenstrüc pourrait-il venir à bout d'un homme ?
Tu veux tuer le Voisin Boris ???
Mais non, j'aurais tout aussi bien pu dire une femme !
Tu veux tuer Diane ???
Mais non !
Grisouille ?
Arrête…
329
Envoyer

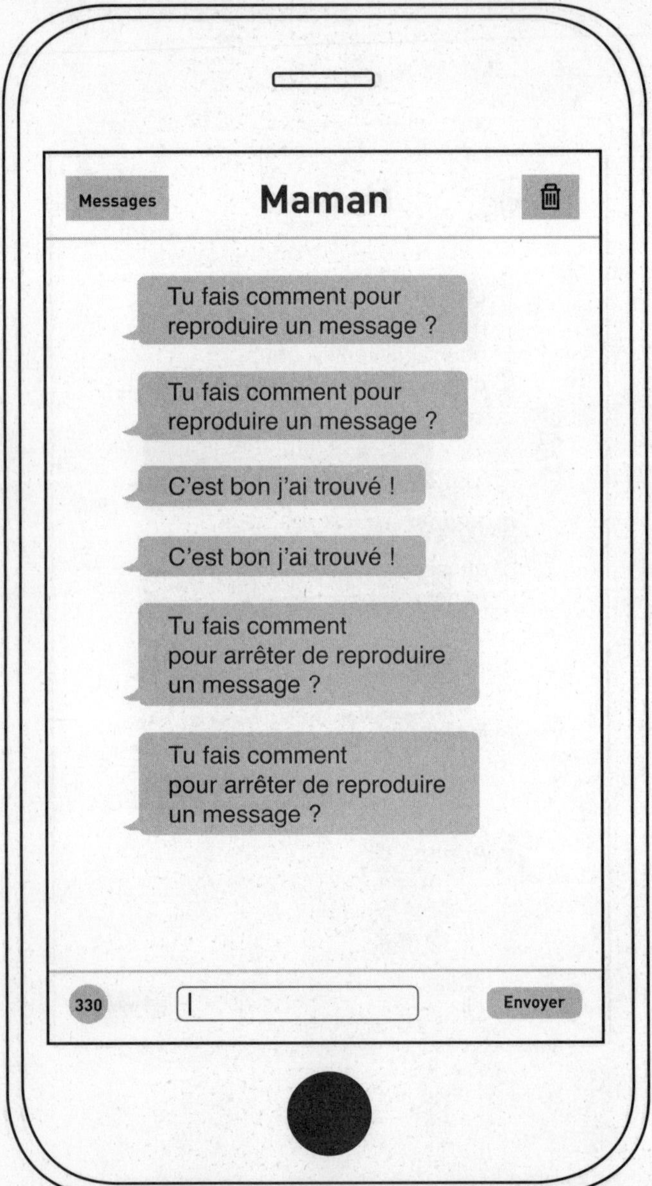
Messages
Maman
Tu fais comment pour reproduire un message ?
Tu fais comment pour reproduire un message ?
C'est bon j'ai trouvé !
C'est bon j'ai trouvé !
Tu fais comment pour arrêter de reproduire un message ?
Tu fais comment pour arrêter de reproduire un message ?
330
Envoyer

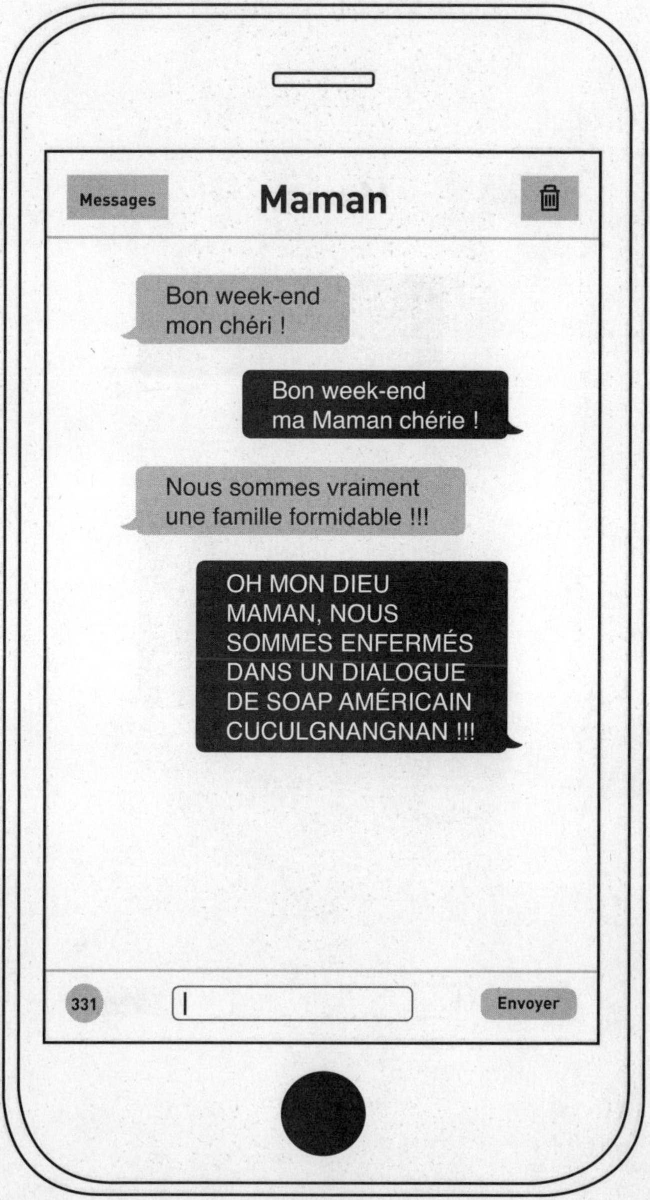
Messages
Maman
Bon week-end mon chéri !
Bon week-end ma Maman chérie !
Nous sommes vraiment une famille formidable !!!
OH MON DIEU MAMAN, NOUS SOMMES ENFERMÉS DANS UN DIALOGUE DE SOAP AMÉRICAIN CUCULGNANGNAN !!!
331
Envoyer

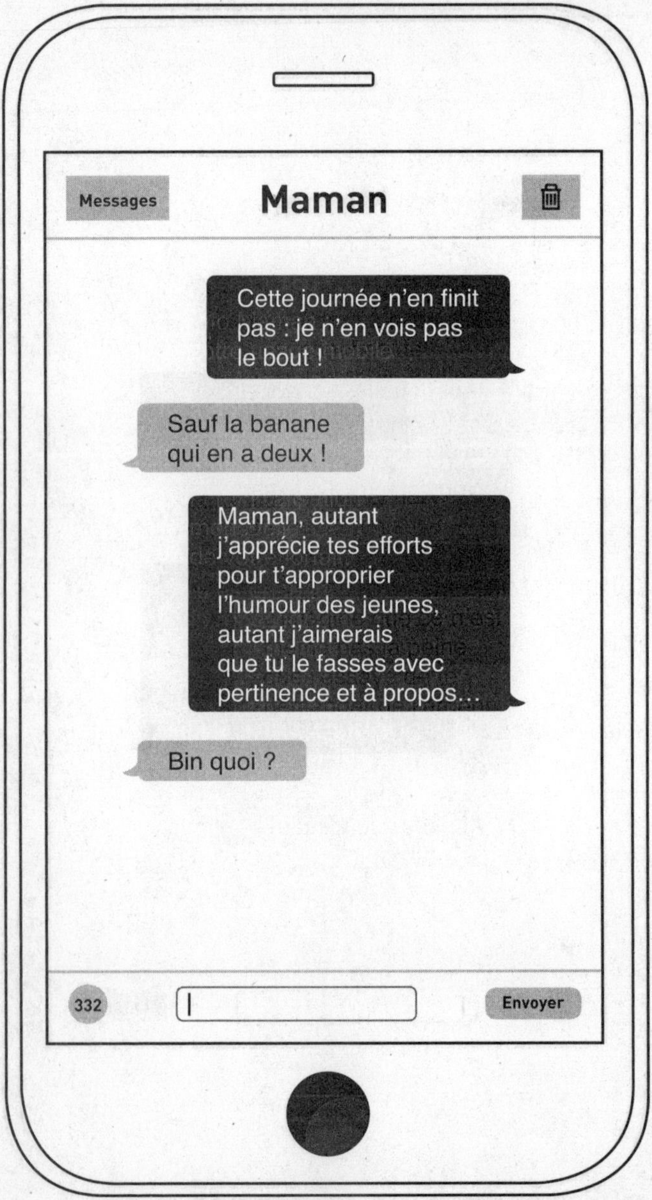
Messages
Maman
Cette journée n’en finit pas : je n’en vois pas le bout !
Sauf la banane qui en a deux !
Maman, autant j’apprécie tes efforts pour t’approprier l’humour des jeunes, autant j’aimerais que tu le fasses avec pertinence et à propos…
Bin quoi ?
332
Envoyer

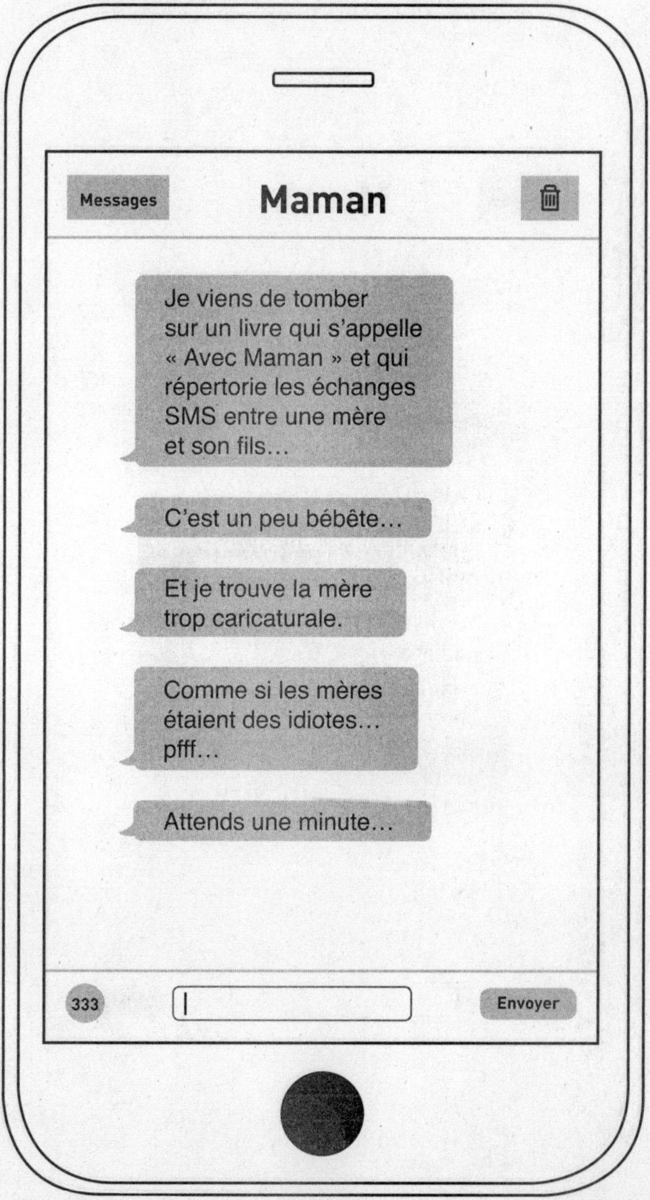
Messages
Maman
Je viens de tomber sur un livre qui s'appelle « Avec Maman » et qui répertorie les échanges SMS entre une mère et son fils…
C'est un peu bébête…
Et je trouve la mère trop caricaturale.
Comme si les mères étaient des idiotes… pfff…
Attends une minute…
333
Envoyer

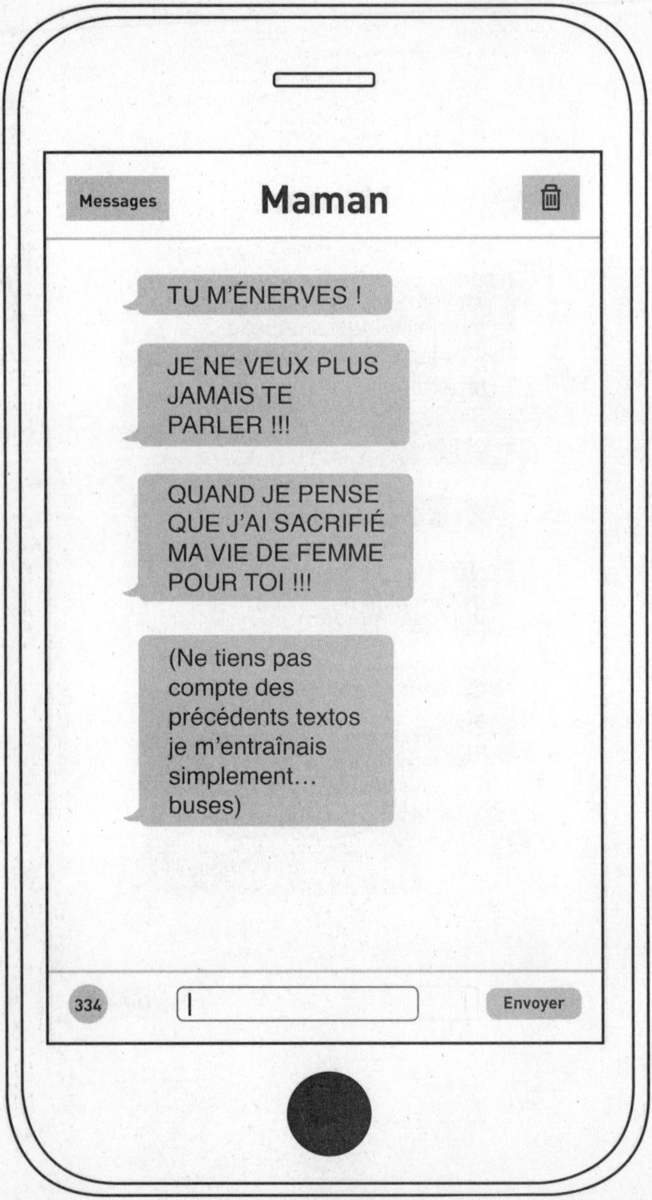
Messages
Maman
TU M'ÉNERVES !
JE NE VEUX PLUS JAMAIS TE PARLER !!!
QUAND JE PENSE QUE J'AI SACRIFIÉ MA VIE DE FEMME POUR TOI !!!
(Ne tiens pas compte des précédents textos je m'entraînais simplement… buses)
334
Envoyer

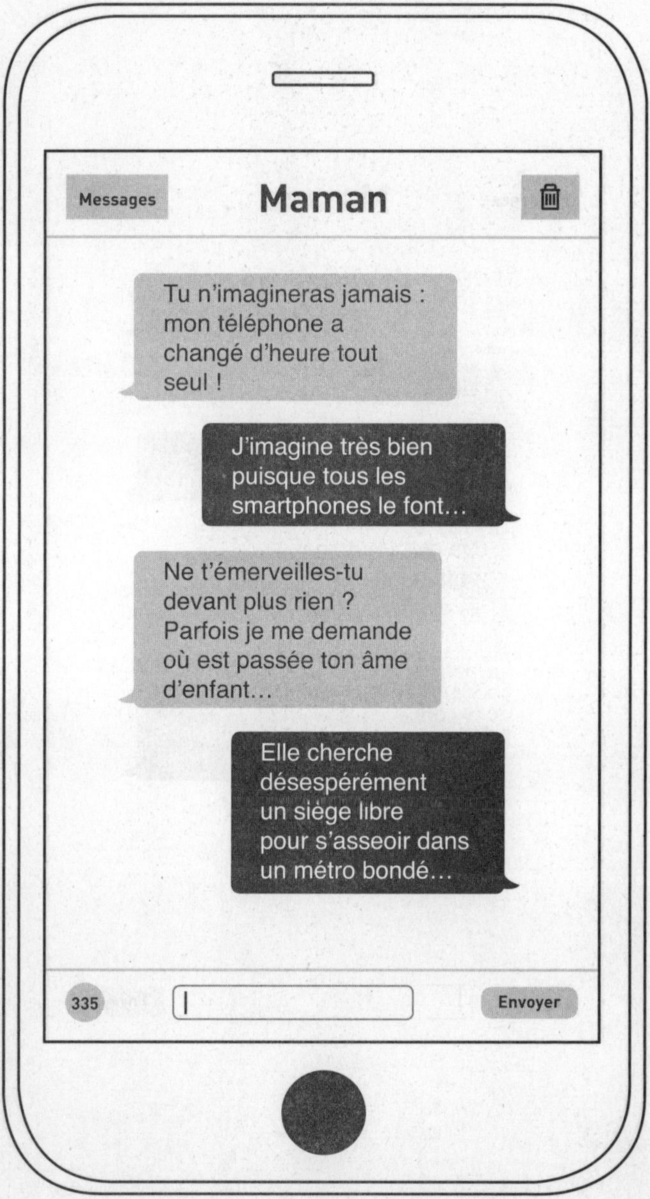
Messages
Maman
Tu n'imagineras jamais : mon téléphone a changé d'heure tout seul !
J'imagine très bien puisque tous les smartphones le font…
Ne t'émerveilles-tu devant plus rien ? Parfois je me demande où est passée ton âme d'enfant…
Elle cherche désespérément un siège libre pour s'asseoir dans un métro bondé…
335
Envoyer

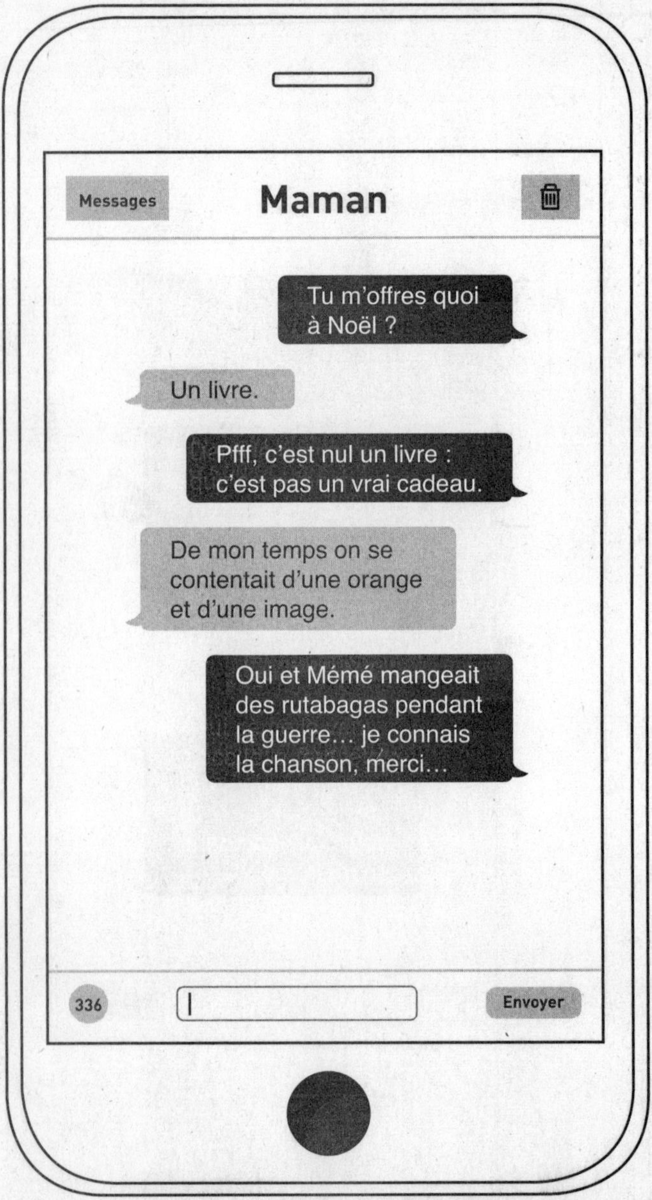
Messages
Maman
Tu m'offres quoi à Noël ?
Un livre.
Pfff, c'est nul un livre : c'est pas un vrai cadeau.
De mon temps on se contentait d'une orange et d'une image.
Oui et Mémé mangeait des rutabagas pendant la guerre… je connais la chanson, merci…
336
Envoyer

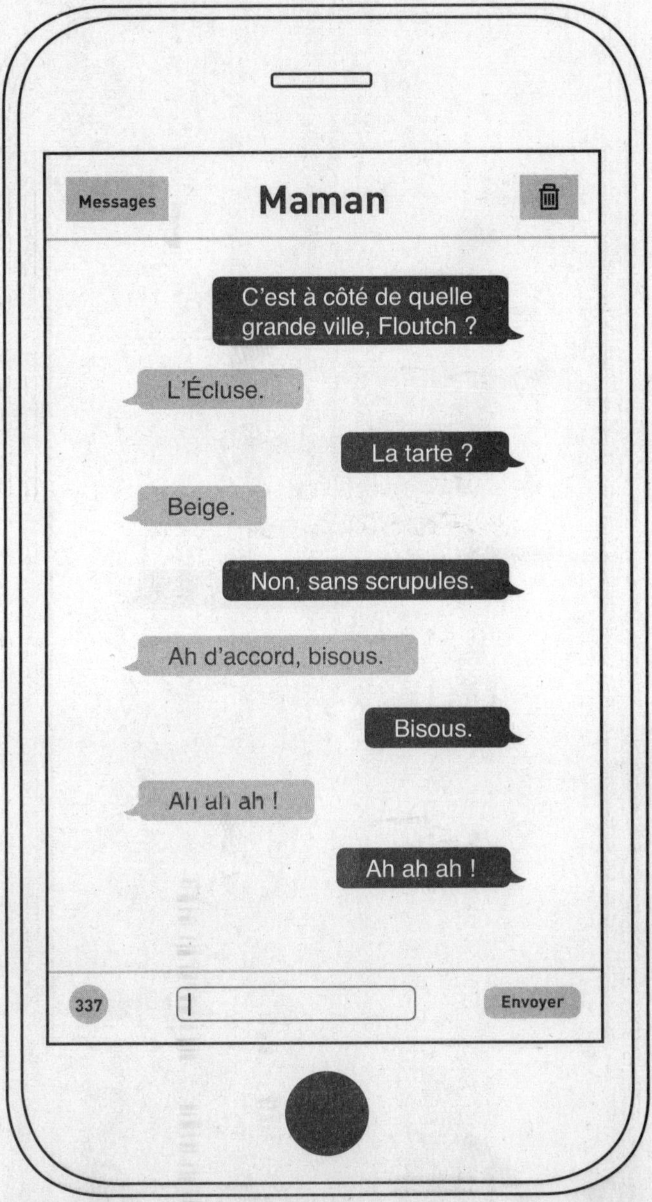
Messages
Maman
C'est à côté de quelle grande ville, Floutch ?
L'Écluse.
La tarte ?
Beige.
Non, sans scrupules.
Ah d'accord, bisous.
Bisous.
Ah ah ah !
Ah ah ah !
337
Envoyer

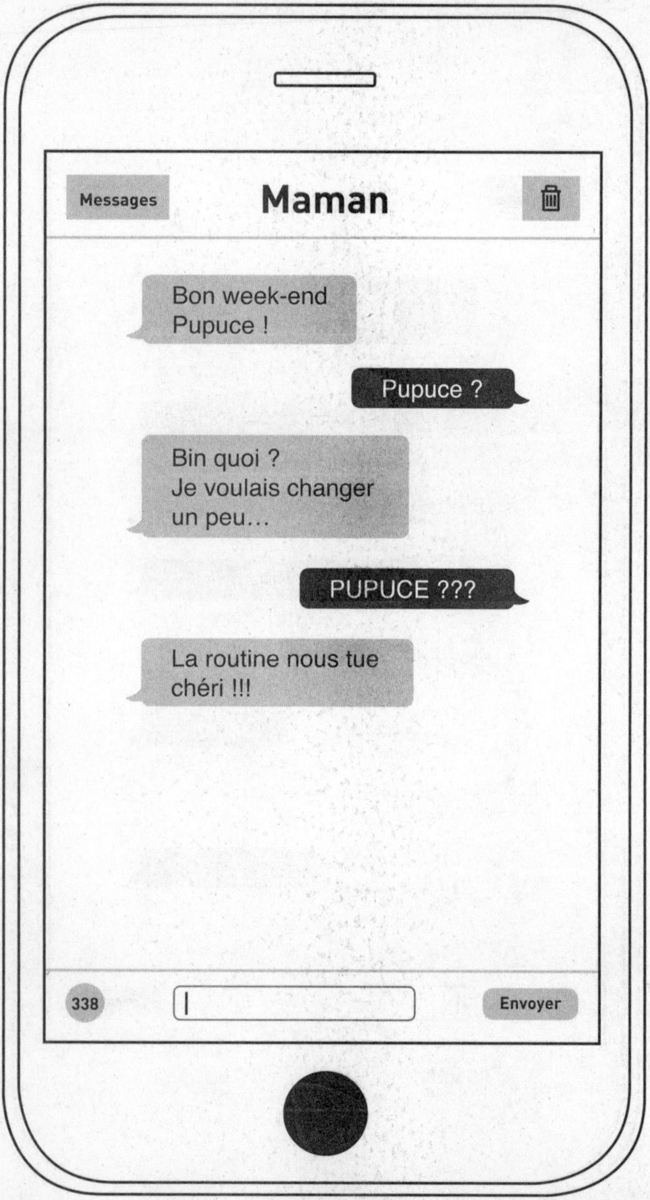
Messages
Maman
Bon week-end Pupuce !
Pupuce ?
Bin quoi ? Je voulais changer un peu…
PUPUCE ???
La routine nous tue chéri !!!
338
Envoyer

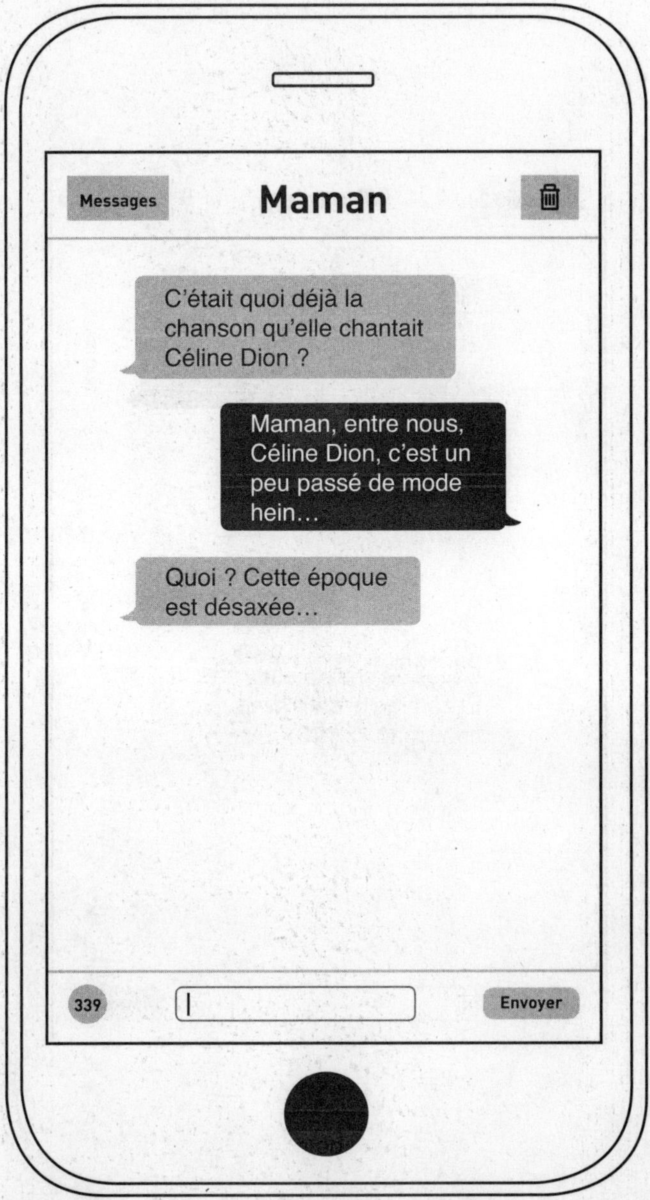
Messages
Maman
C'était quoi déjà la chanson qu'elle chantait Céline Dion ?
Maman, entre nous, Céline Dion, c'est un peu passé de mode hein…
Quoi ? Cette époque est désaxée…
339
Envoyer

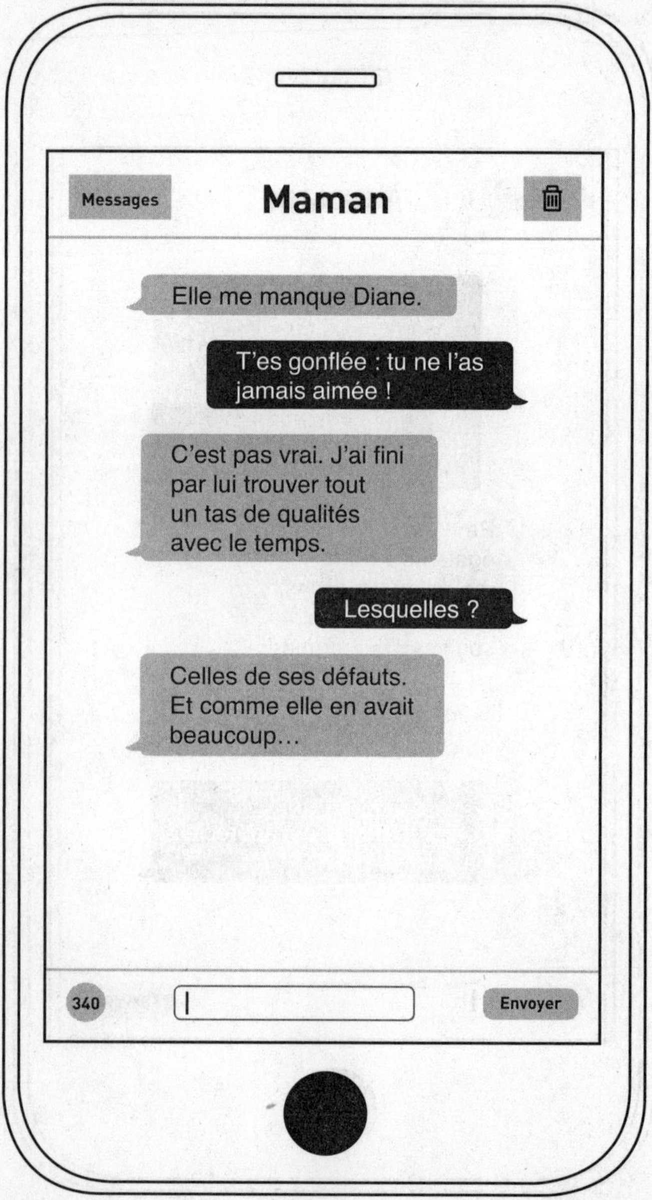
Messages
Maman
Elle me manque Diane.
T'es gonflée : tu ne l'as jamais aimée !
C'est pas vrai. J'ai fini par lui trouver tout un tas de qualités avec le temps.
Lesquelles ?
Celles de ses défauts. Et comme elle en avait beaucoup…
340
Envoyer

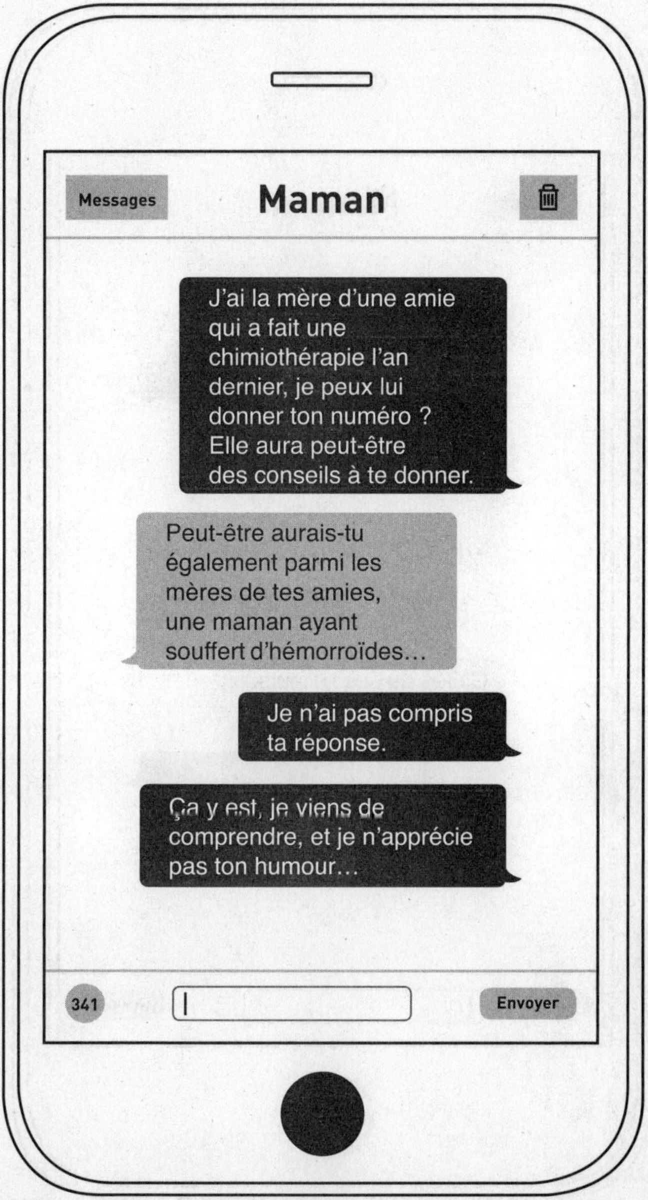
Messages
Maman
J'ai la mère d'une amie qui a fait une chimiothérapie l'an dernier, je peux lui donner ton numéro ? Elle aura peut-être des conseils à te donner.
Peut-être aurais-tu également parmi les mères de tes amies, une maman ayant souffert d'hémorroïdes…
Je n'ai pas compris ta réponse.
Ça y est, je viens de comprendre, et je n'apprécie pas ton humour…
341
Envoyer

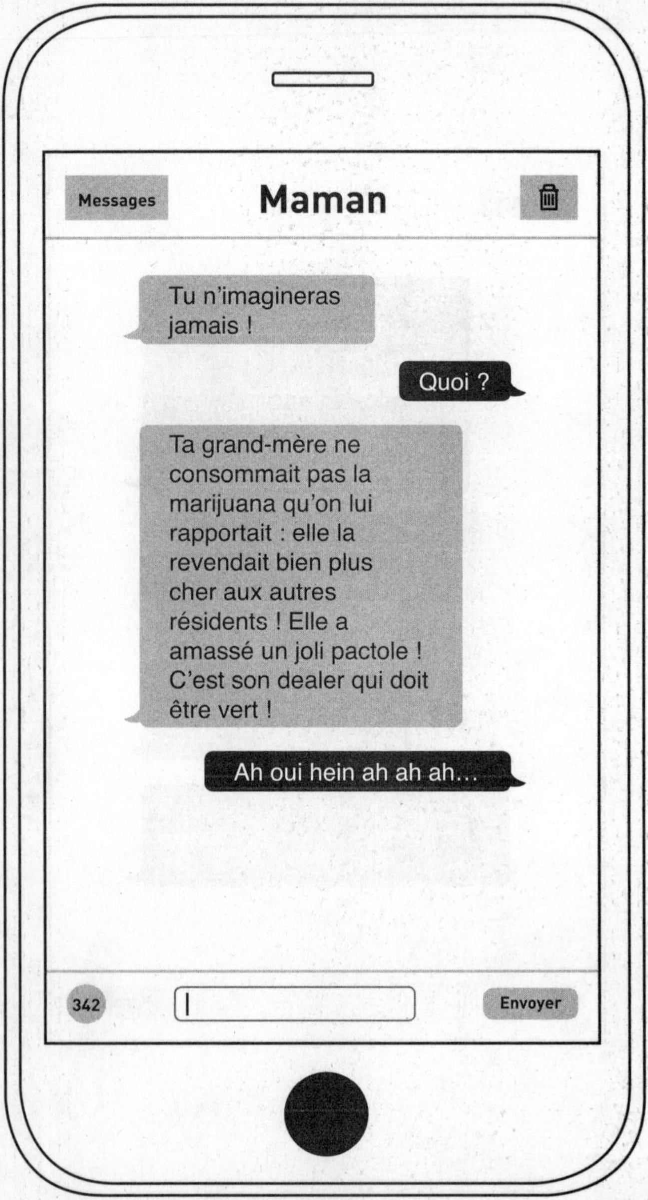
Messages
Maman
Tu n’imagineras jamais !
Quoi ?
Ta grand-mère ne consommait pas la marijuana qu’on lui rapportait : elle la revendait bien plus cher aux autres résidents ! Elle a amassé un joli pactole ! C’est son dealer qui doit être vert !
Ah oui hein ah ah ah…
342
Envoyer

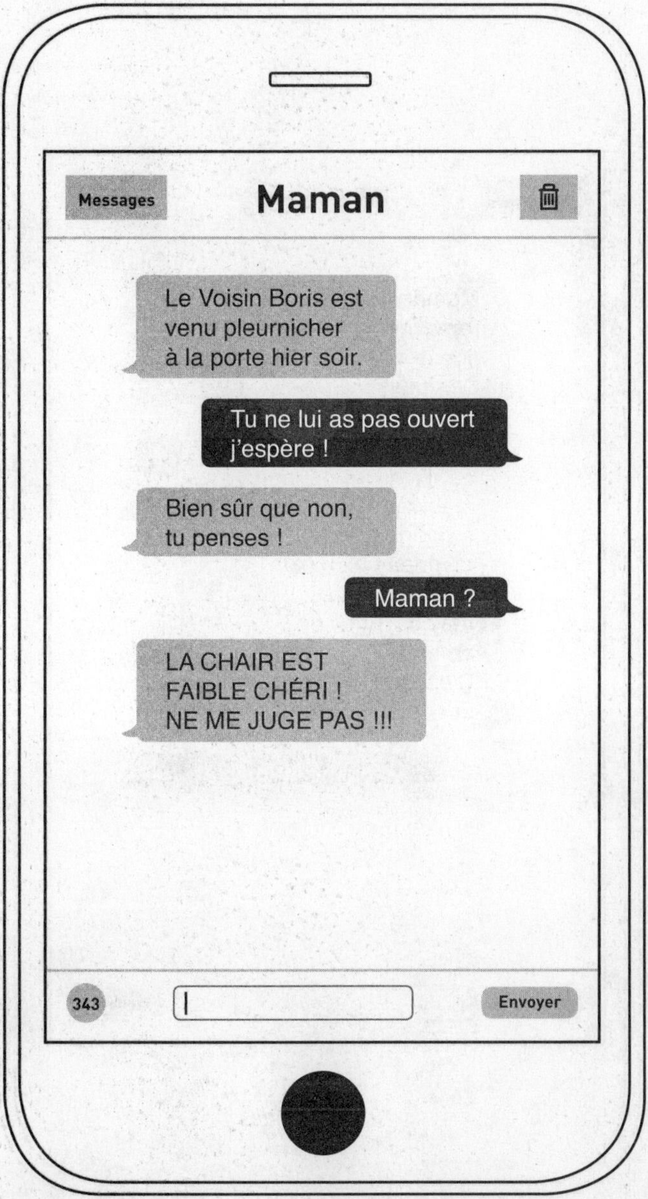
Messages
Maman
Le Voisin Boris est venu pleurnicher à la porte hier soir.
Tu ne lui as pas ouvert j'espère !
Bien sûr que non, tu penses !
Maman ?
LA CHAIR EST FAIBLE CHÉRI ! NE ME JUGE PAS !!!
343
Envoyer

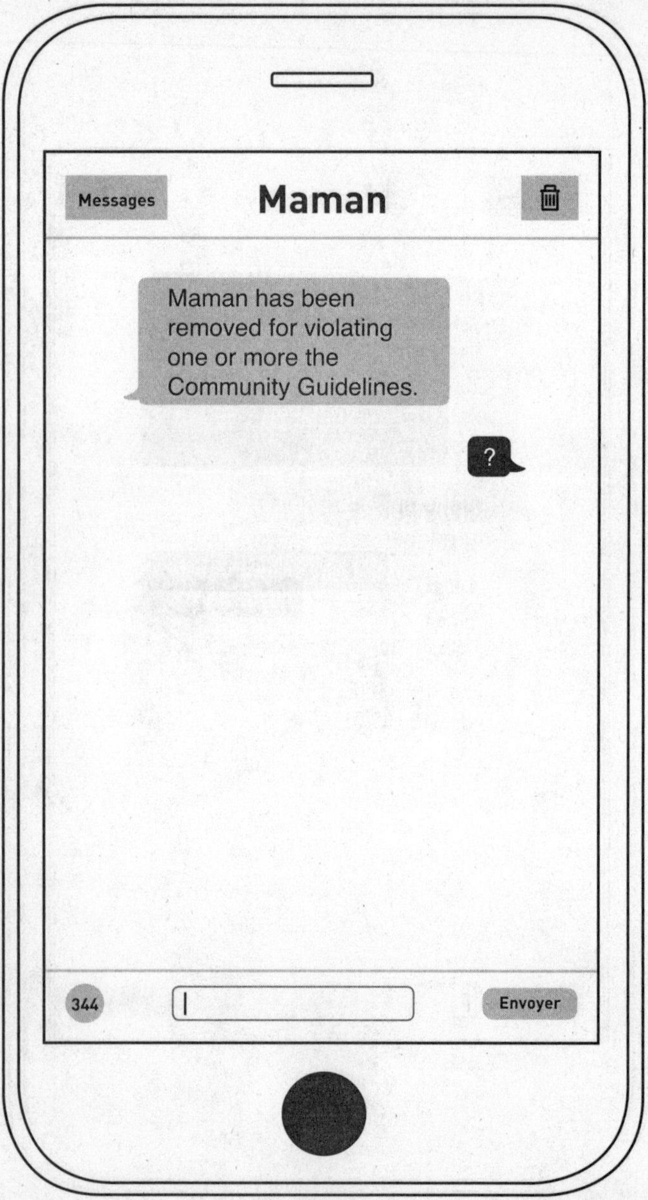
Messages
Maman
Maman has been removed for violating one or more the Community Guidelines.
?
344
Envoyer

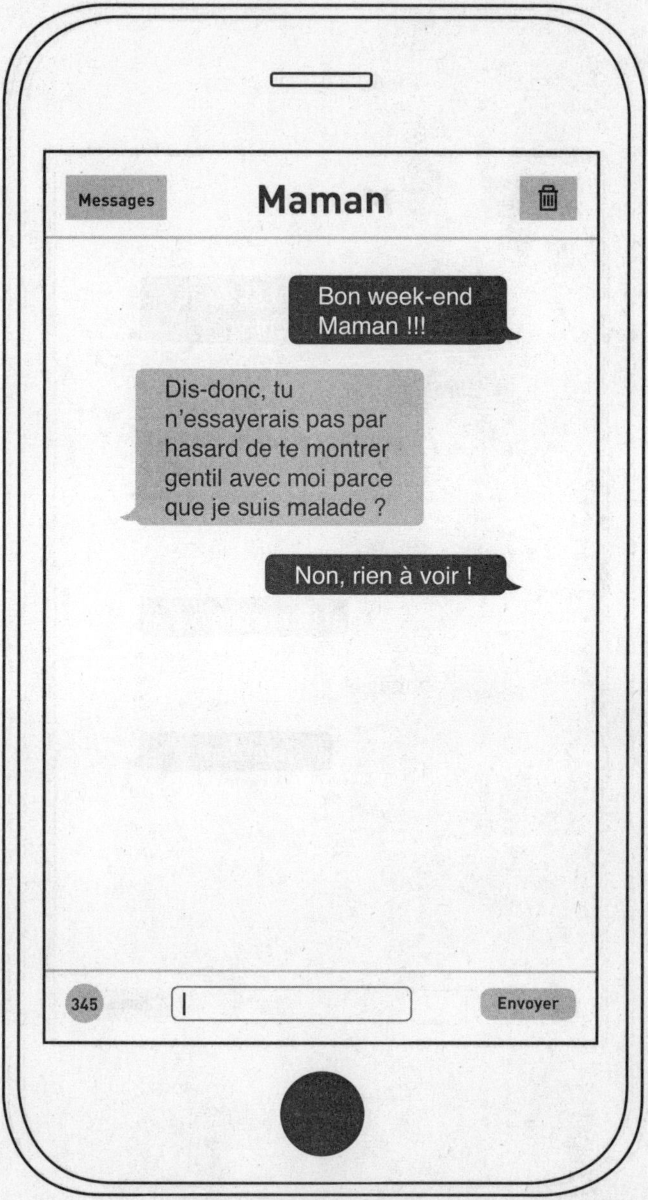
Messages
Maman
Bon week-end Maman !!!
Dis-donc, tu n'essayerais pas par hasard de te montrer gentil avec moi parce que je suis malade ?
Non, rien à voir !
345
Envoyer

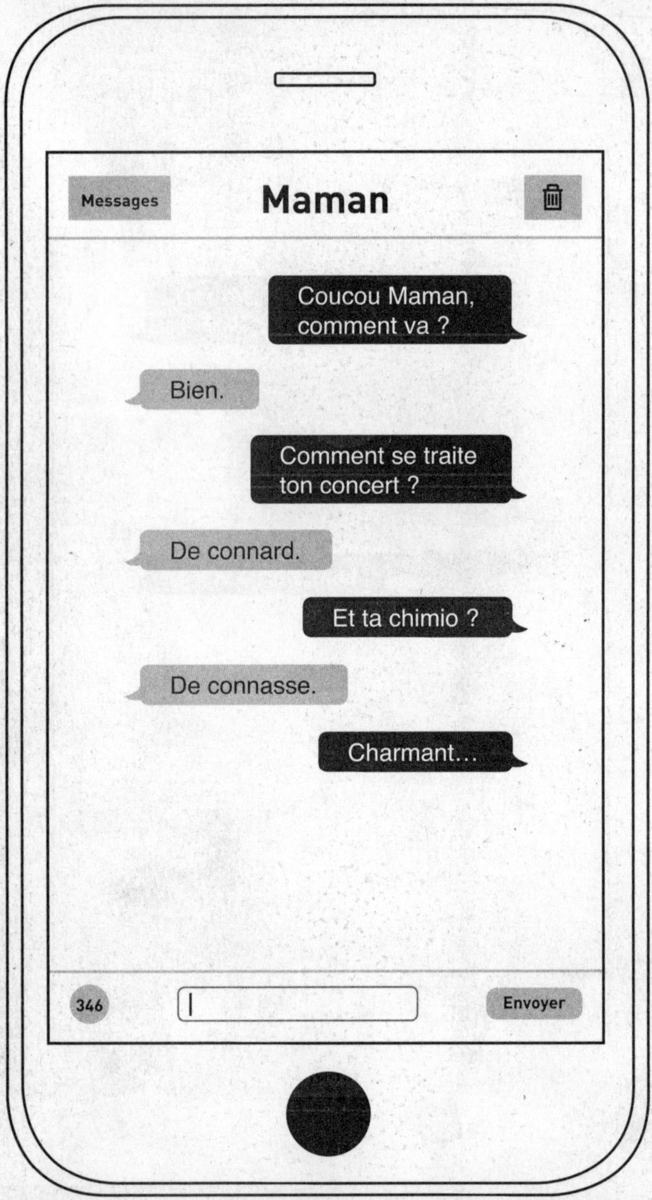
Messages
Maman
Coucou Maman, comment va ?
Bien.
Comment se traite ton concert ?
De connard.
Et ta chimio ?
De connasse.
Charmant…
346
Envoyer

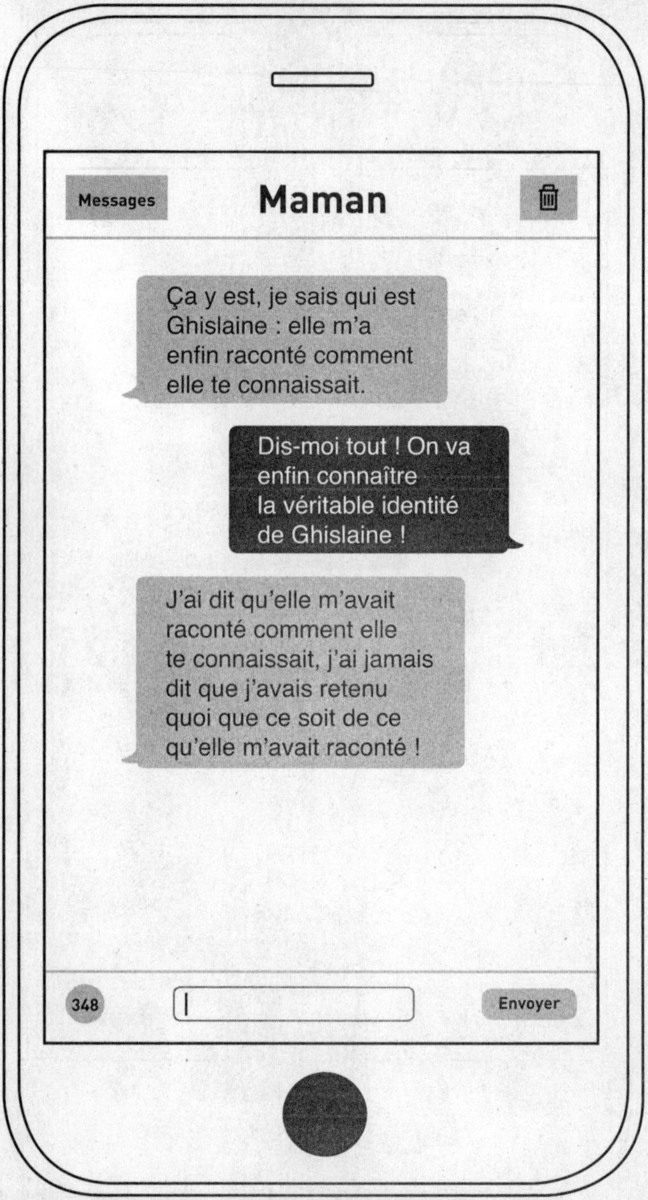
Messages
Maman
Ça y est, je sais qui est Ghislaine : elle m'a enfin raconté comment elle te connaissait.
Dis-moi tout ! On va enfin connaître la véritable identité de Ghislaine !
J'ai dit qu'elle m'avait raconté comment elle te connaissait, j'ai jamais dit que j'avais retenu quoi que ce soit de ce qu'elle m'avait raconté !
348
Envoyer

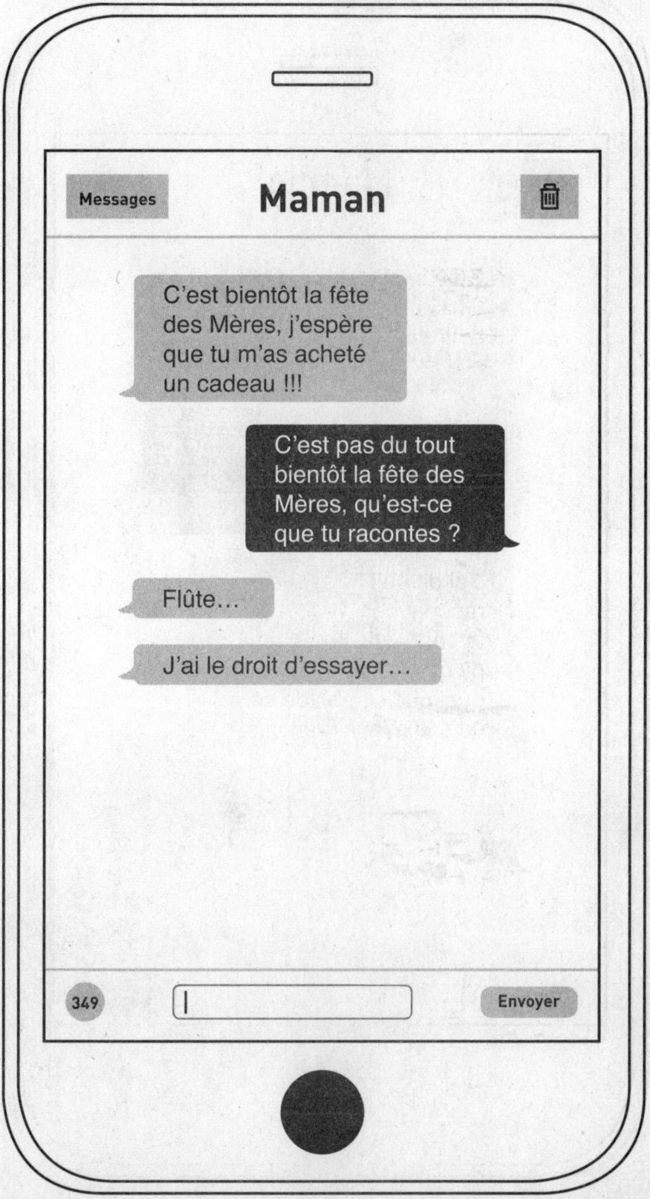
Messages
Maman
C'est bientôt la fête des Mères, j'espère que tu m'as acheté un cadeau !!!
C'est pas du tout bientôt la fête des Mères, qu'est-ce que tu racontes ?
Flûte…
J'ai le droit d'essayer…
349
Envoyer

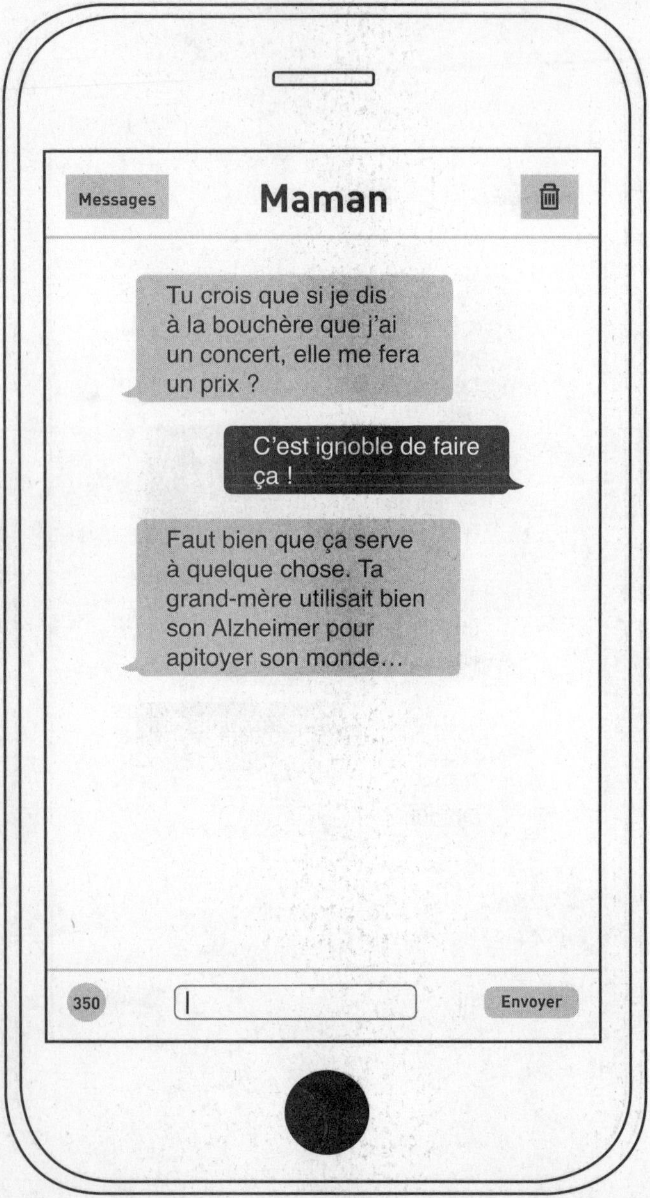
Messages
Maman
Tu crois que si je dis à la bouchère que j'ai un concert, elle me fera un prix ?
C'est ignoble de faire ça !
Faut bien que ça serve à quelque chose. Ta grand-mère utilisait bien son Alzheimer pour apitoyer son monde…
350
Envoyer

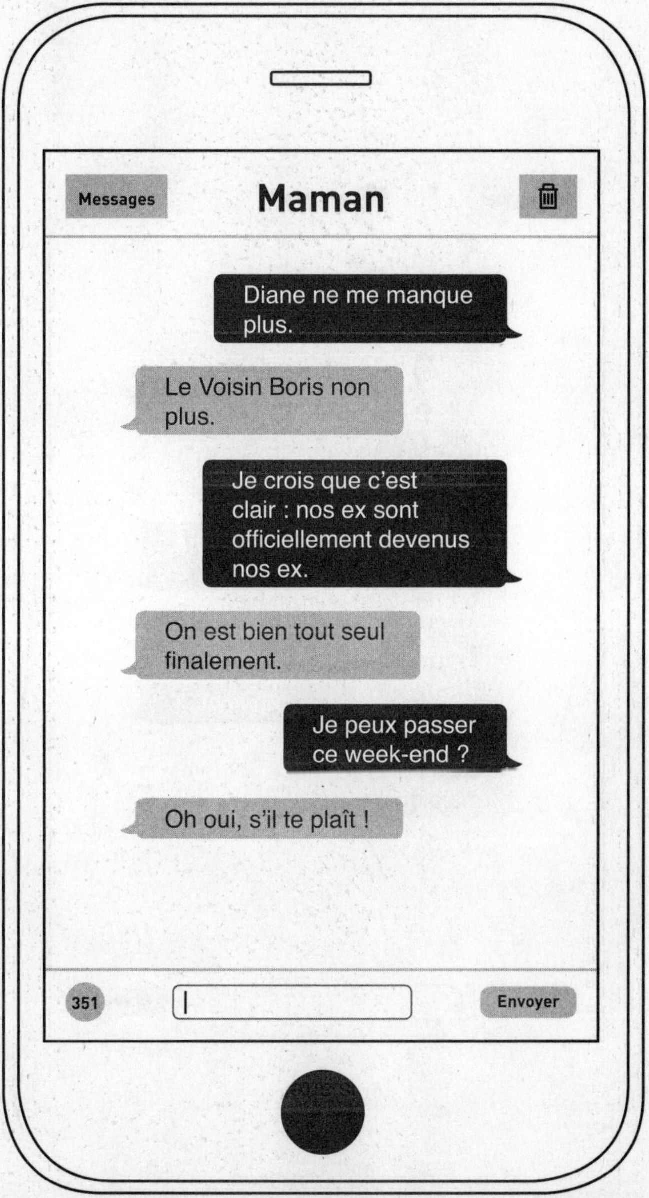
Messages
Maman
Diane ne me manque plus.
Le Voisin Boris non plus.
Je crois que c'est clair : nos ex sont officiellement devenus nos ex.
On est bien tout seul finalement.
Je peux passer ce week-end ?
Oh oui, s'il te plaît !
351
Envoyer

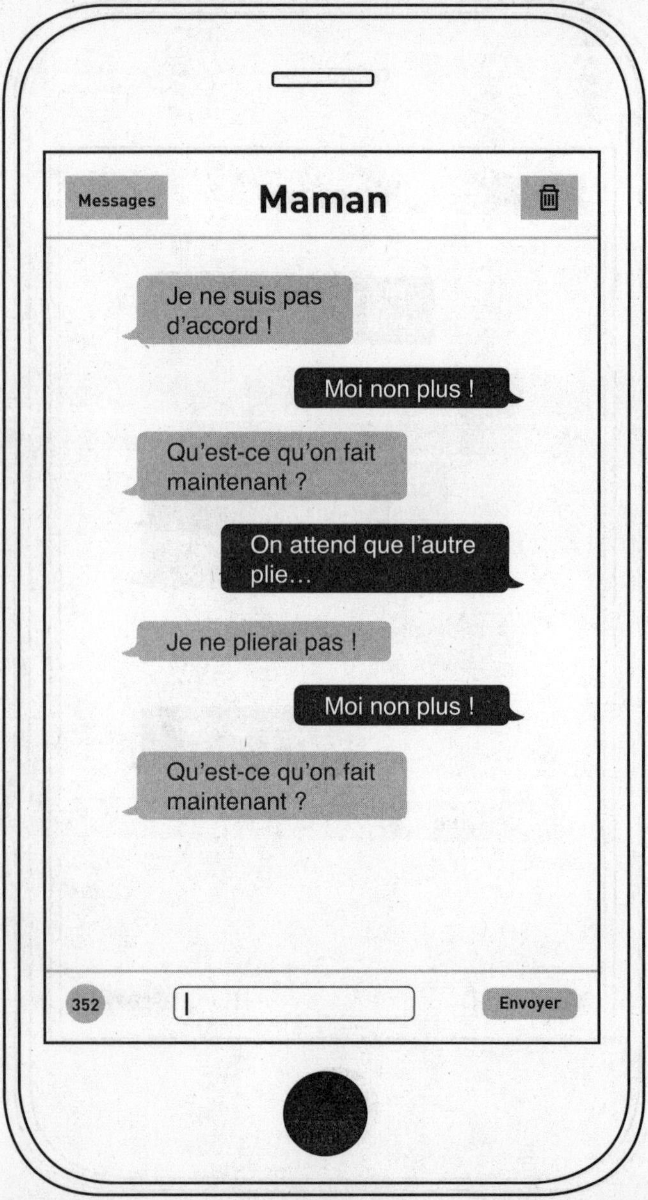
Messages
Maman
Je ne suis pas d'accord !
Moi non plus !
Qu'est-ce qu'on fait maintenant ?
On attend que l'autre plie…
Je ne plierai pas !
Moi non plus !
Qu'est-ce qu'on fait maintenant ?
352
Envoyer

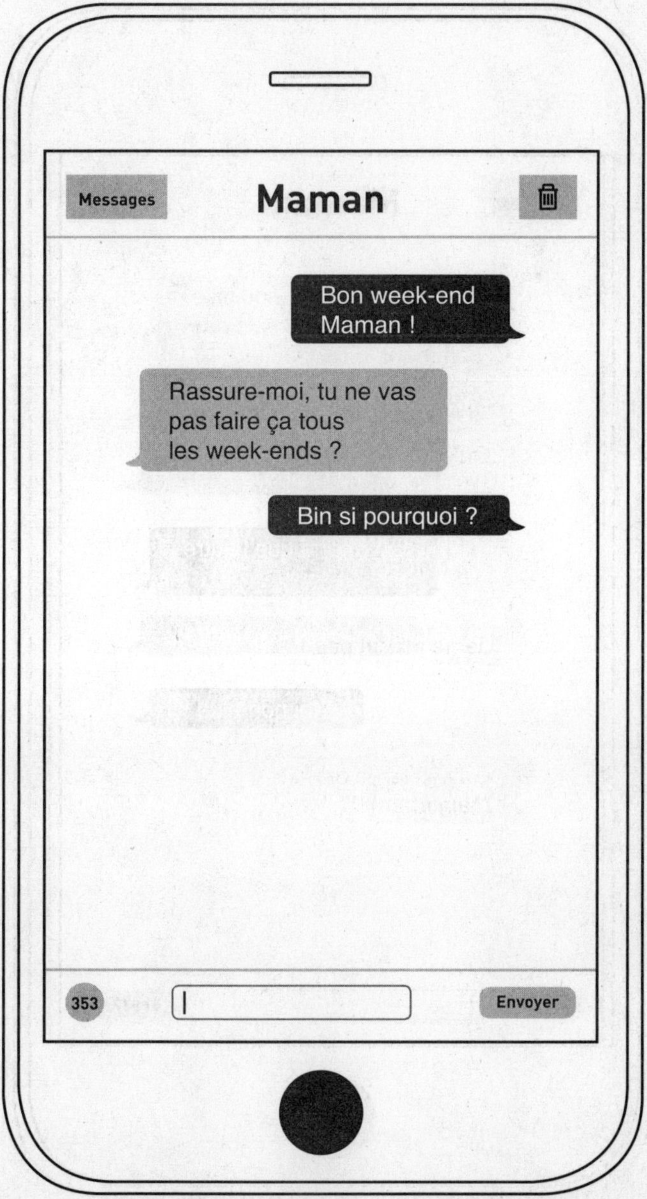
Messages
Maman
Bon week-end Maman !
Rassure-moi, tu ne vas pas faire ça tous les week-ends ?
Bin si pourquoi ?
353
Envoyer

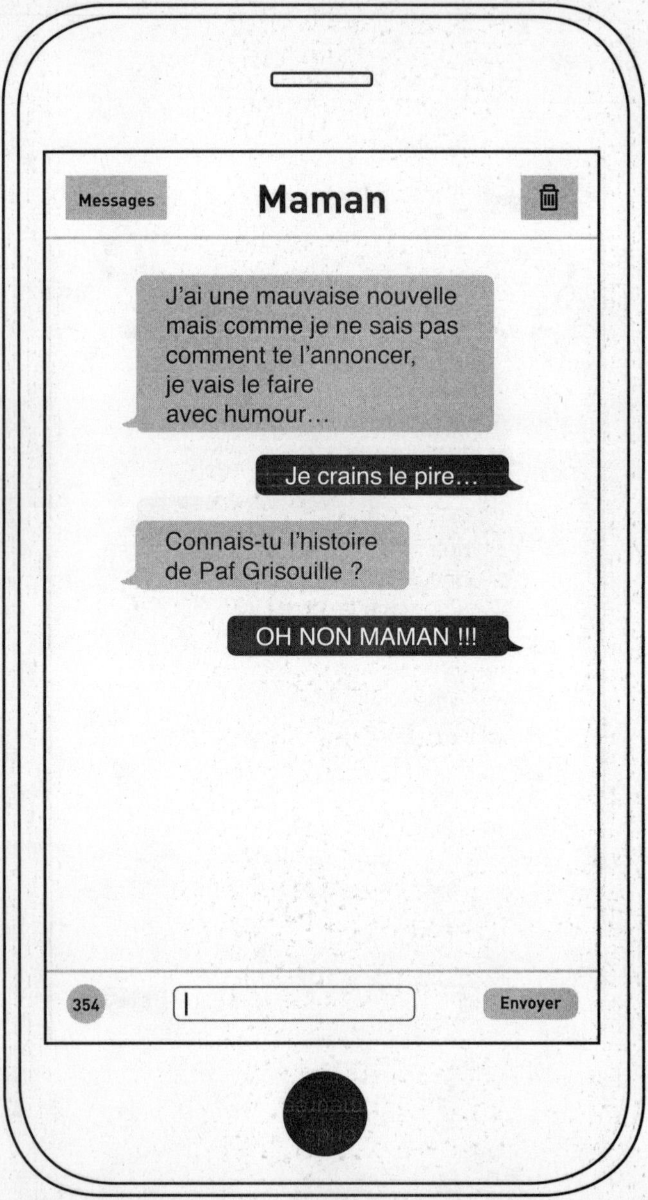
Messages
Maman
J'ai une mauvaise nouvelle mais comme je ne sais pas comment te l'annoncer, je vais le faire avec humour…
Je crains le pire…
Connais-tu l'histoire de Paf Grisouille ?
OH NON MAMAN !!!
354
Envoyer

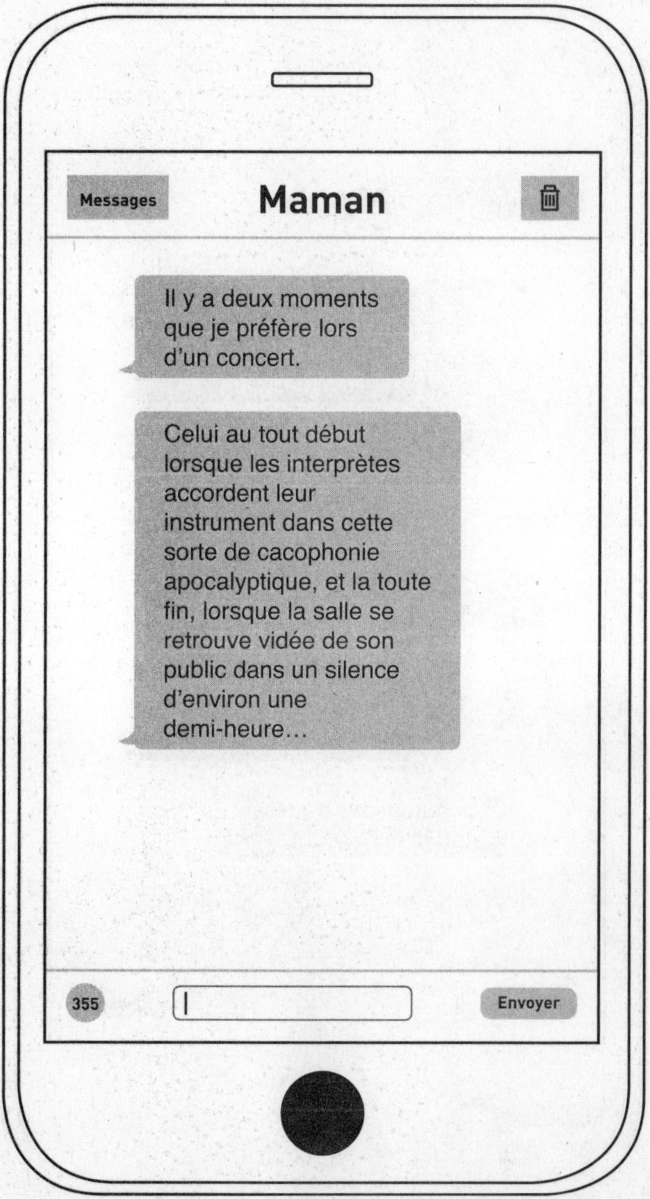
Messages
Maman
Il y a deux moments que je préfère lors d'un concert.
Celui au tout début lorsque les interprètes accordent leur instrument dans cette sorte de cacophonie apocalyptique, et la toute fin, lorsque la salle se retrouve vidée de son public dans un silence d'environ une demi-heure…
355
Envoyer

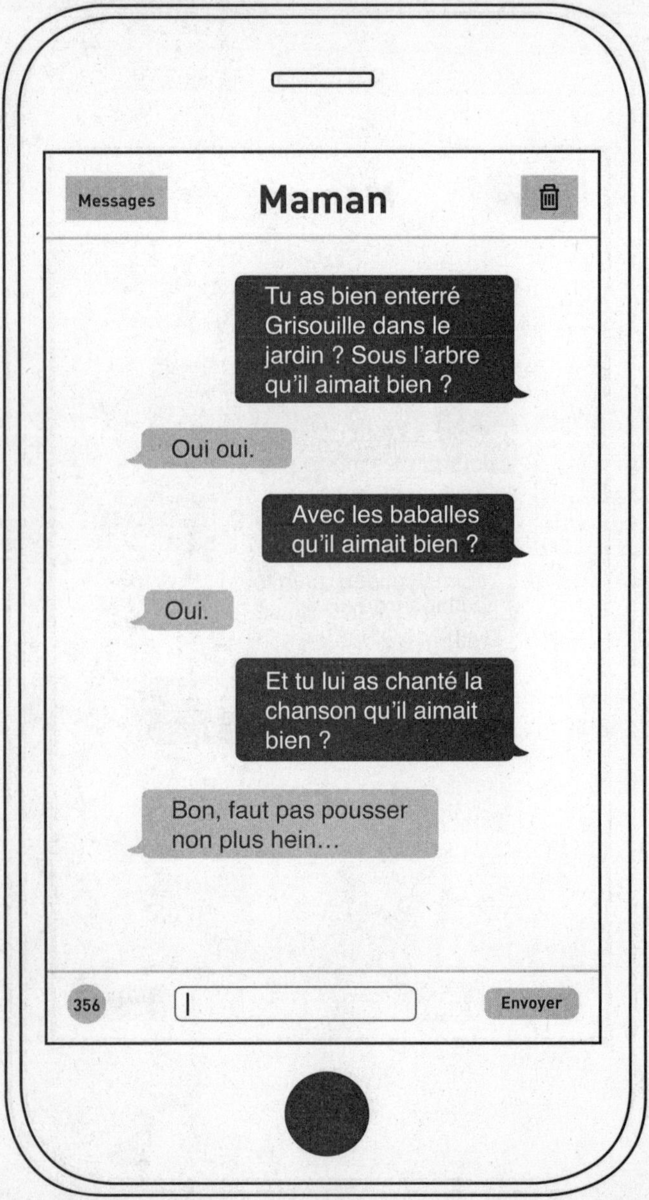
Messages
Maman
Tu as bien enterré Grisouille dans le jardin ? Sous l'arbre qu'il aimait bien ?
Oui oui.
Avec les baballes qu'il aimait bien ?
Oui.
Et tu lui as chanté la chanson qu'il aimait bien ?
Bon, faut pas pousser non plus hein…
356
Envoyer

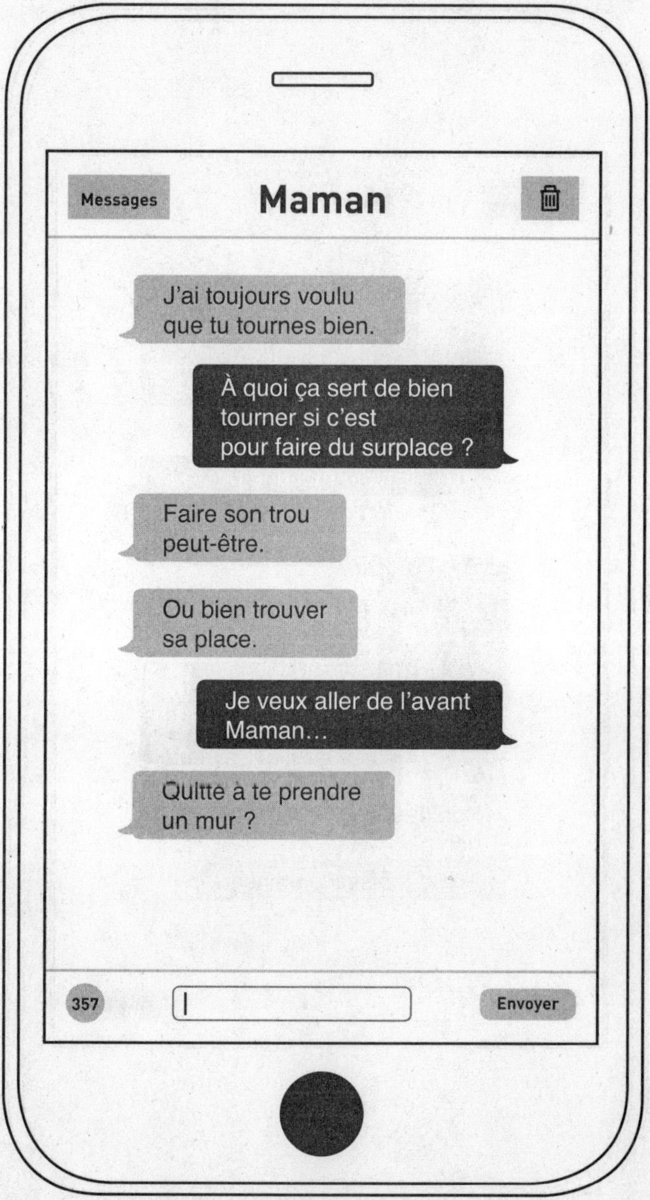
Messages
Maman
J'ai toujours voulu que tu tournes bien.
À quoi ça sert de bien tourner si c'est pour faire du surplace ?
Faire son trou peut-être.
Ou bien trouver sa place.
Je veux aller de l'avant Maman…
Quitte à te prendre un mur ?
357
Envoyer

Messages
Maman
J'ai adopté un nouveau chat. J'ai décidé de l'appeler Grisouille 2. Ça sera mon chat à moi.
Envoie-moi une photo !
Mais enfin Maman, c'est pas du tout un chat ça !!!
Tu ne crois plus en rien…
358
Envoyer

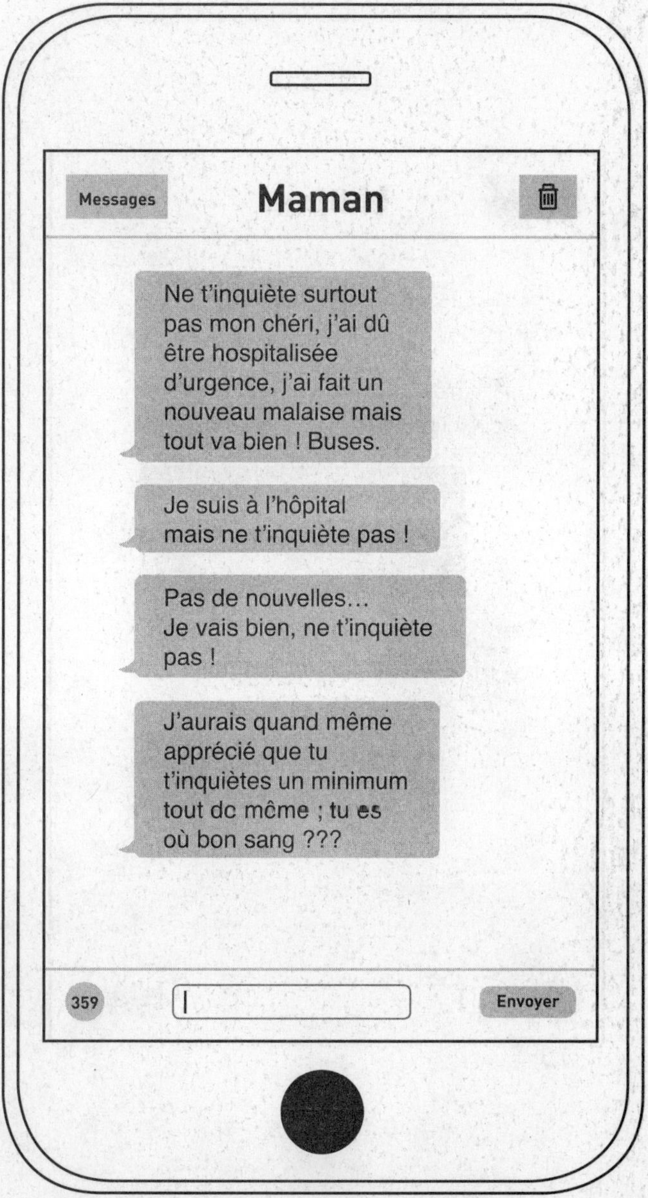
Messages
Maman
Ne t'inquiète surtout pas mon chéri, j'ai dû être hospitalisée d'urgence, j'ai fait un nouveau malaise mais tout va bien ! Buses.
Je suis à l'hôpital mais ne t'inquiète pas !
Pas de nouvelles… Je vais bien, ne t'inquiète pas !
J'aurais quand même apprécié que tu t'inquiètes un minimum tout dc mêmc ; tu es où bon sang ???
359
Envoyer

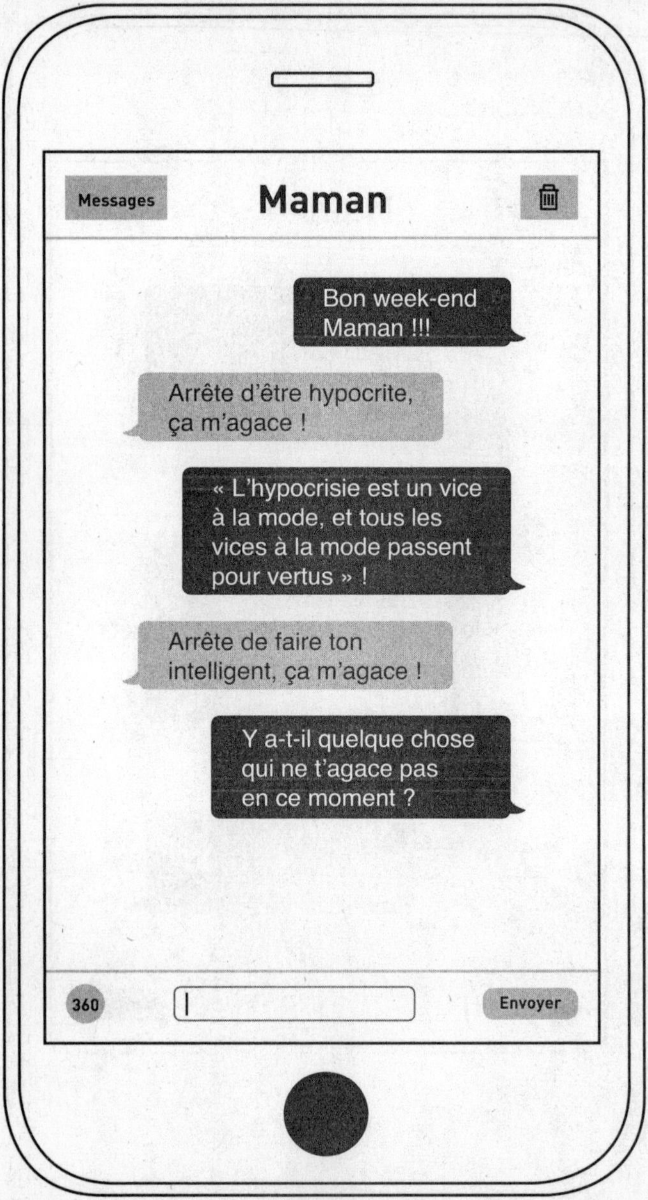
Messages
Maman
Bon week-end Maman !!!
Arrête d'être hypocrite, ça m'agace !
« L'hypocrisie est un vice à la mode, et tous les vices à la mode passent pour vertus » !
Arrête de faire ton intelligent, ça m'agace !
Y a-t-il quelque chose qui ne t'agace pas en ce moment ?
360
Envoyer

Messages
Maman
Dis donc, je viens d'apprendre que le Voisin Boris a été attaqué par une bête sauvage.
Ah ?
Et qu'il a été obligé d'être hospitalisé après avoir été exposé à un poison provenant de ladite bête sauvage. Un poison à la framboise.
Ah bon.
OÙ EST LE GRAPFENSTRÜC MAMAN ???
361
Envoyer

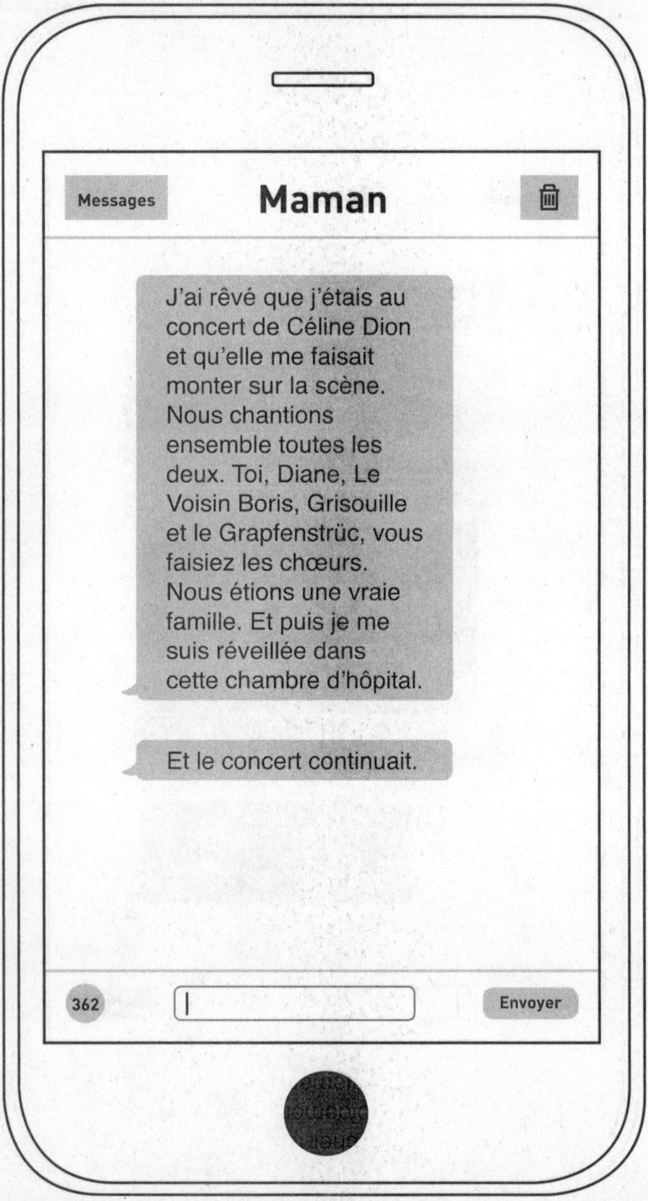
Messages
Maman
J'ai rêvé que j'étais au concert de Céline Dion et qu'elle me faisait monter sur la scène. Nous chantions ensemble toutes les deux. Toi, Diane, Le Voisin Boris, Grisouille et le Grapfenstrüc, vous faisiez les chœurs. Nous étions une vraie famille. Et puis je me suis réveillée dans cette chambre d'hôpital.
Et le concert continuait.
362
Envoyer

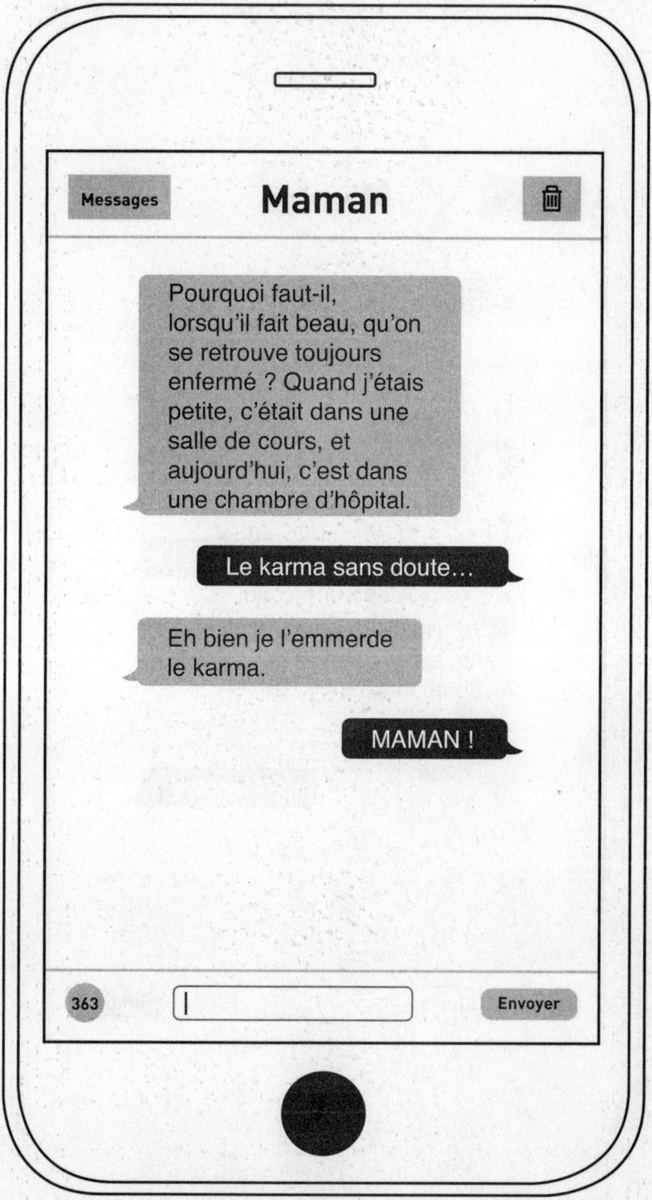
Messages
Maman
Pourquoi faut-il, lorsqu'il fait beau, qu'on se retrouve toujours enfermé ? Quand j'étais petite, c'était dans une salle de cours, et aujourd'hui, c'est dans une chambre d'hôpital.
Le karma sans doute…
Eh bien je l'emmerde le karma.
MAMAN !
363
Envoyer

Messages
Maman
NE ME JUGE PAS !!!
Qu'est-ce que tu as encore fait ?
Tu n'es pas au courant ?
Bin non !
Je n'ai rien fait, je te faisais une blague, ah ah ah, bisous bisous
MAMAN !!!
364
Envoyer

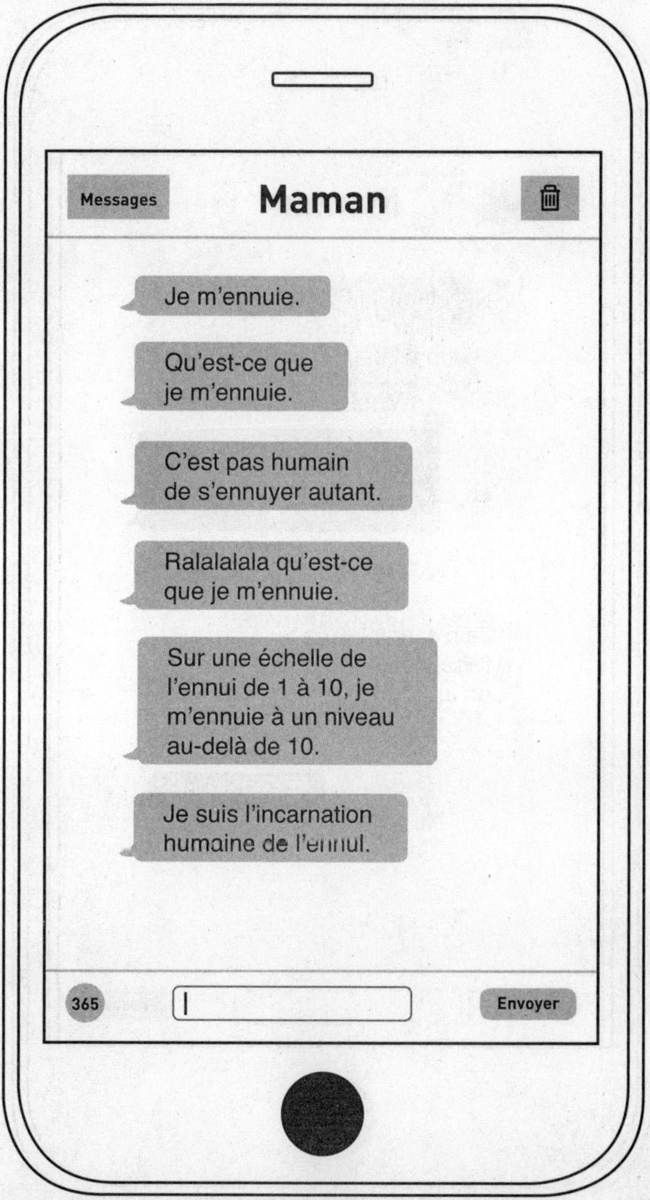

Messages
Maman
Je m’ennuie.
Qu’est-ce que je m’ennuie.
C’est pas humain de s’ennuyer autant.
Ralalalala qu’est-ce que je m’ennuie.
Sur une échelle de l’ennui de 1 à 10, je m’ennuie à un niveau au-delà de 10.
Je suis l’incarnation humaine de l’ennui.
365
Envoyer

Messages
Maman
J'ai fait Mai 68 moi, môsieur ! Que fais-tu de ton côté pour faire bouger la société ?
Bin… euh… j'écris des statuts très rigolos sur Facebook…
366
Envoyer

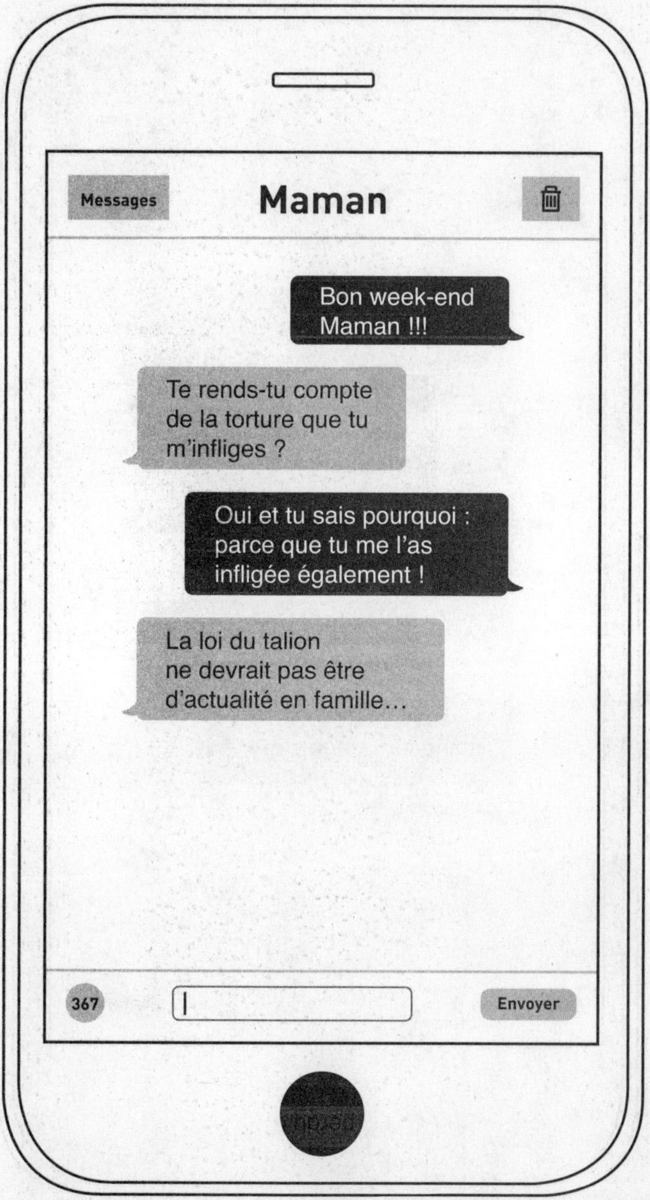
Messages
Maman
Bon week-end Maman !!!
Te rends-tu compte de la torture que tu m'infliges ?
Oui et tu sais pourquoi : parce que tu me l'as infligée également !
La loi du talion ne devrait pas être d'actualité en famille…
367
Envoyer

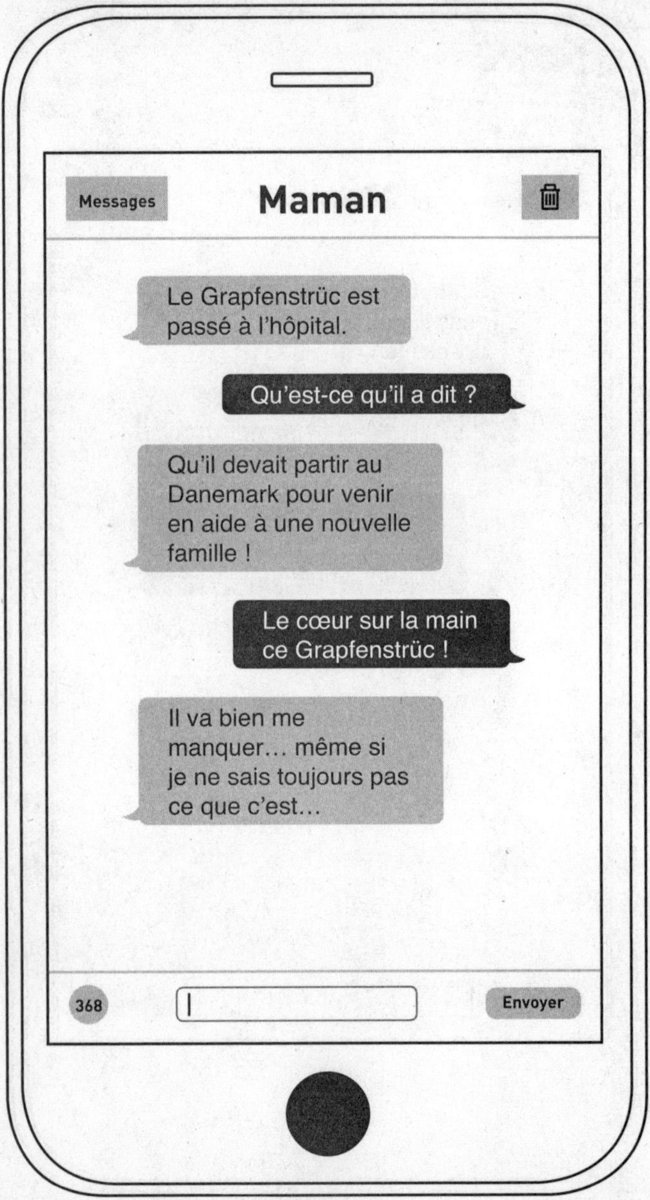
Messages
Maman
Le Grapfenstrüc est passé à l'hôpital.
Qu'est-ce qu'il a dit ?
Qu'il devait partir au Danemark pour venir en aide à une nouvelle famille !
Le cœur sur la main ce Grapfenstrüc !
Il va bien me manquer… même si je ne sais toujours pas ce que c'est…
368
Envoyer

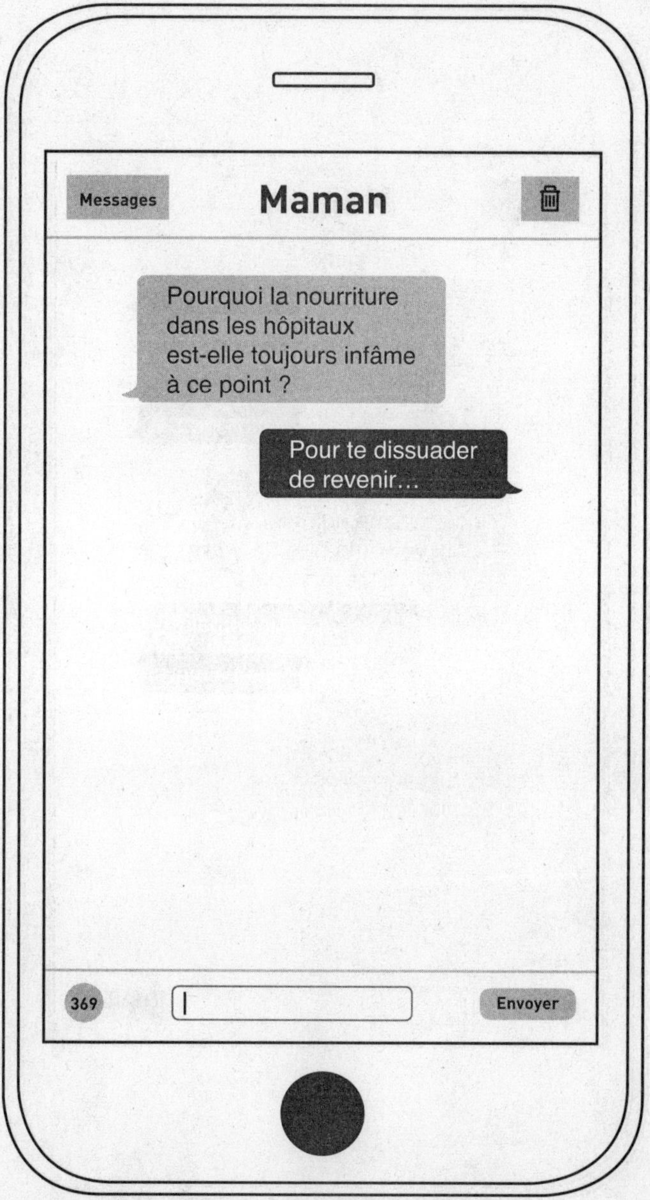
Messages
Maman
Pourquoi la nourriture dans les hôpitaux est-elle toujours infâme à ce point ?
Pour te dissuader de revenir…
369
Envoyer

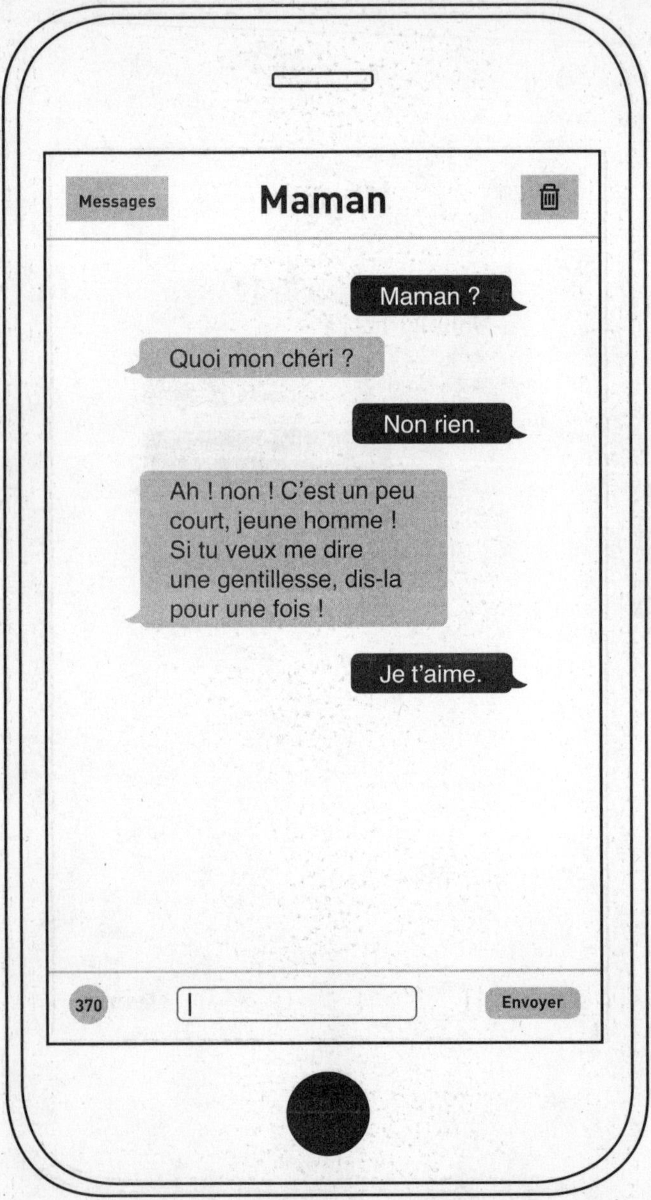
Messages
Maman
Maman ?
Quoi mon chéri ?
Non rien.
Ah ! non ! C'est un peu court, jeune homme ! Si tu veux me dire une gentillesse, dis-la pour une fois !
Je t'aime.
370
Envoyer

Messages
Maman
Ce concert m'épuise !
Mets tes boules Quies !
Ah ah !
Oh arrête, admets qu'elle était drôle celle-là !
371
Envoyer

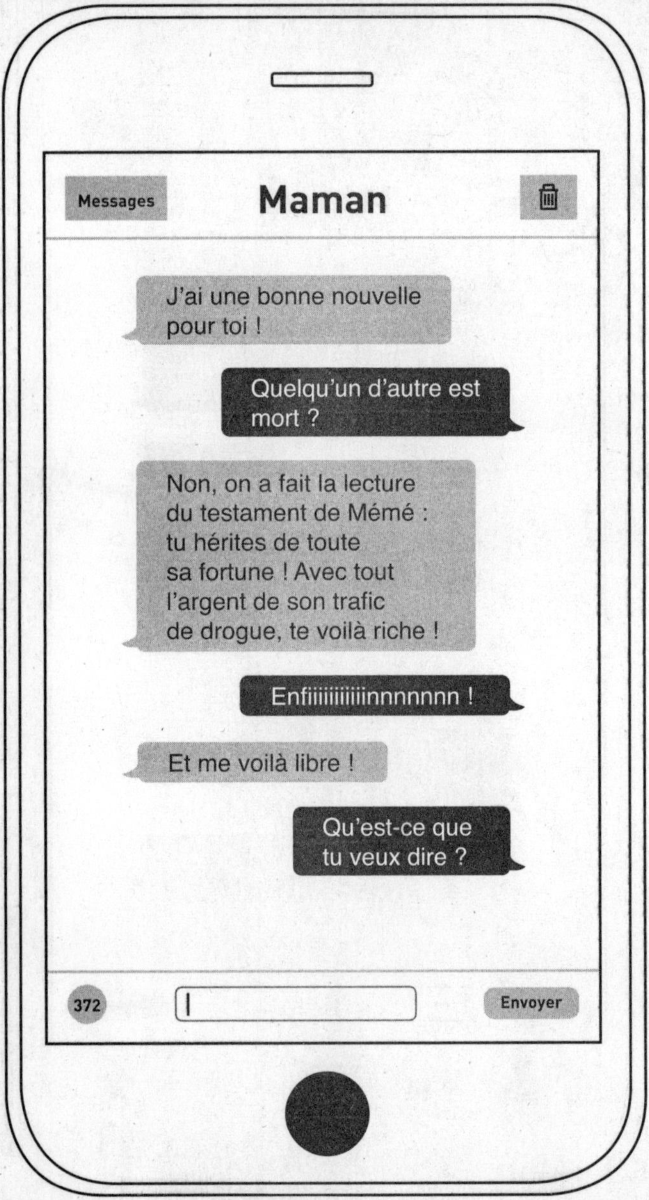
Messages
Maman
J'ai une bonne nouvelle pour toi !
Quelqu'un d'autre est mort ?
Non, on a fait la lecture du testament de Mémé : tu hérites de toute sa fortune ! Avec tout l'argent de son trafic de drogue, te voilà riche !
Enfiiiiiiiiiiiinnnnnnn !
Et me voilà libre !
Qu'est-ce que tu veux dire ?
372
Envoyer

Messages
Maman
Je pense avoir trouvé un avantage à mon concert.
Ah bon ? Quoi donc ?
Lorsque tu souffres d'une maladie grave, tu relativises beaucoup sur le sens de la vie.
Ah ?
Oui. Avant, tout me paraissait sans issue. Maintenait tout me paraît sans espoir.
Tu as l'air d'aller mieux j'ai l'impression…
373
Envoyer

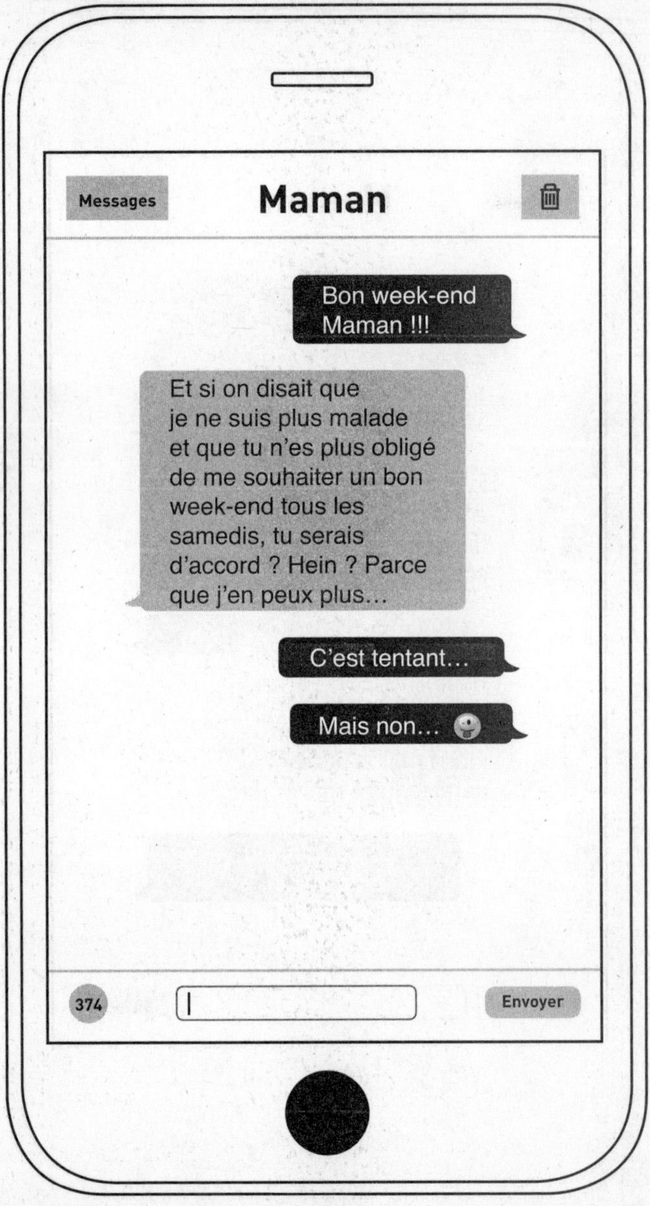
Messages
Maman
Bon week-end Maman !!!
Et si on disait que je ne suis plus malade et que tu n’es plus obligé de me souhaiter un bon week-end tous les samedis, tu serais d’accord ? Hein ? Parce que j’en peux plus…
C’est tentant…
Mais non…
374
Envoyer

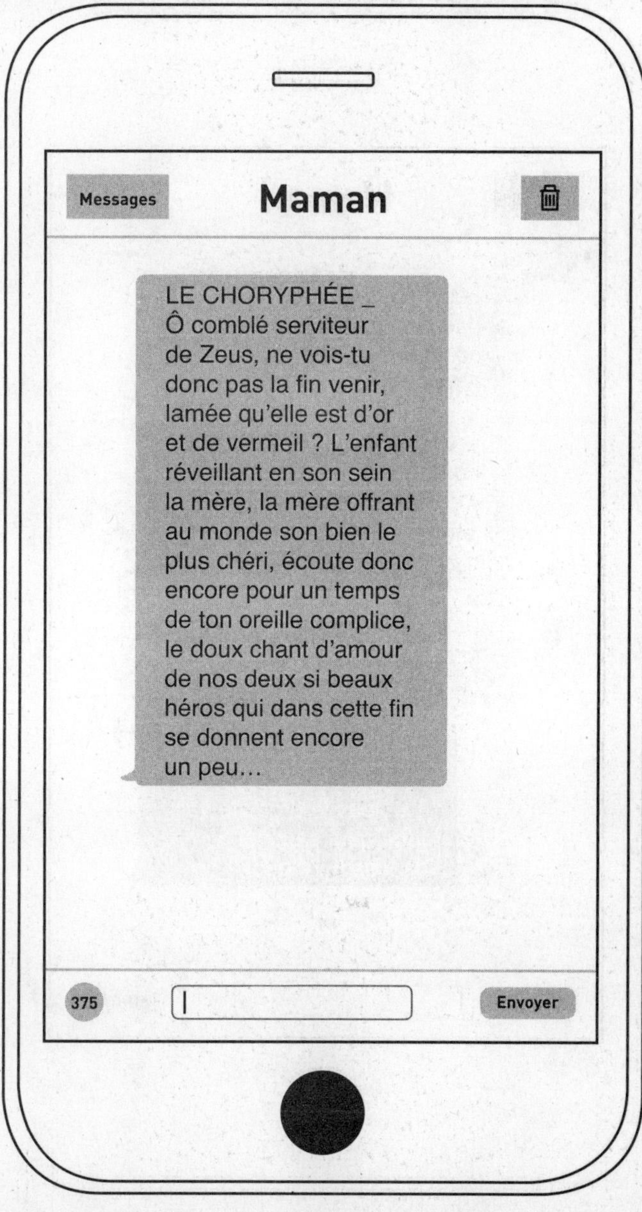
Messages
Maman
LE CHORYPHÉE _
Ô comblé serviteur
de Zeus, ne vois-tu
donc pas la fin venir,
lamée qu'elle est d'or
et de vermeil ? L'enfant
réveillant en son sein
la mère, la mère offrant
au monde son bien le
plus chéri, écoute donc
encore pour un temps
de ton oreille complice,
le doux chant d'amour
de nos deux si beaux
héros qui dans cette fin
se donnent encore
un peu…
375
Envoyer

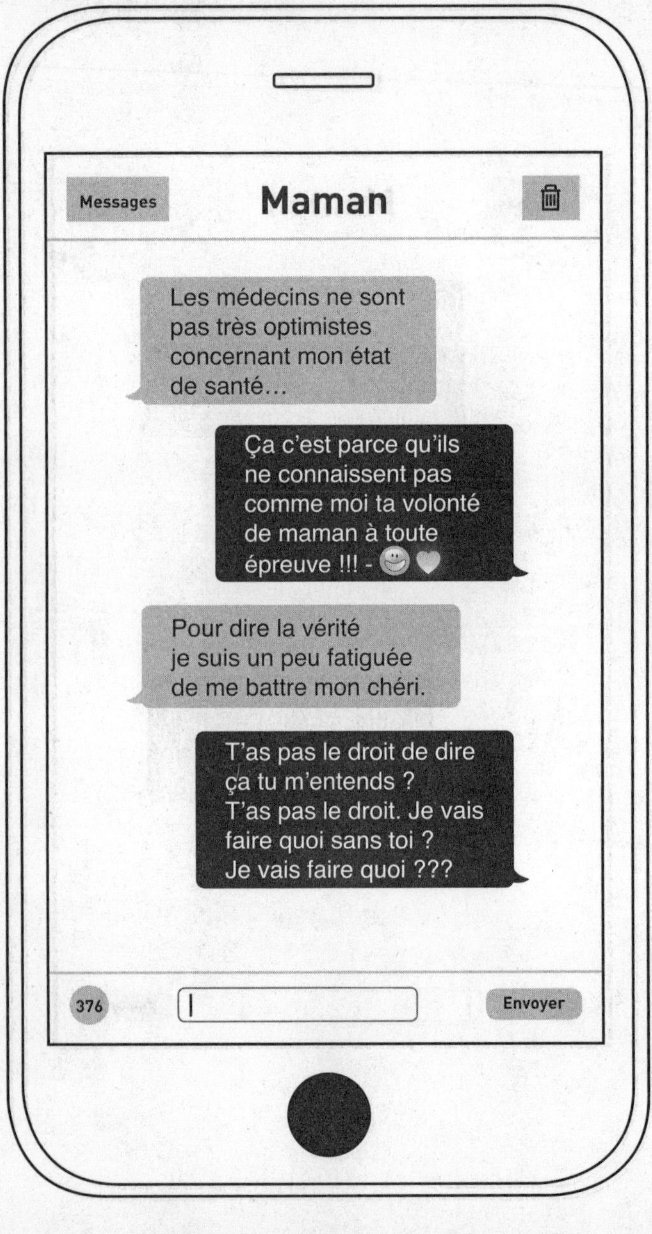
Messages
Maman
Les médecins ne sont pas très optimistes concernant mon état de santé…
Ça c'est parce qu'ils ne connaissent pas comme moi ta volonté de maman à toute épreuve !!! -
Pour dire la vérité je suis un peu fatiguée de me battre mon chéri.
T'as pas le droit de dire ça tu m'entends ? T'as pas le droit. Je vais faire quoi sans toi ? Je vais faire quoi ???
376
Envoyer

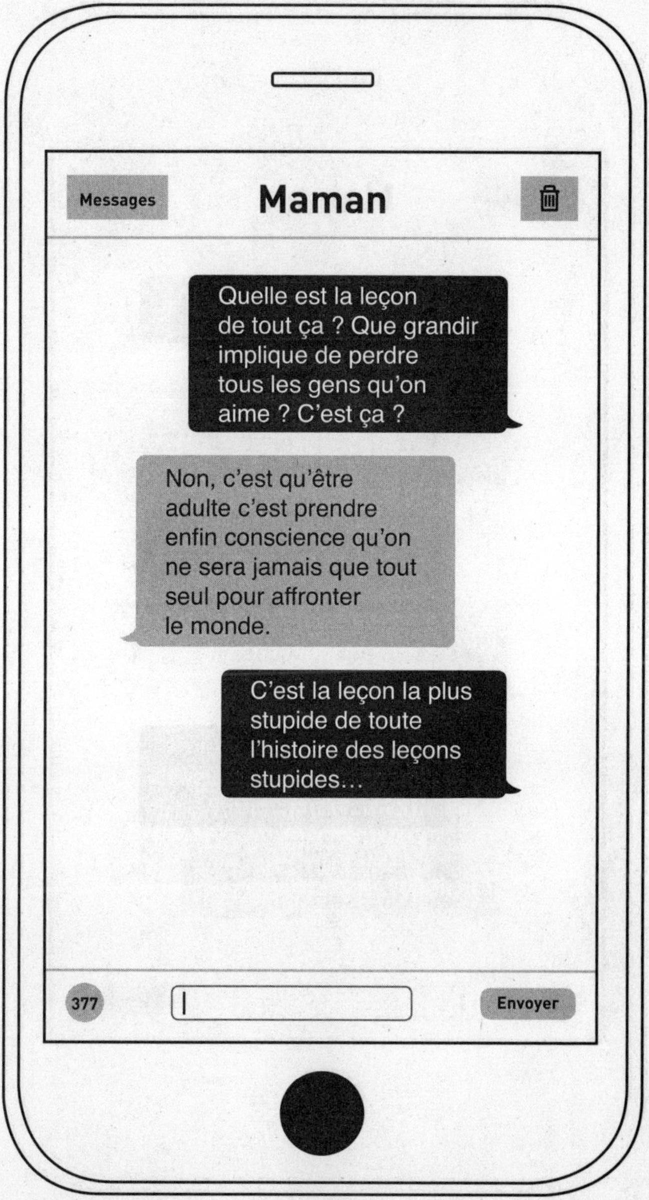
Messages
Maman
Quelle est la leçon de tout ça ? Que grandir implique de perdre tous les gens qu'on aime ? C'est ça ?
Non, c'est qu'être adulte c'est prendre enfin conscience qu'on ne sera jamais que tout seul pour affronter le monde.
C'est la leçon la plus stupide de toute l'histoire des leçons stupides…
377
Envoyer

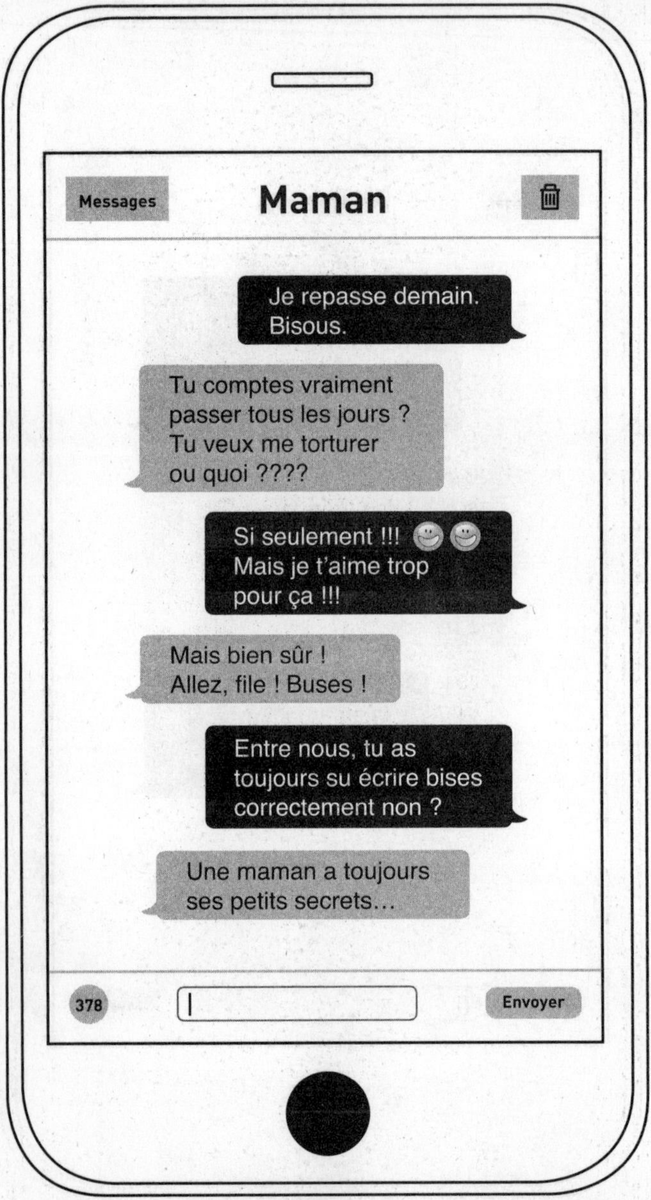
Messages
Maman
Je repasse demain. Bisous.
Tu comptes vraiment passer tous les jours ? Tu veux me torturer ou quoi ????
Si seulement !!! Mais je t'aime trop pour ça !!!
Mais bien sûr ! Allez, file ! Buses !
Entre nous, tu as toujours su écrire bises correctement non ?
Une maman a toujours ses petits secrets…
378
Envoyer

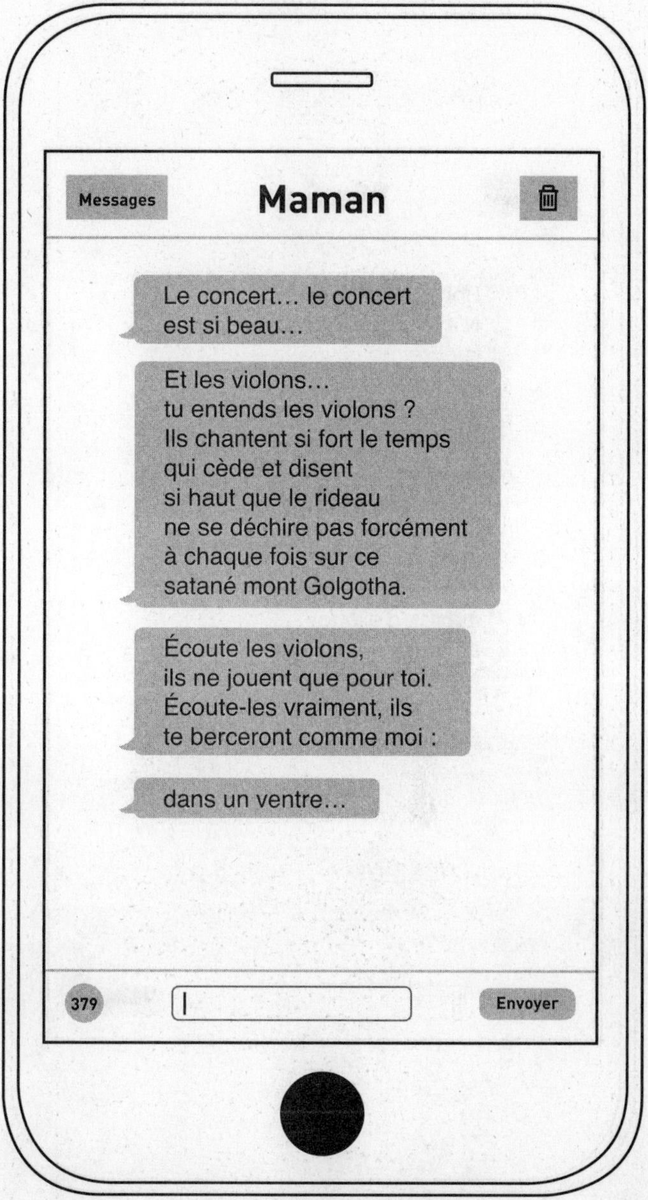
Messages
Maman
Le concert… le concert
est si beau…
Et les violons…
tu entends les violons ?
Ils chantent si fort le temps
qui cède et disent
si haut que le rideau
ne se déchire pas forcément
à chaque fois sur ce
satané mont Golgotha.
Écoute les violons,
ils ne jouent que pour toi.
Écoute-les vraiment, ils
te berceront comme moi :
dans un ventre…
379
Envoyer

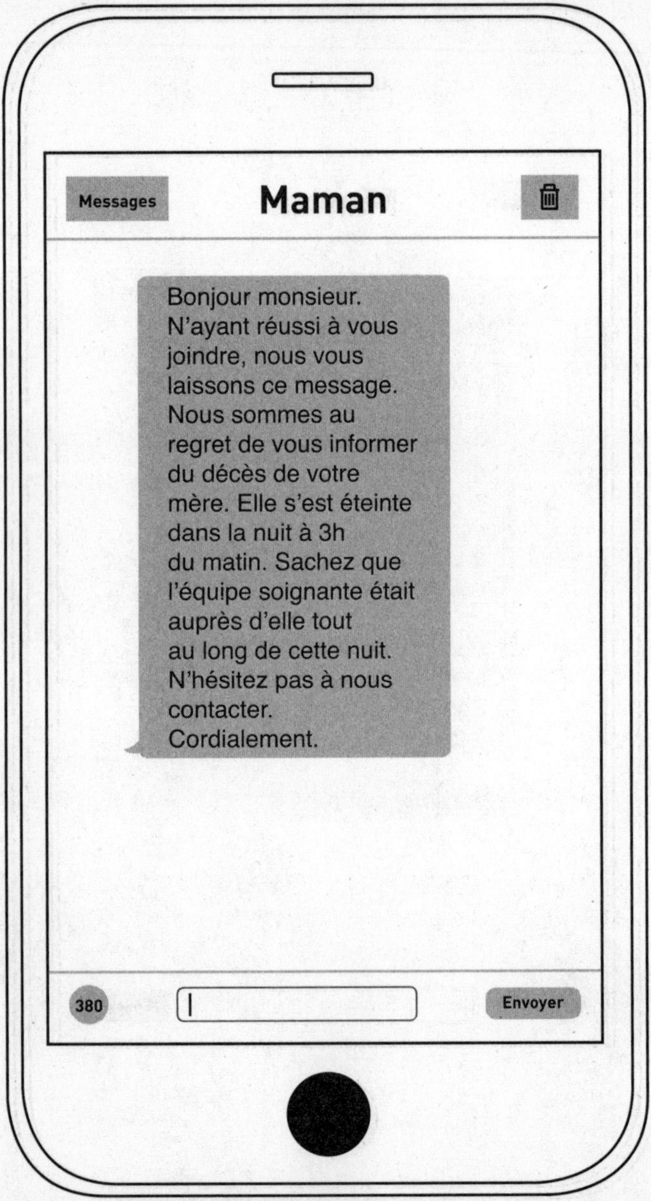
Messages
Maman
Bonjour monsieur.
N'ayant réussi à vous joindre, nous vous laissons ce message. Nous sommes au regret de vous informer du décès de votre mère. Elle s'est éteinte dans la nuit à 3h du matin. Sachez que l'équipe soignante était auprès d'elle tout au long de cette nuit. N'hésitez pas à nous contacter.
Cordialement.
380
Envoyer

Messages
Maman
Bon week-end
ma petite
Maman chérie…
381
Envoyer

Messages
Maman
Tu me manques Maman.
382
Envoyer

Messages
Maman
Tu me manques tant…
384
Envoyer

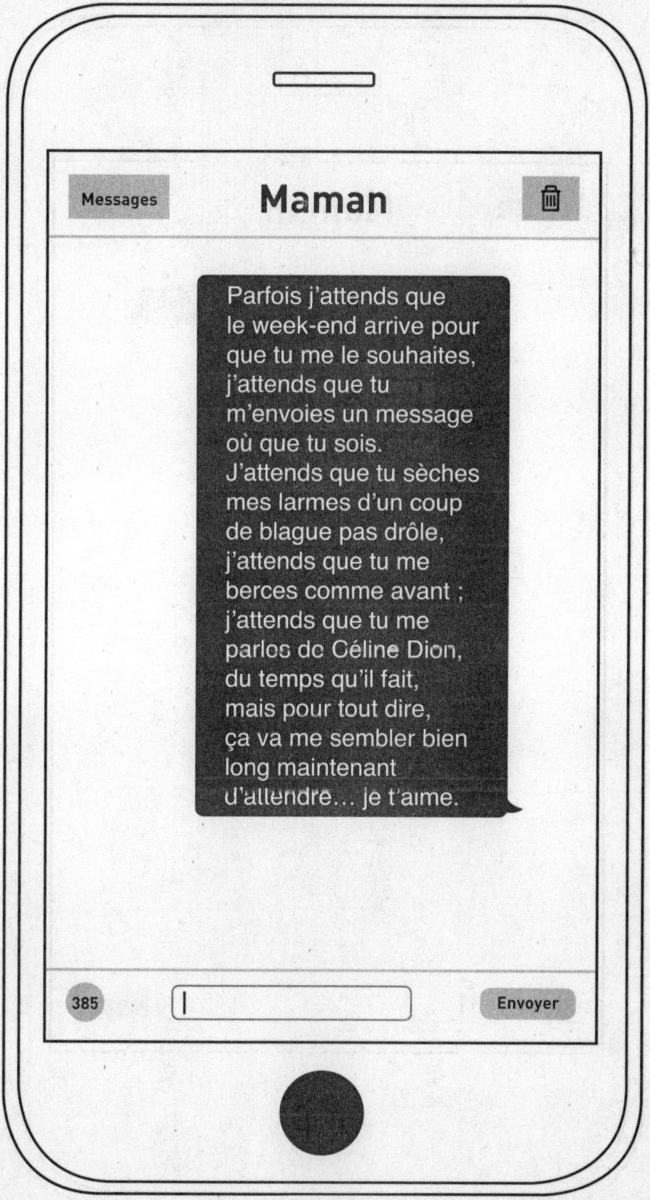
Messages
Maman
Parfois j'attends que le week-end arrive pour que tu me le souhaites, j'attends que tu m'envoies un message où que tu sois. J'attends que tu sèches mes larmes d'un coup de blague pas drôle, j'attends que tu me berces comme avant ; j'attends que tu me parles de Céline Dion, du temps qu'il fait, mais pour tout dire, ça va me sembler bien long maintenant d'attendre… je t'aime.
385
Envoyer

Messages
Maman
386
Envoyer

Messages
Maman
387
Envoyer

Messages
388
Envoyer

Messages
Bon week-end mon chéri !
Maman ? C'est toi ? C'est bien toi ?
389
Envoyer

LES MOTS
S'ENVOLENT.
LES ÉCRITS
RESTENT.

## SONT ÉVOQUÉS DANS LE LIVRE

**Chansons :**
Claude François, *Le Téléphone Pleure* ; Céline Dion, *I'm Alive*, *My Heart Will Go On* ; La Compagnie Créole, *Au Bal Masqué* ; Pierre Bachelet, *Quand te reverrai-je* ; Andrea Boccelli et Hélène Segara, *Vivo Per Lei* ; David et Jonathan, *Est-ce que tu viens pour les vacances ?*…

**Auteurs :**
Sarah Kane ; Georges Feydeau ; Molière ; Corneille ; Shakespeare; Jean Genet ; Roland Dubillard ; Georges Perec ; Socrate ; Aristote ; Ionesco…

**Télévision / Cinéma :**
Publicités ; *Le Shmilblick* ; *Matrix* ; *Les Bronzés* ; *Terminator* ; *Le Sixième Sens* ; *Psychose* ; Georges Lucas….

# TABLE DES ILLUSTRATIONS



**Crédits photos :** p. 26 : Timharman-iStock, p. 42 : Gouraud Studio - Fotolia, p. 96 : Gabriele Rohde - Fotolia, p. 153 : Rock and Wasp Fotolia, p. 222 : Dudarev Mikhail - Fotolia, p. 350 : Macgyverhh - Fotolia et autres : DR.

Composé par Nord Compo
à Villeneuve-d'Ascq (59)

*Imprimé en France par* CPI
en mai 2016
N° d'impression : 3017064

POCKET – 12, avenue d'Italie – 75627 Paris Cedex 13

Dépôt légal : mai 2016
S25877/01